U0513408

区域

2014 年第 1 辑
总第 3 辑

REMAPPING

VOL.3

主 编

汪 晖　王中忱

执行副主编

张 翔

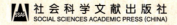

社会科学文献出版社
SOCIAL SCIENCES ACADEMIC PRESS (CHINA)

卷首语

《区域》由清华大学人文与社会科学高等研究所（Tsinghua Institute for Advanced Studies in Humanities and Social Sciences）主办。清华大学人文与社会科学高等研究所正式成立于 2009 年，以促进人文与社会科学的高等研究为宗旨，其前身是清华大学人文与社会科学高等研究中心（2006）。从世界范围来看，高等研究，特别是人文与社会科学的高等研究正在经历重要的变化。以往的高等研究完全以欧洲和美国为中心，虽然也邀请少量的其他地区的学者担任研究员，但研究方案的制定多以欧洲和美国的人文与社会科学研究为中心。在中国设立人文与社会高等研究所至少有下述三个方面的意义：第一，有助于将中国和亚洲地区悠久和丰富的人文学术传统带入高等研究的范畴，为当代世界的人文与社会科学研究提供新的资源和视野；第二，有助于将中国社会主义历史和改革过程的经验带入高等研究之中，为当代世界有关经济、社会和文化变迁的研究提供新的活力；第三，有助于在中国学术研究与世界其他地区的学术研究之间展开对话、交流和合作，改变目前主要以欧洲和美国为中心的高等研究格局，为中国和亚洲学者加入国际学术对话提供重要的制度前提。

高等研究所不同于中国研究所或国学研究所，它以跨学科、跨文化、跨区域、跨国界的研究为特征，致力于人文与社会科学领域基本理论的探索和突破。本集刊标题中的"区域"概念并不是一个特指的地理范畴，而是一个体现着混杂、交往、跨界和多重认同的空间概念。《区域》发表人文与社会科学各领域的论文，尤其鼓励那些立足基础研究，提出新问题、贡献新视野和方法的作品。本集刊以亚洲研究为中心，但也鼓励跨区域的研究。欢迎投稿，我们将遵循严格的评审制度，及时向作者做出回复。

Remapping

Remapping is published by the Tsinghua Institute for Advanced Studies in Humanities and Social Sciences (TIAS). First established in 2006 as the Tsinghua Center for Advanced Studies in Humanities and Social Sciences, TIAS was founded in 2009 to promote advanced studies in humanities and social sciences.

The field of advanced studies, particularly in humanities and social sciences, has been undergoing momentous transformation worldwide. Earlier institutions of advanced studies centered on Europe and the U. S.. While some scholars from beyond these areas participated as well, research projects typically pivoted on Europe and the U. S..

Hence to set up an institute for advanced studies in humanities and social sciences in China creates the following possibilities:

Firstly, to introduce the long and rich tradition of scholarly research in China and in Asia into the category of advanced studies and provide new resources and perspectives for humanities and social sciences in the contemporary world;

Secondly, to bring the experience of socialist history and reform in China into the perspective of advanced studies and inject a new dynamism into contemporary discussions on economic, social and cultural transformations;

Lastly, to promote the dialogue and cooperation between researches carried out in China and in other areas of the world in order to transform the current Europe-U. S. -centered framework of advanced studies and construct a crucial institutional premise for scholars from China and Asia to join international scholarly conversations.

An institute for advanced studies differs from institutions of Chinese studies or of "national learning" (*guoxue*). Characterized by interdisciplinary, cross-cultural, trans-regional and trans-national research, we aims at exploring and making breakthroughs in the fundamental theories of humanities and social sciences. The notion of "remapping" in the title of this series shifts our attention from specific topographic categories to a concept of space that highlights hybridity, interaction, boundary-crossing, and multiple identification. *Remapping* publishes papers spanning all fields of humanities and social sciences and encourages in particular works that are based on fundamental research and raise new problematics or adopt new methodologies. While Asian studies is emphasized, we also encourage cross-regional research. Submissions are welcome and will go through a strict peer-review process. We strive for a short review circle and provide constructive comments.

目 录

专题：抗美援朝战争与历史叙述

全球史：理论与视野

亚洲与中国：政治、知识与想象

CONTENTS

Special Topic: The War to Resist U. S. Aggression and Aid Korea and Historical Narrative

Global History: Theory and View

Asia and China: Politics, Knowledge and Imagination

专题：抗美援朝战争与
历史叙述

二十世纪中国历史视野下的
抗美援朝战争[*]

汪　晖[**]

摘要：本文结合当代中国大陆有关朝鲜战争的最新研究成果，将抗美援朝战争置于20世纪中国的革命与战争的脉络中加以重新审视。所谓"20世纪中国的革命与战争的脉络"是一种"内部视野"，它为我们理解这一重大事件的政治决断及其形成提供了线索。这个"内部视野"与其他的"内部视野"在相互纠缠、并置和冲突中共同构成了那一时代政治生成的动力。在东北亚的内部分断、割裂和对抗持续的过程中，需要寻找突破这一格局的政治能量，在这个意义上，不能仅仅在国家利益的范畴思考战争，还需要在政治决断得以形成的历史脉络中探索其进程。本文分析了抗美援朝战争"对中国、对朝鲜、对东方、对世界都有利"的历史条件，以及从人民战争转向国际主义联盟战争的政治意义。本文指出，毛泽东在《论持久战》中曾经论证战争是政治的最高形式，作为政治范畴的人民战争最深刻地体现了这一命题；但伴随20世纪的终结，战争与其说是政治的最高形式，毋宁说是

---

[*] 本文最初的底本源自张翔对笔者的一次访谈，此后经多次修订、增补，形成了现在的格局。张翔协助整理了访谈记录并核对了部分文献。在校订文稿的过程中，高瑾核实和补充了若干注释。孙歌、仓重拓帮助查找了有关日本参战的线索。在此一并表示感谢。本文第一稿在《文化纵横》发表后，杨奎松在《东方早报·上海书评》（2013年12月29日）发表《以论带史的尴尬》一文对文章进行批评。该文基本建立在扭曲和误解笔者的论点和表述之上，已经有多位论者指出，这里不再一一回应。该文中也涉及一些史实问题，主要几处在"作为政治范畴的人民战争"一节中有关中共党史的部分。笔者在文中以注释的形式对他提出的问题做了澄清。

[**] 汪晖，清华大学人文学院中文系、历史系双聘教授。

政治失败或消失的后果。帝国主义意味着战争这一命题仍然正确，但由战争促发革命不再是现实。我们时代盛产的是去政治化的战争形式，它既不能体现人的决定作用，也无法区分正义与非正义，从而难以在不同国家、不同群体的运动中产生类似于 60 年代西方社会的反战运动与其他地区的民族解放运动之间的那种相互激荡和有力支持。这正是我们重温抗美援朝战争的意义所在：即便在核威慑成为现实后，抗美援朝战争和随后爆发的越南战争也并没有像奥威尔设想的那样陷入冷战，而是以热战的形式展开了为争取和平而战的政治进程。

关键词：抗美援朝战争 20 世纪中国历史 反抗帝国主义 人民战争 国际主义

Abstract：This article discusses recent scholarship in mainland China on the War to Resist U. S. Aggression and Aid Korea (*kangmei yuanchao*) and re-examines the war in the context of revolutions and wars in 20th-century China. The so-called "context of revolutions and wars in 20th-century China" is an "internal perspective" that provides us with insights to understand the political decision of this momentous event and its formation. It analyzes the historical conditions for the *kangmei yuanchao* War to "benefit China, Korea, the East, and the world", and delineates the political significance of the transformation from people's war to a war of internationalist alliance. Mao Zedong's *On Protracted War* argued that war is the highest form of politics, and people's war as a political category powerfully illustrates this proposition. However, as the 20th century drew to a close, war became instead the aftermath of the failure or the disappearance of politics. The presence of Imperialism entails this proposition about war remains valid, but for war to lead to revolution is no longer a reality.

What abounds in our era is a depoliticized form of war that can neither demonstrate the decisive role of human beings nor distinguish justice from injustice. Hence movements of different countries and communities can hardly generate the kind of vigorous mutual inspiration and support between the anti-war movements in the Western societies in the 1960s and the national liberation movements of other areas. Herein lies the significance to re-explore the *kangmei yuanchao* War：Even after nuclear deterrence has become a reality, the wars in Korea and in Vietnam were nonetheless not trapped in cold war as George Orwell presumed but instead initiated the process of fighting for peace as hot wars.

Keywords：The War to Resist U. S. Aggression and Aid Korea (*kangmei yuanchao*) 20th-Century Chinese History Anti-Imperialism People's War Internationalism

在朝鲜停战 60 周年的今天，即所谓全球化和后冷战的时代，朝鲜半岛的分断体制、台湾海峡的分隔状态仍然在持续。这种分隔状态也体现在历史记忆的领域：韩国、朝鲜、美国、日本、中国大陆和台湾，有着各不相同的战争记忆和历史阐释。对比首尔的战争纪念馆与平壤的祖国解放战争纪念馆，参照中国大陆有关朝鲜战争的叙述，美国对朝鲜战争的近于刻意的遗忘，我们可以清晰地看到这一事件的不同面影。朝鲜战争始于 1950 年 6 月 25 日，朝鲜方面称之为"祖国解放战争"，韩国方面称之为"六二五事变"和"韩国战争"，美国则称之为"韩战"。中国介入战争是在 1950 年 10 月 8 日，其时美军不仅已在仁川登陆，而且挥师逼近了鸭绿江，故称之为"抗美援朝战争"。命名的政治也是记忆的政治。中国军队在战场上面对的是以美国为主导的包括韩国军队在内的、由 16 个国家的军队组成的所谓联合国军。相对于越南战争，美国对于朝鲜战争的记忆是模糊的，近于有意识的遗忘，那么日本呢？根据《日本海上军力的战后再军备》一书，日本曾秘密①派出船只、人员参加战争："1950 年 10 月 2 日至 12 月 12 日间，共出动 46 艘扫雷艇、一艘专门用来触发压力型水雷的大型改装试雷船，1200 名前海军军人在朝鲜港口元山、郡山、仁川、海州和南浦行动。

---

① 美军方向日方下令，在朝鲜海域执行任务的扫雷船，只挂国际信号 E 旗。见日本防卫省防卫研究所 2013 年编《朝鲜战争と日本》中收录铃木英隆《朝鲜海域に出击した日本特别扫海队：その光と影》一文，第 17 页。铃木同时也引用了资料说明，国际国内关系是吉田希望展开扫雷活动的出发点：朝鲜战争爆发前杜勒斯多次访日与吉田茂会谈，日本正处于缔结和约前的国际关系敏感状态，而吉田也表示担心违反宪法第九条，因此命令大久保秘密进行扫雷工作。［见铃木文章中的注 26 引用大久保武雄 1978 年出版的『海鸣りの日々―かくされた戦後史の断層』一书 208～209 页，以及注 27 引用的后揭 James E. Auer 书日本版『よみがえる日本海军（上）』121 頁。］http：//www.nids.go.jp/publication/mh_ tokushu/pdf/mh004.pdf，2013 年 10 月 28 日访问网站。

日军共清扫了 327 公里的航路和 607 平方英里的海域。"① 除了为美军提供后勤支援外，在仁川登陆时，共计 47 艘坦克登陆舰中，有 30 艘由日本人驾驶。② 因此，如果算上日本，以美国为首的联盟不是 16 个国家，而是 17 个国家。2013 年 7 月，日本提出参加纪念在韩国举行的停战 60 周年的活动，却被韩国方面拒绝了。1953 年 7 月 27 日，《朝鲜停战协定》由朝中方面与美国为代表的联合国军签署。早在 4 月 12 日，韩国方面的李承晚总统发表声明，坚决反对停战，声称将单独北进，并于 4 月 21 日通过北进统一决议，故未在协议上签字。在朝鲜战争停战谈判期间另一位明确表示反对停战、要求大打的是依靠美国保护才幸存下来的蒋介石政权。这两个细节如今也不常被人提起，人们更倾向于批评毛泽东越过了"三八线"。

在过去 20 年中，有关朝鲜战争的研究是中国历史研究中最为活跃的领域之一。结合苏联档案、美国档案和部分中国档案及当事人回忆录的出版或公布，学者们按照当代社会科学和历史研究的新规范研究朝鲜战争，尤其是中国介入朝鲜战争的历史，在去意识形态化的名义下，将抗美援朝战争置于冷战史研究框架下，形成了这一研究领域的主要趋势。在观点各不相同的研究中，我们大致可以归纳出一种方法论上的民族主义，其特征是朝鲜战争研究渐渐摆脱了资本主义与社会主义、帝国主义与国际主义等对立范畴，转而以国家间关系及国家利益为中心，探讨这场战争的历史意义。对中国的抗美援朝战争持支持意见的作者强调这场战争是新中国的立国战争，而持批评意见的学者则认为这场战争除了造成了大量人员伤亡外，也加速和巩固了中苏结盟、中美对抗的冷战格局，并使中国大陆丧失了收复台湾的机会。冷战格局是由各种利益关系构成的，其中民族和国家的尺度占据着重要位置，但这并不等同于说这一时代的热战和冷战的动因和动机可以化约为民族的和国家的利益尺度。本文结合当代中国大陆有关朝鲜战争的最新研究，将抗美援朝战争置于 20 世纪中国的革命与战争的脉络中加以重新审视。所谓"20 世纪中国的革命与战争的脉络"是一种"内部视野"，它为我们理解这一重大事件的

---

① James E. Auer, *The Postwar Rearmament of Japanese Maritime Forces*, *1945-1971* (New York: Praeger Publishers, 1973), p. 66.

② Curtis A. Utz, "Assault from the Sea: The Amphibious Landing at Inchon," in Edward J. Marolda, ed., *The U. S. Navy in the Korean War* (Annapolis, MD: Naval Institute Press, 2007), p. 76.

政治决断及其形成提供了线索。这个"内部视野"与其他的"内部视野"在相互纠缠、并置和冲突中共同构成了那一时代政治生成的动力。试图将政治决断置于历史理解内部，就不可能像自居于客观地位的社会科学家那样，彻底地排除那个时代支配人们行动的原则、价值观和对抗性的政治。在东北亚的内部分断、割裂和对抗持续的过程中，我们需要寻找突破这一格局的政治能量，在这个意义上，我们不能仅仅在国家利益的范畴思考战争，还需要在政治决断得以形成的历史脉络中探索其进程。

20 世纪中国的革命和战争中有哪些经验和教训值得我们记取？

"对中国、对朝鲜、对东方、对世界都有利"：抗美援朝战争的历史条件

抗美援朝、保家卫国与新中国

根据解密档案和当事人回忆，朝鲜战争爆发时，中美双方均无全面介入的准备，但这并不意味着战争的爆发是一个偶发事件。从 1949 年 10 月到 1950 年 9 月最初明确提出中国可能卷入战争①，新中国成立尚不足一年。百废待兴，中共内部的主导意见是不想卷入战争。1949 年比较强调的事情是肃清残匪，是中国人民解放军和各级党的机关迅速转变职能，是工作重点从农村转向城市，是解放军正规化，搞文化教育，是已经提上日程的民族区域问题，更不要说战后的恢复重建了。1950 年 6 月全国政协第二次会议召开，会议反复强调的主题就是土地改革②；毛泽东告诫全党"不要四面出击"③。朝鲜战争爆发的时刻，中国人民解放军的主力部队正在转

---

① 1950 年 9 月 5 日，毛泽东在中央人民政府委员会第九次会议上做了题为《朝鲜战局和我们的方针》的讲话。他说："美帝国主义也可能在今天更乱来，它是什么都可能干出来的。假如它要那样干，我们没有准备就不好了，我们准备了就好对付它。""对战争打起来的时候，不是小打而是大打，不是短打而是长打；不是普通的打而是打原子弹，我们要有充分准备。""一九五一年的国家概算，也应当这样来制定。"《毛泽东文集》第六卷，人民出版社，1999，第 93~94 页。

② 参见毛泽东《在全国政协一届二次会议上的讲话》闭幕词部分，载《毛泽东文集》第六卷，第 79 页。

③ 《不要四面出击》，载《毛泽东文集》第六卷，第 73 页。

进新疆、西藏途中，并在东南与国民党争夺沿海岛屿。总之，新中国没有加入到这场战争中的准备。

但是，这并不等于说朝鲜战争的爆发与中国毫无关系。从中国与朝鲜的关系方面说，在日本殖民主义统治下，朝鲜半岛的抵抗力量早已与中国人民的民族解放战争密切相关。1949 年 5 月，毛泽东同意将参加中国的解放战争、原隶属中国人民解放军第四野战军的三个朝鲜师移交朝鲜，其中两个师于同年 7 月抵达朝鲜，另一个师整编为一个师和一个团，于 1950 年 3 月至 4 月间移交朝方。① 这是中国革命与周边关系的一个历史延伸，也是中国革命者对朝鲜半岛南北对峙格局的实质回应。从美国的亚洲战略角度看，朝鲜战争与台湾海峡问题从一开始就关联在一起。1950 年 6 月 25 日战争爆发后两天，杜鲁门在声明扩大朝鲜战争的同时，又联系到中国台湾、越南、菲律宾，他明确针对中国说："共产党部队的占领台湾，将直接威胁太平洋地区的安全，及在该地执行合法而必要职务的美国部队。因此，我已命令第七舰队阻止对台湾的任何攻击。"② 1950 年 10 月初，毛泽东决定参战，这个决定不是从战争由谁挑起这一问题出发，而是从对战争进程及其对整个世界格局的影响的判断出发的。他给当时在苏联的周恩来发电，指出采取参战的积极政策，"对中国、对朝鲜、对东方、对世界都极为有利"③。

"抗美援朝，保家卫国"这一口号准确地概括了中国参战"对中国，对朝鲜"极为有利的方面。美军在仁川登陆后，凭借其军事优势，迅速北进，威胁中国东北，朝鲜方面面临军事崩溃的局面。中国出兵对于朝鲜方面的支持是显而易见的。美国中央情报局曾推断中国出兵最直接的原因可能是担心联合国军会入侵东北、破坏水丰电站和鸭绿江沿岸的发电设施。④ 1950 年 11 月 10 日，法国在联合国提出议案，呼吁中国军队撤出朝鲜，保证中国边界不受侵犯。这个议案立刻得到美、英等六个国家的支持，却被苏联否决。这些事实也为当代历史叙述提供了素材，即中国是在误

---

① 金东吉：《中国人民解放军中的朝鲜师回朝鲜问题新探》，《历史研究》2006 年第 6 期，第 103 页。

② 转引自《周恩来传》（三），中央文献出版社，1998，第 1008 页。

③ 《中国人民志愿军应当和必须入朝参战》，载《毛泽东文集》第六卷，第 103 页。

④ 1950 年 11 月 1 日中情局局长瓦尔特·史密斯给总统的备忘录，FRUS, 1950, vol. 7, *Korea*, pp. 1025 - 1026。http://digital.library.wisc.edu/1711.dl/FRUS.FRUS1950v07, 2013 年 11 月 17 日查阅。

判的条件下、由于苏联否决了这项议案而介入战争的。如果美国没有进攻中国的计划而中国出兵朝鲜，"保家卫国"的意义何在？这里暂且提出两点解释：第一，美国总统和国务院的一两个电文，或者美国操纵下的联合国通过的一两个决议，并不能决定战争进程。帝国主义战争总是超出他们的"计划"。从历史上看，日本发动的"九一八事变"或者"七七事变"也不是天皇或者日本内阁直接下令，而是由前线的军事将领决定的，至今有人以此为日本的战争政策辩护。布鲁斯·柯明思（Bruce Cumings）指出，对朝鲜战争的干预和美国外交政策决定常常产生于一个"决策矩阵"（matrix），而不是个别人的指示。[①] 仅仅根据解密的某些档案、选取其中一两条电文和文件作为证据，并不能断定美国是否会跟中国打一场战争，美国是否想压迫到鸭绿江边。在麦克阿瑟挥师北上的时刻，如果没有有效的阻击，朝鲜和中朝边境的军事态势究竟会发生怎样的突破是无法预估。事实上，在法国提出议案不久前，美军就已经于11月8日开始轰炸鸭绿江上的公路桥梁，美军在轰炸桥梁时"侵入了中国领空，有的还对中国边境的城镇进行轰炸扫射"[②]。在此之前，从1950年8月27日开始，美军飞机就屡屡飞越中朝边境，并在城市、乡镇、港口进行扫射和轰炸，造成财产损失和人员伤亡，美国海军并在公海上武装拦截中国商船。中国政府向美国提出抗议并向联合国安理会控诉后[③]，美国飞机的入侵和袭击行为仍然持续。[④] 第二，中国的底线不是要求美军不要直接进攻中国，而是不允许美军越过"三八线"。1950年10月3日，周恩来约见印度驻华大使潘尼迦，请他转告英美，如果美军越过"三八线"，中国

① Bruce Cumings，"China's Intervention in the Korean War and the Matrix of Decision in American Foreign Policy," a paper for the conference "China and the Cold War", in Bologna, Italy, September 16-18, 2007.

② 军事科学院军事历史研究所：《抗美援朝战争史（修订版）》上卷，军事科学出版社，2011，第303页。

③ 1950年8月27日《周恩来外长致美国国务卿艾奇逊电——严重抗议美国侵略朝鲜军队的军用飞机侵入我国领空并扫射我国人民》及《周恩来外长致联合国安理会主席马立克及秘书长赖伊电——要求制裁美国侵略朝鲜军队的军用飞机侵入我国领空的严重罪行》，《中美关系资料汇编》第二辑（上册），世界知识出版社，1960，第146~149页。

④ 伍修权1950年11月28日在联合国安理会的讲话，《中美关系资料汇编》第二辑（上册），第305页。

将出兵朝鲜，但美国显然没有意识到这是中国的底线。① 10 月 7 日，在美国操纵下，联合国绕过可能遭到苏联否决的安理会而直接召开大会，通过了由美国主导占领北方、进而统一朝鲜的决议，次日美军就越过了"三八线"。毛泽东强调：不出兵，首先对东北不利，整个东北边防军将被吸住，南满的电力将被控制。在这个判断背后，是一个决断，即决不允许新中国受到军事威慑。

中国的军事和政治底线是不允许美军越过"三八线"，而不仅仅是保护中国水丰电站及沿江设施这么简单。这一底线初看与美国的对朝战略重叠，但内涵并不相同。事实上，毛泽东并未将"三八线"当作不可逾越的分界线，他在入朝作战前两次战役结束之后就说过"必须越过三八线"②。1950 年 12 月 13 日，英美要求中国军队在"三八线"停止。在此之前，志愿军攻入平壤的次日，即 12 月 7 日，印度驻华大使潘尼迦向中国副外长章汉夫递交了一份备忘录，说 13 个亚非国家联合倡议在"三八线"停战，但周恩来反问道：为什么在美军打过"三八线"时，你们不讲话？为什么 13 国不公开宣言要求外国军队撤出朝鲜并谴责美国对朝鲜和中国的侵略？在联合国通过要求朝鲜战争双方停止军事行动决议的次日，12 月 15 日，杜鲁门宣布美国进入战争状态。到 1950 年年底，中美两国已经处于不宣而战的战争状态，各自进入了全国性的战争动员。因此，毛泽东决定越过"三八线"包含两个动机：第一，动摇英美的决心。在第四次战役后，美军再次突破了"三八线"，并策划从侧后登陆。从军事上讲，如果不能越过"三八线"，就难以挫败联合国军，尤其是美军的战斗意志，并给他们的进攻找到喘息的机会，也难以通过重击敌人以赢得自身的休整时间。第二，在联合国军败退的情境中，美国利用联合国发布决议，要求双方在"三八线"停止下来。在毛泽东看来，此时的联合国不过是美国操控的、作为战争之一方的"国际机器"，中国没有义务接受它的决议或规定。在这个意义上，打过"三八线"不仅是拒绝承认美国霸权的边界，而且也是

---

① 周恩来对潘尼迦说："美国军队企图越过三八线，扩大战争。美国军队果真如此做的话，我们不能坐视不顾，我们要管。请将此点报告贵国政府总理。"一年多后，尼赫鲁的妹妹告诉周恩来，作为印度驻美大使，每次周恩来与潘尼迦谈话，印度政府都指示印度大使馆与美国国务院联系，但"美国国务院认为我们东方国家只是说说而已"［载《周恩来传》（三），第 1016 页］。

② 《中国人民志愿军必须越过三八线作战》，载《毛泽东文集》第六卷，第 114 页。

以军事方式对其政治攻势的还击。1951 年 4 月，当麦克阿瑟在军事失败的背景下建议轰炸中国本土、武装国民党军介入朝鲜战争后，很快被杜鲁门以可能招致与中国的全面战争而撤换。杜鲁门的这个决定与中国在朝鲜战场上痛击了美军有着密切的关系。

中国是通过一场持久的、充满了苦难而最终获得胜利的革命才摆脱被奴役命运的亚洲国家，它不是一个通常意义上的强国，却标志着对一个与帝国主义时代的国家截然不同的国家的承诺，对一个与历史上既往的国家或王朝的不同态势的承诺，对一个人民当家作主的民主的社会主义国家的承诺。1950 年 9 月 5 日，毛泽东在《朝鲜战局和我们的方针》一文中，明确地将中国革命与朝鲜战争联系起来，他说："中国革命是带有世界性质的。中国革命在东方第一次教育了世界人民，朝鲜战争是第二次教育了世界人民。"①1951 年 10 月，也就是入朝作战一周年的时候，毛泽东在全国政协第三次会议的开幕词中专门提到朝鲜战争，他指出：第一，这场战争是保家卫国，如果不是美国军队占领我国的台湾，侵略朝鲜民主主义人民共和国和打到我国的东北边疆，中国人民是不会和美国军队作战的。第二，既然美国侵略者向我们进攻，我们就不能不举起反侵略的大旗，这是以正义的战争反对非正义的战争。第三，朝鲜问题应予和平解决，只要美国政府愿意在公平合理的基础上解决问题，朝鲜的停战谈判是可能成功的。② 在上述第一条中，他特别提及如果没有台湾问题，没有美国侵略朝鲜的问题，没有美军威胁中国边界的问题，中国不会直接加入这场战争。曾有历史学家提出，如果中国在釜山战役全面展开之前出兵朝鲜，美国就会失去仁川登陆的机会③，这个观点与 1950 年 10 月麦克阿瑟在威克岛与杜鲁门讨论中苏会否出兵时的观点完全一致，即中国错过了最佳出兵机会从而不会出兵。从军事的角度说，这一判断有一定的根据，但这种从纯粹的军事观点判断战争进程的方式与毛泽东对战争的把握大异其趣。

为什么这么说呢？除了前面提及的"反侵略"这一点之外，我们也要从

① 《毛泽东文集》第六卷，第 93 页。

② 《毛泽东文集》第六卷，第 182~186 页。

③ "如果在仁川登陆前中国军队可以协防后方，从而保障人民军主力在前线取胜；仁川登陆后中国军队可以在三八线建立一道防御线，从而阻止敌军继续北进的话，那么到 10 月初人民军主力丧失殆尽、三八线已被突破的时候，中国军队入朝作战的良机已不复存在。"见沈志华主编《一个大国的崛起与崩溃》（下），"难以作出的抉择"（沈志华），社会科学文献出版社，2009，第 845 页。

美国的战争进程角度加以分析。美国在战争初期以朝鲜方面发起南侵为由将自己的军事干预解释为一种执行国际法的警察行动。尽管联合国的授权是单方面的，但美国以此将干预在联合国框架下合法化。在战争初期，这一合法框架也限制了美国的军事行动，例如在国会参议院辩论时，参议员与代表政府的发言人均一致同意将总统权限限制在"三八线"以内，即不允许美军越过此临时分界追击朝鲜军队。① 但是，在仁川登陆之后，这一框架随即被突破了，美国驻联合国大使奥斯汀（Warren Robinson Austin，1877－1962）宣称不能容忍"侵略者的军队"受一条"想象中的界线的保护"。② 美国对进军朝鲜半岛的自我合法化在此受到双重的颠覆：其一，将朝鲜南进和国内统一战争视为"侵略"本身已经十分勉强，艾奇逊在战争初期否定战争目标为统一朝鲜，似乎暗示干预类似于国内执法中的"制止犯罪和恢复原状"；其二，越过"三八线"不仅打破了早先美国方面所说的有限战争的框架，而将"美国的目标变成了武力统一朝鲜并建立一个新的（民主的）政府"，即"武力征服整个国家"。③ 如果美国将朝鲜北方的南进都视为"侵略"，美国如何界定自己突破"恢复原状"（status quo ante）的战争目标的行动？从美军突破"三八线"的那一刻起，美国的朝鲜战争已经以政体改变和最终胜利作为战争目标，从而即便从美国初期的承诺和美国操纵的联合国所允许的框架来看，这场战争也没有任何正义性可言了。尽管美国突破"有限战争"承诺的行动再次得到了联合国的授权，但这除了再次证明联合国已经是单方面操纵的机构外，并不能增加战争的合法性。因此，在美军突破"三八线"之后，中国介入朝鲜战争不仅具有反侵略的理由，而且也获得了国际法的依据。毛泽东并不像一些历史学家描述的那样对国际秩序一无所知，恰恰相反，在抗日战争期间，他已经深入地研究过西方的战争理论和国际法规，并以自己独到的方式加以运用。毛泽东选择战争介入的时机与新中国在战争期间及结束后的灵活的外交斗争，都清晰地显示了毛泽东、周恩来等人对于战争的政治性的理解，以及他们对于战争与国际法知识的娴熟运用。事实上，1953 年年底提出的和平共处五项原则就是在这个基础之上提出的，它表明中

---

① Glenn D. Paige, *The Korean Decision, June 24－30, 1950* (New York：Free Press, 1968), pp. 218-219.

② John W. Spanier, *The Truman-MacArthur Controversy and the Korean War* (Cambridge, Mass：Belknap Press, 1959), p. 88.

③ 以上论述涉及资料参见〔美〕迈克尔·沃尔泽（Michael Walzer）《正义与非正义战争》（*Just and Unjust War*），任辉献译，江苏人民出版社，2008，第 133 页。

国领导人比美国领导人更善于运用国际法的原则，以确立战争和外交的正义原则。

新中国的巩固本身包含着突破冷战格局的契机。首先，第一次世界大战之后，苏联在十月革命的炮声中诞生，但未能阻止德国、意大利、日本三个帝国主义国家企图称霸世界的事实。毛泽东认为局面完全不同了："帝国主义称霸世界的时代，已由社会主义苏联的成立，已由中华人民共和国的成立，已由各人民民主国家的成立，已由中苏两个伟大国家在友好互助同盟条约基础上的巩固团结，已由整个和平民主阵营的巩固团结以及世界各国广大和平人民对于这个伟大阵营的深厚同情，而永远宣告结束了。"① 其次，20世纪中期出现了一个在世界历史上从未出现的格局、一个新的世界体系，而在亚洲，一个由中国革命的胜利而被带动和鼓舞的反殖民主义进程正在逐渐展开。这个进程的目标是通过抵抗帝国主义而实现和平，从而实现和平的方法包括了战争手段，即毛泽东所说"战争转化为和平，和平转化为战争"②。这是从中国革命战争中延伸而来的战略。早在抗日战争全面爆发前，毛泽东就明确指出，消灭战争的手段只有一个，"就是用战争反对战争，用革命战争反对反革命战争，用民族革命战争反对民族反革命战争，用阶级革命战争反对阶级反革命战争"③。朝鲜战争则是用反侵略战争反对侵略战争。这就是正义与非正义战争的政治分野。在毛泽东看来，新中国是"国内国际伟大团结的力量"得以凝聚的前提，是抗美援朝战争与此前所有中国革命中的战争之间的分界点。没有抗美援朝的胜利，1949年10月1日他在天安门城楼的宣示就不能得到证明。

朝鲜战争与中苏关系问题

过去十年中，中国大陆关于朝鲜战争的研究发生了一个转向，除了彻底抛弃了国际主义的视野，转而用较为单纯的民族主义视野解释这场战争之外，另一个趋势是将研究的中心从中国与美国的较量转向

---

① 《在全国政协一届三次会议上的讲话》，载《毛泽东文集》第六卷，第185页。
② 《在成都会议上的讲话》（1958年3月），载《毛泽东文集》第七卷，人民出版社，1999，第374页。
③ 《中国革命战争的战略问题》（1936年12月），载《毛泽东选集》第一卷，人民出版社，1969（据1952年第1版），第158页。

中苏关系。比较有影响的看法包括：（1）斯大林与金日成联手背着毛泽东策划朝鲜战争，联手诱导中国参战①；（2）苏联放手朝鲜发起统一战争，是因为对控制中国东北失去了信心，而中国出兵朝鲜的目的之一是避免苏联以美国压境为理由加强在东北的驻军而受苏联控制②；或者，苏联支持朝鲜进攻是因为避免毛泽东成为亚洲的铁托③；（3）苏联是在朝鲜战争中受损最大者之一，因为它不仅失去了在中国东北的利益，而且为中国援助建设了 156 项重大工程，从而为新中国的工业化奠定了基础。④（4）朝鲜战争加速了中苏同盟的进程，也破坏了与美国改

---

① 例如，沈志华认为，"斯大林对于在朝鲜半岛采取军事行动的具体内容和计划，丝毫也没有向中国透露"。见氏著《毛泽东、斯大林与朝鲜战争》第三章"越过三八线"，广东人民出版社，2003。纪坡民在《夹击中的奋斗：毛泽东出兵援朝的艰难决策》中认为，"'三国同谋论'可以休矣"，朝鲜战争是斯大林和金日成两人背着中国秘密策划的，直到开战前，生米快要做成熟饭了，才告诉毛泽东；斯大林的盘算最精，仗是朝鲜人在打，胜了，苏联获益巨大，败了，受损也有限，而最大的"利益攸关方"实际上是中国。载《香港传真》NO. HK2011-41，2011 年 6 月 9 日。

② 例如，沈志华推断，斯大林在 1950 年年初中苏同盟形成、苏联被迫出让大部分在中国的权益之后，很可能是为了在朝鲜半岛获得取代旅顺的不冻港，以弥补在中国的损失，才改变了对朝鲜半岛的政策，同意朝鲜的进攻计划。参见氏著《毛泽东、斯大林与朝鲜战争》第三章"越过三八线"；《冷战在亚洲：朝鲜战争与中国出兵朝鲜》，"保障苏联在远东的战略利益"，九州出版社，2013。沈志华认为，"毛泽东很有理由做这样的推理：既然美国继侵占北朝鲜后会进一步跨过鸭绿江，那么，战火一旦在中国东北境内燃起，苏联很可能会以中苏同盟条约为依据而出兵东北。其结果，不是美国占领东北，就是苏联控制东北。这就是说，无论未来东北战场鹿死谁手，中国都将失去在东北的主权"。见氏著《冷战在亚洲：朝鲜战争与中国出兵朝鲜》，"中国出兵朝鲜的决策过程"，第 133 页。

③ "斯大林在盘算，今后怎么对付这个桀骜不驯的毛泽东呢？……要经过一番运筹，设法造成一个局面，一个世界范围的大格局，把中国这只已经醒来的'东方睡狮'，彻底关在斯大林设计和铸就的铁笼子里。"见纪坡民《夹击中的奋斗：毛泽东出兵援朝的艰难决策》，载《香港传真》NO. HK2011-41，第 28 页。

④ 例如，张文木引用基辛格"韩战的最大输家是苏联"的说法，指出美国和苏联都是朝鲜战场上的最大"输家"，而中国则是这场战争中最大的赢家。他强调苏联对中国东北的实际控制权的正式放弃，这导致了苏联帝国的基石在中国东北这一边缘地带出现了第二次松动。见氏著《全球视野中的中国国家安全战略》（中卷·下），山东人民出版社，2010，第 720~726 页。纪坡民认为，苏联援助中国的 156 项，是中国在抗美援朝中的"战利品"。见氏著《夹击中的奋斗：毛泽东出兵援朝的艰难决策》，载《香港传真》NO. HK2011-41，第 69~76 页。

善关系的契机。① 因此，一个自然的问题是：中苏关系在多大程度上影响了中国出兵朝鲜？

在谈论出兵朝鲜问题时，毛泽东除了谈及对中国、朝鲜有利外，特别提及对东方、对世界有利的问题。这是两个新的，也是在一般民族主义和国家利益框架内不能解释的范畴。东方是指东西两个战线中的东方，尤其是以苏联为中心的社会主义阵营，而中苏同盟正是"东方"范畴的核心内容之一；世界指正试图从帝国主义的控制下解放出来的全世界被压迫民族。从新中国成立伊始，到抗美援朝，再到此后一段时期，中国对外政策的重心是与苏联和东欧国家的结盟。这不是突发的转变，而是中国革命进程中已经确定的同盟关系的延续。1950 年 6 月，毛泽东在全国政协一届二次会议上的闭幕词里讲到了这一问题。他说：中国要有远大的目标，在全国人民考虑成熟之后，在各种条件具备的情况下，可以从容地、妥善地走进社会主义新时期。为了这个远大目标，他提出在国外必须兼顾地团结苏联、各人民民主国家及全世界一切和平民主力量，对此不可有丝毫的游移和动摇；在国内必须团结各民族，各民主阶级，各民主党派，各人民团体及一切爱国民主人士，巩固革命的统一战线。换句话说，虽然战争促进了军事的合作，但中苏并不是因为朝鲜战争爆发才会结盟。中国与苏联及其他社会主义国家的结盟，是一个非常重要的新的形势的结果。大革命时代的国民党曾经与苏联结盟，而在大革命失败后，中国共产党与国际共产主义运动和苏联的关系是众所周知的，并不需要等到朝鲜战争才出现，但可以肯定的是，1945 年后国共内战时期美国对国民党的偏袒态度最终促使中国共产党迅速倒向苏联。

毛泽东反对美国及其仆从势力军事介入朝鲜半岛，而同时保持着对社会主义阵营的承诺。② 他的修辞包括两方面，即一方面对中国、朝鲜有利，

① "……甚至由于毛泽东那被战争激发出来的革命冲动而比苏联更深地陷入了与美国敌对的漩涡"，"中国未能及时改变战略方针（停止于'三八线'——引者注）的另一个后果是造成了自身在国际政治中的孤立地位"，见沈志华《毛泽东、斯大林与朝鲜战争》，第361、359 页。

② 张文木根据沈志华编《朝鲜战争：俄国档案馆的解密文件》（台湾"中央研究院"近代史研究所，2003）等材料指出，早在 1949 年 5 月间，毛泽东即与金日成的代表金一讨论过朝鲜的军事行动的问题，帮助分析朝鲜对南方采取军事行动的几种可能结果，其中包括日本卷入的情况，并明确表示"你们不用担心……必要时，我们可以给你们悄悄地派去中国士兵。都是黑头发，谁也分不清"［《柯瓦廖夫关于毛泽东通报与 （转下页注）

这是最能够说服全体中国人民，尤其是民族资产阶级支持抗美援朝战争的理由；另一方面对东方和世界有利，这涉及对整个世界格局的基本判断。这个世界格局的新特点是出现了东西两大阵营，而中国正是东方阵营的一员。1950 年 1 月，朝鲜战争爆发前五个月，苏联因中国重返联合国的提议未获通过而宣布退出安理会会议，从而缺席了 6 月 25 日为讨论朝鲜战争而举行的安理会会议。这个细节现在被一些学者解释为一种"放水"行动，即苏联因缺席而无法行使否决权，遂使联合国通过美国主导的组成联合国军并卷入朝鲜内战的议案。①这一猜测因葛罗米柯回忆录中有关斯大林拒绝让苏联代表参加安理会并行使否决权的细节而得到加强。这是否一个有预谋的行动？参照 1950 年年初斯大林与金日成秘密会谈而不通报在苏联访问的毛泽东的细节，这个推断不无道理。但既然苏联支持北方的统一战争，它又有什么理由故意让那么多联合国军合法介入朝鲜战争？比较有说服力的证据是俄国学者披露的档案，即斯大林致捷克斯洛伐克总统哥特瓦尔德的电报。在这封电报中，斯大林解释了苏联退出安理会的四个目的："第一，表明苏联与新中国的团结一致；第二，强调美国的政策荒诞愚蠢，因为它承认国民党政府这个小丑是中国在安理会的代表，却不允许中国的真正代表进入安理会；第三，使得安理会在两个大国代表缺席的情况下做出的决定成为非法②；第四，解绑美国的双手，让它利用安理会中的多数票

（接上页注②）金一会谈的情况致斯大林电》（1949 年 5 月 18 日），沈志华编《朝鲜战争：俄国档案馆的解密文件》（上册），第 187~188、189~190 页]。这一讨论是当年 3 月斯大林与金日成在莫斯科会谈的延续。他还梳理出毛泽东与斯大林和金日成之间在 1950 年 5 月对战争的沟通线索：5 月 13 日金日成赴北京向毛泽东传达斯大林"北朝鲜可以开始行动"的指示，毛泽东表示需要得到"菲利波夫同志本人对这一问题的说明"；5 月 14 日斯大林致电毛泽东，明确表示"同意朝鲜关于实现统一的建议"，"这个问题最终必须由中国和朝鲜同志共同解决"；鉴于苏联有了明确的支持态度，毛泽东也表示愿意支援朝鲜的行动。见氏著《全球视野中的中国国家安全战略》（中卷·下），第 634~636、652~654 页。

① 参见沈志华《冷战在亚洲：朝鲜战争与中国出兵朝鲜》及纪坡民《夹击中的奋斗：毛泽东出兵援朝的艰难决策》"斯大林策划朝鲜战争的决策动因初探"一节。

② 1950 年 11 月 28 日伍修权在联合国安理会发表控诉美国侵略台湾的演说时，也强调了安理会常任理事国中如果没有当时有着 4 亿人口的中国的合法代表，"就不能在任何重大问题上做出合法决定，它就不能解决任何重大问题，尤其是有关亚洲的重大问题"，"中国人民就没有理由承认它的任何决议和决定"。《中美关系资料汇编》第二辑（上册），第 291 页。

再做些蠢事，从而在公众舆论面前暴露美国的真实面目。"① 斯大林的第四点实际上就是指朝鲜战争，他接着说："我们退出安理会后，美国陷进了对朝鲜的军事干涉，败坏了自己在军事上的威望和道义上的制高点，现在没有几个正直的人还会怀疑，美国在朝鲜扮演了加害者和侵略者的角色。在军事上也不像它自己宣扬的那样强大。此外，很明显，美国的注意力从欧洲被引向了远东。从国际力量平衡的观点来看，这一切是不是对我们有利呢？当然是。"② 此后的事态发展多少印证了斯大林的估计。安理会决议后，杜鲁门命令美国在远东的军事力量全力支援李承晚政权，同时，命令第七舰队封锁台湾海峡，以阻止中国可能进行的对台湾的进攻。从斯大林的盘算看，美国的注意力的确从欧洲转向了远东，但从美国方面看，它介入远东事务、与苏联在这一区域争夺势力范围，均非始于 1950 年。苏联缺席安理会恐怕并不是军事介入朝鲜的关键因素。

由于苏联在东方集团中的特殊地位，如何区别其行为中的国家霸权与冷战政治格局下的政治领导权，仍然有待深入分析。从斯大林时代到勃列日涅夫时代，苏联承担着巨大的国际主义责任，又存在着不同程度、不同形式乃至不同性质的霸权主义。在中苏关系方面，两党从相互合作，到内部分歧，再发展为公开辩论。两国从政治合作，到政治冲突，再发展到军事对抗，苏联在 20 世纪 50 年代的表现与 60 年代以后有重要区别。这是一个复杂的、需要置于具体脉络中进行研究的进程。二战之后苏联在东北有巨大的影响，当时西方特别是美国一再出现苏联将完全吞并中国东北的说法，从 1949 年后期到 1950 年朝鲜战争爆发之前，美国国务院一再叙述这个问题。但美国和西方世界的这些说法——如同英国报纸在毛泽东访苏期间散布毛泽东已经在苏联被软禁一样——怎么可能作为"事实"来叙述？这样的说法与其说是当代学者的发现，不如说是美国国务卿艾奇逊的发明，是美国政府从其战争霸权政策和对中苏关系进行分化的策略出发蓄意制造的说法。在新中国成立以后，中苏之间围绕苏联在东北的权益（包括

---

① 斯大林致哥特瓦尔德电报。沈志华的《冷战在亚洲：朝鲜战争与中国出兵朝鲜》一书第53~54页引用了这封电报。在校订此文的过程中，高瑾致信俄罗斯国立社会政治史档案馆，询问这封电报的来源和翻译的准确度。俄方于 2013 年 10 月 30 日寄来了扫描件。经过比对，这里根据高瑾的翻译更动译文。主要更动处是：电报第三条起头沈译为"认定"，现译为"使得安理会在两个大国代表缺席的情况下做出的决定成为非法"。此外也有个别词句上的改译。

② 斯大林致哥特瓦尔德电报，译文有所变动。

中长铁路、旅顺港等问题）有一系列的谈判。朝鲜战争对中国加速全面接管东北有其影响，但这绝不是说：如果没有朝鲜战争，中国东北就会被并入苏联。我在这里举两个例子——都是普通的、由于毛泽东的明确表述而广为人知的例子，但足以说明问题。

1950 年 1 月 20 日，当时的中央人民政府新闻总署署长胡乔木专门发表谈话驳斥这种说法。就在同一天，新华社发表了毛泽东起草的评论《驳斥艾奇逊的无耻造谣》，反击美国国务卿艾奇逊 1950 年 1 月 12 日在美国全国新闻俱乐部的长篇演讲。毛泽东驳斥了其中的两个观点。第一个是美国跟亚洲各国的关系问题。艾奇逊的说法是，"我们的利益与亚洲各国人民的利益是符合的"，美国的利益和中国人民的利益"是并行不悖的"，"自从宣布门户开放政策之时起，经过九国公约之签订，以至联合国大会的最近的决议都是这一个原则，并且我们对它始终不渝"。① 艾奇逊的第二个说法是，"苏联正在将中国北部地区实行合并，这种在外蒙所实行了的办法，在满洲亦几乎实行了。我相信苏联的代理人会从内蒙和新疆向莫斯科作很好的报告。这就是现在的情形，即整个中国居民的广大地区和中国脱离与苏联合并。苏联占据中国北部的四个区域，对于与亚洲有关的强国来说是重要的事实，对于我们来说是非常重要的"。② 毛泽东反驳说，美国的基本国策是利用一切办法渗透中国，将中国变成美国的殖民地。他的根据不仅是美国在 1945~1949 年中国内战时期对国民党政权的支持，而且是美国对台湾海峡的介入。1 月 14 日，也就是艾奇逊演讲的第二天，塔斯社在华盛顿报道说，1949 年 10 月 24 日在中国被逮捕、11 月 1 日被审判、12 月中旬被驱逐的美国驻沈阳的总领事瓦尔德返美以后，曾与美国国务院官员谈话。此次谈话后，在会见记者时，他说，苏联在中国东北行使共管铁路的条约权利，但"并未看见苏联有监督满洲的任何迹象"，也"未看见苏联有吞并满洲的任何迹象"；在回答满洲共产党的政权是否受北京的监督时，瓦尔德称"所有共产党的政府，都是受高度的集中管理。据他所知，满洲乃系共产党中国之一部分"。毛泽东讽刺道："人们可以看见：在西半球的土地上发生了怎样的故事。一个说：满洲与苏联合并。一个说：并未看见。这两个不是别人，都是美国国务院的有名的官员。"③

---

① 《毛泽东文集》第六卷，第 44 页。
② 《毛泽东文集》第六卷，第 45 页。
③ 《驳斥艾奇逊的无耻造谣》，载《毛泽东文集》第六卷，第 46 页。

苏联希望相对长地在东北拥有一定的影响力，但由此推断中国会因此丧失东北是缺乏根据的。中苏关系是二战后最重要的大国关系之一，但这一大国关系不同于以往的大国关系。这是新中国与苏联的关系，是刚刚出现的社会主义阵营内部的关系。这不是说它们已经不是国与国的关系，而是说这一时代的国际政治关系具有不同以往也不同于此后的国际关系的内涵和性质。社会主义国家间的关系包含国际主义的面向，中苏关系不仅是中苏关系，也是东方集团内部的关系。一般来说，中苏分裂肇始于苏共二十大，到1960年伴随着论战的公开化而为世界所知。但根据美国中央情报局的解密档案，即便在中苏论战的语境中，美国情报机构仍然认为中苏同盟并未真正破裂。归根结底，美国的判断是从朝鲜战争等经验中得来的，它明白社会主义阵营内的国家关系不同于一般意义的主权国家关系。这个关系的内核是党与党的关系，从而意识形态和价值观对于国家间关系起着至关重要的作用。

中国参战的条件之一是苏联的支持，但这一条件并不是决定中国是否参战的最终决定因素。在1950年10月13日给周恩来的电文里面，毛泽东提及对第三、第四点没有把握。所谓第三点针对的是1950年5月11日斯大林和周恩来给中共发的联名电报，电报许诺苏联可以完全满足中国需要的飞机、大炮、坦克等装备。毛泽东问：是用租借的办法还是用钱购买苏联武器？他希望用租借的办法，而不是购买的方式，原因是新中国刚刚成立，急需资金从事经济、文化等项目建设及一般军政费用。如果将已经十分紧缺的资金用于购买武器，不仅中国的经济恢复势必放缓，而且中国的民族资产阶级、小资产阶级都会反对，从而无法"保持国内大多数人的团结"①。关于"保持国内大多数人的团结"这一点，还可以举出1950年12月2日毛泽东给天津市工商联的电文为例。② 天津市工商联在11月底举行保家卫国游行集会，并于11月30日给毛泽东发来电报，坚决支持抗美援朝、保家卫国的爱国立场。值得注意的是，抗美援朝战争开始后，全国范围内的动员已经展开，毛泽东为什么不是给农民、不是给工人、不是给学生发电文，而是给工商联发电文？这与他对国内团结的担忧有关，即如果战争延长，战争负担过重，中国的民族资产阶级可能表示不满，进而影响

---

① 《中国人民志愿军应当和必须入朝参战》，载《毛泽东文集》第六卷，第103～104页。
② 《坚决站在抗美援朝保家卫国的爱国立场上》，载《毛泽东文集》第六卷，第110页。

政治和社会的稳定。电报中的第四条要求苏联在两个月或两个半月内出动志愿空军帮助中国在朝鲜作战，并掩护中国的北方地区。周恩来于 10 月 11 日给毛泽东和中央发出电报后仅几小时，接到莫洛托夫电话，说苏联方面没有准备好，不能派出志愿空军。毛泽东一方面要求周恩来在苏联多留一些日子，以便获得苏联方面更明确的承诺①；但另一方面，即便没有苏联空军支援，中国参战的决心也已确定。就在发出上述电报的次日，10 月 14 日，毛泽东开始志愿军入朝作战的部署。② 10 月 23 日，他给彭德怀和高岗写信，说要在"稳当可靠"的基础上争取一切可能的胜利。③

冷战体制的确立与去冷战的契机

早在战争爆发之初，毛泽东就提出世界各国的事情由各国人民去管、亚洲的事情由亚洲人管，这个看法几年后也体现在万隆会议的原则之中。这是他将中国的抗美援朝战争视为必要的和正义的战争的政治前提。从开罗会议开始，美国已在预谋怎样联合亚洲地区其他的势力，包括战后的日本和国民党统治的中国，来遏制苏联。欧洲战场临近结束之时，雅尔塔会议、波茨坦会议相继召开，如何在战后确定各自的势力范围，已经是美苏博弈的现实课题。这里需要回溯的是：1945 年 8 月美国对日本的原子弹攻击包含了对苏联的威慑，也促成了苏联以迅雷之势对日宣战，攻占满洲、朝鲜北部、萨哈林岛南部和千岛群岛。美军在 1945 年夏天已经进入朝鲜半岛，并为与苏联争夺势力范围而率先划出了军事分界线。在伊朗事件后，1946 年 3 月，丘吉尔宣布铁幕降临；1947 年 7 月的马歇尔计划未能包括苏联。苏联支持金日成进军南方，在很大程度上是回应美国在巴尔干和中东的挑衅，其中 1949 年 4~8 月北约成立并在各国完成批准手续，对苏联和东方集团是一个重要刺激。1949 年 8 月，苏联首颗原子弹试爆成功，核威慑格局成型。

在朝鲜半岛，分治的格局最初是在雅尔塔会议框架下、以国际托管的形式产生的，但朝鲜并非战争策源地和战败国，其人民却无缘参与这一决定自身命运的事件；作为朝鲜的近邻，中国也没有参与这一"国际决定"。伴随柏林的陷落，美苏两国将战争重心转向远东，波茨坦会议的主题之

---

① 《中国人民志愿军应当和必须入朝参战》，载《毛泽东文集》第六卷，第 104 页。
② 《中国人民志愿军入朝作战的方针和部署》，载《毛泽东文集》第六卷，第 105~106 页。
③ 《在稳当可靠的基础上争取一切可能的胜利》，载《毛泽东文集》第六卷，第 107~109 页。

一，已经是对日作战问题，占领朝鲜由此进入两国的战争方案，雅尔塔的托管计划也就被突破了。1945 年 5 月杜鲁门特使面见斯大林，斯大林仍然坚持雅尔塔协定确定的四国托管朝鲜的方案，但波茨坦会议后，苏军对日宣战并进入朝鲜，美国提出了分隔朝鲜的 "三八线" 方案。这是新中国成立前夕、朝鲜半岛局势变迁的重要事件。

伴随新中国的成立，美国在亚洲地区的新任务就是遏制新中国，而早在新中国成立之前，中共领导人就已经确立了与苏联结盟并加入东方阵营的方针。这一格局很可能正是促使斯大林从反对朝鲜北方南进到支持其南进的态度转变的枢纽。根据现有档案，1950 年 1 月，斯大林并未向毛泽东通报支持朝鲜南进的态度，但新中国的成立以及中苏友好条约的签订支持了斯大林的态度转变，却是可以推断的。因此，战争并不是 1950 年的产物，而是上述过程的延伸。所谓世界各国的事情由各国人民去管、亚洲的事情由亚洲人管，针对的是 1945 年雅尔塔会议以降，尤其是波茨坦会议之后霸权国家主宰弱小国家命运并将其纳入自身势力范围的格局。

在苏军已经大举进入朝鲜、逼近汉城之时，美军为防范苏联控制朝鲜全境而做出了以北纬 38°线作为美苏各自对日受降的军事分界线的决定。从这个角度说，朝鲜战争类似于中国的内战，其中包含民族统一的诉求，而不能等同于其他的入侵事件。① 既然是内战，任何外来军事干预——尤其是以霸权性的战略利益为基础的军事干预——都缺乏正当理由。1945 年 9 月美军在南部受降后，先以专机于 10 月中旬将长期滞留美国、与韩国临时政府有一定矛盾的李承晚运送回国，而命令国民党政府扶植的②、流亡

① 自 1981 年出版 *The Origins of the Korean War* (2 vols) (Princeton University Press, 1981, 1990) 以降，布鲁斯·柯明思发表了大量有关朝鲜战争的著作，从不同侧面涉及了这一问题。最近的一部著作是 *The Korean War: A History*, Modern Library Chronicles, 2010。

② 《中国国民党秘书处向蒋介石呈文》中国国民党党史会韩国档 016-26-5 中毫不讳言国民党政府对金九的特意扶植，以及希望他能成为国民政府干预朝鲜半岛政局渠道的本愿[转引自石源华、蒋建忠编著《韩国独立运动与中国关系编年史（1919~1949）》（下），社会科学文献出版社，2012，第 1505~1506 页]："查韩国全境，迄在美苏分别控制之下，其国内态势，我国无从干预。惟苏联与中共，沆瀣一气，遂使为延安扶植之韩共分子，在北韩占有势力。反观我中央扶植之金九辈，入南韩后，竟未能起重大作用。设令将来美苏同时撤退，则所有南韩民主势力，其不为北韩赤潮所淹灭者几希。"

在重庆的韩国临时政府人员（右翼的金九、左翼的金奎植等）以个人身份回国。① 金九等人 11 月 5 日从重庆到上海后滞留十多天，国民党政府与美国军方交涉后，美军才用专机将金九等人送回国。金九作为当时韩国临时政府的中心人物，其政见同样倾向于反对共产主义并亲近美国，美方对韩国临时政府合法性的执意取缔有一部分原因可能是美国不情愿让中国在战后扩大在亚洲的影响，希望在朝鲜半岛乃至整个亚洲获得最大权益、霸权独揽。②

　　1945 年 12 月的莫斯科美苏英三国外长会议确定了由美、苏、中、英对朝鲜进行为期五年的国际托管③，结果引发朝鲜南方民众的抗议，美军刻意误导汉城的舆论，把国际托管的协议说成苏联倡导，试图将反托管运动的矛头指向反苏。④ 同时，北方开始土地改革，苏军从朝鲜北方撤出大部分驻军。1946 年，由于美国占领军执行的经济政策造成了严重的通货膨胀，南方人民起来抗争，其中最大规模的首先是九月总罢工，10 月又形成了 "300 余万人参加，300 余人死亡，3600 余人失踪，26000 余人负伤" 的人民起义："十月民众抗争"⑤，参加暴动农民的口号之一就是要执行和北朝鲜一样的土改⑥；1947 年 10 月美国通过联合国提出在 1948 年 3 月 31 日前在南北朝鲜同时进行选举，成立统一政府，但在北方拒绝承认和参与大选的状况下，美国操纵的联合国议案事实上等同于支持朝鲜南方单独进行选举。1948 年 2 月 10 日，被誉为 "韩国国父" 的金九发表《向三千万同胞泣诉》的声明，反对韩国独自建国，但反对未果。金九提出南北协商建立统一政府，反对韩国单独进行大选的

① 金九在《白凡逸志》中提到，他希望保持临时政府现状，"美国却说，汉城已经成立了美国军政府，不允许以临时政府名义归国，只能以个人的名义，我们无可奈何，遂决定各人以个人资格回国"。见〔韩〕金九《白凡逸志》一书附录《白凡金九先生年表》，宣德五、张明惠译，重庆出版社，2006，第 249 页。

② 蒋介石最终未对罗斯福提出的由中国接管琉球的询问做出积极回应，也是因为明了美国对战后秩序的构想，并希望在更多方面不引起美国的忌惮。参见《琉球与区域秩序的两次巨变》，见汪晖《东西之间的 "西藏问题"（外二篇）》，三联书店，2011。

③ *FRUS*, 1945, vol. 7, *The Far East*, *China*, pp. 882 - 883. 见 http: //digital. library. wisc. edu/1711. dl/FRUS. FRUS1945v07（2013 年 10 月 24 日访问）。

④ 曹中屏、张琏瑰等编著《当代韩国史（1945~2000）》，南开大学出版社，2005，第 42 页。

⑤ 〔韩〕姜万吉：《韩国现代史》，陈文寿等译，社会科学文献出版社，1997，第 194 页。

⑥ 曹中屏、张琏瑰等编著《当代韩国史（1945~2000）》，第 60 页。

联合国决议，并访问朝鲜与金日成谈判。① 他对南北协商统一的坚持、与金日成的接触，使得李承晚成为美军支持的更好人选。大选于当年 5 月举行，8 月 15 日李承晚宣布当选大韩民国总统，并随即得到联合国的承认。同年 9 月 9 日，在南方已经单独选举的前提下，金日成在北方当选为朝鲜人民民主主义共和国主席，并得到东方集团的承认，同年年底苏军全部撤出朝鲜，而美军则在次年 6 月大部撤离半岛。1949 年 6 月 26 日，也就是美军撤离的时刻，金九被韩国陆军少尉安斗熙暗杀。② 在美苏双方撤离后，南北朝鲜的敌对状态处于随时爆发的境地，北方积极进行战争准备，而美国则大肆武装南方，双方摩擦频繁。根据赫鲁晓夫回忆，1949 年年底，金日成向斯大林通报了发动统一战争的意图，此后又拟定了详细的战争计划并得到了斯大林的支持。③ 在战争爆发前，1950 年 6 月 18 日，杜勒斯突然出现在"三八线"，被东方阵营普遍视为美国发动战争的信号。美国方面事后将此事解释为偶然事件。无论是否偶然，朝鲜战争是二战的后续发展、是美苏双方战略平衡及失衡的产物，应该是清楚的。因此，引发战争的动因并不只能以某一势力在某一时刻的动向作为根据，而只能从博弈双方的战略变动过程加以判断。是谁造成了朝鲜半岛的分隔局面？是谁破坏了南北双方可能的统一进程？是谁在造成了对峙格局后又根据自己的需求打破了战略均势？在追问战争起因时，这些问题比谁打第一枪或许更为重要。

如果说"对东方有利"有中苏同盟及社会主义阵营的存在为物质的和理念的前提，那么，"对世界有利"则需要在一个更为广阔的历史进程中估价。1951 年，在朝鲜战场受挫的状况下，美国试图重新武装日本，并于夏季与日本拟定美日协定，确定 9 月在旧金山签约。关于日本参与朝鲜战争的细节，美日方面始终拒绝承认，这很可能有两个原因：第一，由于《联合国宪章》中的第 53、77、107 条中都有针对二战中的轴心国的条款，将这些国家称为"敌国"，日本如果参加朝鲜战争，可

---

① 见〔韩〕金九《白凡逸志》一书附录《白凡金九先生年表》，第 274 页。
② 见〔韩〕金九《白凡逸志》一书附录《白凡金九先生年表》，第 275 页。
③ 《赫鲁晓夫回忆录》，东方出版社，1997，第 532~533 页。

能会使国际情况复杂化。① 第二，美日单独媾和并让日本介入朝鲜战争的动议甫一提出，便遭到印度、菲律宾、缅甸、印尼等国的反对，引发了大规模民众抗议。吉田政府由于顾虑违反宪法第九条，命令大久保秘密行动；在签订和约前的敏感时期，日本政府不得不对重新武装日本表示疑虑。1951 年 9 月 8 日美日安保条约与旧金山和约于同日签订，苏联等国拒绝签署旧金山和约。1953 年，在朝鲜战场的战争与谈判处于胶着状态之时，艾森豪威尔试图通过介入东南亚战争，从东南沿海对中国施加压力，以牵制朝鲜战场上中国的兵力。但鉴于在朝鲜战争中的失败教训，慑于中国对不允许越过"三八线"的警告，在越南战争中，美国始终没有越过北纬 17°线——这正是中国政府向美方明确表达的底线——对北越目标进行有效军事攻击。这是朝鲜军事失败对美国的长期约束。从这个角度说，美国卷入越南战争并以失败告终，与其在朝鲜的挫折有关。由此可见，军事与政治是相互转化的，战争与和平也是相互转化的，但争取和平的条件是军事上的胜利，而不是军事上的失败和妥协。朝鲜战争结束后，1953 年 12 月底，周恩来在会见印度代表团时提出和平共处五项原则。1954 年 4 月以朝鲜问题和印度支那问题为主题的日内瓦会议召开，中国、苏联及朝鲜方面提出所有外国军队撤出朝鲜并举行全朝鲜自由选举的主张，但被美国拒绝，南朝鲜代表则提出必然遭到中苏方面否定的所谓按照大韩民国宪法进行选举的主张。日内瓦会议有关朝鲜问题的国际谈判因美国毫无谈判诚意而没有成功，但第二阶段有关印度支那的谈判却取得了进展。正是通过这一谈判进程，美国与英国及其他盟国之间的同盟关系发生了局部的变化，在一定意义上，这也是毛泽东在 70 年代提出"三个世界"理论的政治前提。一年后，1955 年 4 月，以推动亚非国家民族独立为中心议题的万隆会议召开，参与会议的各国不但在广阔的范围内提出了反对殖民主义和争取

---

① 《联合国宪章》第 53 条规定：一、安全理事会对于职权内之执行行动，在适当情形下，应利用此项区域办法或区域机关。如无安全理事会之授权，不得依区域办法或由区域机关采取任何执行行动；但关于依第一百零七条之规定对付本条第二项所指之任何敌国之步骤，或在区域办法内所取防备此等国家再施其侵略政策之步骤，截至本组织经各关系政府之请求，对于此等国家之再次侵略，能担负防止责任时为止，不在此限。二、本条第一项所称敌国系指第二次世界大战中为本宪章任何签字国之敌国而言。第 107 条规定：本宪章并不取消或禁止负行动责任之政府对于在第二次世界大战中本宪章任何签字国之敌国因该次战争而采取或受权执行之行动。此外，在第 77 条有关托管制度的规定中，也涉及了二战中的"敌国"问题。

民族解放的问题，推动了亚非等被压迫民族之间的经济、文化和政治合作，而且在国际关系问题上提出了指导国际关系的十项原则。这十项原则是对周恩来在 1953 年年底提出的五项原则的深化和扩展。

朝鲜战争、越南战争与上述政治进程有着紧密的联系，也清楚地说明了反抗帝国主义战争的军事斗争同时伴随着一个广阔和复杂的政治进程。正是在这个进程中，帝国主义霸权的松动和退却成为一个趋势，至 20 世纪六七十年代，不但解殖民运动和民族解放运动遍及亚非拉各大区域，而且美国和西方世界内部的反战运动和支持第三世界民族解放的运动也风起云涌。50 年代，联合国沦为支持美国战争政策的政治机器，但仍然维持着国际组织的运作形态，也只是在朝鲜战争中，它的帝国主义霸权傀儡的性质才得到充分的揭示，从而为此后联合国内的政治斗争铺垫了道路。如果没有抗美援朝战争及由此引发的系列后果，亚洲地区在 60 年代渐趋高潮的民族解放运动的形成是很困难的。若将抗美援朝的军事斗争、日内瓦会谈中西方世界内部出现的分歧，中越及其他国家之间的联盟，万隆会议所表达的民族解放的新氛围，以及此后越南战争中的军事斗争和政治博弈联系起来，我们有理由断言抗美援朝以热战促和平的方式推动全世界被压迫民族的统一战线，促成了民族解放运动的一个新时代。在这个意义上，新中国的成立，世界人民的团结，东方集团的出现，以及在此背景下爆发的民族解放运动，打破了整个近代以来的历史格局。反帝的战争逻辑已经把抗美援朝战争与此后亚洲、拉丁美洲、非洲反对殖民主义和帝国主义霸权的解殖民运动联系起来了。这是前所未有的政治主体的出现才能造成的格局。我们只有从这个历史进程出发，才能理解毛泽东所说的 "对东方、对世界都极为有利" 的含义，而这个含义正是被当代的许多历史学家刻意地遮盖起来的，他们用苏联取代了整个东方和世界，从而将 20 世纪中期的确存在的 "东方阵营" 和被压迫民族的解放运动及其关系替换为单纯的中苏间的国家关系，将抗美援朝战争包含的国际主义性质，或者更准确地说，是反抗帝国主义入侵和称霸的民族解放运动所必然包含的国际意义，彻底抹杀了。用美国人的韩战概念替换抗美援朝战争这个概念也一样，这一历史研究中的修辞变化改变的是战争的政治内涵。从 "对世界有利" 这一判断出发，从上述广阔的历史进程出发，我们可以进一步证明：中国入朝参战的短期效果是中苏同盟的巩固，而长期效果却包含了对冷战的霸权格局的解构。

因此，志愿军入朝包含多重的意义：对朝鲜的支持，对东北的保护，对美国封锁台湾海峡的反击，对联合国拒绝中国的抗议，对霸权主导世界这一格局的拒绝。所有这些内涵都凝聚在毛泽东于 1950 年 6 月 28 日在中央人民政府会议上提出的"全世界人民团结起来，打败美帝国主义"口号之中。在欧洲，1948 年是冷战体制确立的一个界标，而在亚洲，这一年朝鲜半岛从尚存统一希望的南北分治转向南北对抗的战争体制。在朝鲜战争中，为了保障美军的军火供应，美国准许日本恢复军事工业，并将原来用于战争赔偿的 850 座军工企业交还日本政府，以为朝鲜战场提供军备。日本利用朝鲜战争恢复经济，成为美国在远东的最大冷战盟友，而美国在亚洲最大的军事基地冲绳也在这场战争中正式投入使用。由于中美在朝鲜战场兵戎相见，美国加强了对台湾的武装、保护和对台湾海峡的封锁。1953 年朝鲜停战，朝鲜半岛的分断-停战体制成为亚洲冷战格局的一个界标。朝鲜战争就发生在上述世界格局形成的关键时刻。从长远的角度看，中国的抗美援朝战争对此后的冷战格局有重大影响，但新中国地位的确立、日内瓦会谈和万隆会议的成果、东南亚民族解放运动的发展等后续事件也提供了动摇冷战体制的某些契机。

人民战争转向国际主义联盟
战争的政治意义

作为政治范畴的人民战争

中国人民志愿军入朝参战与以往国内的人民战争有所区别，它的两个最主要的特点是：第一，这是一场境外战争；第二，这是一场核威慑之下的热战，即所谓全球冷战条件下的热战。境外作战是否具有"革命"的性质，还是只具有民族的性质？在核威慑条件下，人民战争的原则还有意义吗？或者说，朝鲜战争与中国革命中的人民战争是什么关系？这一问题对于理解抗美援朝战争及其在 20 世纪中国历史中的位置具有重要的意义。

为了说明这一问题，需要对人民战争做出理论解释。首先，人民战争不是一个纯粹的军事概念，而是一个政治范畴。在 20 世纪中国的独特条件下，人民战争是创造新的政治主体的过程，也是创造与这一政治主体相适应的政治结构和它的自我表达形式的过程。在人民战争中，现代政党的代表性关系被根本地转化了，以农民为主要内容、以工农联盟为政治外壳的人民这个主体的诞生，促成了一切政治的形式（如边区政府、政党、农会和工会等）的产生或转型。中国共产党创建的时候，主要由一些被马林说成是小资产阶级的知识分子组成，他们与工农的关系还不如国民党跟工农的关系深厚。① 1925 年、1926 年，由于国民党接受联俄联共政策，国共联合起来从事农民运动和工人运动，毛泽东所领导的广州农民运动讲习所就是这一农民运动的产物。② 国民党在北伐时期的主要政治创新集中于两点：其一是摆脱旧军阀、建立党军；其二是与共产党一起从事农民运动和工人运动，用群众运动配合北伐战争。党军的概念，以武装的革命来反对武装的反革命，在最初阶段并不是共产党的发明，而是仍然处于革命阶段的、受到国际共产主义运动影响的国民党的创新。但在 1927 年之后，国民党逐步放弃了社会运动，伴随其党国一体，军队的政治性也随之大幅衰落。从共产党方面说，离开北伐战争失败后逐渐发展起来的人民战争，政党的转

① 党史专家杨奎松在《以论带史的尴尬》（《东方早报·上海书评》2013 年 12 月 29 日）一文中蓄意将本文所论述的"中国共产党创建的时候"扩大成从 1921 年至江西时期，并"说这一时期的中共只是少数知识分子所构成，不是无知，就是瞎说"。关于中共创建初期的党员构成，参见马林《马林给共产国际执委会的信》，《马林在中国的有关资料》，人民出版社，1980，第 11~21 页。此外，孙应帅在《中国共产党党员数量与结构变化及发展趋势》（见《北京行政学院学报》2009 年第 5 期）一文中提供的中共创建初期党员数据如下：一大 53 人，二大 195 人，三大 420 人。中国共产党重视工人身份，但 1922 年二大的工人比例只有 10.7%，1923 年三大的工人比例也只有 37.9%。至于其后工农比例特别是工人比例的提高，则恰恰是国共合作条件下的国民革命推动工农运动的结果。本条及续三处辨析均参见陆云《从学术攻击到"暴力学术"》一文。

② 杨奎松在前引文中质疑笔者只提毛泽东担任所长时期的农讲所，并指出在笔者所突出的 1925/1926 年之前和之后，国共均有工农运动。这里简述笔者的理由：农讲所开办了六届，这里仅提及毛泽东担任所长的时期，是因为只有毛泽东与此后的人民战争有直接联系。在 1925 年之前，国民党有过工人运动，共产党的农民运动也有声有色。作为其中的佼佼者，彭湃领导的海陆丰农民运动更是党史课本中的重要内容。这里提及 1925、1926 年而不及其他，是因为这两年的工农运动最具声势，国共合作的政治基础也相对稳定（发生过问题但不足以破裂）。1925 年，著名的五卅运动爆发，广东全省农民协会第一次代表大会于 5 月份在广州召开；1926 年，《中国农民》创刊，4 月份第一次全国农民代表大会在广州召开。也正是在 1925 年冬季，湖南有组织之农民运动才开始，至 1926 年 11 月份各县农民协会会员总计已有 1367727 人（参见《第一次国内革命战争时期的农民运动》，人民出版社，1953，第 257~262 页）。当然，1927 年的运动声势也很旺，但此时国共之间的政治危机已经无法弥合，两者间的彻底破裂正在此年。

型是不可思议的。无论在成员构成上，还是在社会基础方面，也无论在工作形式上，还是在革命政治的内涵上，1921 年诞生的、由少数知识分子组成的、与工人阶级和农民阶级均无实质关系的政党与江西苏区时期的政党有着巨大的差别；在大革命失败后，由瞿秋白、李立三、王明主导的城市暴动和工人斗争也不同于以农村包围城市为军事战略而逐渐展开的人民战争。① 政党在人民战争中与军队的结合、政党在人民战争中与红色政权的结合、政党在人民战争中通过土地革命而与以农民为主体的大众的结合，政党在人民战争中与其他政党和其他社会阶层及其政治代表的关系的改变，都提醒我们人民战争创造了与历史上的政党全然不同的政党类型，创造了与历史上无产阶级截然不同的、以农民为主要成员构成的阶级主体。我将这一政党称为包含超政党要素的超级政党。

其次，人民战争也创造了战争的独特形式。秋收起义和南昌起义的部队在井冈山会师，创建江西苏区革命根据地，是人民战争得以展开的里程碑。在根据地，土地改革和武装斗争成为政党政治转化为大众运动的基本方式。井冈山斗争的中心问题由此变成了革命战争条件下的土地改革和政权建设。党和军队的结合，党通过军队跟农民运动、土地改革之间的结合，党及其领导下的苏区政府对经济生活的管理，党在民众工作中展开的文化运动，不但改变了革命的具体内容和中心任务，而且也通过政党、军队、政权和农民运动的多重结合，创造了一个全新的革命政治主体。这就是人民战争的政治基础。上述在战争中展开的政治进程赋予人民战争以与其他战争形式不同的特点。毛泽东说兵民是胜利之本，这一命题就包含了人民战争的一般原则：(1) 只有动员和依靠群众，才能进行战争；(2) 不但要有强大的正规军，而

---

① 杨奎松在前引文章中论证王明没有主导过城市暴动和工人斗争，是没有根据的。作为米夫的高足，王明一直鼓吹城市中心和工人武装暴动，这在他为《武装暴动》写的序言（一九二八年五月十六日）里表现得淋漓尽致："在武装群众工作中，必须对于工业城市的无产阶级加以最大的注意，绝不能把工人阶级的武装暴动看成对于乡村游击战争的简单响应或补充。谁不懂得只有工业城市是暴动的组织中心，谁不懂只有无产阶级是暴动的领导力量，谁就对于马克思主义的暴动策略丝毫也不懂。"（参见余子道等编选《王明言论选辑》，人民出版社，1982，第 15 页）立三路线失败以后，中共领导人中很少再有人提议倾苏区之力以攻打中心城市了，但王明从未放弃过城市中的工人斗争，即使在立三路线被抛弃以后，他的主张仍然很激进（他指责李立三不是"左倾"，而是右倾）。事实上，直到 1931 年 5 月，王明还要求更广泛地发动群众以掀起各种工人斗争，并一直视其为与苏区政权建设并重的要务 [参见《中共中央文件选集》第七册（1931），中共中央党校出版社，1983，第 173、289~290 页]。因此，说王明没有主导过城市暴动和工人斗争是不确的。

且还必须有地方的武装和民兵；（3）兵民的范畴意味着一个与军事斗争密切相关的、以土地改革和政权建设为中心的政治过程。

再次，人民战争的关键成果之一是割据的红色政权的确立。红色政权的主要政治形式是边区政府或边区苏维埃。① 边区政府是日常生活的组织形式，从而也要借鉴中外历史上的国家经验，但这一政权形式不同于一般意义上的资产阶级国家，在持续的政治和战争动员中，它是获得自觉的阶级的政治形式。在《中国的红色政权为什么能够存在?》这篇著名文章中，

---

① 杨奎松在前引文章中批评说："大家熟悉的'边区政府'这一概念是用来指抗日战争期间陕甘宁和晋察冀的，没有谁会拿它来指苏维埃革命时期的红色政权。不错，作者关于'边区'的概念是读《毛选》中《中国的红色政权为什么能够存在?》一文得来的，毛泽东在此文中确实使用了'边区'这一概念。但作者未免太过粗心，他没有注意到，无论在此文中，还是在《毛选》其他文章中，毛泽东都不曾把'边区'和'政府'合在一起用过，只是在抗战期间的文章中才频频用到'边区政府'一词。换句话来说，毛泽东在苏维埃革命时期写的文章中固然使用了'边区'两个字，但此'边区'非彼'边区'。"这里略做辨析：首先，《中国的红色政权为什么能够存在?》中并未使用"边区"一词。其次，我使用边区政府或边区苏维埃的概念是从历史脉络中做出的有根据的概括，并不限于毛泽东的一篇文章。毛泽东在《中国的红色政权为什么能够存在?》中说："一国之内，在四围白色政权的包围中，有一小块或若干小块红色政权的区域长期地存在，这是世界各国从来没有的事。"（《毛泽东选集》第一卷，第48页。黑体为引者所加，下同）这里所谓"一小块或若干小块红色政权的区域"不就是边区吗？这个边区的红色政权不就是边区政权吗？毛泽东还用了"一小块或若干小块的共产党领导的红色区域"的说法，而"湘赣边界的割据，就是这许多小块中间的一小块"（《毛泽东选集》第一卷，第49页）。再次，毛泽东所说的"红色政权"就是指这些夹杂在白色政权统治地区之间的小块的红色边界地区。在论述"以宁冈为中心的湘赣边界工农武装割据"时，他提及了"边界土地革命和民众政权的影响"；在稍后的段落中，又提及了红军、赤卫队和工农暴动队的发展，其使命是在"将来能够保全边界政权"（《毛泽东选集》第一卷，第52页）。这里所谓"边界"与"边区"并没有文义上的区别，因为"边区"就是"边界区域"的简称，从而"边界政权"也就是边区政权。难道这些证据还不足以说明边界政权、边区政权等概念的历史根据吗？在写于1928年11月的《井冈山的斗争》一文中，毛泽东不但提到了"割据地区""红色政权区域""边界"等语词，还指出这些地区的地方工作包括"分配土地，建立政权，发展党，组织地方武装"等方面。他还提及"在红色区域，土地大部分配了，小部在分配中。区乡政权普遍建立。宁冈、永新、莲花、遂川都有县政府，并成立了边界政府"（《毛泽东选集》第一卷，第57、61页）。这里的"边界政府"，以及各县政府，不可以放在"边区政府"的范畴加以论述吗？最后，《彭德怀自述》"6上井冈山（一九二八年七月至一九二九年七月）"和"7重返湘鄂赣边区（一九二九年八月至一九三〇年六月）"这两章都用了"边区"的概念，如湘赣边区、湘鄂赣边区。不仅如此，彭德怀也用了"边区政权"的概念，如"湘赣边区政权"，见氏著，人民出版社，1981，第116页。杨奎松说："大家熟悉的'边区政府'这一概念是用来指抗日战争期间陕甘宁和晋察冀的，没有谁会拿它来指苏维埃革命时期的红色政权。"其错误显而易见。

毛泽东指出，中国不是一个帝国主义国家，不是一个帝国主义直接统治的殖民地国家，而是一个内部发展不均衡的、帝国主义间接统治的国家；在这一条件下，军阀依附不同的帝国主义，从而国家内部的分割局面变得不可避免，而正是这一局面产生出阶级统治的薄弱环节。这就是中国的红色政权能够存在的外部条件。大革命失败了，但革命时期形成的国内动员像火种一样存活着，在大革命中遭受挫折但幸存下来的中国共产党不得不探索一条不同以往的道路：这个政党试图在战争条件下独立地建立割据的红色政权，通过政党、军队、政权和大众政治的相互结合，创造出人民战争的新政治。这就是红色政权能够存在的内部条件。在抗日战争时期，中共及其政权得到巨大的发展，武装斗争、群众路线和统一战线成了胜利的保障。解放战争时期，抗日游击战争转化为大规模的运动战，伴随着夺取中心城市，运动战与阵地战取代游击战成了战争的主导形式。

最后，在人民战争条件下，中国共产党与根据地政府处理的不是简单的军事问题，而是日常生活的组织问题。这就产生了政党和政府的群众路线问题，其主要内涵是：（1）为最广大群众谋利益，是党的工作的出发点和归宿。（2）边区政府是群众生活的组织者，只有尽一切努力解决了群众问题，切切实实改良群众的生活，取得了群众对于边区政府的信仰，才能动员广大群众加入红军，帮助战争，粉碎围剿。因此，人民战争不仅是采用军事斗争的手段有效消灭敌人的方式，而且也要处理土地、劳动、柴米油盐、妇女、学校、集市贸易甚至货币金融等构成人民生活内容的主要问题。军事与日常生活的相互渗透和转化成为人民战争的核心问题。毛泽东反复提醒共产党人：要得到群众的拥护，要群众拿出他们的全力到战场上去，就得和群众在一起，就得去发动群众的积极性，就得关心群众的痛痒，就得真心实意地为群众谋利益，解决群众的生产和生活问题，盐的问题、米的问题、房子问题、衣的问题、生小孩的问题等等。① 群众路线是人民战争的基本策略，它是政党的政策，也是重构政党的方式：一方面，如果没有组织，我们就不知道群众在哪里；另一方面，如果没有与群众打成一片、向群众学习的过程，组织就是没有活力的、凌驾于群众之上的结构。在广阔的、尚未工业化的乡村，以农民为主体的政党在运动中获得了

---

① 《关心群众生活，注意工作方法》，载《毛泽东选集》第一卷，第 124 页。

政治表达，在这个意义上，正是人民战争条件下的政党及其群众路线创造了阶级的自我表达，从而也创造了政治性的阶级。先前的政党不可能创造以农民为主体的无产阶级，只有通过人民战争而自我重构了的政党才有可能完成这个使命。相对于政党、政党政治、苏维埃政府等源自 19 世纪欧洲和 20 世纪俄国的政治现象，人民战争是中国革命中更具原创性的发明。在这个意义上，不理解人民战争，就不能理解中国的革命的独特性，就无法理解这场革命中的"党的建设"与此前的政党政治的深刻区别，就不能理解群众路线、统一战线等在 20 世纪中国产生的独特政治范畴的历史内涵。

国防战争与国际主义战争

在 20 世纪中国的历史中，抗美援朝战争是人民战争的延伸，但已不同于传统的人民战争。将抗美援朝战争置于红军时期的革命战争、抗日战争、解放战争等人民战争的序列中进行观察，我们可以观察到这场战争的若干特点。

其一，抗美援朝战争是新中国的第一次境外战争，与红军时期的革命战争和抗日战争相比，后者的战争主体是白色区域当中的红色政权或抗日的敌后根据地，而抗美援朝战争却是以新中国成立为前提的。战争形态由此从传统的人民战争转向以国防为主要内容的战争形式。中华人民共和国这个阵地不但不能丢，而且其主权和领土不能允许有丝毫的损害，这是从人民战争过渡到国防战争的转折点。抗美援朝战争是以志愿军的形式出现的国防军与以美军为主导的联合国军之间在境外的殊死搏斗。抗美援朝战争的目的不是在境外建立根据地，或者通过人民战争创造出新的政治性阶级，而是以保卫新中国为目标的。正是在这场战争中，中国人民解放军走到了一个新的阶段，即建立一支革命化、正规化、现代化的国防军。过去是革命军队，是参与农民的土地革命的播种机、宣传队，是以武装的革命对付武装的反革命的暴力机器，但现在则是以保家卫国为首要责任的正规部队。

其二，在抗美援朝战争中，军队和国防建设与工业化过程之间产生了深刻的关系。正是在高涨的战争动员中，新中国的第一个以城市工业化为中心的五年计划顺利进行。保家卫国的口号激励了全社会的政治热情，创造了前所未有的社会动员，这是战后恢复的主要动力；在战争中，通过结盟关系，中国获得了苏联的大规模援助，为中国的工业化提供了基础。①朝鲜战争也是加速中国成为核国家进程的一个关键因素。

其三，国防的要求为抗美援朝战争提供了政治底线，即不允许美军威胁中国，不允许朝鲜被击溃，从而中朝军队不能从"三八线"退却。1952年 10 月，在谈判进程中，美军宣布休会，六天后发起了上甘岭战役。这场攻防战对双方而言都是政治性的：新任美军总司令克拉克要为美国民主党助选，而中国军队的阵地战是以不能从"三八线"退却这一政治原则为底线的。由于在境外作战，抗美援朝战争的基本形态不得不是依托祖国后方、以运动进攻与运动防御为中心的战争。志愿军与朝鲜人民军并肩作战，并尽力得到朝鲜民众的支持，偶尔也采用骚扰和游击战术，但战争的基本形式是运动战加阵地战。

即便存在上述差别，抗美援朝战争仍然继承了人民战争的若干特点。

首先，尽管战争在境外展开，但它是以中国战争史上少见的全国性动员为前提的。在 20 世纪的中国，只有两次全国人民总动员的战争，第一次是抗日战争，即在国民党主导正面战场和政治框架的前提下，中国共产党以抗日统一战线的形成为契机，促成了全面的抗战动员。第二次就是抗美援朝战争。经过漫长的革命与战争，中国实现了除台湾地区外的全国性统一，从而为普遍深入的政治动员、经济动员、文化动员和军事动员奠定了前提。从 1950 年到 1953 年前后，毛泽东的顾虑和最后的决心，都与这场战争能否得到全中国人民的支持有关。

其次，在境外战争的条件下，军队与人民的关系发生了重要变化，很难重现人民战争中的那种军队与根据地人民的鱼水关系，但志愿军入朝后试图在跨国条件下重建这一关系。1950 年 10 月 8 日，在由毛泽东签署的"组成中国人民志愿军的命令"中特别提及志愿军进入朝鲜境内，"必须对朝鲜人民、朝鲜人民军、朝鲜民主政府、朝鲜劳动党（即共产党）、其他民主党派及朝鲜人民的领袖金日成同志表示友爱和尊重，严格地遵守军事

---

① 温铁军根据沈志华《新中国建立初期苏联对话经济援助的基本情况——来自中国和俄国的档案材料》（上、下）（《俄罗斯研究》2001 年 1 期，第 53~66 页；第 2 期，第 49~58 页）提供的资料，将新中国第一个五年计划时期的工业化进程概括为"受制于两个超级大国地缘战略调整的、被战略性的外资投入客观地主导着的中国工业化"。这个又被称为"全盘苏化"的工业化并不是从 1952 年制定第一个五年计划开始的，而是从 1950 年朝鲜战争爆发及随后苏联对中国的全面外援开始的。温铁军：《八次危机》，东方出版社，2012，第 10~44 页。

纪律和政治纪律，这是保证完成军事任务的一个极重要的政治基础"①。这一命令一方面显示出中共对于境外作战的特殊环境有清醒的认识，另一方面则表明志愿军将在境外环境中灵活运用中国革命中的人民战争的经验。

最后，抗美援朝的国内前提是新中国成立，而它的国际前提则是一个以人民民主国家为主体的东方体系和以此为基础的国际团结。战争不再是过去的人民战争，而是人民战争传统在跨国战争条件下的一个延伸，其中同样包含统一战线和群众路线等要素，但由于基本环境发生了变化，其含义也势必发生变化。在战争条件下，全世界人民民主国家（包括苏联）和在亚非拉地区出现的民族解放运动，共同构成了国际的统一战线。如果考虑入朝参战对东方、对世界的意义，这场战争的深刻的政治性恰恰体现在它与新的世界格局下的革命延续问题之间的密切关系。抗美援朝、保家卫国的政治发生在两个阵营的对峙条件下，从而战争的政治性超越了一般所谓国家间战争的意义。如果不能解释抗美援朝战争的这一政治含义，而仅仅将战争解释为民族战争或国家战争，历史解释就不是透彻的。因此，抗美援朝战争具有双重的性质，既具有民族战争的性质，又是一场抗击帝国主义的国际主义战争。就武装斗争、群众路线、统一战线等人民战争的逻辑在国际领域的拓展而言，抗美援朝战争是 20 世纪中国革命战争的延续。

境外战争的核心问题是战争的性质，即是基于国际主义原则的援助战争，还是基于单纯国家利益的民族战争。那种全盘的、不加区分地否定民族战争的论调无法确定民族战争的政治内涵：就民族主义而言，存在着压迫民族和被压迫民族的民族主义的区分，存在着帝国主义战争与民族解放战争的区分，存在着旧世界的民族主义与新中国及其他民族的反帝反殖主义的区分。就中国而言，抗美援朝战争与抗美援越战争都是反对帝国主义和殖民主义的战争，从而具有国际主义的特点，而 1979 年的对越"自卫反击战"却不具备这样的政治性质。在这个意义上，"自卫反击战"不在中国的"短 20 世纪"内部，毋宁说它是这个革命世纪落幕时的战争。

核威慑下的第一场战争：决定战争胜负的是人还是物

朝鲜战争是人类历史上出现了核武器之后爆发的第一次大规模战争。1945 年，在美国对广岛和长崎实施核轰炸之后，第一个使用冷战概念的是

---

① 《组成中国人民志愿军的命令》，载《毛泽东文集》第六卷，第 100~101 页。

《1984》的作者乔治·奥威尔。为什么是"冷战"？因为出现了核武器和核威慑。在核威慑的战略平衡下，战争以冷战的形式出现。在朝鲜战争中，中国与第一个有能力实施核打击的超级帝国主义大国，发生了军事上极其不平衡的战争。在二战之前，谁都不知道美国正在研制并且可能生产出核武器；但中国入朝参战，展开一场与拥有核武器的霸权国家之间的战争，怎么可能不考虑核战争的可能性？这种在武器装备上极不平衡的战争是否根本改变了人民战争的可能性？

美国在朝鲜战争中曾两次计划动用核武器，而这两次计划又都与重新武装日本、让中国台湾参战的设想联系在一起。从 1945 年开始，美国从未停止过使用核武器的可行性研究。1950 年 11 月底，美军处于军事崩溃的局面，麦克阿瑟致电蒋介石，要求他派 52 军支援朝鲜战场，得到蒋的迅速回应。在此之前，麦克阿瑟曾经拟定过一个针对中国军队和中国后方进行核攻击的"迟滞计划"，而 12 月 30 日他又向美国陆军部建议，应采取下述军事措施：（1）封锁中国海岸；（2）以海空火力摧毁中国支持战争的工业设施；（3）获取台湾国民党军队的支援；（4）撤销对国民党军队的现有限制以便牵制中国军队，甚至可使之对中国大陆发动反攻。① 11 月 30 日，杜鲁门在记者招待会上回答记者是否会动用核武器时，明确表示将动用包括核武器在内的所有武器。这意味着美国将在两个方面突破其承诺的底线，世界舆论为之震动。1953 年艾森豪威尔上台重施故技，一面重启核攻击计划，另一面则策动蒋介石军队攻击中国大陆。毛泽东并非不知道核武器的威力，但不为所动。在 1945 年美国使用核武器之后，毛泽东在 1945 年 8 月 13 日的《抗日战争胜利后的时局和我们的方针》中直接讨论了核武器，指出只有原子弹而没有人民的斗争，是无法终结战争的。单纯的军事观点，脱离群众的官僚主义和个人主义，唯武器论，就是在核威慑条件下出现的思想蜕变。毛泽东批评说，那些患有恐核症的一些同志还不如断言原子弹不能解决战争的英国贵族蒙巴顿勋爵。② 1946 年 8 月，他在接受美国记者安娜·路易斯·斯特朗采访时，提出了原子弹是"纸老虎"的著名命题。③ 毛泽东当然知道原子弹是大规模杀伤性武器，但他相信最终决

① 《远东总指挥官（麦克阿瑟）致美国陆军部》，文见 *FRUS*, 1950, vol. 7, *Korea*, pp. 1630-1633。
② 见《毛泽东选集》第四卷，人民出版社，1969（据 1960 年第 1 版），第 1032 页。
③ 见《毛泽东选集》第四卷，第 1090 页。

定战争胜败的是人民。所谓"原子弹是纸老虎"不是一个事实判断，而是一个政治决断。在核威慑条件下，如果中国不站出来跟美国在朝鲜战场上进行较量，所谓中国人民被欺侮的历史一去不复返的宣示，所谓东方由于十月革命，由于苏联、中华人民共和国和其他人民民主国家的成立，帝国主义霸权可以为所欲为称霸的格局一去不复返的宣示，就不过是阿 Q 式的豪言壮语了。如果中国不能有效抵抗美国的入侵，中华人民共和国成立的整个历史含义都会被改写，甚至由于出现了东方世界而形成的世界格局也会被改写。毛泽东的宣示具有不可后退的政治的性质。

是人决定战争的胜负还是武器决定战争的胜负，是人民战争与帝国主义战争之间相互区别的关键命题之一。为什么美国动用核武器的建议很快便被搁置，转而确认这场战争不以谋取最终胜利为目标，从而为和谈开启了可能性？我们可以去查阅更多的档案加以论证。但不可否认，这是毛泽东根据他对全球政治和军事格局的分析而做出的正确的军事判断，更是决定战争胜负的是人而不是物这一人民战争逻辑对于以核威慑为杠杆的冷战逻辑的胜利。人民战争的基本原则是依托人的力量、在人民的日常生活动员的基础上，通过灵活的战略战术和强韧的战斗意志战胜对手。重视人的力量绝非否定武器的重要性。毛泽东在战争初期要求苏联的空军支援、武器装备支援和技术支援，高度重视中国人民解放军的现代化，但这一切没有改变他对战争进程及其政治性质的判断。1950 年，毛泽东号召解放军学文化，军队建制的正规化步伐明显加速了，但军队的正规化、以运动战和阵地战而不是以游击战为主要战法的军事思想，都没有改变以人而不是以武器为中心的人民战争的理念。

抗美援朝是新中国军队的第一次境外作战、人类历史上在核条件下爆发的第一次大规模战争、新中国成立后的第一场国防战争，这三个独特性提出一个问题，即在这三个条件之后产生的战争，到底是人民战争还是非人民战争？毛泽东出兵朝鲜，表明他相信核武器并没有改变决定战争胜负的是人而不是武器这一人民战争的逻辑。武器是战争的重要因素，但不是决定的因素。由于战争的决定因素是人不是物，从而战争的胜负不仅取决于双方的军事、政治、经济和自然的各种各样的客观条件，作战双方的能力、意志、战略和战术等主观因素，也是决定战争胜负的根本环节。毛泽东在《中国革命战争的战略问题》中说，军事家不能超过物质许可的条件范围来创造战争胜利，但军事家可以在物质条件许可的范围内争取战争胜利。① 这就是战争中的能动性问题。毛泽东说，自觉的能动性是人类的特点，人类在战争中强烈地表现出这样的特点，从而战争的胜负虽然取决于双方政治经济地位、战争性质、国际援助等条件，但仅有这些还只是有了胜负的可能性，没有分出胜负。② 能动的主观的政治是中国革命政治的一个特征。抗美援朝将革命时代的群众路线转化为在新中国条件下的全面社会动员，就显示出了政治的能动性。天津的民族资本家支持这场战争，毛泽东感到非常欣慰：如果民族资产阶级都被动员起来支持战争，那就意味着中国人民已经被充分动员，人民战争的逻辑与统一战线的逻辑在一个完全不同的战争条件下重新结合起来了；通过国际结盟与跨境战争，新中国将国内革命的统一战线逻辑有效地用于国际战争了。1951 年开城谈判破裂后，美军利用空军优势展开所谓"绞杀战术"，但依托新中国的全民支持和中国军队的全面动员，在极为艰难的条件下，志愿军形成了一条打不垮、炸不烂的后勤补给线。

战争是政治的延续，人民战争是政治的最高形式。抗美援朝战争是一场政治的战争，而不仅仅是一场技术的战争。战争的高度政治性正是人民战争的特点。毛泽东在《中国革命战争的战略问题》中指出，战争"是民族和民族、国家和国家、阶级和阶级、政治集团和政治集团之间"相互斗争的最高形式。③ 要是不了解战争及与它相关联的那些条件，"不懂得它的情形，它的性质，它和它以外事情的关联，就不知道战争的规律，就不知道如何指导战争，就不能打胜仗"④。武装斗争必须与群众路线、统一战线、根据地建设等政治过程相互配合，这是战争的政治性的体现。由于战争是有政治性的，战争的决定性因素是人，从而存在着正义战争和非正义战争的区分。帝国主义瓜分世界的战争是没有正义性的，反对帝国主义霸权及其瓜分被压迫民族的战争是带有正义性的，这个判断就是正义战争的概念的基础。抗日战争与抗美援朝形态不同，但都是对于帝国主义瓜分世界、称霸世界的抵抗。以武装的革命打退武装的反革命是中国革命的特

---

① 见《毛泽东选集》第一卷，第 166 页。

② 《论持久战》，载《毛泽东选集》第二卷，人民出版社，1969（据 1952 年第 1 版），第 445～446 页。

③ 见《毛泽东选集》第一卷，第 166 页。

④ 见《毛泽东选集》第一卷，第 155 页。

点，以跨国抵抗战争对抗帝国主义战争，则是新中国成立初期为保卫和平而采用的军事性的政治手段（或政治性的军事手段）之一。

抗美援朝是一场区别于国内革命战争、民族解放战争等人民战争的正义战争。正义战争的范畴包含了两个方面的判断，即一方面以和平为目标；另一方面必须超越一般所谓和平主义，即以战争促和平。毛泽东在朝鲜战争的背景下重申《论持久战》所探索的和平与战争的辩证法，指出核威慑所形成的战略平衡并不能导致和平。正义战争的概念是与必须终止帝国主义战争逻辑的诉求密切相关的。革命战争、正义战争的最终目的是永久和平，但既然是战争，和平的目标就必须与有效打击敌人的有生力量相关联。二战后，美国不但拥有核武器，而且拥有装备了世界上最先进的飞机、军舰、坦克、火炮和各种轻重武器的强大的海陆空军；由于刚刚经历了欧洲和亚洲的战火，美军富于战争经验。在朝鲜战争中，美军不但拥有陆战第一师、骑兵第一师等精锐部队，还拥有绝对制空、制海权，但令人惊讶的是，美军不是在无法施展重武器的游击战争条件下，而是在有利于大兵团作战的运动战和阵地战的对垒中，竟然无法取得战争胜利。如果这种军事失败仅仅发生在战争初期的措手不及的状态下，或许还可以找到一些辩护的理由，而即便在战争的中期和后期，美军也只是在志愿军后勤补给困难、弹尽粮绝的状态下才能重整军事，做有限反击，从未在整体上扭转颓势。正是在军事失败中，美国的军事将领才不得不对中国军队视死如归的勇气和精明高超的战术表示敬意：中国已经不是过去的中国；中国军队已经不再是过去的中国军队。二战之后，美国的中国认识正是由朝鲜战争的失败重新奠定的，那种居高临下、颐指气使的态度必须用较为审慎的方式加以调整。对于美国而言，朝鲜战争与"越战"都是双重失败，即军事失败与政治失败。"越战"的政治失败在美国是更为清晰的，但其基础也与朝鲜战争的失败有关。

战争与和平能够相互转化，战争与和平之间存在辩证关系，主要是由战争的政治性决定的。战争的政治性还体现在敌我关系的确立与转变之上。战争以敌我之间的清晰界定为前提，从而战争总是为保存自己、消灭敌人而展开的。但正因为战争是政治的一种形式，而政治范畴的敌我关系是随着历史条件的变动而变动的，从而即便是战场上的敌我关系也可以在其他条件下转化为非敌我关系，即敌人可以转化为非敌人，可以转化为盟友；敌我矛盾可以转化为非敌我矛盾，转化为又斗争又团结的关系。敌我矛盾的转化不是敌我矛盾的取消，不能用矛盾转化的结果去衡量矛盾转化前的斗争。在抗日战争中，伴随着民族矛盾上升为主要矛盾，工人阶级、农民阶级与民族资产阶级、地主阶级之间的敌我矛盾逐渐转化为又斗争又团结的次要矛盾，广泛的民族统一战线就是在这个矛盾转化中成立的。这一矛盾及其转化的逻辑同样存在于抗美援朝战争时期的国内国际关系之中。战争既是政治的形式，也为新政治的展开开辟道路；没有对于矛盾及其转化的理解，就不能理解新政治得以展开的前提。

并非结论：停战体制与去政治化条件下的战争

朝鲜停战 60 年后，停战体制仍在半岛延续。朝鲜处于被孤立状态，核威慑导致了半岛的有核化进程——朝鲜半岛的核问题是从美国介入朝鲜半岛时代开始的，这一点任何时刻都不应该忘记。伴随着美国实施所谓"重返亚洲"（何曾离开过？）的政策，朝鲜半岛的局势更加紧张，中国与日本、韩国与日本、中国与东南亚国家、朝鲜与韩国之间的矛盾和冲突显示出激化的趋势。就矛盾和冲突的激烈程度而言，很难说现在比过去更为危险。但是，在今天，战争的正义性与非正义性的清晰区分日益含混，促进第三世界弱小民族团结的万隆会议已成历史的遗迹，能够冲击霸权体制的解放运动和反抗运动早已烟消云散。我们到处可以看到霸权和压迫的结构，却难以发现改变这一结构的能动的力量。从哪里产生政治的力量？从哪里产生正义的尺度？从哪里寻找超越了冷战格局的新的国际主义？所有这些问题正是促使笔者将抗美援朝战争置于 20 世纪的历史进程中加以考察的原因。

毛泽东在《论持久战》中曾经论证战争是政治的最高形式，作为政治范畴的人民战争最深刻地体现了这一命题；但伴随 20 世纪的终结，这一命题似乎正在被修订：在当代条件下，战争与其说是政治的最高形式，毋宁说是政治失败或消失的后果。帝国主义意味着战争这一命题仍然正确，但由战争促发革命不再是现实。我们时代盛产的是去政治化的战争形式，它既不能体现人的决定作用，也无法区分正义与非正义，从而难以在不同国家、不同群体的运动中产生类似于 20 世纪 60 年代西方社会的反战运动与其他地区的民族解放运动之间的那种相互激荡和有力支持。这正是我们重温抗美援朝战争的意义所在：即便在核威慑成为现实后，抗美援朝战争和随后爆发的越南战争也并没有像奥威尔设想的那样陷入冷战，而是以热战的形式展开了为争取和平而战的政治进程。相较于早期的人民战争，技术在朝鲜战争中起着前所未有的作用，但战争中的意志、战争目标、指挥员的战略战术和应变能力、战斗员的士气、理念和技战术水平，仍然决定着这场战争的胜负。这里所说的"人的作用"不但指战场上的斗争，而且也指风起云涌的民族解放运动、美国和西方世界内部出现的反战运动，以及联合国内外丰富的外交斗争——正是这一广阔的政治进程将美国的战争逼进了死胡同，导致这个霸权国家在军事和政治两个战线上的同时失败。

在今天重提这个问题，有什么意义呢？在越南战争之后，帝国主义发动了一系列侵略战争，如马岛战争、南斯拉夫战争、两次伊拉克战争、阿富汗战争、利比亚战争及当前箭在弦上的叙利亚战争，但战争并未催生类似于20世纪的人民战争的抵抗运动和社会革命。今天的战争性质显然发生了改变：没有先进的武器，就不可能赢得战争；除了大国围绕各自利益而进行的霸权博弈，那种以武装斗争、群众路线、统一战线及文化政治相互结合而产生的深刻而宽广的政治进程不复存在。这是不是意味着人民战争的基本原则、战争的政治性质逐渐被取消了？对这一问题存在着不同的回答，而笔者的回答是：不是新式武器的出现改变了战争的性质，而是政治的条件发生了变化，从而人民战争的逻辑不再居于主导地位。战争中的人的作用，不仅是在人与武器的对比关系中呈现的，而且也是在政治的与非政治的区分中展开的。说到底，战争中的人的因素就是战争的政治性。

在军事领域，对人民战争的否定、对人的决定性因素的否定与对军事技术的崇拜共同构成了去政治化的理论背景。正如笔者在《去政治化的政治》一书中所讨论的，去政治化的过程远远超出了战争和军事的范畴；"政党国家化、政府公司化、媒体政党化、政客媒体化"等复杂现象正是这一过程的表征。为了改变这一格局，人们试图从20世纪的历史遗产中吸取经验。在政治领域和理论领域，重提群众路线便是尝试之一。但是，在完全不同于20世纪的语境中，重提作为人民战争的产物的群众路线的确切含义是什么？作为一个形成中的政治主体，群众的诞生意味着新的政治形式的诞生。重提群众路线，与其说是对一段历史的回归，毋宁说是对一个可能的、不确定的未来的探寻，它不可避免地与下述问题密切相关：我们需要创造什么样的政治力量、锻造怎样的政治主体、指向怎样的政治未来？

　　上述讨论已经脱离了朝鲜战争的语境，但对于理解围绕这场战争而展开的当代辩论是有意义的。让我重述一个命题：抗美援朝战争以及稍后展开的抗美援越战争既是 20 世纪中国的人民战争的延伸，也是其终结。我们对于和平的探索已经是在一个后人民战争的、去政治化的时代语境之中了。在这个新的历史时刻，能够遏制帝国主义战争、打破朝鲜半岛和海峡两岸的分隔体制、缓解东亚区域内的国际冲突的条件在哪里？人民战争是一个政治范畴，是一个能够产生政治能量的过程。对于苏联的解体、东方集团的垮掉，很多人幸灾乐祸，但这一过程的另一面是伊拉克战争、利比亚战争，整个美国霸权无所顾忌的时代的到来；对于 20 世纪中国的政治创新，许多人弃之如敝屣，但当代中国是否像 1949 年那样代表着一个朝向前所未有的未来的政治进程早已不是自明的问题。现在非但没有人民战争，也没有正义战争，从而战争意味着政治的终止，而不是政治的延续。

　　在这个意义上，20 世纪终结了，重新政治化成为一个新的时代课题。

非战非和：核阴影下的朝鲜停战 *

〔美〕布鲁斯·柯明思 著 桂 涛 译 **

摘要：无论是朝鲜战争仅以停火的形式使战争双方陷入僵持局面，还是朝鲜半岛自停战之后始终处于战争随时可能再次发生的状况，都是美国对朝鲜进行长达半个世纪的核武器威胁和讹诈所造成的。战争还在进行的时候，美国就考虑在朝鲜战场投入核武器；并且艾森豪威尔政府相信，正是美国的核威慑才使得战争结束（尽管事实并非如此）。朝鲜战争结束后，由于朝鲜半岛的另一方没有核武器，韩国成为美国战术核武器运用的首要试验场。不晚于 20 世纪 60 年代中期，美国就确立起在任何一场新的朝鲜半岛冲突的较早阶段使用核武器的常规计划，开始在韩国布置防御性和进攻性核武器。此后，美国在韩国的防御策略中，核武器被列入标准作战程序。在这个背景下，朝鲜所进行的包括核试验在内的大多数行动，都是为了应对美国的核讹诈而做出的积极反应。然而，美国媒体几乎总是选择忽略这段漫长的历史，代之以把焦点集中在朝鲜如何挑衅、危险，以至于疯狂。

关键词：朝鲜战争 停战协定 核讹诈

Abstract：Both the ceasefire of the Korean War that led to a stalemate and the legacy of the armistice which threatens to unleash war in the Korean peninsula at any moment resulted from American nuclear threats and black-

---

* 本文于 2013 年 8 月 28 日在韩国首尔"停战 60 年国际论坛：东亚语境中的朝鲜战争（从停战到地区和平体系）"上宣读。

** 布鲁斯·柯明思（Bruce Cumings），芝加哥大学历史系教授。桂涛，历史学博士，清华大学中文系博士后。

mail to North Korea that have lasted for over fifty years. The U. S. had contemplated on the use of atomic bombs in the Korean War and the Eisenhower government believed it was American nuclear deterrence that ended the war (which was untrue). After the Korean War ended, as North Korea did not possess nuclear weapons, South Korea became the primary test field of tactical nuclear forces for the U. S.. By the mid-1960s, the U. S. had established routine plans to deploy nuclear weapons very early in any new Korean conflict and positioned defensive and offensive nuclear weapons in South Korea. Later American defense strategies in Korea included nuclear weapons in standard operation procedure. It is in this context that most of North Korean maneuvers, including their nuclear tests, were active responses to American nuclear blackmail. American media, however, almost always choose to ignore this long history and focus instead on how North Korea has been recalcitrant, dangerous and even crazy.

Keywords：Korean War　Korean Armistice　Nuclear Blackmail

2013 年 7 月 27 日，朝鲜战争停战进入它的第 60 个年头。它只是一个停火的协定——并非和平条约，所以决不能给战争带来最终的结束。因此，停战的首要后果不是和平，而是美国、朝鲜、韩国间再次开战的持续威胁使得这场战争异乎寻常的暴力得以延续。2013 年 4 月，奥巴马（Barack Obama）总统派遣 B-52、B-2 隐形轰炸机前往韩国上空，在五角大楼确认所有人都知道这些轰炸机是"核能"的情况下，在韩国沿海投下仿制炸弹（dummy bombs）。大约同一时间，在首尔的军事首脑们告诉新闻界，他们拥有能够射入平壤任何一个窗户的巡航导弹——一个潜在的除去朝鲜领导层的恐吓。

像往常一样，这些威胁是回应接二连三来自平壤的激烈言辞和主张，它在其他事情上威胁要向美国发射核导弹。当然，朝鲜是非常令人恼火的：他们严厉谴责他们的敌人，对我们嗤之以鼻，并且进行猛烈的威胁。在一定程度上，这是他们试图表现出来的形象。博弈论告诉我们，在双方都有核武器的僵持状态中（因此不冒着相互间自取灭亡的风险就不能使用这些武器），关键是至少要在敌人的内心中造成你仍然可能愿意使用它们的恐惧。在这种情况下，疯狂的姿态相当有用。同样的，在一定程度上，这是美国媒体期望立即宣传的形象。他们总是吞下朝鲜的诱饵，并且伴随着盲从的士兵、挨饿的孩子、躁狂的领导人、严重夸大的平壤的军事能力这些没完没了的形象，大肆宣传朝鲜的威胁。好莱坞现在也发现把朝鲜描绘成残酷的、疯狂的敌人很有用。从《赤色黎明》（Red Dawn）续集开始，最近几部电影就是这样做的。（在其中的一些电影中，早期剧本最初是以中国为敌人。但是，由于好莱坞要在中国销售如此多的电影票，朝鲜成了指定的替代者，尽管朝鲜入侵美国可能是荒谬绝伦的想法。）

从这场可怕的战争的暴行及其后果中浮现出一幅不同的画面：在 2006 年第一次核试验之前，朝鲜是世界上唯一一直遭受美国核武器威胁和讹诈的无核国家。这开始于战争期间——1951 年，并且一直持续到现在。这个现象的讨论在美国媒体中是如此之少，就像它不存在似的。绝大多数美国人包括最为见多识广者都对它一无所知。[①] 然而，60 年来在朝鲜，一道象征性的但永久的"红光"（red glow）遍及人们的视野——被美国瞬间核毁灭的幽灵反复出现。因此，停战是在美国核威胁的背景下达成的，并且被同一手段一直维持着。

实现停战

1951 年 6 月 23 日，苏联驻联合国代表亚当·马里克（Adam Malik）提议，交战各方展开讨论，以安排停火。杜鲁门表示同意，建议代表们找一个适合的地方会面，最终选定在被"三八线"等分的朝鲜古都开城（Kaesong）。停战谈判开始于 7 月 10 日，最初由海军中将特纳·乔伊（C. Turner Joy）代表联合国一方，南日中将代表朝鲜一方。谈判冗长乏味，进展缓慢，几度中断，并且谈判地点迁移到叫作板门店的村庄（今天协商仍然在此进行）。双方就恰当、公平的军事分界线进行了无休止的讨价还价，但是，拖延了谈判的关键问题是各方人数众多的战俘的处置问题。重点在于有关遣返时自由选择的问题，该问题在 1952 年 1 月由美国提出。同时，韩国拒绝签署任何保持朝鲜半岛分治的停战协定。1953 年 6 月中旬，李承晚（Syngman Rhee）突然释放 25000 名战俘——此举导致美

---

① 因此，在这篇文章中，我有时会回到我已经出版的一些著作——以引起人们注意美国在朝鲜的核战略，因为很少有其他人这样做。

国制定发动政变罢免李承晚的计划 ["常备作战" （Operation Eveready）]，如果李承晚再试图阻挠停战协定的话。李承晚也威胁让他的军队脱离联合国指挥，这导致艾森豪威尔（Dwight D. Eisenhower）总统下令切断给韩国军队的燃料、弹药供应，并且表示他准备让所有美国军队撤离朝鲜，切断一切军事财政援助。① 李承晚从未将他的这个威胁付诸实践。然而，跟往常一样，李承晚一意孤行：尽管艾森豪威尔政府以战后防御条约和巨额 "援助" 来收买他，他还是拒绝签署停战协定。

朝鲜虐待许多美国和盟国战俘，不给他们食物，特别是剥夺他们的睡眠；并且和中国人一起，对许多人进行政治思想改造，这在美国被谴责为 "洗脑"（brainwashing）。同时，尽管美国一再声明他们对个人权利、人的尊严和日内瓦公约的尊重，但是一场实质的战争继而在韩国战俘营中发生了，亲朝、亲韩、亲中、亲台的战俘团体相互打起来，并争取其他战俘的忠诚。与美国人的假设相反，共产党在对战俘使用暴力时是区别对待的；然而，韩国惯常性地杀死俘虏，对活下来的人则进行拷打和精神上的折磨。右翼青年团体——盛行于 20 世纪 40 年代动乱时期——试图把反共的战俘组织起来，但是他们做出来的往往是随意的暴行。双方都谋求在政治上 "改造"（convert）战俘，但是共产党有积极的主张，似乎真的相信他们自己所说的，而青年团体的领导者却只是简单地要求自动服从 [这方面最好的资料仍然是《迪安将军的故事》（*General Dean's Story*）]。即便在战俘营待了数年，韩国还是要对被释放的战俘进行六个月的 "改造教育"（reeducation），才遣散他们回家。有 60 个人仍遭到扣押，因为他们尚未摆脱共产党的 "洗脑"。②

战争本来可以更早结束，但是由于朝鲜不再有爆发大战（general war）的危险，战争继续下去对莫斯科和华盛顿双方都有利。大多数历史学家认为，1953 年 3 月初斯大林去世使得热战（hot war）最终结束；然而也有人认为战争在 1951 年极有可能结束。3 月 28 日，周恩来和金日成（Kim Il Sung）呼吁正式返回板门店谈判，并且在战俘问题上做出重大让步。但是，无论在

---

① Jean Edward Smith, *Eisenhower in War and Peace* (New York: Random House, 2012), p. 577.
② 有关朝鲜战争战俘的最好的描述是 Albert D. Biderman and Samuel M. Meyers, eds., *Mass Behavior in Battle and Captivity: The Communist Soldier in the Korean War* (Chicago: University of Chicago Press, 1983); 另见 Rosemary Foot, *A Substitute for Victory* (Ithaca, N. Y.: Cornell University Press, 1990), pp. 109-21, 197-98.

当时还是在后来，艾森豪威尔总统和他的国务卿约翰·福斯特·杜勒斯（John Foster Dulles）都认为是明显的核打击威胁使得战争结束的。

核讹诈（Nuclear Blackmail）

在当时，美国挥舞它弹药库中最强大的武器。1953 年 5 月 26 日，《纽约时报》登载了第一次以大炮发射核弹的报道，这次核爆在内华达试验场完成，有 1 万吨爆炸力（广岛核爆的一半以上）。几天后，又进行了内华达试验场发生过的 "最大的原子弹爆炸"；有人怀疑那可能是一颗氢弹。内华达的试验对于美国的核讹诈来说是不可或缺的，它向敌人传达了一个信息：最好签署停战协定。解密资料也说明，1953 年 5、6 月艾森豪威尔政府试图表明它将不惜一切代价结束战争。5 月中旬，艾克（Ike）告诉国家安全委员会（National Security Council），在朝鲜使用核武器将会比常规武器更合算。几天后，参谋长联席会议（Joint Chiefs）提议对中国发动核打击——事实上，他们给出了几个以核打击升级战争的方案，这些方案彼此间没有多大不同。然而，没有证据表明艾克提出的核威胁在共产党准备结束战争的决定上发挥了作用，共产党的决定在 3 月份就做出了，在这一全副武装的威胁（this panoply of threats）之前。

再者，艾森豪威尔对于是否使用核武器的态度极为矛盾，其程度肯定远甚于国务卿杜勒斯、国家安全委员会（NSC）的成员和顾问。[1] 1953 年 5 月，艾克和国家安全委员会进行了几次讨论，探讨在朝鲜使用核武器的问题，但是，最终他们更愿意虚张声势——运用美国可能使用它们的迹象和警告，而自始至终不真的去做。[2] 与此同时，他的将军们升级了空战，正如我们将要看到的，轰炸朝鲜的大型水坝。1953 年 5 月 20 日，参谋长联席会议与国家安全委员会提交了一份新的作战计划，涉及对朝鲜和中国使用 "数百颗原子弹"。[3] 但是，几天后中国和朝鲜同意了令美国满意的条

---

[1] 再如另一个有关为什么学者不应该与政府进行秘密商议的例子所表明的，在 1953 年 3 月末的一次国家安全委员会会议上，康奈尔大学校长迪恩·梅洛特（Deane Malott）建议在朝鲜半岛使用 "几个核武器" 来结束战争，不用管对于炸弹的 "群情激奋"（public hysteria）。引自 Evan Thomas, *Ike's Bluff: President Eisenhower's Secret Battle to Save the World* (New York: Little, Brown and Company, 2012), p. 72。

[2] Thomas (2012), pp. 75-6.

[3] *Foreign Relations of the United States* (1952-54), 15: 1059-68.

款，在此过程中没有证据表明核讹诈导致它们做出决定。艾克和杜勒斯仍然试图维持公开的解释：透过第三方传递的核威胁终结了战争。但是，艾克的儿子约翰（John），为艾克整理回忆录草稿，承认"我是在猜测"。简·爱德华·史密斯（Jean Edward Smith）在新书中援引艾森豪威尔的话说，他没有采纳杜勒斯或者国务院关于使用核武器的建议——并且告诉他们"打消这些使用它们的愚蠢念头"①。当我在 1986 年为了一份朝鲜战争档案采访迪安·拉斯克（Dean Rusk）时，他告诉我，当他在 1961 年成为国务卿时，让他的职员翻查文件，看看核策略（atomic diplomacy）是否给战争的结束带来什么不同，结论是没有什么不同。但是，正如我们将要看到的，艾森豪威尔政府是后来在朝鲜半岛引入核武器的关键。

艾克威胁之前：麦克阿瑟的疯狂举动？

1950 年 12 月 9 日，在中国参战之后，麦克阿瑟要求指挥官在朝鲜有使用核武器的自行决定权。两周后，他提交了"一份延迟攻击目标的清单"，为此他需要 26 颗原子弹。在他去世后被公开的访谈记录中，他说他有一个在 10 天内赢得战争的计划："我将在横穿满洲的狭长地带……投下 30~50 颗原子弹"，然后他将在鸭绿江增加 50 万国民军，这样，"在我们的背后——从日本海到黄海——展开一个放射性钴的地带……它有 60~120 年的有效期。至少 60 年从北方不会有针对朝鲜的陆路入侵"。他肯定地说俄国人什么也不会做："我的计划很容易得手。"

如果这是疯狂之举，麦克阿瑟不是唯一这样想的人。在中国参战之前，参谋长联席会议的一个委员会说，原子弹可能是阻止中国进入朝鲜的"决定性因素"；最初，它们可能有助于"在靠近满洲边界以北的狭长地带上联合国可能会建立的'警戒线'"。几个月后，艾伯特·戈尔（Albert Gore）抱怨说"朝鲜变成美国男子的绞肉机"，并建议以"什么能够带来巨大改变的事件"结束战争：一个分隔开朝鲜半岛的放射地带。尽管李奇微将军（Gen. Ridgeway）没有说过什么有关钴爆炸的事，但是 1951 年 5 月他重申了麦克阿瑟 12 月 24 日的要求，这一次是 38 颗原子弹（这个要求

---

① Foot（1990）p. 99, and Thomas（2012）, pp. 80-81. See also Smith（2012）, p. 573.

被否决了）。①

　　1951 年秋，美国实施哈德逊港行动（Operation Hudson Harbor），该计划谋求确立在战场上使用核武器的能力，并且为了追求这个目标，1951 年 9 月和 10 月 B-29 轰炸机从冲绳起飞前往朝鲜，模拟原子弹爆炸的状况投下"假"原子弹（"dummy"A-bombs）或者重型 TNT 炸弹。该计划要求"实际操作涉及核打击的所有活动，包括武器装备与测试、导航、炸弹瞄准的地面控制"等等。结果表明炸弹可能不太有用，这是纯技术上的原因造成的："大规模的敌军的及时确认几乎是不可能的。"② 平壤领导人看着 6 年前摧毁过广岛、长崎的 B-29 轰炸机沿着模拟进攻路线飞来，而每一次都不知道它投下的炸弹是真的还是假的。可以想象这要求他们必须具有如钢铁般的意志。

　　1951 年年初，在国防部的一次秘密任务中，一个名叫塞姆·科恩（Samuel Cohen）的年轻人观察了再次夺回汉城③的战役，并认为应该要有一种消灭敌人、同时又不毁灭城市的办法。他成了中子弹之父。④ 同年，作为"计划前景"（"Project Vista"）的一部分，美国原子弹之父罗伯特·奥本海默（Robert Oppenheimer）前往韩国，打算对战术性运用核武器的可能性进行评估。战后，韩国成为美国战术核武器运用的首要试验场，理由很简单，与欧洲前线不同，在这里另一方没有核武器——因此，在军事

---

① U. S. National Archives, G-3 Operations file, box 34A, Bolte memo of Nov. 16, 1950, with attached memo of conclusions; Gore quoted in mid-April 1951 in Barton Bernstein, "The Korean War and Containment," paper prepared for a Woodrow Wilson Center conference on the Truman period, September, 1984; on Ridgway's request see G-3 file, ibid. , box 38-A, "Actions Necessary."

② G-3 Operations file, ibid. , box 38-A, "Actions Necessary;" memo by S. V. Hasbrouck, Nov. 7, 1951; memo for the Chief of Staff, Army, Nov. 20, 1951; also Schnabel and Watson, *History of the Joint Chiefs of Staff*, "The Korean War," part 1, p. v; also part 2, p. 614; U. S. National Archives, RG349, FEC G-2 Theater Intelligence, box 752, Sept. 30, 1951, CINCFE to CG SAC ("Requests SAC to execute simulated atomic strikes on tgts. vic. CT402453 and CT576484"); Oct. 1, 1951, CG FEAF to 98th Bomb Wing commander, Okinawa; Oct. 13, 1951, resume of operation ("need for a clear-cut definition of what is meant by tactical use of atomic weapons *in support of ground operations.* " [sic]) Many of the documents on Hudson Harbor are still classified.

③ "Seoul"的中文名称由"汉城"改为"首尔"是在 2005 年。因此，2005 年以前涉及"Seoul"的地方，中译文均使用"汉城"。——译者注

④ 塞姆·科恩是赫尔曼·卡恩（Herman Kahn）童年时代的好友，见 Fred Kaplan, *The Wizards of Armageddon* (New York: Simon and Schuster, 1983), p. 220。

演习和实际作战计划中核武器的运用成为标准作战程序（standard operating procedure）。

朝鲜战争结束带来的巨大影响

为了给朝鲜施加最大的压力以达成停战，美国空军最初设想打击朝鲜的 20 座大型水坝，以此破坏 25 万吨即将收获的稻谷。结果，1953 年 5 月中旬，就在水稻刚刚种下的时候，轰炸机攻击了三座水坝：德山（Toksan）、慈山（Chasan）、旧院里（Kuwonga）。稍后，又攻击了南市（Namsi）、泰川（Taechon）两座水坝。这些水坝在文献资料里通常被称为"灌溉水坝"（irrigation dams），但是它们实际上是与美国许多大型水坝相类似的。在鸭绿江上的水丰大坝（the great Suiho dam）是仅次于胡佛水坝的世界第二大坝，它在 1952 年 5 月第一次受到轰炸（尽管从来没有被毁掉，这是由于担心激怒北京和莫斯科）。赴战水坝（the Pujon River dam）设计蓄水量达 6.7 亿立方米，压力梯度（pressure gradient）为 999 米，大坝水电站发电量达 20 万千瓦。[①] 根据美国空军的官方历史，1953 年 5 月 13 日，59 架 F-84 "雷电喷气"战斗轰炸机在德山水坝高耸的拦水墙（containing wall）上打开缺口，汹涌的大水冲毁了 6 英里铁路、5 座桥、2 英里公路，以及 5 平方英里的稻田。德山水坝第一次决口"冲毁"了 27 英里河谷，大水甚至冲到了平壤。战后，重建水库耗费了 20 万人次的劳力。1953 年 6 月 20 日的《纽约时报》公布，被控为苏联间谍的朱利叶斯与埃塞尔·罗森堡（Julius and Ethel Rosenberg）夫妇在辛辛监狱（Sing Sing Prison）被处决；在不太显眼的每日战报中，美国空军表示它的飞机轰炸了朝鲜的龟城（Kusong）水坝、德山水坝；只有在更不显眼的位置才提到朝鲜的无线电广播承认这些大型水库遭到"巨大破坏"（这些水库为朝鲜粮食生产提供 75% 的用水）。这些在国际法上显然是严重的战争罪行，但是，在当时没有任何评论出现在"我们的权威报纸"上。[②]

---

① Lautensach, Hermann, *Korea: A Geography Based on the Author's Travels and Literature*, trans. by Katherine and Eckart Dege (Berlin: Springer-Verlag, 1945, 1988), p. 202.

② Conrad C. Crane, *American Airpower Strategy in Korea, 1950 - 1953* (University Press of Kansas, 2000), pp. 160-64.

就像另一部美国官方战史所说：

> 因此，我们杀害平民、友善的平民，轰炸他们的家园，投下汽油弹烧毁有人居住的村庄——其中妇女、儿童的人数是隐藏其间的共产党士兵人数的十倍，飞行员返回他们的军舰，被自己的所作所为震惊，禁不住神经痉挛，呕吐出来。

接着作者问道，这比"用重磅炸弹和原子弹杀害数以千计看不见的平民"要更糟吗？他们会说，那不一定，因为敌人"对人民的暴行"甚至要比"纳粹在波兰和乌克兰的恐怖行动"更加恶劣。① 除了这个令人难以置信的歪曲外，请注意它的逻辑：他们是野蛮的，因此授权我们对无辜平民投下汽油弹。

事情的真相是，在朝鲜，美国白人对他们的敌人没有丝毫尊重。它的对手是亚洲人、共产党以及"野蛮人"，因此一种明确的种族仇恨深刻影响了美国在这场战争中的行为。不仅冷战的设计者乔治·坎南（George Kennan）称中国人"野蛮而自大"；对于李奇微将军来说，共产党是"狡诈的野蛮人"；海军上将鲁思文·利比（Ruthven Libby）告诉杜鲁门，他花费了7个月的时间和"会说话的动物"谈判。② 来自一个种族隔离的社会，在那儿没有亚洲人会向白人顶嘴，仅仅是和这样的人进行谈判的想法就是令人作呕、无法容忍的。

朝鲜和中国在当时没有得到美国和联合国的承认，朝鲜至今仍没有被承认。因此，他们（尤其是朝鲜人）试图通过唤起他们自己的尊严——以他们的穿着、他们的外表、他们的态度以及他们对美国人的傲慢——来扭转局势。记者总是称朝鲜谈判代表南日"衣冠楚楚""冷漠""态度轻蔑"。美国人永远不会让朝鲜人领头，白善烨（Paek Sun-yop）将军通常是个孤零零的韩国代表，只是联合国代表团的陪衬，在接下来的50年韩国代表一直被美国领导着。我想他们从来没有想象过这看起来是怎样的一番景象。一位给韩国方面做翻译的朋友告诉我，他觉得当朝鲜代表团露面并直接与美国人打交道时，白善烨很不起眼。

---

① Karig, Walter, Malcolm W. Cagle, and Frank A. Manson, *Battle Report: The War in Korea* (New York: Rinehart 1952), pp. 111-12.

② Foot (1990).

"野蛮的"南日经常挫败他的美国对手。有一次，美国人提出如果划定分界线，应该以领空和领海主权为基础，而不是仅考虑陆地上的战线，因此分界线应该向北移 20 英里。南日回答说，他们的提议是"天真且不合逻辑的"，"不值得考虑"；"你在陆地上的战线集中体现了你陆海空军事力量的有效性"。①

美国：令人失望的结局

战俘问题最终在 1953 年 6 月 8 日解决了，共产党一方同意把拒绝被遣返的战俘置于中立国遣返委员会为期 3 个月的看管下，在这段时间结束时那些仍然拒绝被遣返的战俘将被释放。1953 年 7 月 27 日，四个主要交战国中的三个签署了停战协定（韩国仍然拒绝签字）。它需要一条 2.5 英里宽的缓冲带，该缓冲带呈波浪形横穿朝鲜半岛中部，部队和武器均必须撤出该地区。7 月 27 日晚 10 点，在停战协定生效前大约 20 分钟，一架 B-26 轰炸机投下它负载的雷达导航炸弹，就此美国的空中打击最终结束。今天，这个布满防御工事的"非军事区"仍然按照 1953 年停战协定规定的那样，维持着朝鲜的和平。和平条约始终没有签署，因此在这个意义上说朝鲜半岛仍然处于战争状态。

朝鲜战争在美国变得非常不受欢迎。杜鲁门离职时，盖洛普民意调查显示他的支持率为 27%。在盖洛普民意调查的历史上，直到乔治·W. 布什才触到更低的点——2008 年的 22%。在大众的想象中，美国人从未输过一场战争。就像罗兹玛丽·福特（Rosemary Foot）说的，"从 1776 年一直到 1950 年，美国在使用武力方面极其成功，因此并不特别需要发展外交和妥协的技艺"②。所以，它争取让在朝鲜的战争进入停顿状态，避免以任何重要外交手腕取得持久和平。在战场上可能是僵持局面，但是美国人普遍将之视为一次失败。

记者写道，首都以"集体漠不关心"迎接战争结束。在纽约，电视台摄制组来到时代广场，发现四处闲逛的市民被劝诱去为和平欢呼。由于地铁票刚刚涨到 15 美分，街上几乎没有人。第二天，爱荷华州一个法庭裁定

---

① Foot（1990）.

② Foot（1990），p. 232.

在朝鲜不再存在战争状态，这是由于国会从未做出过存在战争状态的声明。

对于朝鲜人来说，3 年来战争如影随形、夜以继日，一天也没离开过他们。根据美国空军的评估，战争结束时，美军轰炸对城市造成的破坏远远超过对德国和日本的空袭。约尔格·弗里德里希（Jorg Friedrich）估计，1942~1945 年皇家空军在德国投下 65.7 万吨炸弹，英国和美国投下的炸弹总吨位达 120 万吨。相比于二战期间在整个太平洋战区投下的 50.3 万吨炸弹，美国在朝鲜投下了 63.5 万吨炸弹（32557 吨汽油弹没有计算在内）。相较于 60 座日本城市平均毁坏程度在 43%，朝鲜城镇的毁坏程度"在40%~90% 之间"，朝鲜 22 个主要城市中的 18 个毁坏程度至少达 50%。部分统计数据如下所示：[1]

平壤，75%

清津，65%

咸兴，80%

兴南，85%

沙里院，95%

新安州，100%

元山，80%

1954 年，一个旨在解决朝鲜和越南（在奠边府战役之后）和平协议问题的会议安排在日内瓦举行。但是，杜勒斯并不打算与朝鲜和中国签订和平条约。1986 年，为拍摄有关朝鲜战争的电视纪录片，我采访了美国在日内瓦会议上的首席谈判代表亚历克西斯·约翰逊（U. Alexis John-son）。约翰逊告诉我们，筹划以持久和平代替朝鲜停战的日内瓦会议，对于美国代表团来说只是想要获得理想结果的徒劳之举。"一个人会为会议做出怎样的准备……当你对谈判会改变什么事情不抱任何希望的时候？"我问他。"噢，你做你自己的发言，也试图确认韩国外交部长官卞荣泰（P'yon）是获得认可的，弄清他打算做什么……并且防止李承晚，呃，搞破坏。"

---

[1] Jörg Friedrich, *The Fire: The Bombing of Germany, 1940-1945*, trans. by Allison Brown (New York: Columbia University Press), pp. 75, 89; Foot (1990), 208; Crane (2000), pp. 126, 168-71.

朝鲜半岛的核化

1957 年 1 月 14 日，在艾森豪威尔总统的指示下，国家安全委员会下属的计划委员会 "准备对在朝鲜的四套替代性军事方案进行评估"。关键问题是 "各类核武器的引进，以及核弹头在朝鲜的存放问题"。在接下来 6 个月的讨论中，国务卿杜勒斯赞同参谋长联席会议的观点：这类武器应该被送往朝鲜。然而，存在两个问题：停战协定和李承晚。停战协定中的一个条款（第 13d 项）限制双方在朝鲜战区引进新型武器。雷德福（Redford）简单地想单方面中止第 13d 项，因为在他看来这一条不能被 "解释为" 允许核武器进入。作为条文主义者的杜勒斯要支持参谋长联席会议的提议是需要一定条件的："确认共产党违反了停战协定的公开证据足够充分，以使这一行动在我们的盟友和联合国面前被认为是正当的。" 问题是 "公开的证据" 并不令人满意，因为共产党方面没有严重违反第 13d 项。它引进了新的喷气式飞机，但是美国也这样做了；双方的新变动都不能被视为军事力量的彻底升级。核武器则另当别论。这让英国感到不安，但是美国人不顾他们的担忧就开始做了，并且在 1957 年减轻了自己对第 13d 项负有的义务。①

还剩下李承晚的问题，美国人认为他随时可能重新开战。1953 年副总统尼克松 "试图从李总统那里获得书面保证，'他不会拿把我们卷入他武力统一朝鲜的努力作为赌注再次开战'"。尼克松没有得到这样的保证，但是美国的指挥官奉命确保 "对李做出发动攻击的任何决定及时给予警告"，并防止它发生，或者防止韩国战地指挥官接到命令。1955 年 2 月未经核实的情报 "提及，在一些会议上，李告诉韩国的军政领导准备对朝鲜采取军事行动"。10 月传来消息，他下令策划重新夺回开城和翁津半岛（Ongjin Peninsula），这两个地方自停战以来确定处于朝鲜的版图内。1956 年传来了更多的警报和佯攻的消息。与此同时，无疑是背着李承晚，1957 年 8 月艾森豪威尔政府通过 NSC5702/2，对朝鲜政策做出重大调整，批准在朝鲜部署核武器，并且考虑到 "美国支持韩国对朝鲜发生的匈牙利式的

---

① Donald Stone Macdonald, *U. S. -Korean Relations from Liberation to Self-Reliance*, *The Twenty-Year Record*: *An Interpretive Summary of the Archives of the U. S. Department of State for the Period 1945 to 1965* (Boulder, Colo: Westview Press, 1992), pp. 23, 78-79.

群众暴动采取单方面军事行动"的可能性。① 这是一个令人吃惊的表述。它可能是对萦绕于当时的谣言，即朝鲜的一位将军试图率领他的整个师越过隔离区叛变，或者只是随后导致在古巴猪湾事件中惨败的想法的预兆（小的挑衅可能触发反对共产主义的总暴动）。然而，这正是李承晚和他的支持者所乐意看到的。谁知道他们是否听到什么风声，但是约翰·福斯特·杜勒斯肯定听到了风声。

杜勒斯将因为他在战争开始前一周从"三八线"对面盯着金日成的著名举动而被世人铭记。从那个突然的星期日开始，他似乎把他的余生尽耗在令人不安的谣言上，就像班柯的幽灵摇着他血淋淋的头发。在 1954 年一次国家安全委员会会议上，他担心朝鲜可能会再次发动战争——并且是以一种全新的方式：

> （杜勒斯）认为共产党很可能会以这样一种方式发动他们的进攻：共产党会渗透到韩国部队中，组织起一次向共产党分界线的进攻，这样使战争看起来像是韩国主动挑起的。②

在其他几次高层会议上，杜勒斯担忧地说美国将不知道一场新的战争在朝鲜是怎么打起来的，并且说李承晚会有可能发动战争。在 1953 年 10 月第 168 次国家安全委员会会议上，杜勒斯警告说，"我们所有的努力"必须是预防李承晚重新开战。1957 年，在第 332 次会议上，他仍然担忧李承晚可能会"发动战争"。两周后，他说"如果战争在朝鲜打起来……将会很难确定究竟是哪一方先开的战"③。

在这个特殊的背景下，杜勒斯赞同参谋长联席会议在朝鲜布置核武器的愿望。艾奇逊（Acheson）致力于遏制内战爆发，在战争爆发前他申请前往朝鲜，想要抑制双方。像李承晚、金日成这样急躁的人在发动战争之前将要仔细考虑一番，战争会给半岛带来核毁灭。李承晚并不回避主张以他自己的方式使用氢弹；1954 年在（美国）国会参众两院联席会议上的演讲，他要求使用氢弹，这甚至让他在共和党中的支持者都感到震惊。但是，杜勒斯的核武器将被置于美国人绝对的控制下，并且只有在朝鲜发动

① Macdonald (1992), pp. 23-24, 80.

② Eisenhower Library, Anne Whitman file, NSC, 179th Meeting, box 5, Jan. 8, 1954.

③ Ibid., boxes 4 and 9.

大规模且无法遏制的进攻时才会使用。

1958 年 1 月，美国在韩国部署了 280 毫米核炮（nuclear cannons）和诚实约翰核导弹（Honest John nuclear-tripped missiles）；一年后，空军"在朝鲜永久地布置一个配备核弹头的斗牛士巡航导弹（Matador cruise missiles）的中队"。由于射程范围达 1100 公里，斗牛士导弹瞄准了中国、苏联和朝鲜。① 不晚于 20 世纪 60 年代中期，韩国的防御策略保持了在任何一场新战争的较早阶段使用核武器的常规计划。就像 1967 年五角大楼的一次军事演习的文稿所说，"在韩国的 12 个韩国师和 2 个美国师……让他们的防御计划几乎完全与较早使用核武器相配合"。美国的假设是这些东西不能在欧洲前线使用，因为对方也有核武器——但是它们能在朝鲜用，因为无论苏联还是中国都不会使用核武器反击。

1968 年 1 月，朝鲜俘获美国间谍船普韦布洛号（Pueblo），逮捕了全体船员，并把它扣留了 11 个月：

> ……美国决策者最初的反应是向平壤投核武器……在韩国空军基地的所有一直保持警戒的美国 F-4 战斗机只装载核武器这一事实无助于领导者清醒地考虑问题。②

美国的原子爆破地雷（ADM）是为了在韩国使用而设计的防御性武器，正如 ADM 的一位设计者所说的"污染部队推进的地带，阻止装甲部队的进攻"。ADM 的重量仅 60 磅，却能产生 2 万吨的爆炸力。"你能从 AMD 的爆炸中获得持续两周的污染，这样这个地区就不能通行了。"③ ADM 由专门小组来放置，他们把地雷背在背包中。在《战争与希望》（Weapons and Hope）一书中，弗里曼·戴森（Freeman Dyson）把这些武器称为"所有战术性武器中最危险的武器"，因为它们可以用吉普车来回运送，这就使得它们的物理安全不可能得到保障（敌人可能会抢夺它们）。同时，就像《华盛顿邮报》在 1974 年指出的那样，美国的直升机常规性空运核武器到隔离区附近。在训练期间，它们中的一架可能迷失方向穿越

---

① Peter Hayes, *Pacific Powderkeg*：*American Nuclear Dilemmas in Korea*（Lexington, Mass.：Lexington Books, 1991），p. 35.

② Hayes（1991），pp. 47–48.

③ Quoted in Hayes（1991），p. 49.

隔离区（1994 年一架小型侦察直升机就曾发生过这样的事情），送给平壤一个原子弹的可能性持续存在。进而，核武器的部署也导致了"不使用它们就会失去它们"的心态。甚至平壤一次小规模的进攻也足以导致核武器被使用，以免它们落入敌人之手。① 后来在全斗焕（Chun Doo Hwan）时期出任美国驻韩国大使的理查德·"迪克西"·沃克（Richard "Dixie" Walker）在 1975 年写道：

> 美国常规性和战术性核力量在朝鲜的存在有助于增强对东京的战略保证，并且阻止日本产生任何法国式解决方式的想法：他们自己的威慑力量。这个事实在东京得到许多政界领导人充分的理解，在北京也被认识到。②

换句话说，朝鲜人是美国双重遏制政策的筹码：既威慑共产党敌人，也约束东京的盟友。

指挥官中最迷恋于防御性和进攻性核武器的使用的要数理查德·史迪威将军（Gen. Richard Stilwell），他创立了"团队精神"（Team Spirit）军事演习，该军事演习开始于 20 世纪 70 年代晚期，持续到 90 年代。"团队精神"军事演习是世界上最大的军事演习，常常包括 20 万人的部队，其中有 7 万人是美国士兵——他们中的一些已经驻扎在朝鲜，其他士兵则空运来参加演习。在史迪威的战略中，"团队精神"演习是"对朝鲜进行反击的预演"，并且是 80 年代"空地作战条令的先驱"，强调在敌人战线后方的进攻性打击。③ 1976 年 8 月那次著名的事故表明隔离区对峙具有高度"导火索"的性质，在那里几乎每一天都可能发生新的战争。一些美国士兵和韩国士兵进入隔离区靠近板门店的一个禁区去"修剪杨树"，美国方面说这些杨树阻挡了他们向北望的视线。（杨树孤零零地矗立着；任何去过板门店的人都知道，由于这个地区在战争中遭到如此重创，四周几乎是光秃秃的，没有树。）一支朝鲜小队碰上修剪小队，在随后的战斗中，一个朝鲜士兵从一个美国人手中夺得一把斧头，用它杀死了两个美国士兵。在这个高度军事化的"非军事区"日益紧张的局势下，这是一起不幸但完

---

① Hayes (1991), pp. 50, 58.
② Quoted in Hayes (1991), p. 59.
③ Hayes (1991), p. 60.

全在预料之中的事故。

在这次对峙中，史迪威将军让美-韩联军进入高度戒备（这是自 1953 年的第一次），并且在朝鲜战区遍布美军——航空母舰特遣部队进入韩国领海，一个携带核武器的 B-52 轰炸机方阵从关岛起飞，飞向朝鲜半岛隔离区上空，"到最后一刻才改变方向"。根据一个分析者的说法，史迪威请求五角大楼批准（并获得了批准）授予他的下属发射火炮和火箭的权力，他们可能会与他失去联系，无法进行商讨；如此就产生了这样的可能性：在没有中央指挥和控制的情况下使用战术性核武器。现在一支美-韩联合特遣部队进入共同警戒区，在 7 架武装直升机的护送下，另外 20 架直升机运送 1 个完整的步兵连前去保护这支特遣部队。他们最终前进到杨树那里，砍倒那些烦人的树枝。① 同时，另一个华盛顿的知情者——我不便说出他的名字——告诉我，这实际上是这个时期史迪威致力于"阻止的"。他害怕回到华盛顿，亨利·基辛格（Henry Kissinger）可能想发动一场战争，从而增加就要届满卸任的杰拉尔德·福特（Gerald Ford）在即将来临的选举中获胜机会。

1991 年，我听了一个高阶退休官员、美军驻韩国的前指挥官就美国在 80 年代发展出的战略做的非正式报告：（1）美国计划在一场新的朝鲜冲突的较早阶段使用战术性核武器，即"H+1"；或者是在战争爆发一个小时以内，要是朝鲜部队向隔离带以南发动大规模进攻的话。这与在欧洲确立的战略形成对比，对欧战略是以常规性武器延缓入侵的步伐，然后只有在必要时才使用核武器阻止进攻。这个逻辑是：除非在最极端的情况下，我们不敢在欧洲使用核武器，因为对方也有核武器；但是我们能在朝鲜使用它们，因为朝鲜没有。他说，韩国指挥官已经习惯于这样一种想法：美国会在战争的早期阶段对朝鲜使用核武器。

（2）70 年代中期发展起来的"空地作战"战略要求尽早、快速、深度地攻入敌人领土，同样很可能使用核武器，尤其是针对坚固的地下工事（朝鲜有很多这样的地下工事）。换句话说，这个战略本身表明的是"击退"（rollback）而不是简单地抑制住朝鲜的进攻。

（3）中子弹——或所谓"强辐射"武器——很可能被使用，要是朝鲜军队占领汉城的话，从而消灭敌人但保住建筑。（80 年代早期的新闻报道

---

① Hayes（1991），pp. 59-62.

说它可能部署到朝鲜。）

（4）作为对"空地作战"条令的回应，朝鲜军队在 70 年代晚期进行扩充和重新部署。这次重新部署使得他们近 80% 的地面部队驻扎到隔离区附近。正如我们将要看到的，美国与韩国方面照例举出这次扩充和重新部署作为朝鲜挑衅意图的证据。事实上，这样做是为了让尽可能多的士兵能够到达韩国（不理会战争如何打起来的），在核武器被使用前与韩国军队和平民交往，从而降低使用它们的可能性。①

这个可怕的方案变成 80 年代标准作战程序，此类方案被写进军事方面的指南，每年一度的"团队精神"军事演习进行"空地作战"演练。② 这意味着，最初抑制住朝鲜的进攻，接下来对朝鲜发动攻势，最后攻占并守住平壤，推翻朝鲜政权。（1993 年 12 月《纽约时报》头版详细说明了这些计划，错误地称它们只是逐渐发展出来的。）这些军事演习也被安排在朝鲜，因为在 80 年代早期，北约国家和强有力的和平运动不允许在欧洲进行类似的演习。

然而，（再一次根据这个理由）海湾战争导致对核武器作用的重新评估。由于有能可靠地击中目标的"智能"炸弹，与使用核武器会带来的难以处理、让人感到麻烦的后果相比，高产量的常规性武器更加有用。他说，军方想要尽可能快地撤出战场上的核武器。因此，1991 年秋季，美国的政策到达这样一个阶段：出于美国自身的利益决定从朝鲜撤回过时的核武器。[撤回的武器包括 40 枚 203 毫米核炮弹、30 枚 155 毫米核炮弹，外加大量的 ADM。然而，官方发言人对用于 F-4 和 F-16 轰炸机的大约 60 枚核重力炸弹保持沉默。据报道，这些炸弹在 1985 年被储存在群山（Kunsan）一个美军空军基地。③] 那位驻韩前指挥官认为，从世界各地调动大规模的部队参加海湾战争所预期的成功，也使得此举更容易回应从韩国撤出美军地面部队的压力（压力主要来自要求削减成本的国会议员）。但是，时至今日仍有 28000 人的美国部队留在朝鲜；在一周中任何一天，一艘三叉戟潜艇或者一架 B2 隐形轰炸机都能被调往韩国战区——就像奥巴马总统在最近的危机中所做的那样。与此同时，美国媒体几乎总是选择忽略这段漫长的历史，代之以把焦点集中在朝鲜是如何挑衅、危险，以至

---

① Peter Hayes（1991）also makes this point, pp. 148-49.

② Hayes（1991）, p. 91.

③ Hayes（1991）, pp. 94-95.

于疯狂。但是，除了一个现在有了核武器（now-nuclear）的朝鲜，我们美国人正遭受着我们自身核威胁与讹诈带来的强烈破坏力，它可以追溯到1950 年。

自朝鲜战争以来，为了回应美国的核政策，朝鲜修建了大量的地下设施和山中的防御工事，这些设施包括部队营房、物资仓库、兵工厂，甚至是战斗机的地下飞机库。20 世纪 70 年代中期，朝鲜面临更大的威胁，当时朴正熙政权谋求发展核能力，此举在美国强烈的压力下才停止，但是仍保留了令人畏惧的潜力。随着暗中实施发展能够运载核弹头的"弹道导弹的本土能力"的计划，朝鲜走到了前面。韩国也获得了"背叛者"（rene-gade）的军火供应者的名声，诸如南非、伊朗、伊拉克这类被人看不起的国家发生战争期间，韩国向它们提供武器。① 这里的大部分读起来像是在写朝鲜而不是韩国，并且对朝鲜的行动做出客观评判：朝鲜的大多数行动是对美国的压力和韩国主动行为做出的回应。

60 年之后的停战协定

今年（2013）早些时候，朝鲜宣布：自 2013 年 3 月 11 日起，1953 年停战协定将失效。在白宫随后的一个新闻发布会上，有记者问了这样一个问题：那么你们仍然要和朝鲜回到战争状态吗？回答是："我不想陷入尚未发生的事情在法律上可能造成的影响……我们只是主张它没有发生。"

对于停战而言，3 月份是一个具有重大意义的月份，因为，1991 年 3 月当美国指挥官任命韩国军队少将黄源卓（Hwang Won-t'ak）作为美/韩首席委员参加军事停战委员会（MAC）时，朝鲜感到恼火。自 1953 年韩国拒绝签署《停战协定》以来，一直是 55 位美国官员排成一线出现在那个位置。朝鲜的观点是，由于从未签署《停战协定》，韩国没有资格作为朝鲜和中国的谈判伙伴站在那里。军事停战委员会进入为期三年的冰冻期，直到朝鲜人民军（KPA North）以书面形式宣布，今后它将由它自己的新组织——朝鲜人民军驻板门店代表部（the KPA Mission）——来代表。那

---

① Janne E. Nolan, *Trappings of Power: Ballistic Missiles in the Third World* (Washington: The Brookings Institution, 1991), pp. 48-52.

仍然是朝鲜方面处理军事停战委员会事务的组织。自 1953 年以来有好几次，朝鲜宣布《停战协定》失效——但是这个协定无法单方面使它失效，它作为维系朝鲜半岛和平的唯一法律机制会继续发挥作用。

结　论

让我以两个关于停战协定——和我们所有人——都处于极大困境中的当下事例来结束本文，这个困境是由于所有主要当事方要带给朝鲜半岛一个真正的、持久的和平都招致惨败而造成的。第一个例子是来自朝鲜中央通讯社（the Korean Central News Agency），第二个例子来自发表在我们权威报纸——《纽约时报》——上的一篇社论。读者应邀来判断哪一方说的是真话，谁是合理的，谁是没有道理的。

在 4 月 8 日，近期危机的顶峰，朝鲜发表关于美国对他们进行核威胁的《白皮书》，其中指出，美国和韩国"自停火以来，在韩国举行了超过 18000 次针对朝鲜的军事演习和训练"。由美国联合"其韩国傀偏军队"组织的军事演习，《白皮书》说，"是一场邪恶的核战争演习，它会给朝鲜半岛、东北亚和世界其他地区带来核灾难"。它说美国在 1957 年 7 月正式向世界宣布，它将"把'诚实约翰'（火箭）和 280 毫米原子炮引入韩国，把它们投入'焦点透镜'（Focus Lens）、'网膜焦点'（Focus Retina）以及其他以朝鲜为目标的军事演习"。后来，大规模的"团队精神"军事演习引入了"F-16 战斗轰炸机、B-1B 远程战略轰炸机以及核潜艇"。1994 年，报告继续说，美国"在制订出像 OPLAN5026、OPLAN5027 这样的核战争方案后，投入最新的攻击手段进行了核战争的演练；并且构想出一个计划轰炸宁边（Nyongbyon），准备对朝鲜民主主义人民共和国（DPRK）进行先发制人的核打击"。2002 年 9 月，美国通过了新的国家安全战略，"朝鲜民主主义人民共和国被列入先发制人的核打击名单中"。最近，2013 年军事演习中，"为了美国历史上第一次举行的投掷核弹的模拟军事演习，一架 B-2A（轰炸机）从美国本土飞到韩国上空"。同时，两个核动力舰艇支队被调往朝鲜半岛海域。①

就我所知，这些事实是真实的（即使对美国的意图和韩国的行动有错

---

① Tokyo, Korean Central News Agency, April 8, 2013.

误和夸大之处），但是这个《白皮书》没有引起美国媒体的注意。四天后，历史学家杰里米·舒里（Jeremy Suri）在《时代周刊》上发文提出，奥巴马总统应该"轰炸朝鲜，在一切变得太迟之前"①。在列举了包括去年 12 月发射卫星到太空、今年 2 月第三次核装置试验等各种各样来自朝鲜的威胁之后，舒里写道：

> 朝鲜危机现在变成了美国国家核心利益的一个战略威胁。最好的选择是，在朝鲜发射其地面上的导弹之前摧毁它。美国应该使用精确的空中打击，以使得朝鲜的导弹及其移动发射装置无法使用。奥巴马总统应该清楚并直截了当地表明，这是为了应对朝鲜明确的威胁及其特制武器的确凿证据，而进行的正当防卫行动。……在美国打击之后，朝鲜半岛爆发一场战争的可能性不大，但是它也并非不可想象。朝鲜可能会继续恶化，并且金先生可能觉得必须发动一场战争来保全面子。在这些令人遗憾的局势下，今天，当冲突还主要局限在朝鲜半岛时，美国及其盟友最好还是和朝鲜打一场战。

首先，注意杰里米·舒里的事实错误：没有证据表明朝鲜真的是美国核心利益的"战略威胁"，这已经不再像 1953 年以来那样了。像大卫·奥尔布赖特（David Albright）这样头脑清醒的专家说，朝鲜现有的导弹不可能打到美国（如果它能，朝鲜将会被毁灭）。并且尽管 20 年来它一直宣称它拥有核武器，但是我们没有"特制武器的确凿证据"。朝鲜爆炸了 3 个钚装置——一个出了故障，一个在 4000~6000 吨的范围内，最后一个的最大限度大概是 1 万吨（60 年前核炮的爆炸力，ADM 爆炸力的一半）。没有证据表明这些装置是可运载的武器，也没有证据说存在把它们微型化装在导弹弹头上的能力。

现在注意一下舒里的逻辑：美国对一个与它仍处于战争状态的国家发动先发制人的打击，不知道一颗导弹瞄准的对象是谁就消除它，理由是这颗导弹可能会对核心战略利益造成打击（也可能不会）。然后，如

---

① Jeremy Suri, "Bomb North Korea, Before It's Too Late," *New York Times* Op-Ed (April 12, 2013).

果朝鲜反击，他们将成为"发动战争"的那一方。如果这次先发制人的打击引起一场核战争，随他的便——它还是平壤的错。舒里没有提及奥巴马下令 B52、B2 隐形轰炸机投下仿制核弹的挑衅行为。这个奥威尔式逻辑（Orwellian logic）只有一个对美国和朝鲜民主主义人民共和国间近 70 年的冲突一无所知的人才可能想出来，他认为没有什么朝鲜的利益是值得他尊重的，并且看起来好像对数百万生命将会在一场新的战争中丧命全无同情心。

如果所有这些听起来相当不合理，那是因为它本就如此。但是，舒里只是重申了一个与 1994 年 7 月开始实施的战略没有多大区别的先发制人战略。当时，克林顿总统正要向宁边的钚设备发射导弹，这是得到了国防部长威廉·佩里（William Perry）及其助手阿什顿·卡特（Ashton Carter）的建议，他们认为美国不能容忍一个拥有核武器的朝鲜，如果先发制人打击会导致第二次朝鲜战争，他们愿意冒这个险。（卡特现在是国防部副部长。）正如我们所知，前总统吉米·卡特（Jimmy Carter）通过与金日成直接会面，让他同意冻结宁边核设施，来阻止朝鲜核试验通向战争。2000 年 10 月，克林顿总统和赵明录将军在白宫会面，达成协议消除朝鲜的中、远程导弹。乔治·W. 布什（George W. Bush）选择忽略那个协议，更愿意把朝鲜放入他的"邪恶轴心"，并且——正如朝鲜正确表述的那样——把朝鲜作为他的先发制人战略的一个目标。现在，舒里教授想要复活那个战略来解决那些在克林顿任期快要结束的时候用外交手段来处理的导弹问题，使用布什曾经阻止那个外交手段的方法——可能会引发一场战争（但是不用担心，那将会是他们的错）。

对于美国两党的总统来说，考虑在未遭到挑衅的情况下对朝鲜发动攻击，既是令人震惊的美国人的傲慢的例子，也是对可追溯到 70 年前的让人难以置信的失败的承认——未能在朝鲜消除战争的风险，未能与一个决心等待我们离开的对手实现和平，如果那是成功的必要条件的话。"如果我对政治领域曾经有过热情的话"，克里斯·马克（Chris Marker）写道，"那是理解的热情……它立刻把我推向那些有所追求、会犯错的人们一边，而不是那些无所追求，除了保护、防御他们自身，拒绝其他所有的东西"。因此，我们以我们自己的悼文作为结束：朝鲜仍然桀骜不驯、充满敌意，仍然对我们嗤之以鼻，仍然在违抗每一个美国人期望他们自我毁灭的愿望。美国人拒绝去追寻对他们这个存在已久的对手的理解，总是否认对朝鲜有任何敌对意图，仍然没有"理解的热情"。因此，我们仍然沉浸于拒绝承认一场已经有 60 年之久并且总是"差一点"就再次爆发的战争［国防部长莱昂·帕内塔（Leon Panetta），2012］。

冷战与战后东亚国际秩序：
影响及后果

牛 军[*]

摘要：本文的目的是从较长时段的历史中观察冷战时代东亚地区国际秩序的兴起、演变及其对当今地区和全球政治的影响。研究冷战与东亚国际体系存在两个不同的视角：一个是从美苏冷战的视角看东亚，东亚是个被动者；另一个是从东亚地区视角看冷战，将东亚地区的国家视为选择历史的主动者。视角的转变提出的问题是：东亚国家有选择历史进程的可能吗？本文的研究认为，冷战时代的东亚秩序经历过一次巨大的变革，即从美苏同盟对抗与冲突为中心，逐步转向全面抵抗苏联向东亚扩张与东亚地区出现市场导向的全面改革的时代，其结果是造就了持续到冷战结束后的东亚繁荣，在世界上出现了与欧洲和北美鼎足而立的新的经济-政治中心。在这个过程中，东亚国家包括中国的选择起着主导性的作用。

关键词：冷战 东亚繁荣 中国外交

Abstract：This article studies the rise and transformation of international order in East Asia during the Cold War era and its impact on contemporary regional and global politics. Two contrasting perspectives compete in Cold War and East Asian international system studies：to view East Asia, a passive object, in the context of U. S. -Soviet Cold War, or to regard countries in East Asia as decision makers actively choosing their own history. Such a competition necessitates the question whether it was possible or not

---

* 牛军，北京大学国际关系学院教授。

for East Asian countries to choose among different historical processes. This article argues that East Asian order underwent a fundamental transformation—from being centered on the confrontation and conflicts between U. S. and Soviet alliances to the era of total resistance against Soviet expansion in Asia and of the emergence of market-centered full-scale reform in East Asia, which consequently led to the prosperity in East Asia that lasted till after the Cold War and to the rise of a new economic and political center that vies for power with both Europe and North America. In this process, the decisions made by East Asian countries including China played a pivotal role.

Keywords: Cold War　East Asian Prosperity　Chinese Diplomacy

　　本文的目的是从较长时段的历史中观察冷战时代东亚地区国际秩序的兴起、演变及其对当今地区和全球政治的影响。本文认为冷战时代的东亚秩序经历过一次巨大的变革，即从美苏同盟对抗与冲突为中心，逐步转向全面抵抗苏联向东亚扩张与东亚地区出现市场导向的全面改革的时代，其结果是造就了持续到冷战结束后的东亚繁荣，在世界上出现了与欧洲和北美鼎足而立的新的经济-政治中心。本文的论述主要是基于国际和国内学界这些年来新冷战史研究的成果，其中涉及的诸多重要事件都有同行专门的论著。如果要了解对这些重大事件的确切内容的最新诠释，需要阅读那些专论本身，因为这些年大量新的历史档案被发掘，很多专门研究出现重要的突破，对冷战中的一些历史事实都做了新的考察，等等。本文对冷战大过程的许多论述并非新创，它只是基于对新研究成果的总结与概括，从东亚地区的视角阐述一些重大事态的意义，加之作为学术研讨会发言的整理，故行文中不逐一做专门介绍或注释，专此说明。①

---

① 主要参考著作包括 Melvyn P. Leffler and Odd Arne Westad, eds., *The Cambridge History of The Cold War*, three volumes (Cambridge Press, 2011)；Odd Arne Westad（文安立）：《全球冷战：美苏对第三世界的干涉与当代世界的形成》，牛可等译，世界图书出版公司北京公司，2012 (*The Global Cold War: Third World Interventions and the Making of Our Time*, Cambridge University Press, 2007)；Michael H. Hunt, *The American Ascendancy: How the United States Gained and Wield Global Dominance* (The University of North Carolina Press, 2007)；Michael H. Hunt and Steven I. Levine, *Arc of Empire: America's Wars in Asia from the Philippines to Vietnam* (The University of North Carolina, 2012)；王缉思、牛军　　　　（转下页注）

一 被遗忘的"冷战"

人们是在历史给定的条件中创造新的历史。果如是，对那些给定条件的认知对未来的命运就必定是至关重要的。因为认知学的研究证明，人都是根据自己认识的世界而非真实的世界做出选择的，这包括那些重大的历史性选择。在本文涉及的领域中面临的尴尬是，冷战历史的影响是重大的，但冷战几乎被遗忘了，这无疑会影响对客观的世界历史进程的认识和理解。

什么是冷战？如果从东亚地区的视角看，冷战与战后东亚秩序的形成与变革有联系吗？如果有，是什么呢？尽管因为有了大规模杀伤性武器，那个时代的危险对每一个人都是生死存亡的大事；即便从认识世界政治的角度看，冷战特征如此鲜明，以致在冷战结束 30 年后，人们还只能用"冷战后"来命名那时直到今天的国际政治历史，然而，当今的人们来去匆匆，几乎遗忘了那段历史。当然，对冷战的遗忘并不是中国人特有的。在 1998 年夏季奥斯陆召开的一次国际学术会议上，一位欧洲学者说他们也遇到同样的问题，即在讲授冷战史的课程时，学生会问什么是冷战，潜在的疑问是它与当今遇到的问题有什么关系。在国际关系领域，人们则宁愿回到欧洲的古希腊时代、中国的春秋战国时代，却不愿意多花些时间研究战后持续了 40 多年的，甚至决定着我们是否还存在的冷战。

一位英国学者说过，回顾世界历史，很少有什么重要时代会像冷战那样迅速从人们的视线中消失。为什么会是这样？一个不可否认的原因是，冷战本身尽管是长时间的和相当恐怖的大国对抗，但美苏之间毕竟没有发生战争，而且它是以和平的方式结束的，尤其是冷战的一方苏联以足够平和的方式消失了。换句话说，冷战中一个阵营的历史没有属于它的人去书写了，俄罗斯人则将苏联作为他们历史中的一个特殊时期来描述，而且负

（接上页注①）主编《缔造霸权：冷战时期的美国战略与决策》，上海人民出版社，2013；牛军：《冷战与新中国外交的缘起（1949-1955）》（修订版），社会科学文献出版社，2013；〔美〕约翰·刘易斯·加迪斯：《长和平：冷战史考察》，潘亚玲译，上海人民出版社，2011；〔美〕梅尔文·P. 莱弗勒：《人心之争：美国、苏联与冷战》，孙闵欣等译，华东师范大学出版社，2012；Russell D. Buhite, *Soviet-American Relations in Asia, 1945-1954* (University of Oklahoma Press, 1981); Paul Y. Mammond, *Cold War and Détente: The American Foreign Policy Process since 1945* (Harcourt Brace Jovanovich, Inc., 1975)。

面评价居多，如此而已。当然也有必要指出，苏联的思想禁锢和对学术的压制也是导致那段历史模糊不清、需要重构的重要原因，如果苏联时期有当时人书写的质量足够高和数量足够多的历史论著，也许今天对冷战历史的研究与了解不会是目前的状态。那些眷恋苏联的人们与其抱怨当下境遇之不如意，不如反省历史上政策之不明智。

对冷战失败一方苏联的存在的合法性论述（包括它存在时的自我论述）几乎是归零了，这成为凸显 20 世纪美国崛起及其二战后霸权历史的合理性的非常重要的原因。随着冷战的结束，当时挑战美国霸权或"美国模式"的思想体系一时间似乎都消失了，法西斯主义、苏联社会主义、革命民族主义等，都成了明日黄花，所以才有了福山因"历史的终结"之论而名满天下。倒是美国的精英仍然在忧心忡忡，如亨廷顿的"文明的冲突"论、布热津斯基的地缘政治"大失控、大混乱"论，等等。他们的预言至少已经成为现实世界政治不得不面对的重要问题。

显然，各种传统的思想、理论等已经无法完成"批判的武器"的历史重任，如果仍然闭眼不看这一事实，必将继续遭受历史的惩罚。研究冷战必须将思考置于冷战的历史情境中，从当时的历史中找到观念的发生、战略的形成、结局的幸与不幸的起因、逻辑和进程等。研究冷战不能为了大批判而罔顾历史的真实，根据主观的臆想或为说明今天的某个政治观点而随意从冷战中攫取有利的片段等，并没有什么意义。真正重要的是找到那些延续到今天、与当今世界仍有密切联系的重大内容，这需要寻找、发现和持续地更新认知系统。

冷战结束后对于冷战的研究已近 30 年，学术界尽管有各种分歧，也还是形成了一些基本的共识，包括冷战是什么和冷战对现在有什么影响，或者说留下了什么遗产，等等。客观上看，冷战年代世界出现的大过程是两个非欧洲大国的崛起，其中包含了世界中心从欧洲转到北美、美国崛起为世界中心的过程，它伴随着同苏联的对抗、竞争。与这个过程相比，遏制与世界革命等都是次层级的。不过需要重视的是在冷战中后期，大致是越南战争结束以后，东亚开始兴起，开启了那里的新兴国家与美国、日本等一起，共同推动市场经济向东亚西太平洋转移的过程。时至今日，东亚或亚太成为与欧洲、北美鼎足而立的世界中心之一，包括世界 50% 的产出，40% 以上的贸易额，大规模的军备竞赛将使军费在 2023 年达到北美的水平，等等。要观察这个趋势的前景，特别是避免欧洲成为世界中心过程中血腥的历史，就需要理解冷战这个时期东亚的进程，冷战对东亚的特殊影响。

研究冷战与东亚国际体系应该有两个不同的视角：一个是从冷战历史看东亚，东亚是个被动者；另一个是从东亚看冷战，将东亚地区的国家视为选择历史的主动者。视角的转变还是有意义的，不同的历史叙述实际上都可以用来回答一个问题：东亚国家有选择历史进程的可能吗？历史可以从一个重要的角度来提供参考，从历史看趋势是很有意义的。所以，冷战对东亚的影响先要分开来谈，包括什么是冷战，以及冷战对东亚有什么影响。

二　新冷战史研究重绘的历史

冷战是什么？冷战及其以后一个时期的理解相对比较狭窄，基本上认为是两个超级大国争霸、侵略和干涉与反干涉，美苏都"亡我之心不死"等层次上。当今对东亚国际问题的理解仍然受到传统话语的影响，诸如所谓"冷战思维"等论述，结果是大大窄化了冷战的历史含义。冷战结束以来国际学术界的新研究成果大幅度扩展了人们的眼界，这些成果一方面确认并加强了冷战时代很多研究成果的可靠和可信性，如美苏对抗的一些基本内容和相关的重大事件；另一方面是相当有说服力地证明了冷战历史的复杂性远远超出了以往的了解和理解，那些成果描述了冷战时代的极为丰富的内容，其中包含东亚在世界政治中的历史性变迁，特别是导致东亚从世界体系的边缘逐步走向了世界中心的那些关键因素。

新冷战史研究描绘的历史图景大致包括了以下几个方面。首先是确认了以往研究的基本结论，即冷战时代世界政治的基本结构和国际体系的最基本的特征，即美苏两个超级大国的对抗。简单地说，美苏之间的对抗塑造了二战以后的国际体系。比较两个超级大国，美国的综合国力、军事力量和对外干涉的能力、规模和范围等，都大幅超过苏联。如果说整个 20 世纪都是以美国崛起为世界超级大国并雄踞国际体系中心地位为内容和特征的话，冷战的 40 年并不是例外，从美国世界地位形成与发展的角度看，冷战是美国崛起过程中的一个特殊阶段。美国世界地位对世界产生的影响至今还是难以估量的。

对冷战时期美国世界地位变化的研究已经多少跳脱了以往外交史以民

族国家为中心的叙事窠臼，这同冷战期间展开的全球化进程是密切相关的。在全球化进程的框架下观察和叙述美国的对外关系，结果之一是凸显并进一步强化了这样的观点，即不能简单地将美国视为一个民族国家，即使只是为了认识冷战中的美国对外政策也是如此。从全球史的视角观察，毋宁说美国同时也代表了或者说就是一种新的文明，就是全球化的一个过程。当然这并不是完全否认美国是一个民族国家，但它的确因为对全球化影响过于强大而变得很独特。冷战时代的主要事件、国际大事小事中的主要规范，乃至世界各国人民生活方式的很多方面，几乎都打上了"美国"的烙印。此前从未有一个国家像美国这样如此深入和广泛地同世界各个部分联系在一起，以及通过自己在各个领域的努力和成就，如此强有力地将世界各国紧密联系在一起。世界上凡是将现代化作为追求目标的国家，几乎都会有意无意地审视本国同美国的关系。从更长期的后果看，如果断定美国如同世界上多次出现的霸权那样必定要衰落的话，未来的霸权恐怕起码要达到美国目前的标准才会被认可。当然更有可能是世界政治中再也不会有影响如此巨大的单一霸权了。

与美国对照的是苏联，后者的综合国力在整个冷战时期都是无法同美国相比的，两国并不处于同一个水平。苏联成为美国的战略对手，一方面是因为它在二战后形成的国家体量巨大，以及它经济和社会的军事化程度，使它可以在一个或几个领域集聚巨大能量。另一方面，苏联与美国持截然对立的意识形态并因其曾经的治理成就而具有相当大的号召力，这些因素成就了它的世界超级大国地位。对苏联世界地位的判断必然会受到苏联解体这个基本事实的影响，不过根据已经公开的苏联档案中展示的状态看，用当今已经能够设想出来的衡量国家影响力的各项指标观察没解体时期的苏联，它的确很难产生美国那样持久而广泛的影响力。换句话说，苏联在冷战中失败是有其必然的逻辑的，问题仅在于后人是如何认识和解读它。

新冷战史研究比较突出的论述也是争论比较集中的问题，就是意识形态的作用，其中最关键的是美苏的意识形态斗争对冷战的发生、发展和结局的巨大影响，这是冷战区别于以往大国冲突的重要特点。新发掘出来的历史档案证明，意识形态在诸多重大历史事件中的作用至关重要。例如解密的苏联档案证明，苏共领导人的确是像他们的理论话语阐述的那样认识世界政治，而不是像冷战时期尤其是后期一些学术研究成果认为的那样，意识形态的理论对于苏联只是一种说辞，苏联领导人实际上是在按照国家利益行事。

导致冷战发生的一个重要原因是，美国和苏联都认为它们所倡导的思想是普世性的，认为那些在它们之间造成相互敌对的思想适用于全世界各个国家、民族、个人。这些理念，包括"美国方面的个人自由、反集体主义和市场价值观"，或者苏联方面的"社会公正、集体主义和国家计划"等，都被强化为意识形态，在苏联还整合成一套官方的理论体系；在美国则渗透在社会科学中。美苏政治、经济精英等都认为，世界的未来属于自己一方，他们因此对改变世界政治、社会和经济投入无比巨大的热情，当然造成的后果也是惊人的。可以这样说，美苏冷战的激烈程度很大部分是因为双方及其支持者所抱有的坚定信念造成的，他们都认为自己站在"历史正确的一边"，代表着人类的终极希望。客观地看，二战结束后，也是在法西斯主义、殖民主义、帝国主义都被历史所抛弃之后，美苏为当时世界展现的两种选择都曾经有望成功。

两种对立的意识形态导致美苏从一开始就把斗争看成你死我活的，任何一方的胜利都意味着另一方的绝对毁灭，不仅是物质性毁灭，而且是包括精神在内的整个生活方式的毁灭，这使双方在斗争中特别坚决、特别执着、决不妥协。意识形态斗争的惨烈程度可以从核军备竞赛中得到印证。美苏两国都生产了足以将地球彻底毁灭多次的核武器，以致使人类社会长期笼罩在极其恐怖的核平衡的阴影之下，美苏领导人任何一次误判都可能使人类不复存在，包括他们的理想也会随之灰飞烟灭。

事后来审视冷战，新冷战史非常强调要重视美苏意识形态斗争导致的两个超级大国长时间、大规模和非常残酷的对外干涉，包括军事干涉、支持政变，也有文明方式的对外经济文化援助，等等。正是由于美苏都坚信自己的思想，这特别严重地鼓励、推动了两个超级大国的对外扩张，而且它们都打着理想主义的旗号。实际上新冷战史的研究证明，美苏的行为的确不能都用国家利益、帝国主义或社会帝国主义侵略以及霸权主义等来解释，需要更多的具体分析，方能得到有益的教训。

冷战的逐步全球化也是因为美苏都认为自己的价值是普世的，它们都认为自己信奉的主义是放之四海而皆准的普遍真理。为了意识形态的胜负而到处争夺道义高地，对外援助、军事干涉等都打着理想的旗号和充满道义论述，这不仅直接影响到受援国家的政治走向，也反过来影响到超级大国的国内政治。例如，美国的黑人民权运动同美国在非洲的援助有很大关系，美国政府在那里批评苏联模式并高举自由与人权的旗帜，这导致美国国内有色人种特别是黑人的质疑，为什么在国外支持自由和权利，在国内却保持严重的种族歧视，有色人种的权利得不到保障。20 世纪 60 年代美国大规模民权运动的兴起同美国在第三世界的干涉有直接的关系。

从后果看，美苏的扩张都影响了它们的世界地位，而且在很多情况下后果都是严重的。例如，美国在亚洲的战争严重影响了美国的国家能力。参加朝鲜战争导致美国的世界地位不再上升，后来在越南的 10 年战争则导致美国地位的跌落。前美国总统尼克松当时承认，世界已经形成了美国、苏联、欧洲、日本和中国五个力量中心，即多极格局，美国"不再无所不能"。苏联也一样，从 20 世纪 70 年代中期扩大对外干涉的范围和规模，造成的后果更为严重，它最终因为持续 10 年的阿富汗战争而彻底衰落，直到国家解体。当然，美苏的军事干涉对被干涉国家造成的灾难甚至更为严重，有时造成了严重的人道主义灾难。有些国家对殖民主义的清理和反思等，都被淹没在冷战的争论中；有些国家则出现大规模内战甚至国家分裂，等等。

冷战时期中国的对外政策在多大程度上受到这种意识形态斗争的影响，非常值得深究。例如，中国在境外的军事干涉、军事援助、对外援助等，其动力同样包括了对中国革命经验普适性的自信和对马列主义普适性的信念，认为中国代表了世界革命的未来。中苏论战发生后，中国领导人一度相信，中国模式比苏联更为优越，从而导致了同苏联的竞争，直到中苏同盟破裂。中国在第三世界采取了各种不仅有别于美国以及目的是反对和消除美国影响的方式，而且也是有别于苏联以及目的是抵消苏联影响的行为模式，如援越抗美以及对美越和谈的政策，炮击金门决策中在支援"中东革命"问题上与苏联的竞争，对非洲援助中对道义原则的强调，对东欧的阿尔巴尼亚的援助，等等。这方面的研究最终会面对越来越多的国内研究者的检视。

国际学术界早已达成共识，冷战之所以成为"冷战"，两个超级大国之间之所以没有发生热战，一个至关重要的因素是核武器及其中远程投送技术的发展，这导致任何一个国家都承受不起核战争的后果，在一场核战争中没有谁能生存下来。进一步说，这类有可能造成如此大规模的破坏包括生命损失的战争，已经不被人类的伦理所接受。所以，当时冷战中的任何一方都认为，之所以要对战争保持高度警惕和戒备，以及需要进行有效的危机管理，就是因为不能排除对方决策者中有"疯子"，或者是国际危机发生后，在误判对方意图的情况下发生战争升级的局面。其中 1962 年 10 月发生的古巴导弹危机成为国际危机管理的经典案例，至今仍然为人津津乐道。

在此基础上，新冷战史研究更进一步指出，大规模杀伤性武器的出现及其影响证明，二战后科学与技术的发展也是塑造冷战诸多特点的重要原因。越来越多的学者达成结论，即科学技术的进步并没有造就冷战，但使冷战成了特殊形态的大国对抗体系。当然首先是它比历史中曾经发生过的任何大国竞争都更危险，也更难以结束。另外，科学技术进步带来的显而易见的战略好处以及对方可能因此获得的优势等，也推动两个超级大国将巨额资源投入教育、科技研发等领域，这持续影响到文化、社会生活尤其是人的观念等各个方面。例如，科学教育的大规模普及必定会导致人的观念深刻改变，任何政治意识形态都将面对越来越具有理性的社会人的考验。有学者指出，1975 年赫尔辛基会议达成协议导致欧洲缓和局面出现后，东西方科学家展开大规模交流，促使苏联科学界的很多人士成为倡导和平、进步与自由的重要力量，成为苏联后来发生大变革的重要精神力量。

此外，也不能否认冷战在影响科学技术进步的规模和方式、速度等，这还可以进一步做更多的探讨。例如，冷战竞争促使超级大国及其盟友们竞相推动军事技术的快速进步和大规模应用，这客观上带动了其他领域的发展。美苏对现代科学教育的大规模投入，以及对第三世界的大规模教育援助，帮助那里的国家建立学校，有意识地吸引第三世界青年到来留学等，都推动了现代科学教育的普及，为世界科学技术的进步准备了必不可少的人才。

新冷战史研究吸收了诸多新的研究方法、理论，视角与以往相比要宽阔得多，这项研究将二战后波澜壮阔的变革浪潮纳入研究视野，即要理解冷战在 20 世纪的历史地位，就需要理解全球范围内的深刻变革，包括国际政治中和国际社会中那些广泛的变革进程，而这在中国是相对不够重视的领域。

二战结束后，美苏两个超级大国的发展模式之所以受到关注，并成为一场卷入大多数国家的争论，很重要的是它们的命运是在回应人类在战争后必定产生的强烈期待，这种期待早就存在，反法西斯战争中焕发的正义精神和呼唤将其推向高潮并大范围推广。这种期待的核心部分包括民族自决、社会公正和个人自由及平等权利这几个关键的方面。因为反法西斯战争以此相号召，使之成为一种政治正确和宏伟的世界潮流。如果认真阅读反法西斯战争的一些基础性的历史文件，可以一目了然地发现，这些期待是号召人们起来反抗奴役和侵略的主要诉求。伦敦政治经济学院国际史系的著名教授文安立提出，必须重视冷战引起的世界范围内的重大变革，它们主要包括三个方面。

第一个重大变革是选举权的大幅扩展。在 19 世纪受到性别、民族、种族、经济和特权等限制的选举权，到了 20 世纪晚期已经被世界上大部分人所拥有，其中冷战中的思想争论起了重要的推动作用。

第二个重大变革是资本主义市场的胜利。与贯穿 20 世纪始终的工业社会增长相伴，资本、生产和贸易中心从欧洲转到北美，再转移到东亚，这一过程扩展了参与全球经济的各方利益。东亚的兴起就是这种转移的结果。这里特别有趣的是，1949 年夏天，苏共斯大林看到的是另一个"中心转移"，即世界革命的中心从西方向东方的大转移，即在第一次世界大战后转到苏联，然后是第二次世界大战后转移到东亚，他对亚洲革命的前景寄予厚望，并因此希望刚从革命中诞生的新中国能够勇挑领导东亚革命之重担。事实证明，斯大林对世界潮流的判断是缺乏远见的，没有经受住更长段的历史的检验。从这个角度看，可以说 1979 年开始的中国改革开放是对这个战略误判的一次历史性纠偏。

第三个重大变革是持续了三四百年的殖民主义体系彻底终结。在 1945年后的 30 年中，在殖民地上出现了 70 多个新的国家，大多数新独立的国家都先后转向市场经济和更加包容的政治体系，尽管它们中间有不少曲折的探索，有的至今仍未摆脱贫穷。殖民主义崩溃和大量新国家的诞生是一个历史性的现象，这一进程永久地改变了国际政治的面貌。它首先是当今世界新政治力量兴起的基本前提，是世界政治多元化的基本前提；其次是选举权和人权等已逐步扩展的政治前提。这些新兴国家中的公众要求与宗主国人民享有同等权利的诉求，是瓦解殖民主义体系的动力和结果。总之，当今的全球化浪潮和世界政治多极、多元甚至碎片化等趋势相伴而生，都是同上述冷战时代的重大变革紧密相关的。

与此相关的一个问题是如何理解中国在反殖民主义浪潮中的地位和影

响，包括中国如何看待殖民主义，以及反殖民主义力量如何看待中国，等等。中国在反殖民主义运动中是最坚决和特别激进的吗？中国的"世界革命"战略起了什么作用？为什么中国积极支援亚非国家用武装斗争的方式驱逐欧洲殖民主义者，在香港、澳门等问题上却坚持按照相关的条约到期收回，却没有采取更为激进的方式等，这的确需要更为深入的个案研究，才能找到答案。

三　东亚冷战进程及其后果

冷战时代的主要特点同样影响着东亚的历史进程，是塑造当时东亚国际秩序的最基本的历史条件，甚至可以这样说，冷战的某些遗产仍然影响着今天的东亚秩序。如前所述，冷战是两个欧洲边缘的超级大国以欧洲为中心并逐步蔓延到全球的对抗与竞争。从冷战40多年的全过程看，东亚从来不是美苏竞争的中心地区，这里有与欧洲不同的国际政治议程，例如，东亚多数国家面临着反对殖民主义以及之后建设现代国家的历史性任务。但是，东亚毕竟受到冷战的巨大影响，特别是在冷战的影响下爆发了两次大规模的热战，即朝鲜战争和越南战争，两个超级大国都不同程度地卷入其中。这些历史事件导致了东亚独特的发展形态。

冷战时期的东亚国际政治演变大致可以分为两个阶段，即冷战爆发到20世纪70年代初和70年代前期到冷战结束。在冷战早期，美苏的对抗很快蔓延到东亚，结果是造成了这个地区的大规模和持续的热战。整个冷战时代，欧洲虽然是美苏对抗的中心地带，那里却没有发生战争，美苏之间也没有发生战争。但是在东亚发生了两次大规模的热战：一次是朝鲜战争，另一次是越南战争。这是有历史原因的。首先是在二战结束后，东亚秩序最重要的改变就是日本统治的所谓"大东亚"秩序被粉碎了。一般地看，打败日本和推翻日本的统治，就意味着这个地区解放了。但是被解放之后是什么状态，这还要追溯到日本发动侵略战争之前这个地区的状态，才能理解清楚。

例如在东北亚，中国是一个独立的国家，尽管还在完成国家统一和建设之中。国民政府在1928年开始"外交革命"，即通过谈判废除不平等条约体系，但还没有实现这个目标就遭遇日本发动侵华战争。这时朝鲜半岛已经是日本的殖民地，之前那里还是一个王朝。所以在二战中，反法西斯同盟中的几个大国首先是美国提出，由大国中美英苏等"托管"朝鲜，经过一段时间建立有效的政府后，再将权力移交给它。对亚太一些殖民地也设想过在战后实行一段"托管"，当然其前提是大国能够维持合作。

东南亚情况更复杂。在陆地部分即印度支那地区，是法国的传统殖民地；海岛部分有英国、荷兰等国的殖民地。那里的国际矛盾更复杂，当地人民除了与日本殖民统治的矛盾，还有同欧洲殖民统治的矛盾，以及欧洲殖民统治者与日本殖民统治者之间的矛盾。

在如此错综复杂的情况下，东亚各国在战后面对的问题中有不同之处。中国是主权独立国家，与反法西斯同盟国共同反对日本侵略；朝鲜是日本殖民地，先是被盟军解放然后分裂；东南亚则是欧洲殖民地，被日本占领，在日本失败后反殖民主义的任务更为突出。直到 20 世纪 50 年代中期，东亚国家才有了共同面对建设现代国家的问题。这是 1955 年春能召开第一次亚非会议即万隆会议的主要背景。

对战后亚洲新兴国家来说，所谓"建国"一般地说就是在推翻外来统治之后，必须要完成几个基本任务，主要包括四个方面：确保主权与领土完整；实现或维护国家的统一；发展经济和实现社会进步，或统称为实现现代化；建构社会核心价值与形成新国家认同。总而言之，二战后所有新兴国家的执政集团在建国过程中都面临合法性挑战，这些执政集团最初得到支持是因为他们在革命阶段满足了公众对民族解放和国家主权独立的诉求，但在完成这一历史使命后，能否为国民提供基本的安全感，必要的荣誉感，以及满足国民对国家经济发展和社会进步的日益强烈的要求，简单地说就是人民是否感到安全和有希望，这成为对合法性的根本挑战。应对这种挑战是重大决策的决定性的动力之一。二战结束后不久发生的冷战使这个问题更为突出，并经常在一些国家导致极其尖锐的政治斗争。一些政治集团被淘汰，一些政权被推翻，从根本上说是未能合理地回应上述挑战。

这个时期东亚所有国家不得不面对的主要外部环境就是美苏爆发了冷战，这可以说是东亚国家的宿命。从宏观上看，冷战使东亚各国都立即面临着"建什么国"的选择，各国内部几乎都有不同的政治力量主张选择不同的发展模式，有些国家则因为不同的选择而发生内战，为"建什么国"打得尸横遍野，血流成河。这是意识形态的厉害之处。从具体的历史进程看，二战期间，美国与苏联曾经为战后东亚秩序做出过妥协，从开罗会议、德黑兰会议、雅尔塔会议到波茨坦会议，它们达成了一系列协议。战后初期，美国与苏联曾经试图协调它们在东亚的政策，但冷战的爆发导致了对抗。两国的东亚政策这时出现的另一个重大变动值得重视，即美国在1947年选择了退出东亚大陆，转向构建以日本为中心的亚洲战略；同时苏联选择在东亚地区（包括南亚）推进革命运动，当时两国对华政策的变动比较突出地反映了这些转变，这是中国革命大转折的主要外部条件。朝鲜战争爆发改变了美国亚洲政策的很多特点，并形成了后来美国在印度支那10年干涉的思想逻辑。

美苏冷战给东亚带来严重的后果，包括给有些国家的政治集团夺取权力的进程造成了不同的影响，以及对每个新国家的建国模式提供了不同的选择。突出的结果是在东亚大陆引发了三场大规模的战争，以及一些国家的长期分裂和内部对立。当时中国发生了大规模的国共内战，中共取得政权后选择了苏联模式，而国民党在台湾选择了美国模式，现在两岸还分裂，有着完全不同的制度、完全不同的意识形态。在朝鲜半岛，美苏之间的对抗导致朝鲜半岛分裂。1950年6月25日，朝鲜在苏联支持下发动统一战争，遇到美国的军事干涉而失败，后来中国参战使朝鲜半岛又打回原样。现在北南双方的政治制度、意识形态等截然对立。韩国根本不可接受朝鲜的政治制度。而朝鲜如果让韩国统一，金氏政权的统治也就结束了，这是北方绝对不能接受的。印度支那也类似。越南1975年完成了国家统一，但此前也经过十几年惨烈的战争，可谓创巨痛深。一方面，越南北方为武力统一国家进行了艰苦卓绝的斗争；另一方面也是历史机遇，中国、苏联两国为反对美国并同时展开互相竞争而提供了大量的援助，这对北越最后能取得胜利是至关重要的，否则它能否完成统一是有疑问的。那之后越南又为了控制整个印度支那地区，打了10年的柬埔寨战争，以惨败收场，国家经济几乎崩溃。

冷战在初期对东亚地区的另一个影响是在这里形成了对立的军事集团，冷战最初就表现为美苏两大军事集团在欧洲的对抗，后来又蔓延到东亚地区。1950年2月14日，中苏签署同盟条约，两国结成军事同盟。这一事件同朝鲜战争一起，是导致冷战向东亚大规模蔓延的重要原因。此后还有中朝结盟、中越也是盟友，这是东亚社会主义国家的同盟体系。站在对立面的是1952年建立的美日同盟，以及随后逐步建立起来的美国与东南亚国家的军事同盟，美国与澳大利亚、新西兰等的军事同盟。后来由于中苏同盟破裂、中越发生战争，社会主义国家同盟在冷战中基本解体，剩下的中朝同盟也很难说还有什么实际意义。冷战留给东亚的就是至今还存在的美国领导的军事同盟体系。

第二阶段从 20 世纪 70 年代前期开始。首先是由于苏联领导集团误判全球战略形势，将 1973 年美国尼克松政府决定退出越战、美国的全球战略性收缩和支持欧洲缓和等行动，都视为"世界资本主义总危机"的爆发，以致他们下决心在世界范围推进革命运动，并为此急剧扩大对外援助和军事干涉，直至发动入侵阿富汗的 10 年惨烈战争。

苏联的扩张使很多东亚国家因感受到苏联威胁而逐步走上联合的道路。首先是中国缓和与美国的关系，并于 1979 年 1 月实现了关系正常化。中日两国在 1972 年实现了关系正常化，邓小平 1978 年访日签订中日友好条约，搁置钓鱼岛争议，主要原因就是要把日本拉到反苏阵线中。中国同东盟国家的关系改善也是为了抵抗苏联在东南亚的扩张，当时的首要目标则是建立共同反对越南侵占柬埔寨的地区性国际统一战线。历史从来不是按想象的逻辑发展的，此一时彼一时而已，正是冷战在这个阶段上的特点给东亚国家实现合作提供了足够的外部理由，使它们愿意搁置争议，联合起来。

这个阶段在东亚发生的另一个从长远看更为重大的变化，就是开启了地区持续繁荣的进程。首先是日本重建取得成功，紧随其后的是史称东亚"四小龙"的经济崛起，一些国家相继走上市场经济改革的道路，并随后开始了深刻的社会和政治变革。最重大的变化仍然是 1979 年中国决定改革开放，它导致中国同世界体系接轨，从而实现了整个东亚地区（除朝鲜外）的市场经济改革。

中国的改革开放伴随着三个进程，其一是中国成为反对苏联在东亚扩张的主力和倡导者，持续建立反苏国际统一战线的结果是将苏联势力几乎是彻底地排挤出东亚地区；其二就是中国在冷战结束前即逐步退出冷战，这个过程开始于 1985 年，其影响巨大，为中国在后冷战时代的战略地位奠定了基础；其三则是市场经济在东亚地区逐步成为主流，东亚整体性地进入世界体系、加入全球化进程中。

中国对冷战的影响，尤其在冷战中的重大决策对战后东亚秩序的影响，是需要专门探讨的问题。这里需要指出的是，东亚冷战的历史进程及其结果均表明，东亚秩序中最具革命性的因素是中国的历史性变革。中国革命与中国的改革开放两次塑造了东亚秩序，第一次是与苏联结盟，结果是导致冷战在东亚的蔓延和东亚革命运动的激进化。第二次是与美国联合，中国选择逐步退出冷战，结果导致苏联集团在东亚全面衰落和东亚繁荣局面的兴起。这两个大的过程、两个重大的战略性的决策，体现在处理结盟、战争、冲突、危机和缔造均势的过程中，既是出发点，也是归宿。宏大的事实并不复杂，但观念、认知、决策过程等，仍然需要做深入细致的分析。

就冷战与东亚出现繁荣局面之间的因果关系而言，这首先表现在地区安全形势的层面。20 世纪 70 年代中期以后，因为有了苏联威胁，东亚各国才愿意做一些妥协以便发展相互关系，从而使地区走向稳定，这是经济发展和地区繁荣必不可少的条件。这当然不是哪个伟大国家预先设计好的，也没什么理由证明历史必须是这样前行，但历史就是用这种方式为东亚创造了特殊的条件，冷战造成了这样的诱因，当时东亚主要国家都把防止苏联扩张视为战略优先，所以就可以做出各种妥协，搁置诸多争议，建立起联合战线，而有了安全感以后就可以安心搞经济建设。所以，冷战就是通过这样的战略共识和战术妥协构建了东亚地区繁荣所必不可少的合作条件，从而成就了当今的东亚繁荣。

回顾 40 年冷战带给东亚的影响，可以说当今很多发展趋势和一些障碍都是冷战时代的延续或遗留物。当今东亚秩序的形成显然是非预期的，这已经被历史反复证明，但其主要逻辑的确早已经蕴含在冷战时代的争论之中，有其演变的必然性。

全球史：理论与视野

全球史中的启蒙：一种历史学的批评

〔德〕 塞巴斯蒂安·康拉德 著　　熊　鹰 译*

摘要： 以往的历史研究常常认为，启蒙是欧洲独特的现象，产生于欧洲，并传播到包括亚洲在内的世界各地。本文从全球史的理论视角出发，批判性地梳理了现有史学理论中种种欧洲中心主义的史学观，并在此基础上提出了启蒙的全球历史观。本文认为，启蒙是一个全球现象，它是世界各地的人们在全球共时性内共同创造的结果。受到世界经济整合、民族国家出现以及帝国主义发展这三方面因素的影响，世界各地的人们以他们各自的理解，为了各自的实际需要，并以各自的传统文化为依托援引启蒙的概念。正是在这种权力不平等的条件下，出现了全球范围内对启蒙思想的借用、重申和再创造，使启蒙主义的多种主张在全球普遍存在。

关键词： 启蒙思想　欧洲中心主义　知识协作生产　海地革命　明治维新

Abstract： Standard historical studies have long tended to assume that the Enlightenment was a specifically European phenomenon, which was born in Europe and then dispersed throughout the rest of the world. However, this article, assisted by the perspective of global history, suggests that the Enlightenment was a global phenomenon that was always imbedded in the constellations of global synchronicity and was a result of the transnational co-production of knowledge by many contributors around the world. In order to

---

* 塞巴斯蒂安·康拉德（Sebastian Conrad），德国柏林自由大学历史系终身教授。熊鹰，悉尼大学东亚系博士（2011 年），现为柏林自由大学全球史项目博士后研究员。

incorporate societies into capitalist structures, to build nations, or even to position the country within the larger imperialist order, elites in Calcutta, Lima, Tokyo, Seoul, Shanghai and many other places around the world invoked Enlightenment ideas for their own distinct purposes and claims, and thus transformed the concept of Enlightenment. It was this very process of global circulation, translation, and reinvention of enlightenment ideas conditioned by geopolitics and the uneven distribution of power that turned the Enlightenment into the general and universal phenomenon that it had purported to be.

Keywords: Enlightenment Eurocentrism Transnational Co-production of Knowledge Haitian Revolution Meiji Restoration

启蒙在世界史中长期占据重要的位置：它象征着现代世界。这种历史叙述在当今仍有影响力。那些标准化的历史叙述以欧洲中心主义的神话为前提，同时又不断强化这一神话。它们建立了这样一种观点，即欧洲是全球影响和交互的动力。但是，现今的历史学家们已经开始对此提出质疑。一种超越启蒙欧洲起源论的全球史视角正在出现。

上述标准历史叙述主要基于一种独特性及其播撒（diffusion）的理论。西方现代性最根本的一个前提是，假定启蒙主义是独特的欧洲现象。在这种历史叙述中，启蒙变成了欧洲独特的产物，它深深根植于西方的文化传统。这一元叙述（master narrative）得出的结论是：文艺复兴、人文主义和宗教改革激发了知识和科学的发展，酝酿了 350 年之后的科学革命及 18 世纪的启蒙运动。① 这一系列历史过程产生了个人主义、人权、理性主义，以及马克斯·韦伯所说的"世界的祛魅"（disenchantment of the world）。② 到了 19 世纪，这些现代的因素又传播到了世界其他角落。就像威廉·麦克尼尔（William H. McNeill）在《西方的兴起》一书中所宣称的那样，"欧洲早期的一些天才创造了我们，以及 20 世纪

---

① Toby E. Huff, *Intellectual Curiosity and the Scientific Revolution: A Global Perspective* (Cambridge, 2010), p. 4.

② Max Weber, "Wissenschaft als Beruf," in Wolfgang J. Mommsen and Wolfgang Schluchter, eds., *Max Weber-Gesamtausgabe*, vol. I /17: *Wissenschaft als Beruf 1917/1919 / Politik als Beruf 1919* (Tübingen, 1992), p. 9.

的这个世界"①。

但是，以上这些观点现已岌岌可危。学者们开始挑战这种"现代世界的诞生"的欧洲中心主义叙述。与以前的历史叙述相比，新的史学理论有三个突破：第一，它不再把18世纪的文化图景，即一般所称的"启蒙"，看作欧洲思想家们独自的成果，它是世界各地的人们共同创造的结果；第二，新的理论认为启蒙思想是对跨国影响和全球交互的一种回应。从"理性"的进步等欧洲观念之外研究启蒙话语，一直以来是用比较方法和全球视野思考问题的方式；第三，启蒙主义并不以浪漫主义运动为终结。相反，它贯穿于整个19世纪甚至更久远。至关重要的是，启蒙的历史并不是播撒的历史。启蒙主义的全球影响并不由巴黎的一小撮哲学家所引发，它是由身在开罗、加尔各答和上海的、世界各地的人们共同创造的。人们以他们各自的理解、为了他们各自的实际需要，援引启蒙的概念及其中一些他们认为重要的主张。

换而言之，启蒙有它的历史，并且这个历史至关重要。启蒙并不是实体存在（entity）：一个被发明出来并随之播撒的"物"（thing）。我们必须要超越那种企图为启蒙定义，并将它的意义看作恒久不变的思维。自从康德1784年在《柏林月刊》发文以来，历史学家一直纠结于"什么是启蒙"。学者们就启蒙的内容和启蒙的范围所做的讨论汗牛充栋。②这些研究仁者见仁，智者见智，因时因地而异，至今仍无定论。相反，这些研究反而证明了启蒙这个概念是如何内涵丰富且变幻莫测。

例如，日本艺术家升斋一景1872年所做的讽刺画或许可以看作对康德的一个回应，尽管晚了一个世纪。他在浮世绘作品《开化因循兴发镜》中描绘了明治日本新旧传统之间的矛盾和冲突。其中，新生事物占了上风。但是，他所画的事物和康德说的启蒙不完全一样。比如说，画中一把西洋伞打败了日本油纸伞，欧式的椅子打败了传统的凳子，现代式样的笔打败了毛笔，砖块打败了瓦片，短发战胜了江户时代男性的"丁髷"发式。整

---

① William H. McNeill, *The Rise of the West: A History of the Human Community* (Chicago, 1963), p. 599.

② Immanuel Kant, "An Answer to the Question: What Is Enlightenment?" in James Schmidt, ed., *What Is Enlightenment? Eighteenth-Century Answers and Twentieth-Century Questions* (Berkeley, Calif., 1996), pp. 58 – 64. 另见 *Encyclopedia of the Enlightenment*, ed. Alan Charles Kors (Oxford University Press, 2002)。

个混战的场面都由画面左上方那代表着明治进步精神的蒸汽火车头牵动。画面的中心则是一个现代的玻璃灯击败了蜡烛。它的光明照亮了前现代日本所处的黑暗，象征意义不言而喻。

这幅浮世绘标题的关键词是"开化"，即通常所说的"启蒙"。它有时也对应着"文明"（civilization），带有社会进化的意思。① 在浮世绘作品中，启蒙可不是一个"准自然"（a quasi-natural development）的状态，而更像一场激烈的战斗。正如康德所言，"人类的启蒙是不可避免的，但前提是要给人类以自由"。文明开化的实现并不仅仅仰仗说服力，它也诉诸暴力；它不仅许诺解放，即让人类从加之于自身的不成熟状态中解放出来，它也运用身体强制手段——后殖民研究者在一个世纪之后就此做了充分的说明。②

同时，在这幅描述文明现代性的画中出现了一个看似不该出现的东西：人力车。在浮世绘的右侧，一个身上贴着"人力车"标签的人正在踩踏另一个代表牛车的人。与其他象征西方文明的事物不同，人力车并非从欧洲舶来，而是日本明治早期的一个发明。尽管如此，人力车仍和银座大楼的砖块、火车、时钟和电光一起成了新时代的标志。浮世绘作品中的人力车提醒我们，那些看起来新的、文明的或是先进的东西事实上总是含混不清的。与其说它们遵循 18 世纪巴黎、爱丁堡或柯尼斯堡的原型，不如说它们是当地社会条件和权力结构的产物。

强调世界各地对"启蒙"的不同用法，意味着要拒绝早期对这个概念所做的狭隘定义。③ 最近的欧洲史著作日渐怀疑启蒙思想是一组内部统一的思想这一论点。相反，现今的历史学家们更关心启蒙思想内部的不确定性和多样性。一些关注启蒙思想的研究已经指出，欧洲不同的启蒙思想需要被还原到哈雷、那不勒斯、赫尔辛基、乌得勒支等具体的历史语境中去

---

① Douglas R. Howland, *Translating the West*: *Language and Political Reason in Nineteenth-Century Japan* (Honolulu, 2002), pp. 40–42.

② Kant, "An Answer to the Question," quotes from 59, 58; Dipesh Chakrabarty, *Provincializing Europe*: *Postcolonial Thought and Historical Difference* (Princeton, N. J., 2000), p. 44.

③ 对于启蒙运动传统的叙述参见：Peter Gay, *The Enlightenment*: *An Interpretation*, 2 vols. (New York, 1966–1969); Dorinda Outram, *The Enlightenment* (Cambridge, 1995); Hugh Trevor- Roper, *History and the Enlightenment* (New Haven, Conn., 2010); John W. Yolton, Pat Rogers, Roy Porter, and Barbara Stafford, eds., *The Blackwell Companion to the Enlightenment* (Oxford, 1992).

理解。它们是对具体语境的回应，它们从各自不同的环境中产生出有时看起来迥异的思想。①

约翰·波考克（John Pocock）在其具有里程碑意义的作品中重构了爱德华·吉本（Edward Gibbon）的多种"启蒙"。② 乔纳森·伊斯雷尔（Jonathan Israel）及其他历史学家追述了启蒙思想更为早期的历史，使我们对于它的理解更为复杂。③ 另一组研究关注了思想和交流的社会史，也因此使得启蒙呈现出多元的面貌。一旦研究点从抽象的哲学讨论转移到了公共领域的物质性创造和流行意识，有关启蒙的图景就不再千篇一律了。通常所说的启蒙思想就开始呈现出不同的社会阶层和性别的差异。④ 启蒙和反启蒙这一根深蒂固的二元对立也因此得到反思。⑤ 最后，18 世纪是理性的世纪这一说法也很少再提。启蒙不等同于世俗化，而是深受宗教世界观的影响这一点也日渐清晰。⑥ 因此，把 18 世纪看作祛魅的世纪，本身是一个现代的神话。神秘主义、催眠术和魔术等这些流行的社会行为不但得以幸存，它们还进入了精英文化、经验科学和理性的发展。⑦

---

① FrancoVenturi, *Settecento riformatore*, 5 vols. （Turin, 1966 - 1990）; Roy Porter and Miku-lasTeich, eds., *The Enlightenment in National Context* (Cambridge, 1982).

② J. G. A. Pocock, *Barbarism and Religion*, 5 vols. (Cambridge, 1999-2011).

③ Jonathan I. Israel, *Radical Enlightenment*: *Philosophy and the Making of Modernity*, *1650 - 1750* (Oxford, 2001); Israel, *Enlightenment Contested*: *Philosophy*, *Modernity*, *and the E-mancipation of Man*, *1670-1752* (Oxford, 2008).

④ Outram, *The Enlightenment*; Robert Darnton, "The High Enlightenment and the Low-Life of Literature in Pre-Revolutionary France," *Past and Present* 51 (May 1971): 81 - 115; Darnton, *The Literary Underground of the Old Regime* (Cambridge, Mass., 1982); Dena Goodman, *The Republic of Letters*: *A Cultural History of the French Enlightenment* (Ithaca, N. Y., 1996); Barbara Taylor and Sarah Knott, eds., *Women*, *Gender and Enlightenment* (New York, 2005); Dena Goodman, *Becoming a Woman in the Age of Letters* (Ithaca, N. Y., 2009).

⑤ J. G. A. Pocock, "The Re-Description of Enlightenment," *Proceedings of the British Academy* 125 (2004): 101-117; Robert E. Norton, "The Myth of the Counter-Enlightenment," *Journal of the History of Ideas* 68, no. 4 (2007): 635-658.

⑥ David Sorkin, *The Religious Enlightenment*: *Protestants*, *Jews*, *and Catholics from London to Vi-enna* (Princeton, N. J., 2008); Jonathan Sheehan, "Enlightenment, Religion, and the Enigma of Secularization: A Review Essay," *American Historical Review* 108, no. 4 (October 2003): 1061-1080.

⑦ Michael Saler, "Modernity and Enchantment: A Historiographic Review," *American Historical Review* 111, no. 3 (June 2006): 692-716. 对近来的不同研究方法，参见综述文章 Karen O'Brien, "The Return of the Enlightenment," *American Historical Review* 115, no. 5 (December 2010): 1426-1435。

　　如今，只有少数历史学家仍然会为启蒙思想的统一性辩护。① 大多数的作者都在强调启蒙——或者说 18 世纪后法语里作为复数使用的 *les lumières*——的多元甚至是互相矛盾的性格。② "启蒙"这个词最初是支持天主教和皇室的法国哲学家们发出的战斗口号。③ 该运动的对手制造出了一个内部统一的启蒙假象。当它进一步被当作统一的思想借用到拉丁美洲和亚洲时，这种内部统一的假象就更根深蒂固了。换而言之，作为具体的概念，"启蒙"主要是由那些想要反对它或者想要仿效它的人们给它贴上的标签。而事实上，正如茱迪·史珂拉（Judith Shklar）所说的那样，启蒙"是一种思想的斗争"，"而非一组相似的立场"。④

　　这些广泛的认识是一个有益的起点，它将有助于我们超越现有史学对全球史中启蒙作用的认识。它或许还将有助于我们认识到那促成 18 世纪启蒙思想的跨国条件（transnational conditions）。这些跨国条件主要指的是大西洋地区，但也包括世界其他地区。最后，它还将有助于我们把讨论推进到 19 世纪，并研究当"启蒙"变成全球范围内社会改革的重要内容时，相关的讨论是怎样在亚洲展开的。⑤

---

①　比较典型的是 Jonathan Israel, and John Robertson, *The Case for the Enlightenment: Scotland-and Naples, 1680-1760*（Cambridge, 2005）。需要注意的是，每一位作家对启蒙运动的理解都不同，对 Israel 而言"真正"的启蒙运动到 18 世纪 40 年代就结束了，而对于 Robertson 而言，此时启蒙运动才开始。

②　Fania Oz-Salzberger, *Translating the Enlightenment: Scottish Civic Discourse in Eighteenth-Century Germany*（Oxford, 1995）. 另参见 Sorkin, *The Religious Enlightenment*; Sheehan, "Enlightenment, Religion, and the Enigma of Secularization"。

③　Darrin M. McMahon, *Enemies of the Enlightenment: The French Counter-Enlightenment and the Making of Modernity*（Oxford, 2001）, p. 11.

④　Judith N. Shklar, "Politics and the Intellect," in Stanley Hoffmann, ed., *Political Thought and Political Thinkers*（Chicago, 1998）, pp. 94-104, 引自第 94 页。

⑤　当马克思主义者、启蒙运动的辩论家、后现代主义者以及那些自称为"文明冲突论"的斗士们继续为了各自的目的再次借用和定义"启蒙"，"启蒙"的全球历史很容易就能延伸到 20 世纪，甚至是当今世界。对此所做的评价参见 Keith Michael Baker and Peter Hans Reill, eds., *What's Left of Enlightenment? A Postmodern Question*（Stanford, Calif., 2001）; Schmidt, *What Is Enlightenment?*; Graeme Garrard, *Counter-Enlightenments: From the Eighteenth Century to the Present*（London, 2005）。我还要把埃德蒙·伯克、尼采到阿多诺，甘地和北一辉的反启蒙思想也归入其中，讨论那些使"启蒙"成为积极资源的重要时刻。对于这些研究，参见 Tetsuo Najita and H. D. Harootunian, "Japan's Revolt against the West," in Bob Tadashi Wakabayashi, ed., *Modern Japanese Thought*（Cambridge, 1998）, pp. 207-272; Mark Sedgwick, *Against the Modern World: Traditionalism and the Secret Intellectual History of the Twentieth Century*（Oxford, 2009）。

全球史的方法优先考虑空间的相关性和共时语境，而非时间范围内思想的连续性，因此它对我们理解"启蒙"具有重要的影响。很少有其他概念像"启蒙"那样大量承载了欧洲特殊性和优越性的话语。也很少有其他概念能像"启蒙"那样在当代的政治讨论中持有那么大的效力。因此，将启蒙的历史还原到全球语境中，会潜在地威胁到欧洲中心主义。全球史视野还将使与启蒙的总体认识密切相关的普遍主义的讨论去中心化。启蒙思想之所以在世界各地得到传播并非因为它固有的普遍性；而是，在权力不平等的条件下，全球范围对启蒙思想的借用、重申和再创造使得启蒙主义的多种主张在全球普遍存在。

史学史概观：三种叙述

多瑞达·奥特安姆（Dorinda Outram）曾坦言："研究启蒙的学者需要解决启蒙思想和创造全球世界概念这两者之间的关系。"① 到目前为止，有三种元叙述主导了世界史中有关启蒙作用的叙述。在一般的教科书和概论中，启蒙思想是取代宗教和传统世界观的普遍理性的典范，它倡导社会和文化生活的理性化。总而言之，它代表了世俗进步。② 根据这种观点，启蒙思想的出现只与欧洲相关。只有当它完全成熟以后，才传播到世界其他地方。这种播散主义的观点也随之提出了另一些问题，例如，为什么与启蒙相伴的宗教解放并没有随之传播到西方以外的世界呢？③ 这种标准化叙述是基于一种重复、传播和衍生的逻辑。尤尔根·奥斯特哈默（Jürgen Osterhammel）对流行的观点做了总结，他说："启蒙运动是一个欧洲现象，

---

① Outram, *The Enlightenment*, p. 8.
② 此类著作包括：Gertrude Himmelfarb, *The Roads to Modernity： The British, French, and A-merican Enlightenments*（New York, 2004）；Tzvetan Todorov, *In Defence of the Enlightenment*（London, 2009）；Louis K. Dupré, *The Enlightenment and the Intellectual Foundations of Modern Culture*（Chicago, 2004）；John M. Headley, *The Europeanization of the World： On the Origins of Human Rights and Democracy*（Princeton, N. J., 2008）；Stephen Eric Bronner, *Re-claiming the Enlightenment： Toward a Politics of Radical Engagement*（New York, 2004）；Robert B. Louden, *The World We Want： How and Why the Ideals of the Enlightenment Still Elude Us*（Oxford, 2007）.
③ 参见 Anthony Pagden, Worlds at War：*The 2, 500-Year Struggle between East and West*（Oxford, 2008）.

它在世界各地有多重不同的影响，但是起源地却只在欧洲。"①

相对于这种主流观点，诞生了另一种批判启蒙的观点。从事后殖民研究的学者们发现了启蒙思想与帝国主义之间的直接联系。这种观点和那种主张"仁慈的现代化"（benevolent modernization）的主流观点一样，都假定启蒙是欧洲独特的发明。它也将启蒙思想看作"普遍理性的胜利"。同时，它们都属于播撒主义视角，只是后殖民主义者不再把启蒙看作一种解放，而视之为掠夺。

在后殖民研究内部又有两种不同却相互联系的观点。第一种观点是假定西方扩张的欲望根植于启蒙思想。根据这种论点，从制定出普世的标准到借文明传播之名、运用武力强行干涉和施加这些标准，只是向前迈进了一小步而已。更有甚者声称"借启蒙之名，17 世纪以降的欧洲制造出很多人为的暴力"，这些暴力形式不仅带来了帝国主义，还导致了"第三帝国、古拉格政治迫害、两次世界大战和核毁灭的威胁"②。第二种观点则认为启蒙世界观的向外播撒是一种文化帝国主义，它潜在地威胁到了其他不同的世界观。③ 批评家们把 19 世纪启蒙教义的传播看作一个胁迫且有时非常残酷的播撒过程，推动这一切的是不均衡的权力关系。④

后殖民批评有助于我们理解殖民条件下知识传播的复杂性。尤其是，它使我们对交流和影响的不均衡结构更为敏锐，它促使我们"在现代性的历史中写下混杂、矛盾、暴力和相伴而生的悲剧与讽刺"⑤。如果全球史的视角不想重复全球化的自由主义意识形态的话，它就需要参考这些方法。但这并不意味着 18 世纪启蒙思想就已经包含了帝国主义的种子。最近的研究恰好探讨了启蒙思想家们在何种程度上是反对帝国主义的，以及这背后

---

① Jürgen Osterhammel, "Welten des Kolonialismus im Zeitalter der Aufklärung," in Hans-Jürgen Lüsebrink, ed., *Das Europa der Aufklärung und die außereuropäische koloniale Welt* (Göttingen, 2006), pp. 19-36, quote from p. 19.

② Ashis Nandy, "The Politics of Secularism and the Recovery of Religious Tolerance," in *Mirrors of Violence: Communities, Riots and Survivors in South Asia*, ed. Veena Das (Delhi, 1990), p. 90.

③ 参见 Robert Young, *White Mythologies: Writing History and the West* (London, 1990)。

④ 此种观点可参见 Edward Said, *Culture and Imperialism* (New York, 1993); Gayatri Chakravorty Spivak, *A Critique of Postcolonial Reason: Toward a History of the Vanishing Present* (Cambridge, Mass., 1999)。另有 Daniel Carey and Lynn Festa, eds., *The Postcolonial Enlightenment: Eighteenth-Century Colonialism and Postcolonial Theory* (Oxford, 2009)。

⑤ Chakrabarty, *Provincializing Europe*, p. 43.

的设想又是什么。① 在一些极端的例子中，后殖民批评似乎否认不同知识结构和文明世界对话的可能性。这种文化本质主义的观点会妨碍我们认识到，在何种程度上而言，那些声称的本土传统和看起来是普遍主义的西方知识其实都只是相互影响的结果。

声称现代化带来解放的观点和文化帝国主义的观点都深信播撒的原理，并将欧洲看作启蒙思想的源头。更重要的是，他们都把启蒙主义话语在其他地方的缺失当作他们理论的主要依据。近年来，有研究对启蒙的欧洲原创性和绝对性产生了质疑。历史学家们开始在世界各地寻找相似的例子，寻找那些并不以欧洲的发展为依托、只是产生了相似结果的本土理性。这些研究与一个更大的课题，即现代性起源的讨论相关。这些研究的出发点是想挑战现代化的播散主义原理，并承认许多社会在与西方相遇之前的社会动力学。它们主张推翻传统社会和"没历史的人们"这些旧说法，取而代之以多样"早期现代性"这样更宽容的理解。②

尽管大多数认为启蒙主义并非欧洲专属品的研究都和拉丁美洲及海地有关，"早期现代性"的研究却可在亚洲找到例证。相关的论争可以上溯到罗伯特·贝拉（Robert N. Bellah）写于 1957 年的经典著作《德川时代的宗教》。作者企图把现代日本的起源放置在儒学思想的脉络中，这与马克斯·韦伯把新教伦理视为西方资本主义发展的原动力的做法相似。③ 贝拉的分析为一连串主张多元现代化的著作开了先河。彼得·格兰（Peter Gran）在伊斯兰世界中看到了 18 世纪埃及的"文化复兴"。格兰认为它创造出了比拿破仑远征埃及要早得多的伊斯兰现代化。④ 莱因哈德·舒尔茨（Reinhard Schulze）在对独立的"伊斯兰启蒙"的追寻中说道："18 世纪伊斯兰思想家们就曾提出：自主的思想能够通过经验和理性获取真实。"⑤ 在

---

① 参见 Sankar Muthu, *Enlightenment against Empire* (Princeton, N. J., 2003); Jennifer Pitts, *A Turn to Empire: The Rise of Imperial Liberalism in Britain and France* (Princeton, N. J., 2006); Jürgen Osterhammel, *Die Entzauberung Asiens: Europa und die asiatischen Reiche im 18. Jahrhundert* (Munich, 1998).

② *Early Modernities*, Special Issue, *Daedalus* 127, no. 3 (1998).

③ Robert N. Bellah, *Tokugawa Religion: The Cultural Roots of Modern Japan* (New York, 1957), p. 2.

④ Peter Gran, *Islamic Roots of Capitalism: Egypt, 1760-1840* (Austin, Tex., 1979).

⑤ Reinhard Schulze, "Was ist die islamische Aufklärung?" *Die Welt des Islams* 36, no. 3 (1996): 276-325, here 309. See also Schulze, "Islam und andere Religionen in der Aufklärung," *Simon Dubnow Institute Year Book* 7 (2008): 317-340.

东亚，伊懋可（Mark Elvin）认为，"18 世纪中国，人们已经渐不相信龙和奇迹，这和启蒙运动以来遍布欧洲的觉醒很相似"[①]。同样的，乔尔·莫吉尔（Joel Mokyr）坚信，"有些我们认为只与欧洲启蒙相关的发展，和中国某些情况惊人的相似"[②]。

这些最新的研究告诉我们，一个停滞不前、一成不变的非西方形象是多么的离谱。西方并不享有文化转型和思想冲突的垄断权。像这样对现代性独立起源所做的考古学努力经常和一个更大的理论思考相关，即意图用早期的、另类的、多样的复数现代性（modernities）范式重写现代化理论。[③]但是这种对于现代化理论的重构并非没有问题。最终，多样现代性的范式仍然设定了一个目标，即现代和资本主义社会，尽管实现这个目标并不靠西方经验及相应的转变，而是靠新近"再发现"的当地文化资源。但是不管怎么说，普遍觉醒这一最终目标在全球各个社会内一一实现。正是这些平行存在的幽灵，即"对印度的维柯、中国的笛卡尔、阿拉伯的蒙田的搜寻"仍在困扰着另类多样现代性的理论。[④]他们有两个侧重点，一个是当地社会内部的条件和动态变化，另一个是

---

① Mark Elvin，"Vale atque ave，" in K. G. Robinson, ed.，*Joseph Needham：Science and Civili-sation in China*，vol. 7：*The Social Background*，pt. 2；*General Conclusions and Reflections*（Cambridge，2004），xliv-xliii，这里所引为第 xl 页。另有关清朝时期"公共领域"的讨论参见 Frederic Wakeman，"Boundaries of the Public Sphere in Ming and Qing China，" *Daedalus* 127，no. 3（1998）：167-190。

② Joel Mokyr，"The Great Synergy：The European Enlightenment as a Factor in Modern Economic Growth，" in Wilfred Dolfsma and Luc Soete，eds.，*Understanding the Dynamics of a Knowledge Economy*（Cheltenham，2006），pp. 7-41.

③ 有关多样现代性，参见 *Multiple Modernities*，Special Issue，*Daedalus* 129，no. 1（2000）；Dominic Sachsenmaier and Jens Riedel with Shmuel N. Eisenstadt，eds.，*Reflections on Multiple Modernities：European，Chinese，and Other Interpretations*（Leiden，2002）。

④ Sheldon Pollock，"Pretextures of Time，" *History and Theory* 46，no. 3（2007）：366-383，引自第 380 页。这一论断对于近期最出色的研究之一的 Velcheru Narayana Rao，David Shulman，and Sanjay Subrahmanyam，*Textures of Time：Writing History in South India*，1600-1800（Delhi，2001）一书也有效。该书的作者在东南亚当地的历史写作中挖掘出了大量的素材，因此反驳了这么一种标准的假定，即在印度语境中，历史意识仅出现于英国殖民之后。这是一部哲学和思想史研究的杰作，它展现出了 1800 年之前印度社会的复杂性。但是，时不时地，作者忍不住要运用那些诸如个人化、理性化、世俗化和"在南方出现某种现代性"（第 264 页）这些为我们所熟悉的话语。需要注意的是，"早期现代性"的论者并不认同目的论的观点。有关论争的综述性文章可参见 Lynn A. Struve，ed.，*The Qing Formation in World-Historical Time*（Cambridge，Mass.，2004）。

全球不同地区之间的"奇特平行"①。于是，现代世界就被建构成了一个由多个可类比的、自主的文明构成的世界。这种观点也因此忽略了并且事实上抹去了这个世界长久以来相互影响、不断整合的历史。将文化变革的复杂性和地域上特殊的历史简化为现代性的当地史前史这种做法，使我们看不到那个创造出现代世界的更大的结构及其权力的不均衡性。②

十八世纪的启蒙

以上所提到的三种范式，即现代化、后殖民以及多样现代性的范式，在对待民族和文明范畴时都有一个方法论上的缺陷。尽管它们之间有一些区别，但是它们都企图用一个内在的逻辑来解释一个事实上的全球现象。基于现有的研究成果，要再往前迈进一步，我们就需要在全球范围内变革各个社会的相互连续性（connectivities）中重新思考"启蒙"的各种概念。当谈到现代性问题时，桑贾伊·苏布拉马尼亚姆（Sanjay Subrahmanyam）认为，现代性是"一个全球和共时的现象，它在全球各地同时发生，而不是从一处传播到另一处的病毒。它存在于一连串把相对较独立的各个社会拉到一起的历史过程中。因此，现代性的根源只能在一组不同的现象中去寻找"③。由此看来，与其说搜寻那声称的欧洲或其他地方启蒙的起源，还不如去关注那使得"启蒙"出现的全球条件和全球的互动影响。

有关启蒙的讨论代表的是人们应对全球处境的一种努力。这些讨论早已越过了西欧的边界，相关概念和理论的流通路径也不尽相同。④ 在

---

① Victor B. Lieberman, Strange Parallels: *Southeast Asia in Global Context*, c. 800-1830, 2 vols. (Cambridge, 2003-2009). 另见 Jack Goody, *The Theft of History* (Cambridge, 2006), 118-121; Goody, *Renaissances: The One or the Many?* (Cambridge, 2009)。

② 相关批评，参见 Arif Dirlik, *Global Modernity: Modernity in the Age of Global Capitalism* (Boulder, Colo., 2007); Timothy Mitchell, "Introduction," in Mitchell, ed., *Questions of Modernity* (Minneapolis, 2000), xi-xvii。

③ Sanjay Subrahmanyam, "Hearing Voices: Vignettes of Early Modernity in South Asia, 1400-1750," *Daedalus* 127, no. 3 (1998): 75-104, here 99-100。

④ 参见 James E. Vance, Jr., *Capturing the Horizon: The Historical Geography of Transportation since the Sixteenth Century* (Baltimore, 1990); Emma Rothschild, *The Inner Life of Empires: An Eighteenth- Century History* (Princeton, N. J., 2011); Osterhammel, *Die Entzauberung Asiens*; Suraiya Faroqhi, *The Ottoman Empire and the World around It* (London, 2004)。

各地的讨论虽然相互关联，但它们并不是在任何地方都发生的，它们的表现也不尽相同。它们相互影响的轨迹也非任意，而是由世界经济和诸如大英帝国这样的政治霸权所形成的大结构决定的。援引"启蒙"意味着多少和欧洲相关，但有时参照欧洲最多不过是策略性的和修辞性的。世界相互影响甚至越过了大西洋世界，但是它们各自联系的速度和频率却千差万别。例如，当马德拉斯成为印度洋多重网络中的一部分时，朝鲜这一个神秘的国度则相对孤立。而新思想往往在港口城市的精英阶层中最先出现。①

因为文化交流有各种不同的形式，大量的新研究开始重新考察启蒙的出现。目前，大多数的研究还只是探讨了个例，一个系统的全局观仍有待日后。但是，这些研究已经让我们能在欧洲之外讨论启蒙了。18 世纪启蒙运动的全球性需要在两个层面上展开讨论：首先它是全球挑战（global conjunctures）的产物，是对它所做出的回应。其次，它是世界各地人们的共同创造。

18 世纪的知识生产早已身在更大的全球语境中了，而欧洲当时有关启蒙的许多讨论事实上是对全球化的一种回应。当时的非西方世界总是出现在 18 世纪欧洲的思想讨论中。旅行日志是当时最流行、最具影响力的读物。② 有关北美休伦族原住民，1774 年被库克船长带到英国的波利尼西亚人奥玛依，以及清廷官员的描述都是流行文化的一部分。其中，最大的影响是康熙皇帝和乾隆皇帝对清朝所做的改革。在欧洲，中国代表了一个由精英阶层领导的进步社会。这一形象被用来批评欧洲专制主义统治。③

---

① 参见 C. A. Bayly, *Imperial Meridian*: *The British Empire and the World*, *1780-1830* (London, 1989); David Armitage and Sanjay Subrahmanyam, eds., *The Age of Revolutions in Global Context*, *c. 1760-1840* (New York, 2009); C. A. Bayly, *The Birth of the Modern World*, *1780-1914*: *Global Connections and Comparisons* (Oxford, 2004); Jürgen Osterhammel, *Die Verwandlung der Welt*: *Eine Geschichte des 19. Jahrhunderts* (Munich, 2009)。

② Joan-PauRubi'es, *Travellers and Cosmographers*: *Studies in the History of Early Modern Travel and Ethnology* (London, 2007); Anthony Pagden, *European Encounters with the New World*: *From Renaissance to Romanticism* (New Haven, Conn., 1994)。

③ D. E. Mungello, *The Great Encounter of China and the West*, *1500-1800* (Lanham, Md., 1999); Jonathan D. Spence, *The Chan's Great Continent*: *China in Western Minds* (New York, 1999); Julia Ching and Willard Gurdon Oxtoby, eds., *Discovering China*: *European Interpretations in the Enlightenment* (Rochester, N. Y., 1992); Osterhammel, *Die Entzauberung Asiens*, pp. 271-348; J. J. Clarke, *Oriental Enlightenment*: *The Encounter between Asian and Western Thought* (London, 1997). See also Humberto Garcia, *Islam and the English Enlightenment*, *1670-1840* (Baltimore, 2012)。

但是，欧洲对世界的吸收并不仅仅表现在记录和反映它。很多时候，启蒙运动中的一些所谓关键文化变革其实是对当时全球相互影响的一种回应。从大发现时代开始的欧洲扩张到詹姆斯·库克（James Cook）和路易斯·安东尼·布干维尔（Louis de Bougainville）的远航为止已经到达了顶点，"世界"已经为欧洲的知识系统所收编。尤其是，有关人类的现代科学的出现，可以说是为了应对当时的全球现实。其他的例子还有：巴托洛梅·德拉斯·卡萨斯（Bartolomé de las Casas）介入西班牙的殖民统治后出现的有关人类本性的大讨论，胡果·格劳秀斯（Hugo Grotius）为国家与国际秩序提出的法律原则，地理学和人种学对全球发现所做的探索，比较语言与比较宗教学的出现，自由贸易和商业传播文明的理论，种族及其对立面世界主义概念的出现等等。不断融合的世界对人类的认知提出了挑战，而重组知识和学科很快就解决了这个问题。①

由此可见，欧洲启蒙的世界性并不体现在欧洲对遥远国度的指涉能力，或像孟德斯鸠在他的《波斯人信札》里想象东方那样，在镜子里照出欧洲的自我。同样的，如果只是计算文化影响的收支，即计算欧洲从东方引进茶叶、瓷器以及健康生活的理念的同时向东方输出了多少文化，对理解启蒙也没有多大帮助。相反，我们需要理解的是，18世纪的知识生产和全球性的条件是根本相连的：它是欧洲在贸易扩张、侵吞他国军事和商业基地以及殖民地、绘制世界地图等一系列历史语境中发生的，它是欧洲收编世界的一种方式。重要的是，这些有关启蒙的讨论并不仅仅反映了相互

---

① 这一领域的大量研究包括：Christopher Fox, Roy Porter, and Robert Wokler, eds., *Inventing Human Science: Eighteenth-Century Domains* (Berkeley, Calif., 1995); Larry Wolff and Marco Cipolloni, eds., *The Anthropology of the Enlightenment* (Stanford, Calif., 2007); Lauren Benton, *A Search for Sovereignty: Law and Geography in European Empires, 1400-1900* (Cambridge, 2009); Istv'an Hont, *Jealousy of Trade: International Competition and the Nation-State in Historical Pespective* (Cambridge, Mass., 2005); Lynn Hunt, Margaret C. Jacob, and Wijnand Mijnhardt, *The Book That Changed Europe: Picart and Bernard's "Religious Ceremonies of the World"* (Cambridge, Mass, 2010); Karen O'Brien, *Narratives of Enlightenment: Cosmopolitan History from Voltaire to Gibbon* (Cambridge, 1997); Hans Erich Bödeker, Clorinda Donato, and Peter Hanns Reill, eds., *Discourses of Tolerance and Intolerance in the European Enlightenment* (Toronto, 2009); William Max Nelson, "Making Men: Enlightenment Ideas of Racial Engineering," *American Historical Review* 115, no. 5 (December 2010): 1364-1394; Franz Leander Fillafer and Jürgen Osterhammel, "Cosmopolitanism and the German Enlightenment," in Helmut Walser Smith, ed., *The Oxford Handbook of Modern German History* (Oxford, 2011), pp. 119-143。

交往这个事实；而是，具体交往的方式和结构影响到了讨论中所使用的术语和理论。换而言之，地缘政治的不平等结构进入了用来思考和描述这个世界的语言中。比如说，文明与野蛮的二元对立、某一时期进步政权的发现，以及历史倒退理论的出现，并不仅仅是欧洲新视野开阔以后的新发现，它们的出现是由于欧洲正在崛起的霸权；或者更确切地说，它们描述的是欧洲看起来该是什么样子——尽管欧洲在亚洲的贸易仍然要遵循当地的规则，马戛尔尼伯爵在中国皇帝面前不得不下跪。

因此，有关启蒙的讨论从来都不只是有关抽象世界的思想讨论，而总是和政治性的时刻密切相关。比如说，发明"东欧"概念并不是为了根据推测的历史（conjectural history①）来描述文明发展的等级，而是与欧洲大陆的权力分配相关。② 当黑格尔用主人和奴隶的说法来阐述自由的时候，他其实只不过复述了亚里士多德式的本体论。但是，对于它的提出，我们也需要考虑到影响大西洋经济的长期存在的奴隶剥削史。③ 欧洲的世界图景在构造全球化的不均衡权力关系中展开，同时也是对这种不均衡权力关系的一种回应。

18 世纪欧洲的思想不仅身在全球网络中，同时它们也在世界范围内被援引和借用。启蒙的历史是一段交换和牵扯、翻译和引用以及知识共同生产的历史。"那么，这到底是谁的启蒙？"乔治·埃斯格拉·卡尼萨雷斯（Jorge Cañizares-Esguerra）曾这样问道。这个问题不仅仅局限于大西洋世界内。④ 正如新近的研究所指出的那样，启蒙是全球交流和世界各地的人们共同创造的产物。

比如说，历史学家们强调了数据和信息在全球的收集以及现代知识在全球的协作生产。科学史家们探讨了大量的跨区域网络以及跨国界流通促成启蒙科学和世界观的例子。⑤ 这些网络的地理边界非常宽广，从拉丁美

---

① 苏格兰哲学家斯图尔特的用语。——译者注

② Larry Wolff, *Inventing Eastern Europe: The Map of Civilization on the Mind of the Enlightenment* (Stanford, Calif., 1994); Maria Todorova, *Imagining the Balkans* (Oxford, 1997).

③ Susan Buck-Morss, "Hegel and Haiti," *Critical Inquiry* 26, no. 4 (2000): 821–865.

④ Jorge Cañizares-Esguerra, *How to Write the History of the New World: Histories, Epistemologies, and Identities in the Eighteenth-Century Atlantic World* (Stanford, Calif., 2001), p. 266.

⑤ 参见 Richard H. Grove, *Green Imperialism: Colonial Expansion, Tropical Island Edens and the Origins of Environmentalism, 1600–1860* (Cambridge, 1995); John Gascoigne, *Joseph Banks and the English Enlightenment: Useful Knowledge and Polite Culture* (Cambridge, （转下页注）

洲一直延伸到西藏、日本和大洋洲。①但是，和早期播撒理论不同的是，现在的历史学家们开始关心从何种程度上来说"科学知识是世界各地技术团体和个人之间共同协作创造的"，并且强调在创造出新知识的同时，这一过程也改造了不同参与方以往的知识和实践。②

这些研究表明，在很大程度上，启蒙时代的知识生产并不局限于学院或研究室，它是拉丁美洲、非洲和亚洲等地多个异文化接触区域内的"田野科学"。流通自身成了知识生产的关键部分。当然，这些关系并不平等；通常但并不是绝对地，欧洲常常在经济、政治和军事等方面占有优势。但是，知识生产所面对的这种不对称的关系，并没有阻碍世界各地的人们投身于知识的协作生产。因此，卡皮·拉吉（Kapil Raj）总结道，"所谓'西方'科学中一些很重要的部分是在西方世界之外产生的"③。

启蒙的哲学和政治词汇也是全球共同创造的成果。很多时候，它们是对一组特定的欧洲"启蒙"思想和实践的刻意改造。因此，我们要关注的不再是巴黎、柏林和那不勒斯的沙龙，而应该是那些使得加拉加斯、瓦尔帕莱索、马德拉斯、开罗的文化精英关注启蒙主张的条件。对启蒙思想的关注早已超出了西欧的边境，它遍及希腊、俄国和费城。在俄国，意在纠正"疯狂"的历史，叶卡捷琳娜二世声称自己的皇室是"进步的皇室"。在费城，诞生了一个重要的全球性文件——《美国独立宣言》。托马斯·

（接上页注⑤）1994）；Richard Drayton, *Nature's Government：Science, Imperial Britain and the "Improvement" of the World* (New Haven, Conn., 2000)；David N. Livingstone and Charles W. J. Withers, eds., *Geography and Enlightenment* (Chicago, 1999)；Daniela Bleichmar, Paula De Vos, Kristin Huffine, and Kevin Sheehan, eds., *Science in the Spanish and Portuguese Empires, 1500-1800* (Stanford, Calif., 2009)。

① 参见 John Gascoigne, *The Enlightenment and the Origins of European Australia* (Cambridge, 2005)；Gordon T. Stewart, *Journey to Empire：Enlightenment, Imperialism, and the British Encounter with Tibet, 1774-1904* (Cambridge, 2009)；Grant K. Goodman, *Japan and the Dutch, 1600-1853* (Richmond, 2000)。

② Kapil Raj, *Relocating Modern Science：Circulation and the Construction of Knowledge in South Asia and Europe, 1650-1900* (Delhi, 2006), p. 223.

③ 同上。相似的论点参见 Dhruv Raina and S. Irfan Habib, *Domesticating Modern Science：A Social History of Science and Culture in Colonial India* (New Delhi, 2004)；Thomas R. Trautmann, *Languages and Nations：The Dravidian Proof in Colonial Madras* (New Delhi, 2006)。

杰斐逊曾骄傲地称它为关系到美国和世界命运的重要文件。① 在利马和波哥大的文化中心，一些克利奥尔（南美各地的西班牙、法国移民的后裔——译者注）"启蒙者"也在研究欧洲哲学家们的思想。同时，他们也从当地早期文化精英们的著作中寻找灵感，借此挑战欧洲启蒙理性中有关拉丁美洲的欧洲中心主义前提。②

18 世纪引用启蒙思想并不局限于大西洋世界。在世界其他地方，欧洲的扩张直面了一些自称具有合法性的启蒙主张。例如，在埃及，拿破仑的远征导致了伊斯兰社会的变革，而这些社会变革借鉴了伊斯兰内部有关改革的早期讨论。而此时，援引欧洲启蒙的权威则是合法性的保障。③ 在印度，迈索尔王国的首领、英国入侵者的劲敌提普苏丹（Tipu Sultan）则把自己描述成一个开明进步的皇室：他是成立于斯赫里朗格阿帕特塔纳的雅各宾俱乐部的创始人之一。他亲自种下了自由树，并坚持让人们称他为"公民提普"④。

我们必须看到世界各地对启蒙思想和概念的借用并不是照本引用的。不同历史环境、不同时刻的人们为了他们各自不同的需求而借用启蒙思

---

① David Armitage, *The Declaration of Independence*: *A Global History* (Cambridge, Mass. , 2007), p. 1. 另见 Susan Manning and Francis D. Cogliano, eds. , *The Atlantic Enlightenment* (Hampshire, 2008); Henry F. May, *The Enlightenment in America* (New York, 1976); Gordon Wood, *The Radicalism of the American Revolution* (New York, 1992); Robert A. Ferguson, *The American Enlightenment*, *1750-1820* (Cambridge, Mass. , 1997); Charles W. J. Withers, *Placing the Enlightenment*: *Thinking Geographically about the Age of Reason* (Chicago, 2007)。

② Cañizares-Esguerra, *How to Write the History of the New World*. 另见 Neil Safier, *Measuring the New World*: *Enlightenment Science and South America* (Chicago, 2008); 早期的主张参见 Edmundo O'Gorman, *El proceso de la invención de América* (Mexico City, 1958)。有关帝国和大西洋环境，参见 Jeremy Adelman, "An Age of Imperial Revolutions," *American Historical Review* 113, no. 2 (April 2008): 319-340; J. H. Elliott, *Empires of the Atlantic World*: *Britain and Spain in America*, *1492 - 1830* (New Haven, Conn. , 2006); A. Owen Aldridge, ed. , *The Ibero-American Enlightenment* (Urbana, Ill. , 1971); Renan Silva, *Los ilustrados de Nueva Granada*, *1760 - 1808*: *Genealogía de una comunidad de interpretación* (Medellín, 2002)。

③ Dror Ze'evi, "Back to Napoleon? Thoughts on the Beginning of the Modern Era in the Middle East," *Mediterranean Historical Review* 19, no. 1 (2004): 73-94. 另见 Donald Malcolm Reid, *Whose Pharaohs? Archaeology*, *Museums*, *and Egyptian National Identity from Napoleon to World War I* (Berkeley, Calif. , 2002); Juan Cole, *Napoleon's Egypt*: *Invading the Middle East* (New York, 2007); Irene A. Bierman, ed. , *Napoleon in Egypt* (Reading, 2003)。

④ Kate Brittlebank, *Tipu Sultan's Search for Legitimacy*: *Islam and Kingship in a Hindu Domain* (Delhi, 1997), chap. 5.

想。而他们对启蒙思想的重申，必然导致一系列的变化。这些改变是特定历史的产物，但是它们的影响却超出了当地。因此，有时这种借用比欧洲思想本身更为激进。为了说明这点，最好的例子是 1791 年在海地（当时的法属圣多明戈）爆发的革命。两年前，法国人才刚攻占了巴士底狱。洛朗·杜布瓦（Laurent Dubois）曾这样说过，"帝国主义政权许诺带给殖民地民主的可能性，这一切都是假的，它只给欧洲以外的大西洋世界带来了为了争取人权而进行的斗争"[①]。

这场发生在革命时代（1776～1804）的激进革命有许多诱因。其中最主要的一个因素是奴隶制社会的结构性矛盾以及大西洋地区经济的变化。同时，1789 年的法国大革命及其具有象征意义的《人权宣言》也是革命的重要资源。起来反抗的奴隶代表以及那些虽不是奴隶的有色人群（*gens de couleur*），经常用民主权利的语言来提出他们的要求。[②] 尽管海地的革命很好地传播了启蒙思想，但是当地的反抗运动并不是法国大革命悠远而微弱的余响。最近的一项研究充分说明了它自身在世界历史中所具有的意义。海地革命是波及大西洋及更远地区的一次公共领域的革命，它影响到了欧洲资产阶级精英以外的其他社会群体。[③] 最重要的是，它重新制定了讨论人权的标准。长期以来，尽管启蒙思想对奴隶制一直有所批评，但是巴黎的议会公开拒绝给予奴隶以人权。对哪怕是最激进的启蒙思想家而言，让奴隶也能最终获得人权，都是一项本质上和根本政治立场上的挑战。[④] 法国本土的"人性"（*humanité*）概念，是建立在抽象的自然法基础上的；只有当加勒比海的革命重新定义它的时候，"人性"才真正变成一个全球主张。人权普遍化的过程是概念和思想在殖民环境中流通和再生的结果。[⑤]

---

① Laurent Dubois, *A Colony of Citizens：Revolution and Slave Emancipation in the French Caribbean*, *1787-1804* (Chapel Hill, N. C. , 2004), pp. 4-5.

② Carolyn E. Fick, *The Making of Haiti：The Saint Domingue Revolution from Below* (Knoxville, Tenn. , 1990); Laurent Dubois, *Avengers of the New World：The Story of the Haitian Revolution* (Cambridge, Mass. , 2004).

③ Peter Linebaugh and Marcus Rediker, *The Many-Headed Hydra：Sailors, Slaves, Commoners and the Hidden History of the Revolutionary Atlantic* (Boston, 2001); Laurent Dubois and Julius S. Scott, eds. , *Origins of the Black Atlantic* (New York, 2009).

④ Michel-Rolph Trouillot, *Silencing the Past：Power and the Production of History* (Boston, 1995), p. 82.

⑤ 参见 Nick Nesbitt, *Universal Emancipation：The Haitian Revolution and the Radical Enlightenment* (Charlottesville, Va. , 2008)。

最后，对概念和思想的借用需要放在广阔的跨国相互影响的语境中来讨论；其中，概念和思想从欧洲到达其他地方虽很重要，但也仅仅是一部分而已。启蒙主张的全球再形成，是思想和实践混杂后的结果。正如海地的例子所表明的那样，各种不同的借用形式都是复杂的跨文化交流的组成部分。例如，在巴黎形成的激进主张到达了海地，当地奴隶反抗运动的首领杜桑·卢维杜尔（Toussaint L'Ouverture）就利用了这些主张。卢维杜尔曾阅读过雷纳尔神父（Abbé Raynal）在《印度群岛的历史》（Histoire des deux Indes）一书中对欧洲殖民主义所做的严厉批评。他对雷纳尔所做的"黑色斯巴达克斯"的预言尤为感兴趣。① 但是，欧洲并不是他唯一的灵感来源。在海地，三分之二的奴隶出生于非洲，并且拥有不同的政治、社会和宗教背景。因此，为了凝聚一个反抗的奴隶群体，革命领导者提倡王国统治和西非及中非的公正政府，并采用了伏都教（voodoo）这样的宗教形式。② 海地的革命是大西洋地区法国、非洲和海地这三者间展开的包括物品、劳动力、思想和实践在内的交换和交流的结果。海地的革命迫使法国的国民公会于 1794 年取消奴隶制。这一跨国事件的余波又影响到了北美和拉丁美洲，并且对整个世界都具有重要的意义。③ 混合和混杂的过程是启蒙思想和实践的特点，我们甚至可以说启蒙思想和实践由它们组成。不同思想和文化资源间的分配和重组，是这段历史再正常不过的有机组成部分。

---

① C. L. R. James, *The Black Jacobins*: *Toussaint Louverture and the San Domingo Revolution* (1938; repr., New York, 1963), p. 25. The claim has been disputed by Louis Sala-Molins, *Les misères des Lumières. Sous la Raison l'outrage* (Paris, 1992); 另见 Srinivas Aravamudan, *Tropicopolitans*: *Colonialism and Agency*, *1688 – 1804* (Durham, N.C., 1999); Laurent Dubois, "An Enslaved Enlightenment: Rethinking the Intellectual History of the French Atlantic," *Social History* 31, no. 1 (2006): 1–14。

② 参见 David Barry Gaspar and David Patrick Geggus, eds., *A Turbulent Time*: *The French Revolution and the Greater Caribbean* (Bloomington, Ind., 1997); John K. Thornton, "'I Am the Subject of the King of Kongo': African Political Ideology and the Haitian Revolution," *Journal of World History* 4, no. 2 (1993): 181–214; Bernard Camier and Laurent Dubois, "Voltaire et Zaïre, ou le théâtre des Lumières dans l'aire atlantique française," *Revue d'histoire moderne et contemporaine* 54, no. 4 (2007): 39–69。

③ David P. Geggus, ed., *The Impact of the Haitian Revolution in the Atlantic World* (Columbia, S. C., 2001); Sybille Fischer, *Modernity Disavowed*: *Haiti and the Cultures of Slavery in the Age of Revolution* (Durham, N.C., 2004); Doris L. Garraway, ed., *Tree of Liberty*: *Cultural Legacies of the Haitian Revolution in the Atlantic World* (Charlottesville, Va., 2008).

十九世纪全球范围内的启蒙事业

启蒙不仅发生在欧洲境内。正如新近的研究所指出的那样，它在全球同时诞生。但是还不止于此。我们还能继续在 19 世纪追溯启蒙的踪迹。因此，我们或许可以提出"漫长的启蒙"这个说法。学者们长期以来一直忽略这点，认为启蒙到 18 世纪末就结束了，而它再次引起人们的注意要到 20 世纪的三四十年代。[①] 但是这种编年史无疑是欧洲中心主义的，因为它完全无视世界其余地方，尤其是亚洲所进行的"启蒙"大讨论。它们并不是 18 世纪欧洲启蒙的余响。相反，"什么是启蒙"这些标准的再形成本身，正是启蒙历史的一部分。[②]

这一提法可能会遭到两种反对意见。这还是那个"启蒙"吗？我们是否能将发生在印度、菲律宾和朝鲜的不同讨论和运动笼统地称为启蒙呢？即便可以，这样就不重蹈播撒主义的覆辙了吗，这难道不是一组概念和想法从欧洲播撒到世界其他地方的过程吗？这后一种质疑的声音似乎暗示播撒后的历史与启蒙自身关系不大。

让我们先谈一下启蒙的实质。19 世纪全球范围内对启蒙思想借用和改造的历史，对于我们了解启蒙自身没有帮助吗？这个提法本身不正确。因为，它首先就假定有这么一个本质上确定的启蒙实体。这种看似不言自明的定义，其实会妨碍任何可能的全球视野，因为它将任何差异都看作不足和次等。但是启蒙自身并不是一件物。相反，我们应该问的是，世界各地的人们都借启蒙之名做了些什么。同时，启蒙也不应被当作思考的范畴（analytical category）。人们只是借它之名来提出和合理化某些特定的主张。在谈到"现代性"这个概念的时候，库珀（Frederick Cooper）告诉我们"学者不应该尝试去寻找一个更好的定义"，相反，"他们应该更好地聆听，

---

① Paul Hazard, *La Crise de la conscience européenne*, *1680-1715* (Paris, 1935); Max Horkheimerand Theodor W. Adorno, *Dialektik der Aufklärung*: *Philosophische Fragmente* (Amsterdam, 1947). 另可见 Schmidt, *What Is Enlightenment*?

② 关于在全球背景中谈论思想史的著作，参见 Christopher L. Hill, *National History and the World of Nations*: *Capital*, *State*, *and the Rhetoric of History in Japan*, *France*, *and the United States* (Durham, N.C., 2008); and Andrew Sartori, *Bengal in Global Concept History*: *Culturalism in the Age of Capital* (Chicago, 2008). 另见 Carol Gluck and Anna Lowenhaupt Tsing, eds., *Words in Motion*: *Toward a Global Lexicon* (Durham, N.C., 2009).

在世界各地（关于现代性）都说了什么"。因此，如果启蒙是"他们所听到的，他们应该询问它是怎么被提起以及为何被提起的"①。

当世界各地的社会改革者们沉迷于启蒙话语时，事实上，他们也过滤掉了其中的很多主张。对某些人而言，启蒙承诺理性、改革和某种形式的解放。但是人们也用"启蒙"来取消关税和创造私有财产。它被用来使自由恋爱及寡妇再婚合法化。人们也借用它改革刑罚系统、讨论民族性格。在引进百货商店、内衣、怀表、横向书写系统和公历的时候，人们也援引启蒙术语。正如日本改革家津田真道在明治维新初期所坦言的那样，"开口即'启蒙'"②。

这一切都说明在其全球化的过程中，"启蒙"的标签所昭示的内容在某种程度上与其最初的意义有所不同。例如，与启蒙所提倡的世俗化不同的是，在日本津田声称"今日世界再无像基督教这样提倡启蒙的宗教了"。他的这席话定会招致 18 世纪的伏尔泰和狄德罗以及 21 世纪的乔纳森·伊斯雷尔的反对。③ 这并不只是文化误读这么简单。我们不能把启蒙的全球表现与一个抽象的图景进行比较，而是应该研究那些把"启蒙"话语变成权威、目标和警示的具体情景。换而言之，将菲律宾启蒙精英们的要求主张与 18 世纪欧洲的启蒙教义做历史性的比较并非那么重要。相反，更重要的是，我们应该理解那被贴上菲律宾"启蒙"之名的实践和思想在 19 世纪末到底意味着什么。

尽管启蒙有大量不同的代表思想，但是对于它们的选择和援引并不是任意的。当社会改革者们关注启蒙时，他们所使用的的确是启蒙的词汇，有时候是与它相对应的本土术语。但是，我们不一定能找到启蒙二字。事实上，一套与启蒙相关的思想一经建立，人们总是有办法在其他地方继续挪用其中的资源而不再使用它的术语。通过翻译或其他各种渠道，改革精英们总是在特定作家、思想和文献中寻找资源。通过大量的翻译和出版，不仅卢梭、伏尔泰、亚当·斯密、本杰明·富兰克林等启蒙运动领袖的著作在当地广为流传，福泽谕吉和梁启超的作品也广为人知。因此，我们可以将那些各地展开的、有关启蒙和进步的讨论看作相互联系却又不尽相同的现象——即便它在

---

① Frederick Cooper, "Modernity," in Cooper, *Colonialism in Question: Theory, Knowledge, History* (Berkeley, Calif., 2005), pp. 113-149, 引自 115 页。

② 转引自 Albert M. Craig, *Civilization and Enlightenment: The Early Thought of Fukuzawa Yukichi* (Cambridge, Mass., 2009), p. 147。

③ 转引自 William Reynolds Braisted, ed., *Meiroku Zasshi: Journal of the Japanese Enlightenment* (Cambridge, Mass., 1976), p. 39。

东亚被人们被称为"启蒙"，而在孟加拉和阿拉伯人们称之为"文艺复兴"。

同时，有关启蒙的讨论在时间上也不是随意发生的。往往是，当地被卷入世界经济和帝国结构，引发了社会变革，发生了危机，此时相关的讨论也应运而生。① 在内忧外患的时候，社会改革者们就将自己变革社会的主张与传统资源和最新的启蒙思想联系起来。启蒙思想的欧洲权威又能为它们的社会变革增加合法性。在印度的某些地方，所谓"孟加拉文艺复兴"早在 19 世纪 20 年代就开始讨论欧洲启蒙之后大变革时期的一些思想了。孟加拉语世界中最著名的西学接受者罗姆莫罕·罗易（Rammohan Roy）就曾在他的社会改革中汲取了来自不同传统的内容，以至于谢林（Friedrich Wilhelm Schelling）称他为"宗教理性"（religion of reason）的倡导者。② 在奥斯曼帝国内，法国哲学家的著作是 19 世纪 30 年代很重要的参考读物，尽管公开讨论这些著作要到 19 世纪中叶。像纳默克·凯马尔（Namik Kemal）这样的年轻土耳其改革者就曾用洛克、卢梭和孟德斯鸠的著作为他们的社会改革运动辩护。③ 在埃及，拉斐·塔哈塔维（Rifa al-Tahtawi）于 1841 年被任命为翻译局的负责人。在他任期内，曾有上百部欧洲作品被翻译成阿拉伯语。④《明六》杂志曾向 19 世纪 70 年代的日本读者介绍过诸如"权利""自由""经济"等词汇，而福泽谕吉的畅销书《西洋事情》也向日本读者大量介绍了西方的制度、习俗和物质文化的发

---

① 就内部和外部危机的联合作用参见 Michael Geyer and Charles Bright, "World History in a Global Age," *American Historical Review* 100, no. 4 (October 1995): 1034–1060。

② 谢林的话转引自 Bruce Carlisle Robertson, *Raja Rammohan Roy: The Father of Modern India* (Delhi, 1995), p. 71。同时参见 David Kopf, *British Orientalism and the Bengal Renaissance: The Dynamics of Indian Modernization, 1773–1835* (Berkeley, Calif., 1969); Lynn Zastoupil, *Rammohun Roy and the Making of Victorian Britain* (Basingstoke, 2010); C. A. Bayly, "Rammohan Roy and the Advent of Constitutional Liberalism in India, 1800–30," *Modern Intellectual History* 4, no. 1 (2007): 25–41。四五十年代的情况参见 Brian A. Hatcher, *Idioms of Improvement: Vidyāsāgar and Cultural Encounter in Bengal* (Calcutta, 1996)。

③ Ibrahim Abu-Lughod, *Arab Rediscovery of Europe: A Study in Cultural Encounters* (Princeton, N. J., 1963); Christoph Herzog, "Aufklärung und Osmanisches Reich: Aufklärung an ein historiographisches Problem," in Wolfgang Hardtwig, ed., *Die Aufklärung und ihre Weltwirkung* (Göttingen, 2010), pp. 291–321; Dagmar Glass, *Der Muqtataf und seine Öffentlichkeit: Aufklärung, Räsonnement und Meinungsstreit in der frühen arabischen Zeitschriftenkommunikation*, 2 vols. (Würzburg, 2004).

④ Albert Hourani, *Arabic Thought in the Liberal Age, 1798–1939* (Cambridge, 1983); Roxanne L. Euben, *Journeys to the Other Shore: Muslim and Western Travelers in Search of Knowledge* (Princeton, N. J., 2006).

展情况。① 在中国，严复则是晚清最著名的翻译家，自 19 世纪 90 年代起他陆续翻译了赫胥黎、亚当·史密斯、斯宾塞、孟德斯鸠以及其他启蒙思想家的重要作品。②

由于时代的差异和变迁，不同的讨论针对的内容也不尽相同。这主要是因为，从 20 年代的孟加拉到 90 年代的朝鲜，援引启蒙话语的当地情境差异很大。同时，被引用的启蒙思想也经历着变化。"启蒙"在 19 世纪 30 年代和 18 世纪意义不同了，再到 80 年代，它的含义又经历了一次变化。当世界各地都在讨论启蒙的时候，它自身也掺杂了一些其他的思想，其中有些原先还是与它相对立的思想。比如说，对启蒙影响最大的有：自由主义的思想和由约翰·斯图尔特·密尔（John Stuart Mill）发展起来的功利主义的影响，达尔文和斯宾塞的进化论的影响，以及由孔德发展起来并由塞缪尔·斯迈尔斯（Samuel Smiles）的畅销书《自助》和弗雷德里克·巴斯夏（Frédéric Bastiat）及亨利·惠顿（Henry Wheaton）所做的指南而传播开来的实证主义哲学的影响。由于受到这些不同的思想和术语的影响，"启蒙"的概念内容也在发生变化。它不再针对如何从宗教的束缚和国家的压迫中唤醒个人意识，而是更多地关心群体和国家的技术物质进步。到 90 年代，物质进步的概念已经深入人心。18 世纪尚存的矛盾的心态、线性发展以外的可能性此时都荡然无存。尽管表面上有些自相矛盾，18 世纪的启蒙思想融入了不同的思想以后变成了 19 世纪 90 年代"超现实"的启蒙思想。③ 世界各地的人们都对它着迷。很多人几乎不加区别地使用"文明"和"开化"。而有时他们这两者都不使用，而仅言改革。例如，在日本，"启蒙"渐渐让位于"开化"，因为后者带有更多社会进化论的寓意。④

文明和启蒙的混用说明后者已经发生了意义上的变化。它现在主要用于衡量一个特定的国家在全球竞争中相对的地缘政治位置。这个当然不完全是新发明。阶段论是 18 世纪启蒙思想将文化差异翻译成进步话语的一种

---

① Braisted, *Meiroku Zasshi*；Carmen Blacker, *The Japanese Enlightenment：A Study of the Writings of Fukuzawa Yukichi*（Cambridge，1964）.

② Benjamin I. Schwartz, *In Search of Wealth and Power：Yen Fu and the West*（Cambridge，Mass.，1964）.

③ "超现实"的用法我参照了 Chakrabarty, *Provincializing Europe*。

④ Alistair Swale, *The Political Thought of Mori Arinori：A Study in Meiji Conservatism*（Richmond，2000）；Howland, *Translating the West*, pp. 40-42.

方法。但是，当时这种思考方式和诸如理性、公共领域、世俗世界观的进步等其他"开化"思想并存。到了19世纪末，启蒙话语日益加入有关进化论和文明发展的叙事。因此，它由一种过程变成了一种筹码——有的地方多一点，而有的地方则需要导师来告诉他们如何获取筹码。这种情况在欧洲也如是。自由国家对抗教会的文化战争，被说成启蒙之光和中世纪黑暗之间的大决战。当启蒙假借播撒文明的美名时，国际法则变成了帝国主义的意识工具。①

但是这一变化在欧洲之外更为明显。作为一种有力的宣传，"文明和启蒙"的辞令在日本、朝鲜和中国被广泛地使用，为的就是要应对全球化的挑战。正如福泽谕吉著名的"野蛮""半开化"和"文明"的三阶段论所表明的那样，启蒙意味着要占据世界中的某个位置。在很多社会里，流行的观点是文明并不特指欧洲，而是一种普遍的标准。西方社会可能在某一时期在文明程度上比较高，但是并不总是这样。未来也并不一定如此。朝鲜的《皇城新闻》就曾在1899年时声称："曾经在文明程度上落后于我们的欧洲现在走到了我们的前面。"②

谈论启蒙就不得不思考全球，并且要认识到欧洲以外的地区之所以急切地想援引启蒙思想和权力分配的不均衡有关。地方和世界的关系受到三方面因素的影响：世界经济的整合、民族国家的出现以及帝国主义的发展。这三项因素也改变了19世纪的世界。这些历史大进程酝酿出一个全球格局；它为启蒙的话语注入了普遍可被接受的价值，那些原本分散无关的地域不约而同地出现了启蒙的声音。③ 这些历史大进程创造了启蒙思想得以产生和运用的具体历史环境，并决定了它们发生作用的具体方式。更重要的是，"启蒙"的话语是应对历史变革时刻的一种方式，为的是能应对全球化世界所提出的挑战。

第一，世界市场体系的出现和资本的积累，不仅使世界各地的国家取

① 参见 Christopher Clarkand Wolfram Kaiser, eds., *Culture Wars: Secular-Catholic Conflict in Nineteenth-Century Europe* (Cambridge, 2003); Bruce Mazlish, *Civilization and Its Contents* (Stanford, Calif., 2004); Martti Koskenniemi, *The Gentle Civilizer of Nations: The Rise and Fall of International Law, 1870-1960* (Cambridge, 2001)。

② 转引自 Andre Schmid, *Korea between Empires, 1895-1919* (New York, 2002), p. 83。

③ Charles Tilly, *Big Structures, Large Processes, Huge Comparisons* (New York, 1984) 一书说到了"两个互相依存的大进程"，在这一基础上我们必须要加上帝国主义，它是一种霸权形式的世界交往方式。(p. 147)

得共时联系，更让那些以融入资本主义结构为目标的改革势在必行。因此，很多用启蒙话语制定社会变革目标的改革者们所进行的社会改革，大都得到了自由主义和市场的资助。启蒙的呼声总是和新的征税、引进金本位、海关自由化、自由贸易、开放港口等一系列的经济要求相联系。启发民众，让闲置人口可以成为勤快的劳动力，也是对全球经济的一种参与。

第二，当各民族融入国际体系的同时，当地精英们也策略性地运用启蒙话语来建立民族国家。奥斯曼帝国在 1839 年之后的重整、1896 年成立于朝鲜的"独立协会"、晚清 1898 年的戊戌变法都是想整合各种改革思潮，应对各自社会不断加深的政治和社会矛盾。为了建立民族国家，改革者们主要在两种方式上运用启蒙话语。一方面，对内期望民众能够举止"文明"，即内部的文明化过程。另一方面，直接对抗殖民主义的威胁，这是民族国家建立过程中很核心的一项内容。1897 年，亚洲为数不多的非殖民地国家——暹罗的国王拉玛五世远赴欧洲，亲眼见识了从战船到消防车，从植物园到医院等一切使得欧洲社会"文明"和"开化"的东西。①在西班牙的殖民地菲律宾，自诩为启蒙者的精英们借用了理性和自然法的权威，对西班牙的统治和西班牙传教士的影响做了民族主义的批评。在爪哇，亚洲少数能在公共政治领域发言的女性之一卡蒂尼（Raden Ajeng Kartini）于 1903 年给当时的荷兰殖民政府写去了两封信。信中，她用启蒙主义的理论呼吁爪哇女性的解放，为她们谋求现代教育。②

第三，一些国家使用启蒙话语是为了进入帝国系统。换而言之，启蒙的辞令也可以为帝国所利用。对日本扩张主义者而言，文明不同阶段论的世界观以及进化的不同时序都是他们用来合法化日本对亚洲实施殖民统治的重要手段。福泽谕吉在其著名的文章中强调"我国不可狐疑，与其坐等邻邦之进，退而与之共同复兴东亚，不如脱离其行伍，而与西洋各文明国家共进退（即脱亚入欧）"。因此，他总结道，日本对待中国和朝鲜"只

---

① Niels P. Petersson, "König Chulalongkorns Europareise 1897: Europäischer Imperialismus, symbolische Politik und monarchisch-bürokratische Modernisierung," *Saeculum* 52, pt. 2 (2001): 297-328.

② Barbara N. Ramusack, "Women and Gender in South and Southeast Asia," in Bonnie G. Smith, ed., *Women's History in Global Perspective*, 3 vols. (Urbana, Ill., 2005), 2: 101-138.

能按西洋人对此类国家之办法对待之"①。这堪比直接呼唤殖民了。

在所有的例子中，"启蒙"都帮助世界各地的人们更好地思考全球，让一个复杂的世界可解。面对本地的、区域的和全球的挑战，他们用启蒙的话语包装他们的主张，这不仅因为它是普遍有效的通用语，更是因为——至少通过他们的努力——"启蒙"的意义已经有所改变，改革者们能借它在全球中寻找自身的位置。另外，"启蒙"的使用方法也和先前不同了，虽然我们不能无视它漫长的历史。莱因哈德·柯塞勒克（Reinhart Koselleck）曾这样提醒我们："后人对过往概念的每一次解读都会改变概念具体所应用的内容范畴"，而"当概念的原有语境变化的时候，概念本身的意义也会随之改变"②。这一点从全球视角看来尤为明显。我们需要将"启蒙"出现的轨迹及其无数的应用形式都看作概念演变的一部分。

启蒙的再创及概念的变化

鉴于启蒙漫长的历史有如此多的重要变化，启蒙的历史是否一段播撒的历史已经不再是一个问题。但是，对于这个问题的思考是有益的，因为它帮助我们认识到，启蒙概念的变化不仅仅是地缘政治变化的结果，也不仅仅是欧洲在帝国主义时代对外扩张的结果。相反，它也是非西方世界的人们不断地要求获得启蒙所承诺的与西方的平等的结果。③ 启蒙的漫长历史并非播撒的历史，而是一段不断再生与更新的历史。

因此，或许可以说启蒙的历史是启蒙知识在全球共同生产的历史。这一过程有各种形式，但其中两个机制最为突出。尽管启蒙的辞令被装点以欧洲权威性，它和其他文化传统不断地融合，早已不再只和欧洲相关。其一，任何企图把启蒙思想的普遍性和当地具体情况相结合的努力都具有思想资源的融合和混杂的特点。这一模式在19世纪亚洲更为突出。在亚洲，当地自身

① Fukuzawa Yukichi, "On De-Asianization," in Centre for East Asian Cultural Studies, comp., *Meiji Japan through Contemporary Sources*, 3 vols., vol. 3: *1869 - 1894* (Tokyo, 1972), p. 133.

② Reinhart Koselleck, "A Response to Comments on the Geschichtliche Grundbegriffe," in Hartmut Lehmann and Melvin Richter, eds., *The Meaning of Historical Terms and Concepts: New Studies on Begriffsgeschichte* (Washington, D. C., 1996), pp. 59-70, quote from p. 62.

③ Cemil Aydin, *The Politics of Anti-Westernism in Asia: Visions of World Order in Pan-Islamic and Pan-Asian Thought* (1882-1945) (New York, 2007).

的思想资源要比其在大西洋世界具有更大的权威、起到更大的作用。这种与传统交融的做法，往往是希望用熟悉的方式在当地植入激进思想。例如，克里斯托弗·阿兰·贝利（C. A. Bayly）曾指出，罗姆莫罕·罗易的启蒙思想"吸收了印度教、穆斯林和西方概念中的美德"[①]。当福泽谕吉于1869年发表《世界国尽》时，他有意采用了类似佛教问答的形式。[②]

在东亚，混杂的过程中经常使用儒学资源，虽然这听起来有些自相矛盾。表面上把儒学传统视为糟粕，而事实上，与启蒙相关的思想却和当时的世界观相融合。当然，当时的世界观自身也受到全球局势变化的影响而有所变化和发展。在日本，儒学思想中那为人类社会建立秩序、和谐的"礼"却被用来解释自由放任政策和市场交换的理性。[③] 在中国，有关进步的概念是由新儒学的思想和社会达尔文的文本共同建构起来的。[④] 由于痴迷于卢梭的理论，刘师培于1903年发表了《中国民约精义》，他认为中国古老的儒学资源中就包含了卢梭的思想。[⑤] 尽管只是变革思想本地化的策略，但是它仍然影响到了这些概念的内容。比如说，它使得启蒙的主张可以通过一种不那么个人主义的话语得到表达。有时，启蒙的辞令甚至可以反过来在全球化挑战面前重申儒学思想。[⑥]

其二，启蒙思想已经不再专属于欧洲。到1900年左右，可以借鉴的"启蒙"思想已经遍布全球，以至于西欧不再是唯一的权威。例如，在爪哇，支持卡蒂尼妇女解放要求的资源不仅有荷兰的启蒙主张，而且有印度女权主义者潘蒂塔·拉玛拜（Pandita Ramabai）的思想。孟加拉19世纪30年代的

---

① Bayly, "Rammohan Roy and the Advent of Constitutional Liberalism in India, 1800-30," p. 29.

② Marius B. Jansen, *The Making of Modern Japan* (Cambridge, Mass., 2002), pp. 460-461.

③ Tessa Morris-Suzuki, *A History of Japanese Economic Thought* (London, 1989), p. 51.

④ 有关中国思想史发展的综述可参见 Charlotte Furth, "Intellectual Change: From the Reform Movement to the May Fourth Movement, 1895-1920," in Merle Goldman and Leo Ou-Fan Lee, eds., *An Intellectual History of Modern China* (Cambridge, 2002), pp. 13-96。通常，"中国启蒙"的出现要到1919年的五四运动。参见 Vera Schwarcz, *The Chinese Enlightenment: Intellectuals and the Legacy of the May Fourth Movement of 1919* (Berkeley, Calif., 1986)。

⑤ Xiaoling Wang, "Liu Shipei et son concept de contrat social chinois," *E'tudes chinoises* 27, no. 1-2 (1998): 155-190; Hao Chang, *Chinese Intellectuals in Crisis: Search for Order and Meaning, 1890-1911* (Berkeley, Calif., 1987).

⑥ See Viren Murthy, "Modernity against Modernity: Wang Hui's Critical History of Chinese Thought," *Modern Intellectual History* 3 (2006): 137-165; Ban Wang, "Discovering Enlightenment in Chinese History: The Rise of Modern Chinese Thought, by Wang Hui," *Boundary* 2 34, no. 2 (2007): 217-238.

自由改革除了参照了爱尔兰和希腊的例子，还特别受到了拉丁美洲独立运动的启发。① 到 19 世纪末，最有参考意义的国家是日本。日本在取得 1905 年日俄战争胜利后，一跃成了包括埃及、暹罗、奥斯曼帝国在内的世界很多国家和地区的学习榜样。人们相信日本能够为他们带来文明和现代化，但和"西方"不同的是，日本不会诉诸帝国主义和种族主义。②

日本在东亚是重要的文化中介。《皇城新闻》的编辑在 1899 年写道："幸运的是，日本领导了教化运动。"③ 由于看到了日本成功的例子，同时也担心被其侵略，朝鲜的"文明开化"运动主要以明治日本为学习榜样。一个很好的例子是当时的启蒙思想家俞吉濬。他受学于福泽谕吉的庆应义塾。但是，很快他就对日本的现代化感到失望，认为它无非是对西方的拙劣模仿。为了亲眼见识一下什么是现代，俞吉濬亲赴美国。回国之后，他出版了影响深远的《西游见闻》，该书使"文明开化"在朝鲜家喻户晓。尽管俞吉濬竭尽所能地掩盖其西学中的日本因素，但是他的这本《西游见闻》明显受到了福泽谕吉的《西洋事情》的影响。事实上，福泽谕吉还资助了该书在他的出版社印行。1895 年之前在朝鲜尚没有现代意义上的朝鲜字母印刷。④

日本对于清朝而言也是重要的先进思想的来源。在甲午战争失利之后，中国的改革者们为日本所吸引。旅居日本成为很多人的人生转折点。中国世纪之交最有影响力的知识分子梁启超就曾坦言"既旅日本数月，肆日本之文，读日本之书，畴昔所未见之籍，纷触于目，畴昔所未穷之理，腾跃于脑，如幽室见日，枯腹得酒"⑤。梁启超想把日本的文明开化用一般

---

① Bayly，"Rammohan Roy and the Advent of Constitutional Liberalism in India，1800-30."

② Aydin，*The Politics of Anti-Westernism in Asia*.

③ 转引自 Schmid，*Korea between Empires*，p. 90。

④ 转引自 Schmid，*Korea between Empires*，第 110~111 页。Lee Sang-Ik，"On the Concepts of 'New Korea' Envisioned by Enlightenment Reformers，"*Korea Journal* 40，no. 2（2000）：34-64；Shin Yong-ha，"The Thought of the Enlightenment Movement，"*Korea Journal* 24，no. 12（1984）：4-21.

⑤ 转引自 Douglas R. Reynolds，"A Golden Decade Forgotten：Japan-China Relations，1898-1907，"*Transactions of the Asiatic Society of Japan* 4，no. 2（1987）：93-153，quote from 116。另见 Reynolds，*China，1898-1912：The Xinzheng Revolution and Japan*（Cambridge，Mass.，1993）；Paula Harrell，*Sowing the Seeds of Change：Chinese Students，Japanese Teachers，1895-1905*（Stanford，Calif.，1992）。梁启超及其翻译贡献参见 Xiaobing Tang，*Global Space and the Nationalist Discourse of Modernity：The Historical Thinking of Liang Qichao*（Stanford，Calif.，1996）；Joshua A. Fogel，ed.，*The Role of Japan in Liang Qichao's Introduction of Modern Western Civilization to China*（Berkeley，Calif.，2004）。（梁启超的原文参见《论日本文之益》——译者注）

的"启蒙"方式介绍到中国。在随后的岁月中，此类文化交流催生了许多新知识。许多日本老师在中国的教育系统中担任教习。梁启超在上海创办了翻译局和书局。到 1911 年为止，在中国翻译出版的日语著作多达 1000种。最重要的是，大量的日本新词流入中国。"科学"和"劳动"，"民族"和"平等"，"社会"和"资本主义"这些只是流入中国的和制汉语新词中的一小部分。① 与日本相关的新知识有很大的权威性。学习日本被看作获取西方现代化的捷径。同时，学习日本之所以得到认同，也因为时人认为日本的现代性是一种不同于欧洲个人主义的亚洲现代性。当时很多改革者都注意到了欧洲现代性充斥着建立在自我本位基础上的个人主义思想。张之洞就在 1898 年明言"学习日本比学习西方有优势"，因为中日"情势风俗相近，易仿行，事半功倍"②。

我们可以看到这些混杂和对现有理论进行扩充的过程是知识跨国生产的过程，而不再能被简单地划入欧洲的脉络。伊斯坦布尔、马尼拉和上海的各个社会群体创造了启蒙；他们并不只是被动接受一个世纪前在别处创出的理论。历史学家们曾将知识的历史看作在某个地方写下，又被传到其他地方的文字记录。在他们眼中，这些知识即便不决定接受方的思想和行为也深刻地影响了他们。但是这个反向的轨迹也很重要。汉城的"启蒙"首先是对 19 世纪 90 年代朝鲜特定情境的一种回应，而非对伏尔泰迟到的回答。

对起源的探求

启蒙执着于追溯起源。当然，这并非始于启蒙。早在人文主义时代，学者们就开始醉心于追寻事物的起源。但是到 18 世纪末，对起源的追寻占据了中心地位，它的出现是由于科学和哲学总体历史化的趋势。当《圣经》和神祇教义不再具有绝对的权威，系谱学的各种努力都企图追问各种现象的本初。恩斯特·卡西尔（Ernst Cassirer）率先注意到了启蒙思想自

---

① 见 Lydia H. Liu, *Translingual Practice: Literature, National Culture, and Translated Modernity—China, 1900-1937* (Stanford, Calif., 1995)。

② 转引自 Reynolds, "A Golden Decade Forgotten," p. 113. 案例研究参见 Joan Judge, "The Ideology of 'Good Wives and Wise Mothers': Meiji Japan and Feminine Modernity in Late-Qing China," in Joshua A. Fogel, ed., *Sagacious Monks and Bloodthirsty Warriors: Chinese Views of Japan in the Ming-Qing Period* (Norwalk, Conn., 2002), pp. 218-248。

相矛盾的地方：尽管启蒙总是被定义为重视理性、面向未来和进步，它同时和过去的精神（spirits of the past）紧密相关，着迷于事物的初始。皮埃尔·圣·阿蒙特（Pierre Saint-Amand）认为"起源的幽灵是启蒙政治哲学不光彩的一面。邪恶的幽灵骚扰着它，时时提醒它的不完美"①。

因此，当孔狄亚克（Étienne Bonnot de Condillac）追寻人类知识的起源时，卢梭探索不平等的起源。科学研究、哲学猜想和饱学之士的讨论中有一个经久不衰的课题，那就是法律、民族意识和宗教的起源和基础。温克尔曼（Johann Joachim Winckelmann）以及后来的席勒开创了崇古，期望借此来全面观察欧洲文化的起源和发展。在拿破仑和商博良（Jean-François Champollion）进驻埃及后，考古学结合埃及古物学才得以进一步发展。殖民扩张把对欧洲、人类和现代起源的追问延伸到了世界：人种学家们开始搜寻"原始人类"，威廉·琼斯（William Jones）在孟加拉找寻希腊语和梵文的共同源头，语言学家和人类学家仔细考察印欧语系的根源和欧洲文明的雅利安起源。在欧洲之外，追寻起源则变成了一项策略性地利用这种话语的工作。孟加拉的印度教改革者们为了建立印度教的文化根基而竭尽所能寻找存世的最古老的文本。菲律宾的黎刹（José Rizal）则构建出了一个使欧洲文明黯然失色的殖民史前"黄金时代"。

这种对于起源的拜物教崇拜不仅是启蒙话语的一部分。它还自此成为启蒙大叙事的关键部分。这种有关起源的历史观，主导了种种在世界史中叙述启蒙运动的尝试。历史学家们从时间上、空间上和内容上来判定那些他们自诩为启蒙的核心，并把那之后的历史看作不断播撒或是减弱的历史。在他们所描述的历史里，18世纪欧洲是起源，而世界其他部分仅是一种衍生话语的寄生所。②

但是，18世纪的启蒙运动不是欧洲的垄断。它应该被视为世界各地的人们一起创造的知识的跨国生产。这并不意味着要否认其中的一些特定讨

---

① Pierre Saint-Amand, "Hostile Enlightenment," in Jean-Joseph Goux and Philip R. Wood, eds., *Terror and Consensus: Vicissitudes of French Thought* (Stanford, Calif., 1998), pp. 145-158, 引自第145页。

② 有关衍生话语，参见 Partha Chatterjee, *Nationalist Thought and the Colonial World: A Derivative Discourse* (Minneapolis, 1986)。从内在论观点讨论欧洲历史的做法非常普遍。其最激烈的辩护者之一便是 David S. Landes, *The Wealth and Poverty of Nations: Why Some Are So Rich and Some So Poor* (New York, 1998)。

论与欧洲传统息息相关，以及它们受到爱丁堡、哈雷和那不勒斯等特定地方、特定情境的影响。但是，其中所体现出的思想的复杂性以及 18 世纪改革的革命性都受到了全球时局的刺激。

另外，启蒙并没有局限于 18 世纪的大西洋世界。它有漫长的历史。这不是一段有关播撒的历史，而是一段有关创造和再生的历史。那些主张社会和文化改革的群体借用了欧洲启蒙的权威，但是他们也将它与自身的传统相融合。在此过程中，那些被认为是启蒙思想的核心发生了巨大的变化。这不仅因为融入了大量的异文化因素，也因为这些思想是在一个与 18 世纪欧洲截然不同的地缘政治环境中提出的。启蒙思想不断地被世界各地的人们所利用。他们用它来思考全球局势并在世界舞台上为他们各自所属的群体谋求一席之地。

这就意味着我们需要重新思考全球启蒙的时间性和空间性。与欧洲启蒙思想的经典文本相比，它的历史更多地受到了当地情境的影响。智利和越南等地的确出现了欧洲启蒙的经典文本及其翻译以及流通后的通俗手册，并受到了它们的影响。但是，比这个从中心播撒的路径更为重要的是它们如何被利用的问题。在加尔各答、利马和东京的精英们为了他们各自的主张利用启蒙思想，也因而改变了那些概念的含义。因此，从空间上而言，启蒙的全球性不能被简单解读成中心解放边缘。同时，我们也需要反思它的时间性。启蒙的历史不是由起源和其连续性所决定的，而是由共时性和一些具体的关键时刻构成的。换而言之，18 世纪的巴黎不是模型，1900 年代的上海也不是它的派生。晚清中国的精英们受到他们自身所处时代的问题和各种关系的影响。那些具体的条件决定了启蒙思想如何被翻译、转述和利用。

因此，对全球史中的启蒙的再评估不能只关心它地理上或时间上的起源。我们应该关心的是，那些提出启蒙主张、对启蒙思想进行再创造的时刻。我们要在它们与全球共时性的关系中去理解这些重要的时刻。从大的层面来说，世界的地缘政治秩序和帝国主义时代全球资本整合这两方面因素决定和影响了启蒙思想的借用和转述。在这些条件之下，人们借欧洲权威提出的一些思想与其他思想、文化实践相融合。

但是，不管怎么说，正是这种全球性的翻译、流通以及知识的跨国生产，才使得启蒙变成了一个名副其实的普遍和一般的现象。18 世纪欧洲的话语自诩代表普世愿望，世界通行。但是，要使这些主张在实践上通行，让世界各地的人们相信这些主张，光靠启蒙话语其自我标榜的理性的固有力量是不够的。实践启蒙思想的工作由世界各地的人们共同完成。他们受到了地缘政治和分布不均的权力的影响，大多对社会改革满心期望，抑或深受威胁和暴力之苦。① 只有像这样复杂地、非线性地在全球实现启蒙，才能使启蒙思想的普遍主张在全球真正地"普世"存在。

---

① Chakrabarty, *Provincializing Europe*.

重审"亚细亚生产方式":理论与历史的纠结

〔美〕瑞贝卡·卡尔 著 齐晓红 译*

摘要:本文追溯了亚细亚生产方式作为一种中国历史的写作和叙述方式,在20世纪是如何被缠绕进世界史或全球史的写作中的。它作为一种历史发展的可替代性方案,是一种高度意识形态化的诡计。亚细亚生产方式内含的多元线性概念,以及前资本主义的社会性质,在中国学研究中经历了不断被弃又复兴的历程。

关键词:亚细亚生产方式 前资本主义 多元线性

Abstract:This essay recalled how the Asiatic Mode of Production (AMP) as a theory, and the writing or narrating of China's history, have been intimately entangled throughout the twentieth century in the writing of World or Global History. The AMP as a theory of alternative historical development can never be anything other than a highly ideological gambit. The multi-linearity presented by the AMP, as well as the social nature of pre-capitalism, in the process of China studies has been constantly abandoned and revived.

Keywords:Asiatic Mode of Production Pre-capitalism Multi-linearity

在1937年一份关于中国经济史研究的评论中,翻译家、社会科学家和经济哲学家王亚南指出了当时苏联学者、匈牙利学者、日本学者和中国学

---

* 瑞贝卡·卡尔(Rebecca Karl),美国纽约大学历史系和东亚系教授。齐晓红,博士,北京联合大学师范学院教师。

者关于亚细亚生产方式的错误观点。此前不久，多个国家的马克思主义学者之间关于社会史、革命策略和全球历史的争论中，亚细亚生产方式是众多议题中的一个，在对这些争论的反思中，王亚南指责亚细亚生产方式这种特有的历史例外论。尽管观点不同，但这种持论同样是错误的。持有这种观点的有普列汉诺夫（Plekhanov）、科特金（Kotkin）和玛得雅尔（Madyar）（都是 20 世纪 30 年代亚细亚生产方式的批评者）以及他们众多的追随者，包括卡尔·魏特夫（Karl Wittfogel）和一大群中国和日本的社会科学家和历史学家。王亚南写道，因为"中国社会经济的发展，并不曾逸出人类世界史的一般范畴，而在中国以外的其他东方国家，亦属于此。所以被看着特殊的'亚细亚的生产方法'，实际并不存在"①。从王亚南 30年代的观点来看，社会经济的历史分析所解决的问题不是去解释所谓中国偏离于"正常"轨道的特殊主义，也不是去解释作为文化耻辱或文化自豪的中国历史停滞或持久论。重点也不在于提出据称是由亚洲区别于西方的特殊性而来的一种错误的"可替代"的历史道路。对王亚南来说，重点是从 20 世纪三四十年代的中国的现实性入手，以便指出中国当代的社会经济特征；这是通过对塑造了中国社会形态特殊性的社会关系，经济再生产和扩大再生产的历史模式的理解而形成的，当面对 19 世纪的资本主义时，这种特殊性帮助确定了进入当前时期的过渡形式。

王亚南对中国社会形态的关注是基于当时关于中国历史的大辩论。其时，王亚南对把中国历史整合进所谓世界历史或者说是世界经济史有着浓厚的兴趣并且感到非常必要。其实对这些"通史"类型的探索至少从晚清就一直在进行，只是在 20 世纪 30 年代，王亚南和其他人开始分析他们所探究的范畴的基本理论和历史前提。这些争论中经常出现的重要思考是，中国在社会阶段论的文明话语里占据一个什么位置。也就是说，中国人的历史被认为应该符合经典政治经济学和马克思主义理论所提出的普遍主义范畴。这种历史观自从启蒙主义以来，被殖民扩张大大强化，它在大写的历史和小写的历史之间建立了各个等级和阶段（当然是一种被理想化的"西方"历史），本质上把现代社会政治和经济生活的先决条件和状况进行黑格尔-韦伯式的抽象。因而，20 世纪 30 年代的努力不是为了标记中国与

---

① 王亚南：《中国社会经济史纲：序论》，《王亚南文集》第四卷，福建教育出版社，第 3~19 页，引自第 14 页。最初的版本，是由上海生活书店于 1936 年出版的。

这些所谓一般阶段的不同——详情如后叙，而是为了在被需要的放之四海而皆准的文化普遍主义语境中，寻找适合于中国的具体历史的观念。虽然由于一系列努力，才出现了中国最早的一批研究政治生活和社会生活的唯物主义史学著作——就如早前在法国、苏格兰和英国那样，然而，把中国历史硬塞进既定阶段论的急切需要，也造成了一些无法进行妥善和正确处理的问题。

本文力图追溯作为理论的和作为一种中国历史的写作或叙述方式的亚细亚生产方式，在整个 20 世纪是如何被紧密地缠绕进世界史或全球史的写作中的。必须指明的是，我的意图不是说亚细亚生产方式可以或应当被解放出来。在我看来，亚细亚生产方式在 20 世纪 30 年代死得其所，并且应该一直保持死去的状态。然而，尽管一再地被埋葬，亚细亚生产方式却像僵尸一样，在不同的时间段从它不死的墓穴中复活，就好像它不能解释上一次（*last time*）的事情，却可以解释这一次（*this time*）的一样。它最近一次的死灰复燃是在 80 年代和 90 年代，这种不断的复兴是与对毛时代的重新评价和对后毛时代前几十年中的现代化理论以及可替代的现代性的重新判断联系在一起的。实际上，革命历史范式的减弱和更多民族主义的和现代化的模式在毛泽东死后的涌现，伴随着中国社会经济的重新定位的发展主义，促进了这种复兴。我一会儿还会回到这一点。

首先，我们需要回到 20 世纪 20 年代末 30 年代初关于亚细亚生产方式的争论，这场争论指责内在于作为非欧洲社会形态或生产模式的亚细亚生产方式中的全球史的多元线性。这种多元线性因为线性历史的教条主义而受到排斥，这种教条主义是由庸俗的马克思主义者或此后的庸俗的现代化主义者的融合理论（convergence theories）所指出的历史道路（这些融合理论认为所有的历史最终会融合到一点上：在庸俗马克思主义看来，经过历史演变和革命辩证法的历史五阶段论，最终会融合为共产主义；在现代化者的理论看来，经过工业化和合理化了的官僚主义、公民和生产，最终会融合为美国式的资本主义）。亚细亚生产方式所提供的多元线性方法变为一种马克思主义式的历史主义轨迹的一元性倾向，就如现代化主义者最终归一的融合理论一样。另外，基于 20 年代、30 年代中国革命紧迫性的有利条件，亚细亚生产方式的基本坐标（basic coordinates）没有回答革命现实性的需要。也就是说，随着阶级斗争理论的革命性优势——国家作为一个以阶级为基础的国家，社会作为一个阶级斗争的场域，剩余价值和榨取作为一个资本主义神秘化的事物，等等——亚细亚生产方式无区别的社会性质表现得不合时宜，并且明显是非革命的和非辩证的。到 30 年代中期，它就作为一个不可能的历史的和史学的范畴被抛弃了。

这种抛弃不仅来自斯大林主义的正统性——1931 年之后，亚细亚生产方式已经被托洛茨基派的刷子涂抹了一遍①——还因为在中国，亚细亚生产方式和日本帝国主义之间在意识形态和实践之间的相关性。实际上，据日本马克思主义东方研究学者秋泽修二（Akizawa Shuji）称，在众多的理论方法中，日本法西斯帝国主义的一个理论支撑，就曾经是亚细亚生产方式。亚细亚生产方式引发的停滞——自从宋朝开始就逐步发展出来的历史失败，据说是日本侵略和在中国担负帝国主义现代化使命的充分的历史动因。亚细亚生产方式强调社会经济停滞，因此，作为对帝国主义的辩护普遍见于 20 世纪 30 年代的中国分析家中，这不仅关系到中国之于日本，也关系到印度、锡兰（斯里兰卡）、埃及之于英国。

亚细亚生产方式的基本坐标

在这里回顾一下亚细亚生产方式的基本坐标是非常有用的，因为它们多年来被描绘和固化为一个（虽有争议但相对稳定）系统的名称。这些基本坐标围绕是否对历史现实的反思或描述，或中国有没有符合亚细亚生产方式的基本要求，抑或马克思本人是否认为有亚细亚生产方式这回事，持续争论了将近一个世纪。接下来我完全没兴趣进入这些争论。我认为亚细亚生产方式是一个纯粹的意识形态，在同样的意义上我认为马克思发展出了意识形态和生产方式的问题。也就是说，就像马克思长久以来所观察的那样，需要历史解释的，把资本主义与所有前资本主义的生产模式和社会形态相区别的，"不是单个人对公社的被作为前提的关系的再生产"，而是"资本和雇佣劳动的分离"。② 换句话说，前资本主义在"个人对劳动的客观条件"的关系不是历史的怪事：这是历史的准则。因此，正是"完全的空虚化"，资本主义中"普遍的对象化的过程表现为全面的异化"才是需要加以解释的怪异和非理性。正是这种理性面具下的非理性，是马克思批

---

① 参见 Stephen Dunn, *The Fall and Rise of the Asiatic Mode of Production*, Routledge, 1982。

② Marx, *Grundrisse*, p.489.

评的目标，他认为意识形态批评和革命实践的理念会重塑真正的人。因此，他从已经达到的资本主义位置和已经在通往全球霸权路上的资本主义的意识形态中，提出了亚细亚生产方式的问题——或者说，所有的前资本主义形态。由此，正如从资本主义的优越性中看到的，亚细亚生产方式是前资本主义纯粹意识形态的一部分；这不是资本主义发展的一个阶段，而是一个理想化的抽象的社会形态范例，这个范例先于被标签化了的前资本主义关系（比如说封建主义），或者被认为是发展成为资本主义本身的那些关系的固化。

然而，使得亚细亚生产方式顺理成章出现的——或者是任何前资本主义形态的理论——是 18 世纪社会历史进步的阶段论的出现。也就是说，到 19 世纪马克思的时代，因为先前的历史学家罗纳多·米克（Ronald Meek）所称的社会的"四阶段"理论的发现，亚细亚生产方式起码变得可能了。米克把社会阶段论追溯到了法国的重农学派和苏格兰启蒙运动——在重农学派那里是三阶段模式，苏格兰启蒙运动将之增加为四阶段论。米克把这一发展归功于亚当·斯密，认为他是第一个最完整提出这个理论的人。社会阶段论的革新之处在于，它在历史分析中首次假设一个和生存方式相联系的社会进步理论，并且依次产生了与之匹配的政治形式。因此，它是第一个历史"唯物论"版本和第一个可能的世界历史的叙述。这个四阶段论不仅关注人类劳动以及人类对与其进步至关重要的物质世界的介入，而且，这个理论被认为在全世界都能施行，在任何社会和文化中都能施行。也就是说，它在概念上足够抽象，以致成为普遍的。

在 18 世纪的法国，这个理论在法国的重农学派［主要是米拉博（Mira-beau）和魁奈（Quesnay）］中找到了它首次试验性的表述，他们提出了一个价值（value）理论，这个理论坚持农业对于社会生产的中心地位，不是反对资本主义（已经在发展了），而是反对重商主义（当时是流行的体系，后来地位摇摇欲坠），由此反对他们称为"装饰"（ornamentation）的贸易和商业的增长。对重农学派来说，商业不仅不能生产价值，而且通过消费和积累而产生了"不生产者阶级"（sterile class），他们基本上是通过囤积而不是投资而寄生于社会之中。重农学派力图理论化和具体化的是价值从何而来的问题：生产、消费还是流通。他们通过肯定价值产生于生产来解决这个问题，尽管只是从农业生产中产生。因此，对重农学派来说，社会分为三个阶段：狩猎、放牧和农业——它们彼此是连续的，尽管它们全球性地重叠。也就是说，在社会发展的不同阶段，不同的社会同时存在于同一个地球时间中；农业代表人类社会努力的顶点。在一个法国农业的首要地位行将消失的语境中，重农学派开拓了政治经济的概念化抽象。

针对几十年后苏格兰的形势，亚当·斯密建立了一种新兴的，而不是行将消失的生产模式的理论。斯密的问题和重农学派的问题完全一样：价值是怎样以及从哪里创造出来的？斯密是从一个不同的角度开始的，在英国和苏格兰形成的条件下，他好像意识到，劳动的社会分工的程度表明，市场正在接管一些先前由其他制度承担的社会经济功能。这导致斯密在原有的三阶段论上加上了第四个阶段：在现在这个四阶段论中，商业对他来说是人类社会的顶点。众所周知，马克思继承了这一点，提出了同样的问题——价值是怎样以及从哪里创造出来的？——于是，他针对资本主义创造出了劳动价值理论。此处我们不必深究。

我们回到先前的问题：亚细亚生产方式只有在历史的阶段论的框架下才会变得令人信服，尽管亚细亚生产方式本身并不是一个能够真正导向任何地方的阶段。实际上，从19世纪中期资本主义呈现的优越性来看，马克思描绘了作为一个前资本主义形态的亚细亚生产方式的主要构成：农业共同体的首要地位；一个统一的和总体性的国家；作为价值榨取模式的税收和地租之间的不可分；对财富积累关系的解除或对土地所有权解除的抵抗；以及，商业/商人资本及高利贷资本是寄生在而不是消解现存的形态。最后，对马克思来说，正是流通/生产中的时空问题，或者，作为"必要时间"和"剩余劳动"的辩证法的社会剩余产品的辩证法，对亚细亚生产方式的剩余价值榨取的基本"透明性"是非常关键的（区别于资本主义商品拜物教下的令人迷惑的说法）。马克思从来没有在一个地方说出所有的这些问题，所以，当亚细亚生产方式在20世纪二三十年代及以后被重新争论的时候，这些组成部分中的每一个要素在同一时间或其他时间都有理论的和历史的意义。① 也就是说，在马克思的时代，以及后来的时期，很明显，这些历史性的社会形态问题是从对19世纪全球化的世界和此后试图思考世界历史的关注中出现的，对那个世界所要求的概念上的抽象思维的发生和速度来说，这一切非常契合。

---

① 这些组成部分来自马克思的《政治经济学批判大纲》（*Grundrisse*）和《资本论》第三卷（*Capital*, Vol. 3）。在本文中，我会用 G 和 C3 以及页码来标示，详情见正文。所有的注解来自以下的版本：*Grudrisse*, tr. with foreword by Martin Nicolaus, NY：Penguin 1993；*Capital*, Vol. 3, tr. David Fernbach, NY：Penguin, 1991。

现在继续来看基础坐标：在马克思关于亚细亚生产方式松散的叙述中——就像在《政治经济学批判大纲》和《资本论》第三卷中所勾勒的那样，几乎所有——农业共同体的目标不是创造价值，而是个人所有者和他的家庭以及共同体的生存。在这个意义上，价值创造不是社会生产行为的主要目标。实际上，"共同体"是一个"先决条件"，不是公共分配和使用土地的结果。很明显，这个自我存续的系统一直在持续，不完全是马克斯·韦伯后来所认为的是因为意识形态/文化的根基和停滞，而是因为亚细亚生产方式所采取的经济关系的特定的历史形式以及它们成功地对消解的抵抗（G：471-2）。在马克思看来，亚细亚生产方式只是前资本主义农业共同体实现的几个模式之一。亚细亚生产方式共同体的前提是普遍的所有权的缺乏，其中土地不属于私人所有，但是私人财产还确实存在。确实，像马克思所指明的那样，所有权只是公共的，因此个人和共同体是无法区分的，这就放弃了公共财产和个人所有之间的区别，并且个人主体和集体主体之间也没有了区别。这种社会形态的结果是单个的人"从来不能成为所有者，而只不过是占有者，实质上他本身就是作为公社统一体的体现者的那个人（比如专制君主）的财产，即奴隶"（G：493）。这就是马克思所称的"普遍奴隶制"（general slavery）（G：495）。①

最后，农村对城市有一个普遍的控制，或者如马克思所说（G：479），有一个"城市和乡村的一种无差别的统一"，真正的大城市被作为贸易中心安放在乡村的旁边（G：474）。乡村控制城市的时候，在它们之间没有提供一种可以产生出其他可能的历史模式的矛盾或历史的对抗性。实际上，在解释这些亚细亚社会的历史可持续性方面，它们被假定为能持续最久，因为个人和公社相比没有变得独立，其他敌对的关系也没有出现。换句话说，一个自给自足的生产循环应该归因于农业和工业的联合，并且因为没有内在于社会形态或生产和榨取的模式中的、由内部产生的矛盾或冲突，亚细亚社会可以持续生存。唯一能打破它们的方法被认为是来自外部。

---

① 我们可以注意到，黑格尔所说的皇帝给予所有人同样的奴役的普遍平等的理念，被马克思变成建立在财产、分配、劳动关系之上的唯物主义的论点。对黑格尔来说，历史进程是一个达到自我意识和自我意识中的精神显现本身的问题。在这一点上，当劳动被异化或客体化的时候，自我意识只能变成一个历史性的问题；这在亚细亚生产方式中没有可能性，因为在那里不存在客体化/主体化的辩证法，有的只是主体化。

亚细亚生产方式第二个大的因素是国家。因为公社并不是作为一个政治体而存在（G：483），它是一个"聚集在一起的"，而不是"已经存在在一起的"。在这个意义上，马克思确认国家为"凌驾于所有这一切小的共同体之上的总和的统一体"，这个统一体"表现为更高的所有者或唯一的所有者，因而实际的公社却只不过表现为世袭的占有者"（G：472）。因此，"在专制政体的形式中实现"的统一体属于这种更高的统一体，此处剩余产品或"剩余劳动，是同一个东西"。他接着强调"那些通过劳动而实际占有的共同的条件，如在亚细亚各民族中起过非常重要作用的灌溉渠道，还有交通工具等，就表现为更高的统一体，即凌驾于各小公社之上的专制政府的事业"（G：474）。在这种构想之中，直接面对个人的国家同时是土地所有者和统治者："在这种状态下，对于依附关系来说，无论从政治上或经济上说，除了面对这种国家的一切臣属关系所共有的形式以外，不需要更严酷的形式。在这里，国家就是最高的地主……没有私有土地的所有权，尽管存在着对土地的私人的和共同的占有权……"（C3：427）。因此，国家通过强制获得了剩余产品，并且是"变这种（榨取）可能性为现实性的强制"（C3：928）。在马克思的时代，国家形式的问题作为一个专制统治的文化精华从孟德斯鸠那里被继承下来；然而，这被马克思表述为一个通过施加压迫而榨取公共剩余产品的统一体（后来这被韦伯发展为一个文化理性的官僚形式）。因此，它同时是政治的、经济的、文化的和社会的要素，没有实体的等级将这些功能彼此分开。这是一种未分化的统一性。

第三点，在前资本主义条件下，比如亚细亚生产方式（以及其他的前资本主义的形式），地租是地主和最高统治者（国家）对直接劳动者的剥削模式，作为一个分配的模式，它与资本主义生产模式中的剩余价值功能是相应的。然而，地租产生于劳动之中，并不建立在剩余价值之上，因为在前资本主义时期没有像剩余价值这样的东西（也就是说，没有劳动与生产方式之间的分离）。在这个意义上，地租是以对国家（没有生产者）的直接生产者的政治/意识形态的从属为前提的纯粹的剩余价值；根本上，为土地的使用权而支付的地租，并不是"经济上"的获取，而是额外的经济上的榨取，也就是说，通过政治的压迫。马克思提出的税金/地租同时存在——不论其具体形式——是区别作为稳定历史形态的前资本主义和作为剩余价值分配的资本主义的基石。

总而言之，亚细亚生产方式的组成部分——农业共同体的统一，国家和它的分配模式（地租/税金），以及作为寄生的和/或动态的高利贷、商人/贸易资本——在 20 世纪 30 年代的中国（以及日本、苏联、匈牙利和其他地方），是大部分马克思主义学者在他们的个体历史存在和貌似真实的系统性的互动方面所关注的（尽管这些组成部分并非决定性的）。在那个时期，这些组成部分以及它们的结合体都被充分加以辩论，并且作为中国或其他地方都在使用的一个系统的或一贯的形态而最终被拒绝。换句话说，中国被认为并没有游离在"正常"的经济形态的基本参数之外；并且，这个认识决定了亚细亚生产方式，在其事实的解释以及理论的含义方面是错误的——中国历史 2000 多年几乎是停滞的——不被接受的。然而，正是作为偏离社会主义但是仍旧保留一些作为意识形态和国家实践方面"中国特色"的重新表述的政策的一个主要问题，这些组成部分，在 80 年代和 90 年代的中国重新出现了。持续发展（而不是革命的断裂）的史学和哲学问题也重新出现了，并且和重新提出历史的"过渡"问题纠缠在一起，暗示着一种从社会主义到其他社会形态的必要的或偶然的转变。

还没有深入讨论的这些细节，其重点如下：首先，在马克思主义和其他的政治经济理论中，亚细亚生产方式只不过是一个残余的范畴——不是资本主义的，也不是封建主义的，也不会导向任何地方。其次，通过四阶段论和其他早期的抽象的政治经济的思考模式来回顾走过的路，我们会发现，在重农学派中的那些亚细亚生产方式的最早的痕迹，确实是作为人类介入世界的一种进步的唯物主义理论而开始的。然而，一直到黑格尔、马克思、韦伯和其他人，再也没有将视野放在把农业从一种内在的消失中拯救出来。不同的是，现在的视野是全球的，并且从资本主义社会关系的优越来看，亚细亚生产方式以及其他的前资本主义关系作为需要被殖民资本主义所改变的形式而存在。它们只有在这种全球的、残余的意义上才是活着的社会形态。

亚细亚生产方式的复兴

由于这样的历史背景，亚细亚生产方式每一次的现代复兴——也就是说，亚细亚生产方式作为一个区别于一个假定的资本主义规范的理论；或者作为一种历史发展的可替代性方案的空间化（地理上的具体性）的理论——只能是一个高度意识形态化的诡计，一贯地敏感于被任何和所有的政治说辞所挪用。实际上，我想说的是，就是在这样一个高度意识形态化的模式里，20世纪80年代，亚细亚生产方式在中国复活了。后毛时期的当代，新的社会和政治任务及需求的出现，导向对旧的历史和史学问题的翻案和再探讨，它们中的很多——比如亚细亚生产方式——被长时间地压抑了。从毛主义革命必要性的紧身衣中解放出来，一些中国的历史学家从亚细亚生产方式里不仅重新发现了民族的而且发现了比较帝国历史的范式，这个范式可以解释中国据说是"被扭曲"的前现代和现代的历史轨迹。这里，"扭曲"被理解为不仅包括中国在商业化了的过去中发展资本主义的失败（可以说，资本主义的萌芽被不停地扼杀），而且包括共产主义革命本身假定的历史错误的转折。同时，考虑到从类似的社会基础的前提下面对同样的历史条件——主要是莫卧儿印度和奥斯曼帝国，这种重新发现使得历史学家在与其他的帝国形态的比较中去重新提出中国历史社会形态的问题。80年代和90年代在中国的学术界出现了一系列比较的东方历史，与之相伴随的是，重新燃起了对帝国研究的兴趣（和帝国主义研究相对）；一般而言，很快随之而来的就是大量对亚洲主义和/或泛亚洲主义研究的新的兴趣。[1]

到了20世纪90年代，亚细亚生产方式奇迹般地转变为一个关于民族历史和文化差异的正面理论，以及可替代的帝国形式的比较理论；这个新的回旋看起来好像回应了八九十年代中国现实的需要，这恰好是因为它的多线性和例外主义。例如，通过文化主义者们宣称"五千年"不中断的中国历史民族共同体的说法，关于亚细亚生产方式停滞的陈旧说辞被转变成了积极的说法。这就像是一个韦伯式的（Weberian）和魏特夫式的（Wittfogelian）分析的综合，尽管现在是一个正面的评价而不是消极的评价（长久性作为一个文化持续性和牢固性的积极的标志，而不是一个没有变化、顽固的本土主义停滞的消极的标志）。然而，民族的持续性——一个从秦汉一直延续下来的中国，作为一个被美国和反共产主义所影响的政治

---

① 此后的说明，参见《读书》杂志出版的1996~2005的论文精选，被收录进《亚洲的病理》（《读书》杂志编，三联出版社，2007）。这些论文大多对"东方主义"和/或"亚洲主义"持批判态度；其中有一些因为当前的形势和中国的崛起试图重新定义"亚洲"。也可见于吕新雨还未出版的手稿和她对在最近的中国乡村研究中的亚细亚生产方式复兴的细腻追溯，她对秦晖的批评尤其有趣。

科学模式，在改革开放时期被描绘出来，用来分析进步（或停滞）的程度。可是，最近以来，甚至这也被转变成一个正面的说法，作为一个中国"崛起"的因素。

因为这种可塑性，现在需要问的是，亚细亚生产方式回答了什么样的历史问题？自从 20 世纪 20 年代末 30 年代初以来，在苏联和中国，还有其他地区围绕亚细亚生产方式的争论中，内在于这个相异的历史道路的理论中的多线性因为单线历史决定论的教条主义而被拒绝了。如上所述，这种对多线性的拒绝与庸俗马克思主义的历史主义的阶段论（在其最终的斯大林主义教条的伪装下）相联系，也与资本主义的现代化主义相联系，在这两种历史分析的版本中，假设了一种历史的融合理论，而不是持续的差异。然而最近，不仅在中国，而且在后殖民主义理论以及一些在美国的中国经济史学家中，多线性变得非常引人注意。伴随着这种对差异的积极的意识形态评价——例如，像民族的独特性一样——亚细亚生产方式污名的一面被克服了：中国是独特的，它提供了一种可替代性，据说这是一件好事情。

在一个不同的脉络里，很明显，在革命的 30 年代，亚细亚生产方式的基本坐标并没有回答当时中国现实中对于过去的需要。如今，在世界范围内，毫无疑问是后革命或者甚至是反革命的时代，因为，国内稳定（中国用语是"和谐"）已经变成所有支持外资、经济增长和发展的人的积极口号。因此，在大多数的学术研究中，阶级斗争和分析的外衣下的社会冲突的范畴已经变成被诅咒的了。亚细亚生产方式被假定为无阶级论，并且国家和共同体之间的统一已经变质为今天的理想的和谐社会。

最后，对 20 世纪 20 年代和 30 年代亚细亚生产方式的怀疑，在可见的亚细亚生产方式理论和帝国主义之间的相关性上被有力地揭示出来，作为一个时间上的巧合（这个理论的兴起，正好也是 19 世纪现代资本主义帝国主义日益强大的时期）和作为一种辩护。然而今天，既然经济主义的唯发展主义作为一个正面的、好的东西在全球化的伪装下行进，那么，在中国和其他地方在政治上和文化上被谴责的帝国主义，经常被好意地与战后经济成功增长的事例相联系：在东亚，尤其是中国台湾和韩国这些前日本殖民地所显示出来的进步。因此，革命历史范式的苍白无力，毛泽东去世之后更加民族主义化的现代化者和以文化的方式所塑造的意识形态的兴起，80 年代中国社会经济的不计任何代价的发展的重新定位，奇妙地促进了亚细亚生产方式向史学方向回归。在 80、90 年代，亚细亚生产方式看起来好像回答了这一系列的问题。

亚细亚生产方式与资本主义的融合

多年来，战后对全球融合的现代化的幻想，不仅在实践中被证实是虚假的，而且作为一个理论也已经被丢弃了。我们可以简要地回想一下，从50年代到70年代那种幻想的核心要求：强烈地声明，通过国家间双边经济、文化和社会发展政策的合理部署，现代化理论所设想的不发达国家和发达国家的融合，是可取的，并且也是可能的。一个主要的竞技场就是在"价值"的领域内——或者是马克斯·韦伯和他的后继者们力图理解为文化的（或给社会提供包罗万有的连贯性的）社会基础——通过这个竞技场融合得以完成。就在为实现这种融合的大量药方被开具的时候，现代化实践明显的失败和70年代以降对这个理论的前提的大规模攻击，让上述议题看起来过时了。

即使"融合"理论正在遭受怀疑论者和批评家们的攻击，它像全球化理论那般重生的道路却在20世纪70年代早期从左派那里以批判的伪装被预言了。这种表述出现于20世纪60年代法国和意大利激进主义的崩溃瓦解，也来自去殖民化和世界上许多国家现代化的失败对马克思主义理论和实践的挑战。法国马克思主义者雅克·卡麦特（Jacques Camatte）在他1973年的论文《反抗驯化》（Against Domestication）中充分地表达过这一点。这个批评理论表面上假定资本主义正与其资本自我融合。① 不像当时的一些马克思主义理论，比如拉丁美洲依附理论，强调由资本主义世界体系所产生的不发达和随之而来的地方和全球的不均衡；资本自我融合的理论——真正的包容理论，简言之，"多种价值"（values）和"单一价值"（value）被混为一谈——虽然赤裸地铺陈资本主义对所有人都有益的说法，但也开始把资本主义的自我界定和自我表现看作它们的前提。

此处，资本的自我融合，被理解为一个地理上和时间上的均质化的生产模式，它不是历史主义的——也就是说，历时的或历史的阶段性——而是全球共时的。这种时间-空间融合的叙述将这种类型的批判和当代的一些"帝国"和"全球化"理论联系在一起。卡麦特文中有一个生动的段落

---

① Jacques Camatte, "Against Domestication" originally published in *Invariance Series* Two, No. 3 (1973); tr. David Lonergan. Also in *This World We Must Leave* (NY: Autonomedia/Semiotexte, 1998), and accessible on www.geocities.com/~johngray/agdom01.htm.

显示了这种联系，其中他把他的 70 年代界定为资本主义和亚细亚生产方式融合的时刻。他强调在马克思的亚细亚生产方式的理论中，其系统中的反叛性有效地让它再生了，产生了持续的帝国的再巩固，这导致亚细亚生产方式的持久性和对变化的绝缘性。卡麦特强调，由于这种不变性，70 年代见到的是在亚细亚生产方式（AMP，在这里，阶级永远不能变成自主的，而是不断地被组织到帝国的秩序之中）和资本主义生产模式（CMP，在这里，阶级正在被吞并，因此让渡于资本主义的再生性和它的对变化的绝缘性）之间的融合①。在后来的文章中（1976），卡麦特进一步明确，他所说的融合是在资本主义生产模式中的资产阶级民主的专制主义与亚细亚生产方式中的普遍的奴隶制的专制主义之间。②

在某种程度上，试图去解释资本主义在 20 世纪 60 年代经历了看起来是垂死挣扎的回弹，卡麦特对亚细亚生产方式与资本主义生产方式的融合的解释，可以说是在格奥尔格·齐美尔（Georg Simmel）借用黑格尔的概念所说的一个"永恒的现在"中展开的。黑格尔对凝结在永恒的现在的长时间积累的轨迹的说明，使得他去建构一个演进和轮回的整体化的历史；由此，"永恒的现在"作为历史参与到哲学的内在性和暂时性的同一之中，甚至在置换时间为其他之时。黑格尔在他的《哲学史讲演录》中总结道："我们研究的只是'精神观念'，并且把世界历史中的一切都看作'精神观念'的体现。我们思考过去，只需研究现在就行了……'精神'不是过去的，不是将来的，是不朽的，是本质的现在。"③ 可以说这种描述在斯拉沃热·齐泽克（Slavoy Zizek）那里得到了回应，不过是用更粗鲁的方式，他称布什主义是"完全控制一切未来威胁的偏执狂的逻辑"，其中"现在和未来之间的环路被关闭了"。④

就此而论，我们可以说，从 20 世纪 70 年代以来，在理论上有个提高——无论是左派还是右派——把过去的融合的幻想建构成一种资本的永恒的现在；这个永恒的现在此时被重命名为"全球化"或帝国［这里指内

---

① 参见 Part IV of "Against Domestication," fn. 14. Also see, in general, *This World We Must Leave*。

② "This World We Must Leave," in *This World We Must Leave*, p. 158.

③ 黑格尔（G. W. F. Hegel），《历史哲学》（*The Philosophy of History*），tr. J. Sibree；NY：Dover Publications, 1956；p. 79。

④ 齐泽克（Slavoy Zizek），"Catastrophes Real and Imagined," *In These Times*, March 31, 2003。

格里（Negri）和哈特（Hardt）的帝国范式]①。同样的，对现代化理论而言，尽管产生自不同的路径，这些资本/帝国永恒的现在的理论表现出它们对政治是开放的——用哈特/内格里的术语来说，是"大众"（multitude）的政治；用黑格尔式的或韦伯式的术语来说，是致力于支持而不是就地推翻系统的、阶级特有的政治和有限的市民社会。然而卡麦特用他假设的亚细亚生产方式/资本主义生产方式的融合提醒我们，其实这些只是一种系统性再生的政治。我认为，正是卡麦特的这种资本主义融合为一种普遍奴隶制的理论的绝对化姿态，可以被看成现在亚细亚生产方式理论复活的意识形态表征。

也就是说，亚细亚生产方式的复活，既不以同一性，也不以殖民的差异性为前提，而是以国家的差异为前提，这种国家的差异不是历史的帝国主义崩塌为抽象的"帝国"，而是"帝国"崩塌为国家。亚细亚生产方式在中国 20 世纪 80 年代的复活说明了一点：亚细亚生产方式被很多 80 年代早、中期的中国历史学家看作一条从毛的革命主义和与之伴随的历史直线性中解放出来的道路，同时也被看作一条在后毛时期支持改革者计划的道路。正是这种融合为一个资本主义的普遍永恒的现在的差异形式，亚细亚生产方式貌似迎合了现代化中国现在的需要。作为中国民族文化差异和革命史终结时一个趋同的现代化主义药方，这些复活，在中国独特性与全球性地参与到社会史新秩序生产之间的民族历史连续的辩证法方面，基本上重塑了亚细亚生产方式。随着文化主义者和民族主义者在 80 年代晚期对亚细亚生产方式的挪用，理论本身可以被消解为纯粹和简单的国家大义。

_____

① 将卡麦特的概念和哈特/内格里联系在一起并不是随意的。卡麦特的马克思主义来源于 20 世纪 60 年代的法国动荡和他的坚持，以及后 20 世纪 60 年代与意大利马克思主义者波尔迪加（Amadeo Bordiga）的决裂，后者是意大利共产党的创始人。到了 20 世纪 50 年代，波尔迪加一直认为 19 世纪和 20 世纪的工人运动客观上是资本的运动；卡麦特用他自己的说法"资本的共同体"（community of capital）追随了波尔迪加，但在后者的以政党为中心的先锋主义（vanguardism）上卡麦特与波尔迪加决裂。[更多内容，参见 David Black, "Has Capital Autonomized Itself from Humanity?" *Hobgoblin-Journal of Marxist-Humanism* 1（Spring/Summer 1999）.]这就追溯到了与意大利工人主义（operaismo）和自治（autonomia）运动类似的轨迹，内格里的理论正以此为中心，并且从中产生出了帝国的理论。参见 J. Kraniauskas, "Empire, or Multitude: Transnational Negri," *Radical Philosophy* [FULL CITE]；也可参见与这个轨迹稍有不同的叙述，将之与脱离美国托洛茨基主义的特定线索联系起来，参见 Jon Beasley-Murray, "Against Parochialism," *Radical Philosophy* 123（January/February 2004）：41-43。关于 1968 年之后的法国马克思主义/激进主义的叙述，参见 Jon Beasley-Murray, "Against Parochialism," *Radical Philosophy* 123（January/February 2004）：pp. 41-43。

结　论

以上的说明已经足够将分歧的理论问题化约为一些基本的共性。关于这些新的分析的普遍意义在于，无论是现在还是过去，它们是如何与在美国的中国研究的特定链条相吻合的。在主流的美国学术界中，中国不走资本主义道路不再被看作失败的，而是中国的帝国强度和韧性的标志，或者甚至被看作中国正面的差异以及对欧美道路的一种替代方式。如今，这被说成中国崛起的来源。同时，与几十年来强调帝国主义的断裂相反，不仅是 19/20 世纪的帝国主义现在被贬低为不受欢迎的"西方冲击"理论，因而在中国历史持续行进的过程中被降级为一个附带现象的插曲；而且中国商业化的非资本主义的过去，也被作为一种提供可以替代资本主义的纯粹的斯密主义的市场经济（商业，第四阶段！）形式而被提出，并且这并不是舶来的，而是中国历史本身无可挑剔的本土性。[①]

民族/文化差异作为一种被编织进这种变动中的全球文化内涵和基本的反历史主义策略，对其共性的重估，使得这些连带关系貌似很有道理。奇怪的是，接下来我们看到亚细亚生产方式复活了，不仅是作为一个没有政治性、没有敌对性政治的不计任何社会代价的由国家引导的现代化的婢女，而且也是作为一个在其历史和当代发展主义表现过程中所强化而不是抵抗帝国的全球新自由主义多元文化的现代化理论的形式。最后，亚细亚生产方式变为亚洲或帝国资本主义式国家的一个通用理论。由此，最终，亚细亚生产方式恰好成为真正的全球分析转向的意识形态表征，这个转向把国家和文化看作历史的决定因素以及现在/未来的仲裁者。于是，我们把黑格尔的永恒的现在和没有物质界限的全球化的物化的非历史的幻想重新结合在一起。

---

① 这些观点可见于乔万尼·阿里吉（Giovanni Arrighi）的《亚当·斯密在北京》（*Adam Smith in Beijing*）。

接触和比照："西藏问题"的
国际背景[*]

沈卫荣[**]

摘要：本文拟从所谓"接触型"（contact）和"比照型"（contrast）这两种西方帝国主义和殖民主义的典型形式入手，观察和分析"西藏问题"如何在国际化的背景中被卷入地缘政治的旋涡，如何在摆脱不了的帝国主义和殖民主义的阴影下成为当今中国一个难以解决的"国际问题"的过程；观察西方作为帝国主义和殖民主义的政治和军事行为者，其思想观念，特别是所谓普世价值观念的来源，是如何积极地、十分有效地确定了"西藏问题"的核心内容、组织结构及其发展走向的；揭示不管是"接触型的"，还是"比照型的"帝国主义和殖民主义，西藏无疑都是西方帝国主义和殖民主义的对象。当今国际化了的"西藏问题"之所以如此复杂和难解，依然与西方帝国主义、殖民主义的影响有很密切的关联。

关键词："西藏问题" 接触和比照 帝国主义 大博弈 主权 香格里拉 神话西藏

Abstract：Starting from the analyses of two typical types of western Imperialism and colonialism, i. e. contact and contrast, this article observes and analyses how the "Tibet Issue" has gotten increasingly involved into the geopolitical whirlpool in the context of globalization and become one of the unsolvable internationalized questions China has to face currently, being un-

---

* 本文为教育部人文社科项目重大委托课题"中西文化背景中的'西藏问题'和对策研究"（项目批号：09JZDW002）的阶段性成果之一。

** 沈卫荣，清华大学人文学院历史系教授。

able to escape from the dark shadow of western imperialism and colonialism. It reveals how the west, both as active political and military actors of Imperialism and colonialism and as the origin of ideology, especially those of a universally valid value system, has dominantly shaped the core intent and organizational structure of the Tibet Issue and determined the direction of its further development. Whether in the form of contact or contrast, Tibet was and is continuously an object of western imperialism and colonialism. The complexity and predicament of the Tibet Issue in the globalized context today has been furthered by the influence of western colonialism and imperialism.

Keywords: Tibet Issue　Contact and Contrast　Imperialism　Great Game　Sovereignty　Shangri-la　The Myth of Tibet

一　西藏在中国,"西藏问题"在世界

晚近 20 余年来,西藏日益受到国际社会的关注。当今世界上大概没有任何一个事实上并不涉及国际直接的军事、政治、经济冲突的地区会像西藏一样受到全世界如此热切和持久的关注。这种局面的形成有其很深的国际社会和文化背景,在很大程度上,它甚至并不直接与作为一个物质存在的西藏相关,而更多地与一个想象的、精神的西藏密切相连。然而,毋庸讳言的是,虽然中国政府一再强调西藏是中国领土不可分割的一个组成部分,"西藏问题"是中国的内政,但西藏无疑已经很深地卷入了世界舆论和国际地缘政治的风浪之中,它已经成为一个非常热门的国际性话题。今天,西藏出现的任何变动和中国政府在西藏的任何作为都会吸引国际社会的广泛关注,并会直接影响到中国与西方各国的外交关系,以及当下中国的国际形象。所以,西藏对于整个中国而言举足轻重,对待"西藏问题"不管是在现实政治中,还是在国际舆论界,都绝对容不得半点的疏忽和懈怠。职是之故,一方面中国政府或者旗帜鲜明地强调"西藏问题"是中国的内政,不容外人干涉,或者根本否认有"西藏问题"的存在;但另一方面却不得不花费巨大的力量,就西藏和"西藏问题"在世界范围内进行大量的对外宣传,以缓和国际社会因"西藏问题"而与中国政府产生的不和谐,甚至紧张关系。

　　一个非常值得我们注意的事实是，现今国际社会热烈关注和讨论的，以及中国政府所必须应对的"西藏问题"，事实上与今日西藏各地区在现代化、全球化的发展过程中出现的种种十分棘手和现实的问题严重相脱离，它在很大程度上关注的确实不是西藏这个地方的问题，而是一个超越了西藏的"国际问题"。隐藏在表面热闹的"西藏问题"背后的是一个更深刻地与国际政治、社会和文化休戚相关的、有关人权、环保、和平、非暴力、和谐、民族认同、民族自决、宗教自由和传统文化延续等价值观和理想的问题。关心"西藏问题"者，通常关心的并不是西藏地方和藏族社会在现代化和全球化进程中出现的种种棘手和具体的现实问题（real problem），而更多的是拿西藏出现的这些现实问题，甚至直接把西藏当作一个能吸引人的"话题"（issue），或者说一个说事的由头，围绕这个"话题"引出了各种各样的问题（question），或者责难，令中国政府难堪，使中国的国际形象受损。从而也使得"西藏问题"变得越来越复杂，东西方之间越来越难以就此进行理性的对话和讨论，更不用说一起寻找最终解决的办法了。通俗一点说，眼下国际社会讨论的"西藏问题"常常脱离事关西藏政治、经济和文化的具体问题，而是拿整个西藏来说事，以西藏为象征和典型来讨论我们眼下这个世界所面临的所有巨大而难解的问题，并以此为背景和对照对中国政府在西藏的施政提出各种各样的疑问，使得西藏问题日益敏感和难解，并成为中西间政治较量的工具。

　　进而言之，正因为"西藏问题"从一开始就是一个世界性的国际问题，它所涉及和关心的问题从来远远超越西藏实际存在的种种具体问题，所以，"西藏问题"自成为问题之后的每个不同时期的内容、性质和运作方式、走向等，从来就不是包括西藏人在内的中国人可以自行决定和左右得了的。相反，它通常是由十分关心"西藏问题"的西方世界来选择和决定的。西藏在中国，可"西藏问题"在世界，西藏成为一个"问题"，更确切地说，它成为一个国际性的"话题"（issue），从一开始到今天的百余年间都是由西方世界实际操纵和控制的。西藏成为国际问题开始于20世纪初英帝国主义对西藏的直接的殖民侵略，在英、俄两大帝国为争夺它们在中亚地区的主导地位而展开的长期的战略对峙和冲突，即著名的"大博弈"（the great game）中，西藏曾经是英、俄双方长期激烈争夺、角逐的对象。① 在这样的国际背景下，清政权和继其而起的中华民国政府曾与以英、俄两大帝国为首的西方帝国主义国家开展了长期的、十分艰难的外交交涉，以捍卫中国对西藏的主权。② 最初的"西藏问题"的焦点就是中华民国政府与英、俄为首的西方列强有关西藏主权的激烈争论，而它不但是由英帝国主义对西藏的直接军事侵略引发，而且最终确立中国对西藏拥有"宗主权"也是英、俄两个殖民大国"大博弈"的结果。

今天，西方世界又把西藏当作一个后现代的乌托邦，一个脱离物质现实的、理想的精神世界，遂使"西藏问题"成为一个和全世界所有人都相关的事关普世价值和政治立场的问题。说严重一点，西方世界通过这种对西藏的香格里拉式的神话形象的塑造堂而皇之地实现了对西藏的精神殖民。今天牵动世界视线的"西藏问题"显然是早已进入了后现代的西方世界设计和规划出来的又一个国际性的话题。总而言之，作为一个"话题"（Issue）的"西藏问题"实际上一直是在西方世界的拨弄和操纵之下，而现实的西藏存在的种种问题则很少，也很难得到认真的关心，它们与那些涉及普世价值观和国际政治的大问题比较起来实在微不足道。

面对当今世界在"西藏问题"上的几乎一面倒的舆论导向和很多激烈而又不切实际的批评和谴责，国人显然不明就里，觉得莫名其妙，也难免有点张皇失措，甚至恼羞成怒，进而采取忌谈、回避的态度，或者干脆否认"西藏问题"的存在。所以，一方面在国际社会西藏日益成为热门的世界性话题，而另一方面中国却很不情愿承认有"西藏问题"的存在。造成这种现象的一个重要原因显然是中国和西方世界在"西藏问题"上的着眼点完全不同，想的和说的都不见得就是同样的问题。汉文中的"问题"一词在英文中至少有 Issue（话题）、Problem（问题）和 Question（疑问）等多种不同的意思，在"西藏问题"上，西方人更多地着眼于与西藏相关的一些重要"话题"（issue）和"疑问"（question），而中国人自己或多半以为别人是专门来挑我们在西藏的"问题"（problem）的，而且显然有点

① 参见 Peter Hopkirk, *The Great Game: The Struggle for Empire in Central Asia*, Kodansha International, 1992。
② 参见冯明珠《近代中英西藏交涉与川藏边情——从廓尔喀之役到华盛顿会议》，台北：故宫博物院，1996。

夸大其事，所以很不情愿和他们一起来谈论这些问题。① 事实上，于此我们或应当如胡适先生所说的那样"多研究些问题，少谈些主义"，最好少拿西藏当作一个大而化之的"话题"来谈，相反应该正视和讨论西藏实际存在的各种具体和复杂的"问题"。因为，只有当我们能够把"西藏问题"从"话题"变为"问题"，即把这个已经十分国际化了的"西藏问题"从对事关普世价值观和后现代乌托邦理想的"话题"的关注和利用，转移到对当今处于现代化和全球化过程中的西藏地方所实际存在的种种具体"问题"（problem）和困难的关心和讨论中来，我们才能正视"西藏问题"的真正焦点和实际困难，最终摆脱困境，为引起东西间激烈的政治和思想冲突的"西藏问题"的解决找到一条可行的出路。

从国际性的"西藏问题"在过去一百多年的历史进程中的变化和发展中，我们可以明显地看出，东亚在过去的一百余年中所经历的区域秩序的巨变，实际上都离不开西方世界的巨大影响，甚至可以说，它们都是西方帝国主义和殖民主义在东亚侵略、扩张的直接结果和遗产。从表面上看，西方帝国主义在东亚的侵略和扩张早已经结束，其实不然，虽然物质的、军事的殖民主义和帝国主义侵略、扩张早已经终结了，但精神的、观念的殖民主义还方兴未艾。前人有将帝国主义划分为"实践的"和"观念的"两种不同的形态，前者指的是西方列强对他国的赤裸裸的军事侵略和物质占有等，而后者则表现为把西方的思想观念作为普世的理念、真理灌输、强加给他人，对他人实行精神的殖民。与此类似，也有人将帝国主义分成"接触"（contact）和"比照"（contrast）两种类型。"接触"是指在西方和非西方国家之间发生的以物质的、政治的和军事的冲突为标志的直接联系，例如帝国主义的军事占有和殖民主义的贸易等；而"比照"则是东、西之间一种精神的和非历史层面上发生的两极对比，它可以是正面的，也可以是负面的，但不管正面、反面，其中均隐含着帝国主义和殖民主义倾向。② 负面的比照就是将东方描述成专制的、愚昧的、情绪的、迷信的、反科学的，而将西方说成是它的对立面，即民主的、自由的、理性的、科

---

① 在英语世界，"西藏问题"通常被称为"The Tibet Issue"，或者"The Tibet Question"，这表明它是被当作远比西藏出现的具体现实问题（problem）重要得多的"问题"（issue 和 question）来讨论和处理的。

② Tomoko Masuzawa, "From Empire to Utopia: The Effacement of Colonial Markings in Lost Horizon," *Positions: East Asia Cultures Critique*, vol. 7, no. 2, Fall 1999, pp. 541–572.

学的等等，以此为其赤裸裸的帝国主义、殖民主义的军事侵略造势。西藏在被西方人神话化以前的任何时候都曾经是这种负面的典型的东方形象的代表，荣赫鹏当年军事入侵西藏的借口之一就是西藏宗教领袖的保守、愚昧和独裁，英帝国主义者不惜出兵远征西藏无非是为了要帮助智慧、淳朴的西藏百姓摆脱这种神权专制统治。

而另一种两极的"比照"是将东方设计为一个超越时间、超越历史的，几乎是非物质的理想空间，将它形塑为一个高度物质化的西方现实的反面和对峙。这样的东方通常被塑造成一个古老、纯洁、史前的，有时甚至是前人类的玄妙世界。当今西方世界对西藏所做的这种香格里拉式的想象就是这种类型的"比照"的一个非常典型的例子。显然，这种精神化和神话化东方的"比照"同样是西方帝国主义、殖民主义的一种表现，因为这样的东方完全是作为西方的"他者"而设计、创造出来的，完全是西方人按照他们的意愿，特别是他们对失落了的过去的怀恋而做的一种天才的想象和精心的设计，它与现实的东方无关。然而，当西方利用其在政治、经济、文化和话语等方面的强势和霸权，将他们设计的这种东方形象强加给东方，并要求将它化为东方的现实时，这就是一种赤裸裸的精神殖民主义，凸显出这种精神"比照"的帝国主义和殖民主义本质了。而我们今天面临的"西藏问题"正好就是这种"比照型"帝国主义、殖民主义的一个典型代表，西方人设计了一个非历史的、超越时空的香格里拉，一个"虚拟的西藏"（virtual Tibet）[1]，而在现实政治中，他们又期待在西藏实现他们的这个梦想，希望将一个虚拟的理想世界变成西藏的现实，这就是当今这个世界所面临的"西藏问题"的本质，也是"西藏问题"变得无限复杂和难以解决的一个重要原因。

本文拟从以上所说的"接触型"和"比照型"这两种帝国主义和殖民主义的典型形式入手，观察和分析"西藏问题"如何在国际化的背景中卷入地缘政治的旋涡，如何在摆脱不了的帝国主义和殖民主义的阴影下成为当今中国一个难以解决的"国际问题"的过程；观察西方作为帝国主义和殖民主义的政治和军事行为者，其思想观念，特别是所谓普世

---

[1] 关于西方神话化西藏的历史和批判参见 Donald Lopez, Jr., *Prisoners of Shangri-la: Tibetan Buddhism and the West* (Chicago: The University of Chicago Press, 1999); Orville Schell, *Virtual Tibet: Searching for Shangri-la from Himalayas to Hollywood* (Metropolitan Books, 2000)。

价值观念的来源，是如何积极地、十分有效地确定了"西藏问题"的核心内容、组织结构及其发展走向的；揭示不管是"接触型的"，还是"比照型的"帝国主义和殖民主义，西藏无疑都是西方帝国主义和殖民主义的对象。

二　英、俄帝国主义的大博弈和西藏"主权"之争

从表面上来看，眼下"西藏问题"主要的关节点是西藏的"主权"归属问题。中国政府一贯强调，也一再要求外国政府公开承认西藏是中国领土之不可分割的一个组成部分这一事实，并将其与以达赖喇嘛为首的西藏流亡政府及其支持者之间的冲突定性为"分裂与反分裂的斗争"，再三声明在"西藏问题"上除了"独立"以外，可以与达赖喇嘛及其支持者们讨论其他所有一切问题。[①] 然而，令人觉得不可思议的是，迄今为止事实上没有任何一个西方国家和政府公开否认过中国对西藏拥有主权，或者公开否认西藏是中国领土这一事实。即使是已经流亡海外 50 余年的前西藏地方政府首脑第十四世达赖喇嘛本人也一再公开承认西藏是中国领土的一个组成部分，宣称他诉求的并不是西藏的独立，而是西藏的自治，以及西藏传统文化的延续。如此说来，若说"西藏问题"的关键是西藏的主权归属问题的话，那么，看起来它似乎是一个莫须有的伪问题，换句话说，实际上它根本就不存在。

可是，从另一层面说，达赖喇嘛的支持者们公然声称西藏是"一个被占领的国家"，西藏应该是一个独立的政体，西藏人拥有行使民族自决的权利等等，世界范围内如火如荼地开展的"自由西藏"运动常常以抗议中国占领西藏为名组织大规模的游行、示威活动。显然，在西方国家的政府和民众之间对西藏的主权归属问题存在着两种互相对立的看法。那么，这种互相对立的态度和看法又是如何形成的呢？对此我们不妨对历史略做回顾，从中我们或可明显地看出，它在很大程度上是近代帝国主义、殖民主义对西藏的殖民侵略的直接后果。有关西藏的主权归属的争议首先是由英

---

① 早在 1998 年 6 月时任中共中央总书记的江泽民在和来访的美国总统克林顿举办联合记者招待会时就曾向世界宣布，只要达赖喇嘛公开向世界宣称西藏是中国领土不可分割的一个组成部分，并承认台湾是中国的一个省份，那么，中国政府和他进行对话和谈判的门是打开着的。

帝国主义对西藏直接的军事侵略挑起的，而它最后形成今天这样的结局又是英、俄在欧亚地区争夺主导地位的"大博弈"所塑定的。换言之，20 世纪初大英帝国对西藏的殖民企图是形成国际化的"西藏问题"的开始，而它在与俄国"大博弈"背景下对西藏主权问题所采取的所谓"战略性虚伪"（strategic hypocrisy）对日后的"西藏问题"，特别是西藏主权的归属问题的争论设定了基调。①

就像民族、国家、民主、自由等词汇和观念一样，主权、独立等词汇和概念也都是近代西方政治的产物。亚洲各民族和国家出现主权、独立等意识，并为之奋斗都是受到西方殖民侵略的刺激才开始的。清政府以及随后的中华民国政府对它们在西藏的主权的强调和维护无疑是英帝国主义对西藏的军事侵略行为的最直接的反应和后果。而在西藏地方政府高层和知识精英中出现独立、自决的观念和意识无疑也与清、民国政府与英、俄帝国主义就西藏主权归属的长时间的争议紧密相连。眼下中国政府为了强调中国对西藏的主权往往诉诸历史，坚称"西藏自古以来就是中国领土的一个部分"。从亚洲各国反抗西方帝国主义、殖民主义的历史来看，面对西方帝国主义的强权和军事优势，亚洲被殖民的民族和国家为了争取其民族和国家利益的有限度的维持而可以诉诸的工具似乎唯有其悠久的历史。但是，值得我们深思的是，近代处于半殖民、半封建时代的积贫积弱的中国之所以能够在西方列强的侵略之下维持了对西藏的主权，它所依靠的除了包括西藏人民在内的中国人民反抗帝国主义和殖民主义的顽强斗志以外，上述西方列强在西藏主权问题上所玩弄的所谓"战略性虚伪"策略也在其中起了非常重要的作用，相反我们言之凿凿的历史依据却常常被人歪曲或者忽略，并不能成为阻止殖民侵略的有力武器。

人们常常喜欢说"历史是任人打扮的小姑娘"，或者说"一切真实的历史都是当代史"，此或就是说，任何一段历史都可以被不同的人，从不同的角度和现实的立场出发，选择不同的历史资料而予以截然不同的解释。借古讽今，借助历史来为现实政治服务虽然是人们在国际政治和外交

---

① 关于英帝国主义在西藏问题上所采取的"战略性虚伪"的研究和论述详见 Dibyesh Anand, "Strategic Hypocrisy: The British Scripting of Tibet's Geopolitical Identity," *The Journal of Asian Studies*, vol. 68, no. 1, 2009；本文中的相关"战略性虚伪"的论述多得自 Anand 先生该文所述内容的启发，同时也参考同氏 *Geopolitical Exotica: Tibet in Western Imagination* (The University of Minnesota Press, 2008)。

争夺中常用的一种"斗争的武器"，但要实现这样的目的从来就不是一件十分容易的事情，它也不可能在国际外交冲突和斗争中真正成为其中起决定性作用的因素。因此，要借助历史资料和事实来说明西藏或者是、或者不是中国领土的一个组成部分，无疑都很不容易。例如，当我们声称"西藏自古以来就是中国领土之不可分割的一个组成部分"的时候，我们势必面临着一个解释学上的难题，即我们若要证成这个结论之正确就必须首先要预设"中国"和"西藏"都分别是自古以来就存在，而且一成不变的地理概念或者政治实体，而这样的"中国"和"西藏"自然都是不存在的。因此，如果我们要讨论历史上的西藏是否中国的一个组成部分，我们首先要给我们讨论的这个历史上的"中国"和"西藏"做出明确的定义。可是，不管是"中国"，还是"西藏"，它们在历史上都是一个处于不断变化和发展中的地理名称或者政治概念。不管是作为地理区划，还是作为政治实体，它们都无法与今天我们所说的"中国"（中华人民共和国）和"西藏"（西藏自治区，或也包括中国其他省区内的藏族地区）等而视之。[①]

虽然古代的秦、汉、唐、宋、元、明、清等历代中原王朝都与今日的"中国"有直接的关联，都是中国古代历史的不可割裂的组成部分，但它们和今天的"中国"又绝对不是同一个概念。同样，虽然古代的"吐蕃"或者"西番"等与今日的"西藏"有密切的关联，但不管是作为地理概念，还是作为政治名词，二者也均不可同日而语。有鉴于此，我们实际上无法抛开中国古代历史上各个具体朝代的历史而来笼统地讨论历史上的西藏是否中国领土的一部分，我们只可能客观地研究中国历史上各个不同时期西藏地方与历代中央王朝之间的相互关系。

尽管作为唐朝之统治者的李氏家族实际上有明显的胡人（突厥）血统，绝不能算是纯粹的汉人，但中外史学家们似乎都已经习惯于将盛唐视为汉族文明的全盛时期和高峰。然而，同一时期的吐蕃却才刚刚开始其有文字记载的历史，西藏文明还处在其发展的源头时期。崛起于今西藏山南地区的一个小邦——雅砻悉补野家族很快征服、兼并了其周围的许多其他部落和小邦国，建立起了一个强盛的吐蕃王朝，并渐渐发展成为一个堪与

---

① 关于历史上的"中国"的定义和解释有很多不同的说法，参见谭其骧《历史上的中国和中国历代疆域》，《中国边疆史地研究》1991 年第 1 期；葛兆光《关于重建"中国"的历史论述——从民族国家中拯救历史，还是在历史中理解民族国家?》，《二十一世纪》，2005 年 8 月号。

大唐分庭抗礼的大帝国，与唐朝争夺于广大的西域地区的统治长达近百年之久。就在吐蕃成为大帝国的同时，很多著名的小国，如女国、附国、羊同、苏毗等却一个个地消失了。在当时代的汉、藏文文献中，唐与吐蕃的关系常常被描述为"甥舅关系"，作为两个独立的政治实体，唐蕃双方间的关系显然是一种平等的亲戚关系，而不是互相隶属的关系，故说吐蕃即是唐代中国不可分割的一个组成部分不免牵强。

蒙古人征服了世界，当然也征服了西藏，继大蒙古国而起的大元王朝有效地统治了西藏地区近百年之久，对西藏历史今后的发展造成了巨大的影响。毫无疑问，西藏曾经是元朝版图之不可分割的一个组成部分，今日被人称为"西藏三省"（*bod kyi chol kha gsum*），或者说"大藏区"（the greater Tibet）者，实际上指的就是元朝中央政府在西藏地区设置的"吐蕃三道宣慰司"，它们都是元朝中央政府直接统治的领土，是整个西藏地方隶属于元朝的有力证据。[1] 古代的西藏史家对"吐蕃三道宣慰司"未能正式成为元朝的一个行省而耿耿于怀，他们甚至主张因为吐蕃是帝师的故地和释教兴盛之地，故其地位实际上等同于行省，一厢情愿地将"吐蕃三道宣慰司"列为元朝的第十一个行省，以此而聊以自慰。[2] 显然，声称"西藏自元朝以来成为中国领土之一部分"比声称"西藏自古以来就是中国领土的一部分"更容易在历史教科书中找到令人易于理解和接受的证据和解释。

但是，即使是对"西藏自元朝以来成为中国领土之一部分"的说法也照样有人提出异议，当代西方学者都更乐于将元朝中国与西藏地方的关系说成是蒙古大汗和西藏喇嘛之间的纯属宗教性质的私人间的"施供关系"，否认元朝于西藏之统治的事实及其政治意义。[3] 更有甚者，则干脆否定蒙古人建立的元朝是"中国"，否认元朝历史是中国历史的一部分。因此，即使元朝切实地统治了西藏是无可争辩的事实，但这也不能成为"自元朝以来西藏成为中国领土之不可分割的一部分"的理由，因为元朝是蒙古人统治的王朝，它不是"中国"。这样的观念甚至连被称为"民族魂"的鲁

---

[1] 参见沈卫荣《元朝中央政府对西藏的统治》，《历史研究》1988 年第 3 期，第 136～148 页。

[2] 达仓宗巴·班觉桑布：《汉藏史集》，陈庆英汉译，西藏人民出版社，1986，第 165～166 页。

[3] rTsis dpon Zhav sgab pa, *Tibet: A Political History*, Yale University Press, 1967, p.71.

迅先生当年也未能幸免，他好读书，喜欢随便翻翻，"到二十岁，又听说'我们'的成吉思汗征服欧洲，是'我们'最阔气的时代。到二十五岁，才知道所谓这'我们'最阔气的时代，其实是蒙古人征服了中国，我们做了奴才。直到今年八月里，因为要查一点故事，翻了三部蒙古史，这才明白蒙古人的征服'斡罗思'，侵入匈奥，还在征服全中国之前，那时的成吉思还不是我们的汗，倒是俄人被奴的资格比我们老，应该他们说'我们的成吉思汗征服中国，是我们最阔气的时代'的"①。可见，即使在鲁迅先生的眼里，成吉思汗也不是中国人的汗，蒙古人在中国建立的征服王朝也不能算是"中国"。时至今日，持这样观点的西方人依旧大有人在，在他们看来，即使蒙古人统治了西藏是不争的事实，但这也难以成为"西藏自元朝以来成为中国领土之一部分"的理由。可是，如果我们必须把蒙古人统治的元朝历史从中国历史中割裂出去，那么，这岂不是说中国只能是汉人建立和统治的国家，中国历史只能包括那些汉人建立的王朝的历史吗？如此说来，连唐朝历史或也不能算作中国历史的一部分了。那么，我们口口声声所说的这个"中国"究竟是什么呢？显而易见，历史是不能被如此随意地割裂开来的，严格说来，一个纯粹由汉人组成的中国在历史上就不曾存在过，历史上的中国应该就是一个多民族组成的国家。

与元朝的情形相类似的还有清朝，它们都不是由汉人建立和统治的王朝。西方人同样无法否认清朝有效地统治和管理了西藏地方的历史事实，但他们同样认为清朝不是汉人，而是满族人建立的王朝，故也不应该称清政权（王朝）为中国，不能在大清帝国和中国之间画等号。所以，清朝对西藏的有效统治同样也不能成为西藏是中国领土之一部分的历史依据。如此，清王朝的历史同样也被从中国历史中割裂了出来。可是，当 1911 年辛亥革命推翻清朝统治时，西藏与清帝国内其他各省区一样宣布独立于清王朝的统治，自此至 1951 年间，西藏地区与推翻清王朝后建立起来的中华民国政府的关系若即若离，西方史家因此而乐于称此时的西藏享受了"事实上的独立"。殊不知，这个"事实上的独立"从理论上说它只是表明当时的西藏和中国其他各省区一样要独立于被认为"不是中国"的清朝，它甚至不是独立于随之而起的中华民国，更不能说是独立于"中国"。可见，用清末西藏地方政府一度宣布"独立"于清王朝作为西藏曾经"事实上独

---

① 鲁迅：《随便翻翻》，《且介亭杂文》。

立"于"中国"的证据相当牵强，同样也是不符合历史事实的。十分具有讽刺意义的是，就是在这段对于中华民国政府而言内外交困、腹背受敌的时间内，中国对于西藏拥有"宗主权"这一观念却成了以英、俄为代表的西方帝国主义列强们的共识，中国因此而至少在名义上保全了对西藏的主权拥有。①

将"中国"狭隘地理解为一个纯粹由汉人组成和统治的国家显然与中国古代历史的实际不相符合，将元帝国和清帝国均因此而排除于"中国"之外，将元朝、清朝的历史从中国历史中割裂出来，然后来讨论历史上的西藏是否中国领土的一个组成部分无疑是一种非历史的做法。如前所说，"主权"概念是一个近代才出现的西方政治概念，要在前近代的中国历史上为一个近代的西方政治概念做注脚，这也不是严肃的历史学家能够做得到的事情。从不同的立场出发，以不同的视角来看待同一段历史，就会得出截然不同的理解和看法。在今天的西方学界我们常常可以听到这样的说法，说由于汉人建立的明朝没有像元朝和清朝一样拥有无比强大的军事力量，它没有能力征服和统治西藏，所以，明朝中国和西藏并没有发生实际的关联。换言之，西藏并不是明朝中国的一个组成部分。这样的说法事实上毫无依据，完全是无知者的信口开河。就因为明朝和元朝、清朝不同，它不具备足以征服世界的军事力量，即假定明朝没有征服西藏的军事力量，这无疑只是一种想当然的臆测，完全不符合当时的历史事实。试想明朝的永乐皇帝有力量派郑和七下西洋，难道他的朝廷竟然连征服一个完全非军事化的西藏的军事力量都没有吗？客观地说，军事占领西藏至少对于永乐年间的明王朝而言并非一件难事，只是明朝没有需要对西藏动武的理由。我们在明代藏文历史文献中多次见到了这样一则故事：被认为是当时最有权势和军事实力的帕木竹巴万户长扎巴坚赞（Grags pa rgyal mtshan, Phag mo gru pa *khri dpon*）听到传言说大明永乐皇帝对他的行为极为不满，即将发兵进藏讨伐，于是他惊恐万状，到处央求诸派上师为其作保，并携其侄子入朝，代他向永乐皇帝表达效忠和求情。② 这则故事充分表明，即使明朝从未在西藏动武，但明朝中央政府对西藏地方有着强大的政治和军

---

① 关于从清末到民国的转变，参见周锡瑞《大清如何变成中国》，贾建飞译，《民族社会学通讯》，2012。

② 事见张润平、苏航、罗炤编著《西天佛子源流录——文献与初步研究》，中国社会科学出版社，2012，第 165 页。

事威慑力。事实上，明朝建立初期完全接管了其前朝在西藏的各种统治制度和设施，恢复了元朝时期的全面的官僚统治。只是那个时代的汉藏关系并不以确立明王朝对于西藏的隶属关系，或者说主权统治为目标，他们一定还不知道"主权"为何物，所以根本不需要为维持对西藏的主权而煞费苦心。对于明朝廷来说，能够维持一个相对松散的统属关系、维持汉藏边境的安宁就是其最主要的目标。相反大量来自西番的喇嘛和权贵们却纷纷以能够进京入朝为荣，十分热衷于得到明朝廷的册封，以取得朝廷命官身份，故十分踊跃地进京朝贡和来内地从事商品贸易。当然，他们同样不明白，也不在乎明朝和西藏之间的主权归属问题。事实上，自9世纪中吐蕃王朝崩溃以后，西藏地方再没有实现过真正意义上的统一，自从西藏成为元朝治下的"吐蕃三道宣慰司"以后，长期以来也没有出现过激烈的以"独立"为诉求的军事行动。真正严重影响了明代汉藏关系的反倒是汉人传统的"夷夏"观念，明代汉族统治者常以"怀柔远夷"的心态来对待西藏这样的边疆民众，而并不真正把他们心目中的"远夷"看作他们应当一视同仁的子民，其结果是将本来已经是大明的"编户齐民"的西番民众重新推回到了化外边民的地位。①

　　显然，对于20世纪以前的汉、藏两个民族的百姓来说，"主权"和"独立"等无疑都是十分陌生的概念，据说在20世纪以前的藏文文献中根本就没有出现过"独立"这样的词汇。西藏人第一次正式对外宣布"独立"，应该就是前述辛亥革命后与内地各省一起宣布独立于清王朝的统治。但是，辛亥革命后不久孙中山先生创立了中华民国，并立即宣布"五族共和"，理论上西藏很快又被纳入了中华民国的统治版图之内，尽管中华民国内忧外患，除了通过艰苦的外交努力，积极维持在西藏的主权要求以外，很难对西藏实施直接的军事控制和官僚统治，西藏处于"独立"或者"半独立"的状态将近四十年之久。当然，西藏终究未能获得真正的独立，当50年代初中国人民解放军入藏，西藏获得和平解放，它重又被纳入了中华人民共和国的版图。而此时尽管西方世界反共、反华的浪潮甚嚣尘上，却没有任何一个西方国家，甚至包括曾经军事侵略过西藏的大英帝国，站出来支持"西藏独立"，相反他们都承认中国对于西藏拥有主权，承认西

---

① 参见沈卫荣《"怀柔远夷"话语中的明代汉藏政治与文化关系》，见氏著《西藏历史和佛教的语文学研究》，上海古籍出版社，2010，第586~613页。

藏是中国领土的一个组成部分。

那么,为什么在当时西方世界十分仇视共产主义和新中国的国际大背景下,西方列强居然没有一个站出来支持"西藏独立"呢?显然,这不可能是中国人的历史诉求,即对历史上汉藏关系的叙述说服了西方列强,让他们接受了中国对西藏拥有主权的说法。于此起关键作用的真正的原因即是前述大英帝国,或者说其代表者英属印度政府在西藏问题上所采取的一贯的"战略性虚伪"政策。所谓"战略性虚伪"简单说来就是英印政府对待西藏所采取的"中国宗主权和西藏自治"(China suzerainty and Tibet autonomy)的政治模式,并将此作为西藏之地缘政治认同(geopolitical identity)。此即是说,英印政府表面上,或者说在外交层面上,承认中国对于西藏拥有"宗主权",但在实际层面上又让西藏享有充分的自治,在它与西藏的实际交涉中几乎视西藏为一个独立的国家。换言之,英印政府表面上承认的中国对西藏拥有"宗主权"的做法,是一种"战略性虚伪",只不过是为了外交上的方便而与中华民国政府虚与委蛇的一种做作,这在它当时与中国,以及西藏地方的实际交涉中并没有实际的约束力。

回顾西方世界与西藏的交往可知,在 20 世纪以前,真正到过西藏的西方人极少,对于整个西方世界来说,西藏还是一块"空白地"(blank space)。虽然,在 1774~1775 年有 George Bogle,1783 年有 Samuel Turner,1811 年有 Thomas Manning 等西方人分别出使过西藏,但他们都没有取得实际的结果。整个 19 世纪,西藏地方政府采取闭关锁国政策,故西藏对于西方世界来说是一个禁区(forbidden Tibet)。英帝国主义曾经尝试用各种各样的办法来打开西藏的大门,特别是曾经企图通过清政府的干预而与西藏地方当局发生关系,但均告失败。与此同时,当时的达赖喇嘛却与俄罗斯沙皇的使臣、布里亚特蒙古人德尔智(Agvan Dorjiev,1854-1938)交往甚密,引起了英国人的警觉。为了在"大博弈"中不居于俄罗斯之后,英国政府决定率先出手,单方面对西藏采取直接的军事行动,以殖民征服的手段来夺取英帝国主义在西藏的主导地位。1904 年,荣赫鹏(Frances Younghusband,1863-1942)率英印军队入侵西藏,开始了对西藏直接的军事和殖民行动。

英帝国主义在西藏的直接的军事行动不但引起了清政府以及随后的中华民国政府在西藏主权问题上的觉醒,而且也引起了俄国政府的强烈反应,导致了"西藏问题"的前所未有的公开化和国际化。不少以前可以模糊过去的问题现在都需要有明确的答案，如"何谓西藏""谁在主宰西藏""西藏地缘政治的边缘又在哪里"等问题。首先，英国对西藏采取的直接的军事行动剧烈地改变了中国人的西藏观，对于在西方殖民侵略日益迫近和加剧的国际背景下正在努力构建民族国家的中国来说，清帝国对于西藏的传统的十分松散的政治控制已经越来越不再可以被接受了，中国必须明确其对西藏的主权要求，为此民国政府开始了长期和艰难的外交努力，竭力保全中国对西藏的主权。而为了尽可能地不激怒中国政府，同时又和俄罗斯维持在"大博弈"中的均势，英帝国主义者创造出了一种在处理"西藏问题"上的独特的政治术语/模式，即"中国宗主权和西藏自治"。

为何英国人在西藏问题上采取的这种政治模式被学者称为"战略性虚伪"呢？这或与有人曾将"主权"称为"一种有组织的虚伪"（an organized hypocrisy）有关。按照西方国际关系学和政治学家们的观察，国家实际上从来就没有像有些人设想的那样有主权，综观历史，驱动统治者们的动力常常是一种把守住权力的欲望，而不是对某些国际原则的抽象的坚守。有组织的虚伪，即那些常常被违背的永久的规范（longstanding norms）的存在，是国际关系中的一个持久的特征。① 而"主权"实际上就是一种常常被违背，但继续作为国际关系的永恒原则而长期存在的规范。英帝国主义者承认中国对西藏拥有"宗主权"明显是它当时在处理与中国、俄罗斯等国之关系时采取的一种障眼法，是一种宪法式的虚构和政治做作，所以说它是"一种战略性虚伪"，因为它仅仅是为了外交双方的便利而做出的一种政治上的伪装，在当时的背景下对于英帝国主义者而言它并没有实际的意义。可是，就是当时制定这一政策的英帝国主义者大概也没有想到，这种政治术语/模式却持久地塑定了今后"西藏问题"的特征和发展趋向。由于他们将"中国"和"西藏"的关系确定为"宗主权"和"自治"，而不是"主权"和"独立"的关系，所以，从1904年以来的清和随后的民国政府与英国（有时也包括西藏地方当局作为第三方）的一系列谈判和签订的种种不平等条约中，英国都坚持给予中国以对西藏的"宗主权"。这样的政治术语，不

---

① Stephen D. Krasner, *Sovereignty: An Organized Hypocrisy* (Princeton, NJ: Princeton University Press, 1999).

但为日后保全中国对于西藏的主权提供了有力的帮助，而且也在很长一段时间内阻止了西藏地方当局的"独立"诉求，甚至也对今天的达赖喇嘛无法公开寻求西藏"独立"产生了深远的影响。西藏地方政府只是在1948～1950 年间才开始认真地寻求国际社会对其独立的承认，但这样的诉求不是被忽略，就是被西方阻止了。而当 1948 年印度取得独立以后，英国对待西藏所采取的这种"战略性虚伪"对于保障英属印度之安全的目的变得不再重要，英国政府从此不再积极地支持西藏的"自治"，更不要说支持其"独立"了。而它对于"中国宗主权"的肯定则对中国于西藏的主权拥有的保持起了重要的作用，中国政府从来就将本来定义暧昧不明的所谓"宗主权"一律解读为直接的"主权"。而当直接的、物质的殖民主义时代结束之后，即在去殖民化之后的国际社会中，本来定义不明确的"宗主权"就变得毫无意义，成了"主权"的同义词，或者干脆被"主权"所代替。在殖民主义时代或可有"宗主国和自治"这种形式存在，到了后殖民主义时代，"主权国家"的原则便成为处理国际政治关系的唯一方式。1951 年，中华人民共和国政府与西藏地方当局签订的《十七条协议》在很大程度上再次确认了英帝国主义确立的这种"宗主权和自治"模式，只是其中的"宗主权"被明确地改变成了"主权"。

从以上的讨论中我们可以看出，西方，确切地说是英帝国主义者，在设定现代西藏之地缘政治认同的基调时，即为"中国"与西藏的关系设定为"宗主国与自治"的模式时，实际上已经充当了今后的中国政府借用"主权"这一西方现代政治术语，确认中国对西藏拥有主权这一事实时的同盟军。不管是英帝国主义者当年对西藏的直接的军事侵略，还是日后他们与中、俄等国开展的一系列外交谈判，其首要的动机都是维持英、俄两国在"大博弈"中的均势和主导地位，而不是帮助西藏脱离中国（清王朝和中华民国）而获得独立，相反他们在外交上所玩弄的"战略性的虚伪"的伎俩，实际上为中国今后确保对西藏的主权拥有提供了直接的帮助。

三 "神话西藏"与西方对西藏的精神殖民

英帝国主义者当年设定"中国宗主权和西藏自治"模式距今已近百

年，可它对今天世界范围内的"西藏问题"的影响无疑依然可见，西方世界在"西藏问题"上所采取的一贯的"战略性虚伪"态度也依然昭然若揭。目前，西方各国政府表面上都承认西藏是中国领土的一部分，肯定中国对西藏拥有主权这一事实，这可以看作对上述英帝国主义设定的处理"西藏问题"模式的延续，这大概也是如今在国际社会如鱼得水的达赖喇嘛不公开提出西藏"独立"诉求，而坚持"大藏区自治"主张，即所谓"中间道路"的重要原因之一。但是，在今天的西方舆论中，西藏通常被称为"一个被占领的国家"（an occupied country）①，而达赖喇嘛则被称为"西藏人民的政治和精神领袖"（political and spiritual leader of Tibetan people），几十年间在全球范围内发展迅猛的"自由西藏"最初就是一个"为结束中国对西藏的占领而开展的运动"（campaign for an end to the Chinese occupation of Tibet），这说明中国对西藏的主权实际上并没有在西方世界得到普遍的承认和真正的尊重。如此说来，当今的这个国际化的"西藏问题"并没有完全脱离有关西藏主权的纷争，西方在"西藏问题"上的政治立场显示出对中国主权利益的明显的不尊重和损害，所以，在国际政治层面上"西藏问题"对于中国政府而言，它确实还是"一场分裂和反分裂的斗争"②。

但是，不可否认的是，眼下的"西藏问题"不但远比当年的"中国宗主权和西藏自治"模式复杂，而且它也绝不仅仅只是"一场分裂和反分裂的斗争"。西藏的独立显然已经不再是今天日益国际化的"西藏问题"最主要的焦点，也不再是"自由西藏"运动公开的首要诉求，它甚至也不是能使"西藏问题"今日如此国际化的重要原因。试想达赖喇嘛流亡海外的前 20 余年，不但他本人在国际舞台上远没有像今天这样风光，有今天这样高的人气，相反常常受西方世界冷落，而且西藏也远没有像今天这样成为世界舆论的关注点之一，显然，仅仅依靠"西藏独立"的诉求是不可能掀起像今日这样巨大的世界性的波澜的。在今日弥漫世界经久不散的"西藏热"的背后发挥了关键性作用的不是被称为"西藏事业"（Tibet cause）、或者"藏人事业"（Tibetan cause）的"西藏独立运动"（the Tibetan Independence Movement），而是以愈演愈烈的神话化西藏为特征的西方精神殖

---

① 甚至美国国会也曾于 1991 年宣称西藏是"一个被占领的国家"，并通过决议要求美国政府与西藏流亡政府建立外交关系。

② 相关讨论参见 Barry Sautman，"The Tibet Issue in Post-Summit Sino-American Relations，" *Pacific Affairs*，vol. 72，no. 1，Spring 1999，pp. 7-21。

民西藏运动，及其国际化战略（internationalization strategy）。近二三十年来，西方世界对西藏所做的一个香格里拉式的后现代乌托邦的想象和设计，使得西藏变成了西方世界最受热爱的、最不可或缺的"他者"。只有在这样的背景下，"西藏问题"才能够真正成为一个在世界范围内受到最广泛关注的国际性问题。

在西方的文化传统中，西藏和藏传佛教曾被作为东方专制和愚昧的典型代表而长期受到激烈的批判，甚至被妖魔化。进入近代以来，西方人对西藏和西藏文化的态度渐渐发生了变化，最终从妖魔化改变为神话化西藏。神话化西藏于西方世界的出现自然有其极其复杂和深刻的社会和文化背景，它是多种原因长时间综合作用的结果，但西方传统帝国主义、殖民主义的衰落显然也是促成这一现象出现的重要原因之一。西方传统的帝国主义观念和实践在 20 世纪前半叶受到了严重的挫伤，很快开始走向衰落。曾经"日不落"的大英帝国的自信也因为两次世界大战和东方反帝、反殖民主义的民族解放运动的兴起而受到了沉重打击，于是，他们开始改变他们在东方的战略，也开始改变他们对西藏的企求。就如荣赫鹏从一名对西藏的侵略者摇身一变而为西藏文化的热心崇拜者一样，西方人走出了曾经被他们严重妖魔化了的西藏，转而开始为西藏大唱赞歌。由于西藏的地理位置与世隔绝、其文化传统也相对陌生而独特，给外人留下了巨大的想象空间，它比世界上任何其他地方更容易被人投放和寄托各种各样的形象、愿望和想象。于是，像 20 世纪 30 年代出现的遁世型小说《失落的地平线》（*Lost Horizon*）中对香格里拉的想象一样，西方对西藏的各种各样的想象和设计层出不穷。① 在近代地缘政治中，西藏的这种相对的"无地性"（placelessness）十分方便西方人对一个绝对的"他者"的设计和表述，允许他们对它进行一种去政治化的形象建构。西藏渐渐地演变为西方的一个"服务社会"（service society），一个既能够给西方世界提供另一种选择、另一种理想的他者，又在政治上不挑战西方、在经济上也不与西方发生直接的利益冲突的社会，尽管西藏人也曾经有过激烈地反对帝国主义和殖民主义侵略的历史。正是这一种对西藏的去政治化、去地域化的表述，最终促成了当代"虚拟的西藏"（virtual Tibet）和"精神的西藏"（spiritual Ti-

---

① 参见沈卫荣《寻找香格里拉——妖魔化与神话化西藏的背后》，《文景》2006 年第 10 期；亦见氏著《寻找香格里拉》，中国人民大学出版社，2010，第 106~123 页。

bet）等典型的"神话西藏"（mythos Tibet）形象的出现，西藏遂演变成了人人心向往之的香格里拉，成了在西方后现代社会中深受欢迎的"精神超市"。

在这个精神化、神话化西藏的过程中，传统的西藏社会被赋予了全新的内容和特征，它渐渐被形塑成为一个超越时空（placeless and timeless）的乌托邦，一个可遇而不可求的理想社会。在他们眼里，过去的西藏是精神的、智慧的、和平的、非暴力的、男女平等的、自由的、宽容的（开明的）、绿色的、环保的。这样的一个"神话西藏"不但与他们企图要拯救的和解放的、同样也常常只是在他们的想象中才出现的那个"现实的西藏"（TAR）形成鲜明的对照，而且也与他们自己目前朝夕相处的那个后现代西方社会形成了强烈的对比。显而易见，这个"神话西藏"的形象完全是按照当代西方人对一个失落了的美好的过去的怀恋而设计、创造出来的，它与传统的或者现实的西藏都没有直接的关联。这个形象的构建无疑是前述"比照形"帝国主义、殖民主义的一个经典例证，在这个虚构的精神乌托邦身上有着浓厚的帝国主义和殖民主义气息。

今日的"虚拟的西藏"也好，"精神的西藏"也好，它与20世纪30年代出现的"香格里拉"想象一脉相承，而后者原本就是一个帝国主义、殖民主义者心中的世外桃源，除了作者对它的地理位置的设计让人无法不与西藏发生联想之外，它的一切内在的设计都是彻头彻尾的西方式的乌托邦，是西方殖民主义者梦想在东方建立起来的一块理想的物质和精神的殖民地，在它身上具有浓重的帝国主义和殖民主义气息。作为香格里拉理想的自然延续，今天的"神话西藏"显然是帝国主义、殖民主义旧梦的一个全新的翻版。通过有意的掩盖和一个历史失忆的过程，这个"神话西藏"蜕去了香格里拉身上原本十分明显的帝国主义和殖民主义印记，自然而然地把对香格里拉的想象整合到了今天西方人对一个后现代的精神乌托邦的想象之中。与这个过程相伴随的实际上是西方世界从直接的、军事的帝国主义和殖民主义侵略到以西方的文化霸权和政治话语霸权为标志的全球化时代的转变。从殖民主义的香格里拉梦想转变为后现代"神话西藏"的想象，西方帝国主义和殖民主义的本质并没有任何实质性的改变，但在方式上则从直接的军事殖民转变到了以文化霸权为特点的精神殖民。①

---

① 参见 Masuzawa 上揭文；沈卫荣《香格里拉：谁之梦想？》，《中国民族》2013 年第 9 期。

　　将一个曾经被极度妖魔化的传统西藏理想化和神话化为一个西方后现代乌托邦的过程是西方从接触型转变为比照型帝国主义的一个典型例子，事实上它就是一个对西藏实行精神殖民的过程，因为这个被精神化了的西藏反映的既不是西藏的过去，也不是西藏的现实，而完全是当代西方人自己的理想和诉求。所以，这个被严重神话化了的西藏无非是一面用来观照当代西方社会种种现实弊端的镜子。在这个理想化了的、虚拟的西藏社会中，就像在香格里拉中一样，西藏人并不是主角，绝大多数的西藏人依然是缺席的，他们自己的理想和现实诉求是不可能得到充分的体现和重视的。在这里实际上听不到现实中的西藏人自己的声音，能够参与这一"神话西藏"之创造的藏人多半不是生活在现实西藏社会中的藏人代表，他们的角色无非是为主流西方社会当陪衬、做帮腔。"神话西藏"形象的流行无疑是使西藏成为当今西方"最重要的他者"（the most significant other）而备受西方世界热爱和关注的最重要的原因，但它不见得真能给现实的西藏带来任何实际的利益，相反这种不切实际的西藏想象势必将完全压制和掩盖现实西藏所面临的所有历史的和现实的具体问题和困难，使得后者在前者面前显得如此微不足道。总之，"神话西藏"的想象对现实的西藏可谓有百害而无一利，很可能给他们带来极大的危害。

　　更有甚者，如果西方世界把"神话西藏"想象中的种种不切实际的观念和理想的实现作为解决现实的西藏问题的前提，即要将想象的西藏化为现实中的西藏，让西方人借助他者和他者的土地来实现自己在自己的土地上无法实现的理想，不得不说，这本身就是一种典型的帝国主义、殖民主义行径。"神话西藏"中的那个西藏显然与历史上的传统西藏社会没有任何共同之处，也难以想象它可以成为未来西藏的发展图景。要将一个想象中的乌托邦在一个现实世界中实现，这无异于缘木求鱼，这无疑是一项不可完成的使命。而要将这项不可完成的使命预设为解决西藏问题的前提，这无异于故意给中国政府和包括西藏人民在内的所有中国人民制造难题。今日的"西藏问题"越来越引人注目，但也越来越复杂，越来越无解的重要原因之一，或就来源于此。值得引起高度警惕的是，在西藏被神话化为一个后现代的乌托邦的同时，中国也被塑造成了一个与"神话西藏"极端对立的"异托邦"，中国被作为一个"神话西藏"的对立面从种种不同的角度被高度妖魔化，一切美好的东西统统归属于西藏，而一切丑陋的东西则通盘由中国政府来埋单，这样两极的比照无疑人为地加深了汉、藏两个民族之间的裂痕，为西藏问题的解决设置了巨大的障碍。

西方以"神话西藏"为基调形成了一整套动听、迷人的"西藏话语"（Tibet Discourse），压倒了世界上其他任何有关西藏的声音和说法，形成了强有力的话语霸权，造成了对中国的巨大压迫。这种压迫在很大程度上来自西方的"西藏话语"中所表露和代表的种种普世的价值观念和理想。在今日的"西藏话语"中，"西藏问题"的焦点不再是"西藏独立"这一可以被理解为狭隘的民族主义的诉求，而是对人权、和平、博爱、自由、环保、民族平等、宗教自由、文化自觉和传统延续等一系列具有普世价值的热爱和追求，所以，"自由西藏"的追求与今日全世界所有人的追求都有密切的关联，代表的是当今世界人类最美好、最迫切的愿望。而西方作为所有这些普世的价值观念的创造者，在这种"西藏话语"中占据着天然的居高临下的主导地位，担当着救世主的角色。① 而不熟悉这种话语的内容、结构及其运作方式的中国人则在所有有关西藏问题的讨论和表述中都难免显得有点笨嘴拙舌，常常驴唇不对马嘴。

在西方的"西藏话语"中，今天与西藏相关的任何事物、问题都被他们赋予了普世的价值，都成了在时间和空间上超越现实西藏的、具有普世意义的话题，它们也都被放进了西方主导的普世的价值体系中，按照他们所制定的价值标准进行观察和评价。所以，不管今天的西藏出现什么样的问题，人们往往不会去认真考虑西藏特殊的自然和社会环境，不会去仔细探讨导致这些问题出现的具体原因，而一定会首先将它们与某个普世的观念和理想扯上关系，从而将它们高度地政治化、国际化。西方民众对西藏宗教和文化的兴趣与"西藏问题"日益国际化同步而变得高度政治化，这也是西方国家政府官方介入"西藏问题"的主要原因。在这种将西藏的宗教、文化和自然环境等均高度政治化的国际背景下，西藏只要有任何的风吹草动，都可以形成世界性的巨大波澜。人们完全忘记了现实的西藏不但与"神话西藏"毫无共同之处，而且从其自然条件，其社会、政治和经济发展水准，以及其现代化的总体程度等方面来看，现实的西藏与世界大部分地区相比都还有巨大的差距。用在政治、经济和文化高度发达的西方社会都尚难以达到和实现的理想型的普世价值标准来衡量西藏的现实，将现

---

① 沈卫荣：《也谈东方主义和"西藏问题"》，《天涯》2010 年第 4 期；亦见氏著《寻找香格里拉》，第 162~177 页。

实西藏社会中出现的种种困难和问题无穷地夸大，并高度地政治化，这不管是对于中国，还是对于西藏都是极不公平的。这样的做法除了会进一步激化西藏已存的和潜在的各种社会矛盾之外，对于现实西藏的进步和发展、对于改善和提高西藏人民的生活水平均无丝毫的好处。热衷于"自由西藏"者，即使其初衷或许真的是热爱西藏和西藏文化，希望能给西藏和西藏人民带来美好的理想和光明的前途，但他们的做法或难与对西藏的精神殖民相脱离，其后果也一定适得其反，无法给西藏和西藏人民带来任何实在的好处。① 诚如 Lopez 先生曾经指出过的那样，西方很多热衷于"西藏问题"的达赖喇嘛的支持者，甚至达赖喇嘛本人，实际上都是"香格里拉的囚徒"（Prisoners of Shangri-la）。他们无疑需要首先将他们自己从香格里拉这个牢笼中解放出来，才能够对西藏和"西藏问题"进行理性的思考，并就"西藏问题"及其最终的解决方案与中国进行建设性的对话。

从以上对今日国际化的"西藏问题"的分析和讨论，我们可以看出：当代（后现代）政治问题的棘手和难解并不是因为问题双方间有着长期的历史性的互相敌意，也不是二者之间存在着根本性的文化差异。事实上，将汉、藏两个民族，或者将"中国"，即一个纯粹汉人的国家，和"西藏"当作同一个问题的互相对立的双方，这本身就是一个非历史和非现实的做法，汉、藏两个民族之间不但在政治上有着悠久的交互影响的历史，而且在宗教和文化上也有着十分紧密的亲和关系。"西藏问题"的形成和发展，从来就不只是汉、藏两个民族之间的事情，西方作为帝国主义、殖民主义

---

① 笔者晚近曾去过一个比较边远的藏区访问，虽然时间短促，见闻不广，但依然深有感触。我们在西藏以外的世界谈论西藏，总会联想起香格里拉等字眼，但现实中的西藏距离香格里拉实在还是太遥远了。一方面，一些边远藏区的老百姓目前面临的还是一些十分基本的生存问题，藏族百姓的温饱和基础教育还依然是一个没有得到解决的问题。像我访问的这个藏区，老百姓的温饱很大程度上依赖政府的救济，儿童的基础教育状况不是好不好、是汉语教学还是藏语教学的问题，而根本就是有没有的问题。而且，也看不到这种状况在短期内得到根本改善的出路何在；但另一方面，由于西藏的政治、经济和宗教文化都已经搭上了现代化，甚至全球化的轨道，如何解决西藏百姓的生存、受教育和谋求发展等问题，都不再是仅仅涉及一个民族，或者一个区域的问题，它们都与中国，乃至世界的政治、经济和文化联系在了一起，所以，这里出现的任何最基本的生存和发展问题都可能被高度地政治化，被与所有普世的价值观念和宏大的国际性话题联系起来，相反对造成这些问题的当时当地的具体的自然和人为的原因则多半被忽视，其结果当然不可能有益于这些基本问题的最终解决，而往往会使本来简单的问题变得愈加复杂和激烈，更让人看不到可以解决这些问题的前景。

的直接的行为者，早已对"西藏问题"的性质和内容定下了难以改变的基调。所以，决定"西藏问题"今后的发展方向的显然也不仅仅是被认为的问题双方间的努力。这个已经十分国际化了的"西藏问题"能否最终得以解决，同样取决于西方国家政府和民众今后对"西藏问题"的态度和立场是否会有所改变。从这个角度来看，我们今天对于西方帝国主义的批评不只是一个满足历史好奇心的问题，而且还有着十分迫切的现实意义，因为它依然是当代国际政治的一个不可或缺的重要因素。

伊斯兰律法语境下的瓦哈比主义

——"反恐战争"与当代伊斯兰教法的失衡

殷之光[*]

摘要：本文主要从伊斯兰教法历史及法理特性基础出发，分析瓦哈比主义20世纪90年代以来在全世界蔓延的深层次原因。文章试图论证，以沙特为政治基础的瓦哈比主义意识形态在全球的传播，与美国布什政府在中东地区推行的新自由主义外交策略之间具有密切关联。文章认为，逊尼派伊斯兰内部原有的教法思想多样性，在阿拉伯世界长期的政治历史发展过程中，形成了一种天然的内在平衡。在这一平衡基础上，作为极端主义思想的萨拉菲教义被逊尼派伊斯兰内部的苏非主义等其他教法思想所制约。这一教法平衡也建立在阿拉伯世界自20世纪民族独立运动以来形成的世俗化以及地缘政治平衡基础上。然而，这一脆弱的平衡关系20世纪90年代以来在新自由主义全球化的影响下被打破。特别是2001年之后在"反恐战争"战略思想影响下，沙特的急速崛起以及什叶派穆斯林国家的衰落，更促成了瓦哈比主义在全球的进一步传播。而奥巴马政府治下美国在中东地区的战略收缩同时也更进一步促使了阿拉伯地区伊斯兰内部教法平衡关系的破裂。这种教法的破裂及社会结构的破裂，进一步将阿拉伯世界碎片化，进而造成了2011年的阿拉伯政治动荡。本文认为，阿拉伯世界碎片化的趋势将会进一步加深，并进一步造成更大的世界影响。中国当前所面临的穆斯林问题以及未来对中东政策的走向，也应当被放在这一大的框架中去理解，同时应当避免简单地陷入新自由主义式"反

---

* 殷之光，阿联酋扎耶德大学政治史与国际关系助理教授。

恐战争"的话语迷局中。

关键词：文明冲突 反恐战争 瓦哈比主义 政治伊斯兰 伊斯兰教法

Abstract：This paper intends to understand the logic behind the rapid spread of Wahhabism in the 1990s by historicising the rise of Wahhabism in the Arab world. This research contextualises its discussion by viewing Islamic law as the social and political foundation in the Arab Muslim world. This paper reveals the chronological connection between the spread of Wahhab ideology under the political support of Kingdom of Saudi Arabia and George Bush administration's adoption of neoliberal foreign policy in the Middle East. It argues that from a long-term perspective, the diverse legal schools within Sunni Muslim had reached a natural balance through theoretical struggles. Such a balance of legal thoughts allows Sufism and other Islamic theological and legal trends to restrict the rapid development of extremist ideologies such as Salafism and Wahhabism. This legal/theological balance is also secured by the geo-political balance and secularisation process accompanied by the national independence movement in early 20th century. However, such a fragile balance was destroyed under the growing influence of neo-liberal globalisation since the 1990s. This paper argues that the global expansion of Wahhabism is also further fuelled by the rise of Saudi Arabia and the decline of Shi'ia muslim countries and secular states in the Middle East after the enforcement of America's "War on Terror" strategy in 2001. Obama administration's devotion to the withdrawal of American forces in the Middle East also provokes the legal and political balance in the Arab Islamic world. The legal imbalance leads the Middle East into a further persistent fragmentation, in which the political upheaval in the Arab world starting from 2011 is fermented. The author argues that the fragmentation of the Arab world will continue to trouble the region and will generate more significant global impacts. By better understanding the political and religious imbalance in the Arab world, China could better comprehend the current internal terrorist threat masked as ethnic conflicts. It could also allow China to better structure its contemporary foreign policy towards the Middle East and pre-

venting itself from being engulfed by the discursive maze created by the ne-
oliberal concept of "war on terror".

Keywords：Clashes of Civilizations　　War on Terror　　Wahhabism
Political Islam　Shari'ia Law

在非穆斯林世界，瓦哈比主义（Wahhabism）是随着基地组织（Al
Qaeda）的名字，在美国发动"反恐战争"（war on terror）之后，开始广
泛流传的。在 2001 年 "9·11" 恐怖袭击之后，时任美国总统小布什在 9
月 20 日对美国国会及美国民众的讲话中特别提出了"反恐战争"这一观
念。其讲话中强调，"我们的反恐战争首个敌人便是基地组织。这场战争
会不断延续，直至世界各个角落里的恐怖组织都被揪出来并打压下去"①。
可以看到，在其提出之初，反恐战争便是一个边界极其模糊的概念，并对
1945 年《联合国宪章》制定以来所提倡的现代"正义战争"（just war）理
论造成了严重的挑战。2003 年，反恐战争从针对阿富汗基地组织的清剿活
动，扩大到针对萨达姆政权治下伊拉克的军事入侵行动。在许多观察家看
来，针对中东地区穆斯林世界的"反恐战争"在很大程度上需要被放在新
自由主义全球化扩张的背景下去理解。②

20 世纪 80 年代开始的世界政治格局最显著的变迁主要集中在一种意
识形态多元化政治的退潮以及美国作为单极霸权在世界范围内的崛起和扩
张。随着 1991 年苏联解体，以及中国市场经济改革深化，20 世纪中东世
界形成的多极结构以及世俗化意识形态下的国家建设潮流，渐渐开始被单
极化的美国军事霸权以及新自由主义市场观念主导下的经济改革所取代。③
必须认识到，"反恐战争"这一观念的提出，是一种后冷战时期美国单极

① 参见 Address of the U. S. President George W. Bush to a Joint Session of Congress and the Ameri-
can People, 20 September 2001, http：//www. whitehouse. gov/news/releases/2001/09/
20010920-8. html。

② 参见 Perry Anderson, "American Foreign Policy and Its Thinkers," in *New Left Review*, no. 83
（Sept/Oct 2013）. 又可见 Gordon Lafer, "Neoliberalism by Other Means：The 'War on
Terror' at Home and Abroad," in *Worksite*（Sydney：University of Sydney, 2004）, http：//
worksite. econ. usyd. edu. au/lafer. html。

③ 关于阿拉伯世界 20 世纪 50 年代民族独立运动与中国之间的关系问题，以及这一联系对传
统"冷战史"叙述的挑战，请参见拙作《反抗的政治——20 世纪 50 年代毛泽东的第三
世界视野与后冷战的冷战史叙述批判》，http：//wen. org. cn/modules/article/
view. article. php/4044/c18。

霸权结构下所形成的意识形态政治产物。作为新自由主义全球化战略中不可获取的暴力机制,"反恐战争"从其诞生之初,就直接延续了1991年美国在海湾地区军事行动的基本任务。自苏联解体之后,阿拉伯地区政治对抗的矛头便很快集中在美国的单极霸权上。在1990年2月的一次阿盟会议上,时任伊拉克总统的萨达姆·侯赛因在其讲话中便警告,冷战的结束,使得帝国主义美国成了阿拉伯世界新的威胁。他认为"在其资本主义手段及帝国主义政策的帮助下,美国会不停地背离那些原有的制约世界平衡的秩序"①。同样,美国布什政府在强调驻军沙特阿拉伯,并武力干涉伊拉克入侵科威特的合法性时也提出,伊拉克的入侵打破了"现有的世界秩序"。布什在1990年8月8日向美国民众发表的讲话中提出,伊拉克的军事行动,"不仅仅是一个美国的问题,也不仅是一个欧洲的问题或是中东的问题,它是一个世界的问题"。他将这场军事行动与30年代"自由民主世界"反抗纳粹德国的行动联系起来,构造了一种在后冷战时期背景下,自由主义普遍性话语的合法性。同时,在这一普遍主义话语下,布什的讲话中同时也强调该地区,特别是伊拉克的石油产出与美国经济之间的密切关联。②

与这种意识形态政治修辞相呼应的,是在苏联解体之后美国学界迅速出现的"文明冲突"理论。在这一"后冷战"意识形态背景下产生的文明冲突理论强调文化的共性取代冷战时期意识形态式的普遍主义想象,而成为新的世界政治共同体想象基础。在这一仿佛去意识形态化了的政治共同体想象基础上,亨廷顿用一种虚构的文化多元主义表象,掩盖了美国主导的单极世界霸权背后所隐藏的强烈新自由主义意识形态倾向。这一思想假设了一种建立在文化相似性基础上,超越了威斯特法利亚民族国家主权界限的政治认同。这种认同取代了冷战时期形成的意识形态普遍主义多元结构,而成为苏联解体之后世界政治及其未来的主调。"文明冲突"理论将美国在阿拉伯世界的战略及阿拉伯世界对其的抵抗被囊括在文化冲突的框架下,描述成为"西方文明"与"伊斯兰文明"之间不可调和的矛盾。虽

---

① Gary R. Hess, *Presidential Decisions for War*: *Korea*, *Vietnam*, *and the Persian Gulf* (Baltimore and London: The Johns Hopkins University Press, 2001), p. 158.

② George Bush, "Address to the Nation Announcing the Deployment of United States Armed Forces to Saudi Arabia," (George Bush Presidential Library and Museum, Aug. 8, 1990). http://bushlibrary. tamu. edu/research/public_ papers. php? id = 2147&year = &month.

然，在一定程度上，"文明冲突"理论批判回应了苏联解体之后洋溢在美国政治及国际关系学界中的那种历史终结的乐观主义倾向。但是，亨廷顿对于世界冲突政治基础的解读无疑是在尝试为美国"后冷战"时期全球战略提供霸权的另一种话语基础。

在亨廷顿的阐释中，"国家利益"（national interests）仍是不可改变的世界政治判断基础。这一点，与存在于 20 世纪上半叶及所谓"冷战"时期的共产主义国际主义话语不同。共产主义下的国际主义普遍话语强调：在民族/国家基础上，建立起的阶级认同，形成了一种国家（national）与国际（international）利益之间的辩证联系。在这种联系基础上，并不存在一种纯粹的国家内部矛盾关系，同样也不存在一种简单的"内部"与"外部"之间的二元对立关系。相反，这种连动了国家/民族内部特殊性和国际社会普遍性诉求的辩证关系，是在本质上超越民族国家界限的阶级认同想象基础上成立的。在亨廷顿"文明冲突"的论述中，他强调冷战之后的世界冲突大都发生在不同文明之间。① 在这种文明冲突的范式基础上，亨廷顿认为传统的威斯特尔法利亚主权结构以及肯尼斯·沃尔兹描述的"坚硬互碰的'台球'式国家"（billiard ball system）在冷战后的世界体系中都日渐消失②，取而代之的将会是在相同文明之间的联合与认同，以及在不同文明之间的冲突与对抗。亨廷顿的论述还将恐怖主义的流行与伊斯兰世界原教旨主义的兴起理解为在苏联意识形态政治消亡之后，国际政治向"文明冲突"模式的自然转型。

随着 2001 年"反恐战争"的开始，这套文明冲突的范式又重新得到了政治强化。随之而产生的对"伊斯兰文明"他者化的脸谱式阐述，似乎也更加证明了亨廷顿所描述的那种东西方文明之间不可调和的冲突结构。然而，实际上从文明冲突范式诞生之初，它便作为一种国际关系指导战略，与美国国家利益之间存在着密不可分的联系。它在很大程度上，认同了布热津斯基所强调的在"冷战结束之后"世界所陷入的"混乱范式"（chaos paradigm）成了世界格局的基调。而需要回应的现实政治问题，则

---

① 亨廷顿论述，"1993 年年初 48 个种族冲突中的将近一半发生于不同文明的集团之间"。然而，从未到半数的案例中，推导出一个能够理解世界政治的普遍"范式"，这从历史研究方法论及统计学角度来看，也似乎是一个不太站得住脚的判断。Samuel P. Huntington, *The Clash of Civilizations and the Remaking of World Order*（New York：Simon & Schuster, 1996），p. 35。

② Ibid.

是在这一基调下美国的全球战略任务及目标。在布热津斯基强调的"混乱范式"之下，美国的主要任务被认为是需要恢复其政治活力，领导"广泛意义上的西方"（a larger West），在其与东方的对抗之中，建立起一个"复杂的平衡"（complex balance）。① 而对亨廷顿来说，这种冲突的边界是基本建立在文明的边界差异之上的。而美国所面临的一个基本现实是非西方文明的兴起，以及在这基础上的自我确证的需要与传统西方文明之间不可调和的冲突。从其理论目的来看，亨廷顿并不希望真正为文明为何冲突提出任何历史性的阐释，而是希望从这一文明冲突范式的假设出发，一方面论证对抗及"冲突"是现代世界不可避免的政治主线；另一方面，也希望提出在这一主线基础上，从现实主义的角度分析以美国为主的"西方文明"如何在这种环境下，避免冲突的扩大化与持久化。

然而，这套文明冲突的范式虽然试图建造一种多极化的假象，但它忽略了各个"文明"内部的矛盾差异对现实政治结构造成的严重影响，同时这种过分简化的多极化假设也使其缺少对"文明"内部认同形成机理的阐述。此外，这一简化的脸谱式结构又阻碍了其对"文明"观念进行实证主义分析，进而将现实政治中包含的政治、文化、经济、宗教、社会等多层次复杂结构简化成一个经验主义式的论断。并且，它掩盖了现代国家政治中所普遍存在的利益集团冲突对世界政治的影响。2001 年开始的"反恐战争"作为在这种"文明冲突"范式下产生的政治话语，因此同样也存在着类似的问题。

作为伪命题的"政治伊斯兰"

在"反恐战争"的话语体系里，"政治伊斯兰"（Political Islam）或是"伊斯兰主义"（Islamism）是在 2001 年之后被重新强调的观念。这两者作为同义词，主要强调作为宗教的伊斯兰和作为政治意识形态的伊斯兰之间存在着重要差异。同时，这个名词，在 20 世纪末期伊朗革命之后，被西方保守主义分析家们用来描述 19 世纪以来，在阿拉伯穆斯林世界广泛存在的一种反西方的激进主义态度。其中包括埃及的穆斯林兄弟会，以及遍布阿

---

① Zbigniew Brzezinski, "Balancing the East, Upgrading the West: U. S. Grand Strategy in an Age of Upheaval," *Foreign Affairs* 91, no. 1 (January/February 2012).

富汗、印度、孟加拉、巴基斯坦各国的圣战者组织伊斯兰促进会（Jamaat-e-Islami）等等。① 在保守主义者亨廷顿和伯纳德·刘易斯（Bernard Lewis）看来，伊斯兰教的社会历史发展天然缺少一种在基督教文明中经历的启蒙运动过程。因而，其世俗的政治关怀与天启宗教的追求并未真正分离。刘易斯认为，从穆斯林世界的哈里发（khalīfa）身上便能发现这种政教合一式的特点。哈里发既是真主的先知，又是穆斯林的领袖（Amīr al-Mu'minīn）。在 19、20 世纪广泛存在的穆斯林世界反西方的传统中，世俗政治领袖以伊斯兰的名义调动群众而发起的伊斯兰主义运动（state-sponsored Islamic Movement）则更是这一政教合一特点的另一现实体现。② 他认为，在伊斯兰世界与西方之间发生的冲突实际上是"宗教的东方"（religious East）与"世俗的西方"（secular West）之间发生的冲突。③ 亨廷顿在其《文明的冲突》中所讨论的这种东西方之间的性质差异也成为其冲突理论中，存在于东西方之间不可调和的矛盾基础。

当然，我们很容易看出潜藏在这种文明冲突理论中的西方中心主义色彩。一些穆斯林学者也对此提出了尖锐的批评。在穆罕穆德·阿依布（Mohammed Ayoob）看来，并不存在一种总体性的抽象伊斯兰意识形态。伊斯兰的政治想象受到其特定人群所处的特殊历史政治环境所限制。其对抗的对象、斗争的方式及最后的政治目的均受到这种社会差异性的影响。因此，很难将一个总体性的"政治伊斯兰"意识形态强加到充满历史及政治社会特殊性的阿拉伯国家中去。④ 阿依布还认为，例如阿巴斯王朝的"哈里发"作为政治领袖，其执政合法性实际上来自一个教法学者精英阶层"乌理玛"（Ulama）。很大程度上，这是一种政教分离的政治模式。这种模式，从阿巴斯王朝一直延续到奥斯曼帝国。⑤

阿依布的讨论，以一种从伊斯兰世界内部发现历史的方式，对西方伊

① Olivier Roy, *The Failure of Political Islam*, trans. Carol Volk (Cambridge, MA: Harvard University Press, 1994), pp. 1-3.

② Bernard Lweis, *The Crisis of Islam: Holy War and Unholy Terror* (London: Phoenix, 2003), pp. 17-21.

③ Bernard Lewis, "The Roots of Muslim Rage," *The Atlantic* (September 1990): 10.

④ Mohammed Ayoob, "Political Islam: Image and Reality," *World Policy Journal* 21, no. 3 (Fall, 2004): 1-14.

⑤ *The Many Faces of Political Islam: Religion and Politics in the Muslim World* (Ann Arbor: The University of Michigan Press, 2007), pp. 5-11.

斯兰政治学研究及西方中心式的国际关系宏大理论提出了重要的批评。然而，其并未更深入地阐述"政治伊斯兰"这一概念中所暗藏的东方主义色彩。在"文明冲突"范式的逻辑下，虽然冲突不可避免，但是其理论的最终理想，是在建立一种文化多元主义下的世界和平。而"政治伊斯兰"观念的提出，旨在将伊斯兰的政治性，在西方理性主义哲学结构下，与其作为宗教的属性相区别。一些西方学者认为，伊斯兰主义是一种"由个人、组织和团体，在政治目的诉求下而工具主义化了的伊斯兰教。它通过想象未来这种方式，对当下社会诸种挑战提出政治性的回应。它建立在对伊斯兰传统的重构、转借和重新创造的基础之上"①。这一区分，一方面将"政治伊斯兰"与"恐怖主义"之间建立起对等关系（两者都基本被看作反西方与反现代的）；另一方面，却又试图给"作为宗教信仰的伊斯兰"留下一种可能与"西方文明"共存的可能性，满足那种多元文化世界大同政治的假想。

然而，在这种受到了浓重启蒙主义历史影响的政教分离诠释中，"政治"被预设为一种与行政官僚结构相结合的制度性概念。其行为的载体（个人、团体、政党等）必须存在于现代国家（state）的基础之上。对于伊斯兰世界政教分离的论述，其立论基础强调哈里发与乌理玛之间在国家这一范畴的结构性分工差异。在当代知识体系中，政教分离是一个基本的现代性预设。分离之后的宗教是个人化的道德规范，与社会组织方式及法律无干。同时，现代国家的组织形式也假设了这种政教分离的情况，并认定，法律正义的逻辑基础来自实证主义。然而，作为政治合法性的载体，伊斯兰教法（Shari'ia）在这种结构中扮演的特殊角色却并未得到很好的分析。

伊斯兰本身强调教法的普遍适用性。正像其他亚伯拉罕系一神教一样，伊斯兰不但是一种精神修行，更是一种社会道德规范。在阿拉伯世界，伊斯兰教的重要性主要来自其作为宗教律法体系的地位。因此，其本质上便是政治化的。阿拉伯学者瓦尔·哈里克（Wael B. Hallaq）指出，传统的伊斯兰教法，其监督及执行者实际上并不是一般意义上现代国家政权的代言人。对于穆斯林世界来说，直到19世纪才真正开始接触到这一整

---

① Guilain Denoeux, "The Forgotten Swamp: Navigating Political Isam," *Middle East Policy* 9 (June 2002): 61.

套源于欧洲威斯特法利亚体系的现代国家观念及其机制。① 从实践上来说，伊斯兰教法以家族、社群这类小团体为基础，并融合了社群习惯法的原则，成为社群组织结构的基础。而从法理上，伊斯兰教法源自《古兰经》。但由于《古兰经》中并未真正详细地对纷繁复杂、不断变换的社会问题做出解答，因此对广大穆斯林来说，真正具有实践指导意义的法律宗教文本是记录先知穆罕默德言行的《圣训》。无论是《古兰经》还是《圣训》其基础均源自流行于阿拉伯地区已久的习惯法。

然而，即便是《圣训》也无法全面涵盖日益复杂的社会情况。并且，如何理解《古兰经》及《圣训》的字面意义也成为一个重要的律法实践问题。因此，针对具体事件或问题，以《古兰经》及《圣训》为文本基础，伊斯兰的律法学者（mufti）有权对这类文本做出权威解释，以期让这类教法文本在最大限度上发挥其实践作用。② 而针对基础文本未涉及的内容，律法学者理论上还有权在伊斯兰的文本框架内，以其自身的理论修养及道德逻辑，对事件做出诠释。这类具有教法意义的诠释统一被称为教令（Fatwa）。瓦哈比派教长奥萨马·本·拉登著名的对于"圣战"（jihad）的阐述便属于"教令"。③

但是，这套宗教法律体系在实践中遇到了极大的问题。首先，随着穆罕默德去世，伊斯兰教迅速分裂为什叶、逊尼两派。两派对穆罕默德合法继承人的问题有着根本的认识对立。法理上，这一对立牵涉对于伊斯兰教基础文本的最终解释权。而这种对立，同时也呈现在两派内部诸多小派别之间的差异上。瓦哈比主义则是在逊尼派内部产生的一种复古主义保守潮流。其次，针对《圣训》本身合法性的观点差异也进一步造成了伊斯兰宗教律法体系的分裂。《圣训》作为宗教法律文本，实际上包含了两类主要内容，即先知穆罕穆德的言论，以及他的行迹。虽然两者均为其弟子所记录，但是在前者的记录中包含了大量弟子们对于先知言论的总结与阐述。因此，对于一部分伊斯兰律法学者来说，掺杂了后人阐发的言论，无法真正作为伊斯兰律法的根本真理。相反，先知行迹从理论上来讲更具有法律价值，它们可以成为后人针对具体问题发表教令的判例基础。最后，容许

---

① Wael B. Hallaq, *An Introduction to Islamic Law* (Cambridge: Cambridge University Press, 2010), p. 7.

② Ibid., p. 11.

③ "Osama bin Laden's 1998 Fatwa" at http://www.mideastweb.org/osamabinladen2.htm.

教法学者针对具体问题给出个人判断又使得伊斯兰作为一套宗教律法系统进一步产生分化。随着时间积累及伊斯兰教的扩张，日渐庞大的教令体系也使得教众很难真正在具体道德规范及行为准则上做出个人判断。这类判断的权利无论从教理、法理还是实践上，都被一小部分学者/教长阶层所垄断。由于缺少类似什叶派中的最高神权领导，逊尼派中教令的发布更是落到了各宗各派的乌理玛手中。从这个意义来讲，当代伊斯兰内部的宗教霸权源自对"教令"发布的绝对控制权。而对于乌理玛的教育权，则是这种霸权的社会基础。

从教法内部看瓦哈比主义

在这种伊斯兰内部教法差异的背景下再来理解瓦哈比主义，则能够呈现出不同的意义。瓦哈比主义被简单视作一种极端主义宗教意识形态。其基础来自于伊斯兰中"圣战"（jihad）观念的狭隘诠释，以及对于《古兰经》中所规定的伊斯兰律法的纯粹字面理解。其信众主要来自经济欠发达地区的中下层百姓。因而，在主流非穆斯林媒体中，瓦哈比主义被看作一种与贫困、落后、愚昧等定见相联系的前现代宗教形式。它被认为是"政治伊斯兰"意识形态的一种形式。在西方保守主义看来，它与纳粹主义、共产主义等，同属政治光谱下的极端主义。对于不少穆斯林来说，瓦哈比主义则又在很大程度上，被视为一套异端邪说，其基础是对创始人瓦哈比的人格崇拜。然而，这类叙述均在不同的意识形态框架下，脸谱化了瓦哈比主义，平面化了伊斯兰世界内部问题及矛盾，简单化了瓦哈比主义传播倚靠的政治及社会背景，淡化了瓦哈比主义全球化背后所隐藏的现实主义意识形态政治的权力动机。

必须认识到，今天世界所面临的瓦哈比主义问题，特别是其暴力化、武装化、恐怖化的问题，是先于"反恐战争"观念形成前出现的。其矛盾核心，在于一种困扰了穆斯林，特别是阿拉伯世界两个世纪的问题。在法理上，这一矛盾体现为阿拉伯习惯法与欧洲大陆传统下形成的现代条文法体系之间的冲突；在社会层面，这一矛盾体现为阿拉伯穆斯林传统游牧生活道德准则与现代城市生活方式及道德之间的冲突；而在当代穆斯林信仰内部，则体现为传统主义宗教神学与激进革新派神学之间的差异，以及我们所熟悉的穆斯林多种教派之间内部权力冲突及意识形态斗争。

在伊斯兰教诞生之初的很长一段时间里，阿拉伯半岛上的伊斯兰宗教是在一个各宗各派律法观念互相辩论探索的过程中发展起来的。在这一过程中，各派别也都在竭力寻找并论证各自作为正统诠释的合法性基础。但随着逊尼派穆斯林的发展壮大，这一派所提供的对于伊斯兰教法经典的诠释，被其推崇者们描述为对于《古兰经》等伊斯兰教法源泉经典最为"正确"的解读。在这一过程中，什叶派伊斯兰逐渐被描述为异端（ilhād）甚至是不信真主者（kufr）。① 同样，什叶派针对逊尼派的教法诠释也有同样的敌意。此外，在这两种基本差异之外，逊尼和什叶派内部也存在着更细微的宗派差异。各宗各派均认为，自己所提出的教法诠释才切实抓住了伊斯兰的本意。所以在这个意义上，伊斯兰教内部的冲突与对抗，其本质应当被理解成一种教法诠释学的差异。不同教法诠释宗派之间的论争与消长，在教法原理层面上决定了各宗派影响力的大小。这一点，直至今天也是如此。

但是，需要注意的是，由于教法是穆斯林行为规范的基础。因此，对于教法的诠释直接影响到了各穆斯林团体的社会组织模式及道德标准。从现代政治运动的角度来看，教法则不单单扮演了社会组织中习惯法的角色，还承担了社会活动中意识形态的作用。在前文中提到，19 世纪之前的阿拉伯世界，并不存在现代威斯特法利亚式的国家主权体。虽然，在阿拉伯及北非地区的贸易活动不断，但这一地区行政基础仍旧以同姓部落为单位。这种松散的政治组织结构也对应了分散的律法宗派神权体系。宗教宗派之间的力量平衡，也被部落政治军事实力之间的平衡所强化。然而，自18 世纪晚期开始，诸如瓦哈比主义这类诞生于阿拉伯半岛内陆省份的教派也开始进行硬性传教活动。试图强制性地将一种排他性的、原教旨的教义推广至广大的穆斯林地区。同时，阿拉伯地区自给自足式的政治宗教平衡态势随着 19 世纪欧洲殖民势力的扩张而逐步被打破。② 进入 20 世纪，随着现代国家结构的诞生，以及在阿拉伯地区的部落统一战争，这类原有的政治教法平衡更进一步被破坏。伊斯兰教法思想则作为反抗西方压迫的传统资源被调动起来，并成为有效的反殖民建国运动的政治意识形态资源。在这一历史过程中诞生的诸如穆斯林兄弟会等，便被西方观察家们称为

① Robert Irwin, ed., *The New Cambridge History of Islam*, 6 vols., vol. 4 (Cambridge and New York: Cambridge University Press, 2010), p. 105.

② Robert Irwin, ed., *The New Cambridge History of Islam*, 6 vols., vol. 4, p. 16.

"政治伊斯兰"。

瓦哈比主义诞生于 18 世纪晚期。其创始人穆罕穆德·伊本·阿布杜·瓦哈比（Muḥammad ibn 'Abd al-Wahhāb，1703－1792）出生于阿拉伯半岛沙漠中部的内志省（Najd）。[①] 与麦加、麦地那所在的汉志省（Hijāz）不同，内志省远离跨印度洋贸易口岸，它更多的是作为一个内陆贸易的中转站。长年以来，其主要的政治威胁来自部落战争与内部权力斗争。作为一个内陆省，内志也未曾受到过什么显著的殖民与帝国主义政治压力。[②] 因此，与 19 世纪兴起的泛伊斯兰主义运动等意识形态相比，瓦哈比主义的诞生更大程度上，可以被看作对于伊斯兰内部矛盾的教义教法回应。它对当时伊斯兰教各宗内部的求智主义、神秘主义等倾向深恶痛绝。从瓦哈比主义的角度看，任何一种不源于《古兰经》的道德论述均是一种自我偶像崇拜式的表达。它要求人们通过严格遵守先知及《古兰经》教诲，回归原始、单纯且直接的伊斯兰。[③]

从这个角度出发再去理解瓦哈比主义，则更能理解其意识形态政治色彩，以及它强大的社会组织能力在今天世界政治中的影响。作为一种宗教改良主义，瓦哈比主义直接批评了 18 世纪伊斯兰教中日渐兴盛的圣人崇拜以及其他形式化的神秘主义倾向。这种倾向一方面与阿拉伯地区传统民间信仰相关，另一方面，也受到了浓厚的伊斯兰教内部苏非主义（sufi）流行的影响。[④] 瓦哈比主义对此做出的回应是要求回归伊斯兰教的本源，以《古兰经》及穆罕默德圣训为唯一真理，坚持真主的唯一性（tawhid）。因此，瓦哈比主义的信徒更倾向于称自己为穆罕默德主义派或唯一神性派。瓦哈比本人是伊斯兰逊尼派四大律法学派中秉承传统主义观念的罕百里派（Hanbali）的门徒。从律法观念上来说，瓦哈比主义基本没有在罕百里学派的基础上有任何发展。罕百里学派的核心，包括相信《古兰经》为真主言语本身，而非其"创造"；仅有先知行迹（而非后人记叙其言论）才可

---

① Michael Cook, "On the Origins of Wahhābism," *Journal of the Royal Asiatic Society*, Third Series, no. 3（July 1992）：191-202.

② 王铁铮、林松业：《中东国家通史：沙特阿拉伯卷》，商务印书馆，2000。

③ Khaled Abou El Fadl, "Islam and the Theology of Power," *Middle East Report*, no. 221（Winter, 2001）：28-33.

④ 关于苏菲主义在奥斯曼土耳其帝国境内的传播与影响，参见 Irwin, *The New Cambridge History of Islam*, pp. 60-104。

作为法律的依据。① 罕百里学派的律法精神也成了逊尼派萨拉菲主义的核心。而同时这种原教旨主义的律法精神也为瓦哈比主义所秉承。瓦哈比主义最重要的差异在于其真正完成了政教合一的任务，成为沙特阿拉伯建国之意识形态基础，并最终将伊斯兰教的意识形态中心拉回到阿拉伯半岛。

18 世纪的阿拉伯半岛隶属奥斯曼帝国。从形式上，奥斯曼帝国是一个以伊斯兰教为基础的帝国。正如历史上诸多多民族大帝国一样，奥斯曼帝国的法理基础更大程度上来自伊斯兰传统内部对于习惯法体系的包容。这种包容在程序上体现为容许律法学者团体针对具体事件与问题提出灵活阐释。奥斯曼帝国对于伊斯兰意识形态的领导权主要体现为两方面，即帝国领袖苏丹作为宗教领导人哈里发的权力，以及对于有权威发布教令的教长群体的任命权。奥斯曼帝国时期的伊斯兰教因此更显得具有包容性。庞大的教令文本也成了实行习惯法治理的判例基础。作为一种政治意识形态及法律体系的伊斯兰，在这个时期变得更为多样化、个人化。而在这个时期兴起的瓦哈比主义，则是阿拉伯半岛部落居民试图重新夺取伊斯兰教意识形态领导权，夺取对半岛土地所有权特别是征税权的一次政治努力。其表达方式，则是要求彻底地去除那种奥斯曼帝国式的兼容杂处的伊斯兰法理解释，要求回归那种源于阿拉伯部族社会习惯法基础的纯正信仰。这一派别主张去除一系列受奥斯曼影响的腐化奢侈生活方式，用简朴的生活与严格的宗教仪式净化信徒心灵，反对宗教生活中的歌舞仪式，反对饮酒、吸烟、赌博等行为，强调阿拉伯穆斯林之间的平等团结以及一致抵御外敌的重要性。

1744 年，穆罕穆德·伊本·阿卜杜勒·瓦哈比与穆罕穆德·本·沙特结盟，沙特家族为瓦哈比派提供武力保护及经济支持，而瓦哈比信众则为沙特家族反抗奥斯曼统治、统一阿拉伯部族及伊斯兰信仰、行使政治权力并进行领土扩张等"圣战"行动提供宗教法理学论证。而在瓦哈比本人去世之后，这种政教联合的模式则最终成为沙特家族政教合一的基础。今天，沙特通过以资助的方式对于讲经学校（madrassa）、律法学校（mazhab）等重要宗教意识形态机构的影响，使瓦哈比主义有效地传播，

---

① Adis Duderija, "Islamic Groups and Their World-Views and Identities: Neo-Traditional Salafis and Progressive Muslims," *Arab Law Quarterly* 21, no. 4 (2007): 341-363.

并成为逊尼派穆斯林内部具有重要影响的支派。[①]

碎片化的阿拉伯与瓦哈比主义的传播

瓦哈比主义作为穆斯林内部的一支力量，其成功因素之一来自同政治力量的有效结合。这一点，直至今天也是理解瓦哈比主义全球传播，以及今天穆斯林世界内部政治斗争原因的核心。虽然伊斯兰内部的教派差异巨大，但真正获得了政治基础的伊斯兰派别仍在少数。以今天的局面来看，最主要的还是瓦哈比主义与沙特的结合，什叶派与伊朗的结合，以及在2011年阿拉伯政治动荡中兴起的穆斯林兄弟会与突尼斯、埃及政党政治的结合。理论上来讲，上述任何一派都具有统一全球穆斯林，实现伊斯兰世界大同这一最终政治意识形态目标的能力。同时，前两者有相对更强大的政治基础以及影响广泛的教长体系。两者之间的矛盾斗争也在更长时段内影响着伊斯兰世界内部的教法争端。但是，作为新兴力量的穆斯林兄弟会却对现代化社会更具适应性。特别是在当代政党政治的体系内部，穆斯林兄弟会以其革新的姿态，相对更为西化的形象，迅速在一些世俗化程度较深的伊斯兰国家中取得影响，并对君主制的海湾国家，特别是以瓦哈比主义为基础的沙特沙文主义霸权形成了直接的政治挑战。我们因此也可以发现，很快随着穆斯林兄弟会在埃及、突尼斯等地的政治成功，沙特、阿联酋等海湾国家开始转而大力支持这些国家内的世俗军阀力量。而作为新兴海湾石油富国的卡塔尔试图通过献金资助的模式，希望与穆斯林兄弟会这一宗教力量结合，并取得伊斯兰世界的意识形态领导权。这一行动也在根本上促成了阿拉伯世界内部，特别是阿拉伯半岛上逊尼派海湾国家共同体内部的分裂。

沙特与瓦哈比主义政教合一的格局为瓦哈比主义在全球的扩张提供了重要的经济及组织基础。传统上，伊斯兰的教派差异是防止极端主义盛行的重要内在因素。一直以来，具有深远文化历史的埃及是反对罕百里学派原教旨教法学说的重镇。其艾孜哈尔大学（Al-Azhar University）一直是反对瓦哈比主义、萨拉菲主义律法传统的重要知识基地。其苏非主义传统影

---

① Angel M. Rabasa et al. , *The Muslim World After 9/11*（Santan Monica, Arlington, and Pittsburgh: RAND Corporation, 2004）, p. 42.

响了大量老一辈中国穆斯林及阿拉伯研究学者。而随着埃及政治动乱，沙特以其经济影响力，逐渐开始掌控新一代伊斯兰教长与伊斯兰教法学者的教育，以此更加扩大了瓦哈比主义的全球扩张。

在很大程度上，冷战结束之后的中东政局打破了伊斯兰世界律法传统的平衡。沙特王室在石油美元以及美国新自由主义中东战略思想的支持下迅速崛起，与之相伴的，则是伊朗受到多方面压制；具有深厚苏非传统的埃及陷入经济社会危机进而导致内乱；伊拉克、叙利亚这类在复兴党影响下世俗化程度极深的国家被小布什的新自由主义政府视为恐怖主义流氓国家。随着"反恐战争"的扩大化，伊拉克在美国军事经济压力下政权解体，叙利亚也处在国家分裂及内战的深渊。

当然，瓦哈比主义 20 世纪 90 年代开始的迅速全球化过程也在基于一个共同敌人想象基础上对于社会资源进行调动。在苏联解体之前，多种普世主义思想及其形成的霸权相互斗争的格局形成了一种形式上的权力平衡。而伴随着新自由主义意识形态全球霸权出现的，则是一种唯发展论下消费主义生活方式的全球化。正是这种对现代消费主义生活方式的反对，将瓦哈比主义内部派别差异统一起来，也使其获得了在全球传播的精神土壤。在今天这种国家世俗意识形态退潮、伊斯兰宗教意识形态受到"反恐战争"脸谱化压制的情况下，具有良好群众基础并资金充足的瓦哈比主义得以在全球迅速膨胀。

从阿拉伯世界的碎片化到今天东欧的碎片化，都可以被放在一个统一的新自由主义政治意识形态全球化的框架中去理解。新自由主义全球政治的形式逻辑体现在对于发展及个人经济自由理性发展的绝对信仰。在此基础上所论证的对个人主义民主政治结构的强化以及对国家调控及意识形态作用的弱化甚至是污名化是其明显的意识形态任务。然而，以绝对的个人主义经济发展为基础的新自由主义不能承载一个意识形态政治所必需的共同体想象任务。因此，在其基础上所发展起来的政治霸权缺少一个传统意义上的权力中心，同时对于这种霸权政治的反抗也是无中心的。碎片化则是这种政治权力无中心的现实与意识形态多中心的普世政治话语理想在世界政治中的真实体现。由此产生的情况应当是新一轮民族国家独立与分裂主义意识的兴起，以及新一轮对于普世主义政治全球化意识形态的争夺。在阿拉伯世界的变动中，我们看到的是泛伊斯兰主义内部多种普世叙述的意识形态争端，也看到了阿拉伯民族主义、海湾国族主义的兴起。需要指出的是，后者实际上在前者的意识形态压力下艰难生存，特别是在海湾国家内部，国族主义的基础很大程度上仰赖的仅仅是国家暴力机器对于宗族、教派差异的压制。

泛伊斯兰主义作为一个全球性的运动，其影响深入中国内部，并打破了新中国成立以来所形成的对于民族问题叙述的政治平衡。近20年来对于新自由主义经济发展论的盲目信任，也让中国共产党政权逐渐丧失了对于意识形态问题的话语权。跨民族之间的认同政治需要一个具有普世主义价值的意识形态话语支持。同时，抵御中国内部民族分裂主义碎片化倾向，也需要一个对于全球范围的意识形态政治冲突及多种普世主义话语内部差异性的理解与利用。针对中国境内的穆斯林问题，一个首要的任务，应当是调动伊斯兰内部资源，抵御瓦哈比主义的全球影响。对于民族宗教问题，仅仅通过经济发展与政策扶持方式，试图解决一个以意识形态为核心的问题，无疑是徒劳无功的。相反，在这种唯发展论的实用主义政治逻辑下，国家主动放弃了对于意识形态问题的领导权。以此在宗教团体、少数民族中创造出的意识形态真空，为瓦哈比主义这种具有国际主义色彩，且有良好群众组织结构的意识形态传播提供了机会。

中国近些年所面临的民族与宗教问题是碎片化世界政局中的意识形态问题。而意识形态问题必须以意识形态的方式来解决。在新自由主义全球化语境下，不存在一种单纯的一国之内的宗教与纯粹的民族问题。以中国近些年所面对的西藏、新疆问题来看，其民族"独立"诉求的知识话语来自西方殖民主义话语及其后的发展。而不久前发生在云南昆明的恐怖袭击，其政治想象，则来自一种对于全球化的泛伊斯兰主义狭义"圣战"的认同。试图用政策的方式来解决这类具有浓重意识形态政治想象的问题无疑是徒劳的。同时，中国也应该避免被盲目卷入美国全球"反恐战争"的话语内，进而造成一种与伊斯兰国家、民族及人群之间"文明冲突"式的意识形态冲突。极端主义的蔓延是社会的疾病，也是伊斯兰内部的疾病。如何重新恢复伊斯兰内部教法学派互相消长的平衡，重现伊斯兰内部教法教理的多样性则无疑是更具基础意义的问题。

亚洲与中国：
政治、知识与想象

何谓东亚的"共同性"

——现代日本的"民主"和"主权"

〔日〕小森阳一 著　任勇胜　周　颖 译*

摘要：本文是作者在清华大学人文与社会科学高等研究所主办的
"十九世纪以降东亚区域秩序的巨变国际学术研讨会"（2013 年 9 月 1
日）上的主题演讲，分析了第二次安倍政权形成前后日本的政党更替
过程和选民结构发生的变化，缕述 2012 年 9 月安倍晋三第二次参加首
相选举以来的各种言行及其国际反响，并进一步追溯自民党在日本政
党组织中的位置变化和安倍政权反对追究战争责任的右翼政治历史根
源，指出围绕"从军慰安妇"和"修改宪法"问题，安倍为首的日本
右翼政治势力正前所未有地利用政治力量来美化大日本帝国发动的侵
略战争，使之正当化、合法化。

在领土问题上作者提出如下认知框架和可能途径：（1）"领土"
问题发生在"主权"国家间，就个人而言，只有在将自身定位为"主
权"国家的"国民"时，才成为"领土"问题的当事人。（2）所谓
"领土问题"已经由媒体煽动而形成，在实践上，我们应该抑制东亚
的领土民族主义，才能从根源上将其切断。（3）面对所有事件，要在
熟谙美国的东亚战略和日美安全保障条约体制后进行理解。（4）由民
间对话来促使国家和政府之间胶着态势发生变化，并在各自的国家中
促进政府的政策变化。

关键词：东亚　共同性　战争责任　领土问题　主权　民间对话

---

* 小森阳一（1953～ ），日本东京大学教授。任勇胜，清华大学人文学院博士研究生。周
颖，清华大学日语系硕士。

Abstract：This article analyzes the process of and the changes in the composition of the electorate around the time when the second Abe Shinzō government came into power. It argues that focusing on issues of "comfort woman" and "constitution revision", Right-wing political powers led by Abe have been attempting to justify and legitimize the invasion war initiated by the Japanese empire with an unprecedented aggressiveness. In regard to the issue of "territory", the writer proposes the following framework and possibilities：Firstly, the issue of "territory" occurs between "sovereign" countries and only when an individual defines him/herself as the citizen of a sovereign country can he or she become a litigant in territory disputes. Secondly, the so-called "territory" problem has come into existence at the instigation of media；in praxis, the only way to solve this problem at its origin is to control the tide of territory nationalism in East Asia. Thirdly, the East Asian strategic maneuvers of the U. S. and the system based on the Treaty of Mutual Cooperation and Security between the U. S. and Japan must be grasped before one deals with all relevant issues. Lastly, people's dialogue (*minjian duihua*) should be promoted to prompt changes in the stalemate between countries and governments and in policy making in countries involved.

Keywords：East Asia　Commonality　War Responsibility　Territory　Sovereignty　People's Dialogue (*minjian duihua*)

2013 年 8 月 15 日，安倍晋三首相在日本政府主办的"战死者追悼会"的致辞中，并没有提到 1993 年细川护熙内阁以来历代首相所言及的日本曾经在亚洲战争中的加害责任，也没有谈到不再发动战争的誓言。在大日本帝国发动过的侵略战争中，曾把中国大陆作为战场危害其人民，在朝鲜半岛进行殖民地统治、强制劳动、动员其女性作为日本军的性奴隶，对于这些邻国，日本首相重新声明日本国家不会再犯同样的错误。这是从 1990 年代至 2000 年代近 20 年来所形成的东亚的"共同性"。但这一"共同性"被第二次安倍晋三内阁践踏、破坏，使其成为废纸一张，我对此极其愤怒并表示强烈抗议。同时，我们决心重新全力投入因各国、各地区的草根运动而形成的、维护这一重要的东亚"共同性"的实践活动中去。

　　践踏这一东亚"共同性"的第二次安倍政权，是根据 2012 年 12 月 16 日总选举的结果产生的。安倍晋三所率领的自由民主党，虽说比 2009 年被民主党夺取政权时的总选举减少了 219 万票，但仍取得了 294 个议会席位（现在是 295 个），大获全胜。造成这一结果的最大原因是，选民在民主党身上寄托的通过"政权交替"来实现政治改革的希望破灭，因此有投票权者没有去投票。在战后日本的历史上，这次是投票率最低的一次。这也是小选举区制度（一个选区产生一名代表）和比例代表区选举制这种现行的日本选举制度自身导致的不合理的选举结果。自民党所获得的票数，就全部有投票权者的比率而言，选举区不过占 24%，比例选举区也只占 15%。一两成人的意向决定了全部的选举结果，这是现在的日本政治制度的实际情况。

　　因此，请不要认为安倍政权的一个个政治决策是日本国民的总体意愿的体现。这是我首先要向今天来听我演讲的诸位说明的，也请你们一定向更多的同学和民众传达这一点。

　　第二次安倍政权在 2013 年 7 月 21 日的参议院选举中也大获全胜。执政的自民党和公明党获得压倒性多数席位。这意味着，执政党在众议院占多数席位、在野党在参议院中占多数这一"转矩国会"（ねじれ国会）格局被打破了，日本大众媒体集中报道了这一点。六年之间，"'转矩国会'是坏的吗"之类的讨论在日本报纸和电视上持续被报道。但是，"转矩国会"的原因在于，国民针对第一次安倍政权以日本国宪法改恶为中心、促使"战后体制"解体的这一状况，进行了抗议和抵制。

　　7 月 21 日公布的第 23 回参议院选举投票结果是，无论在选举区还是比例代表上，执政的自民党和公明党均取得决定性胜利，超过稳定多数的 129 个席位，达到 135 个，从而在众参两院中执政党获得多数席位，这意味着第二次安倍晋三政权继佐藤荣作政权和小泉纯一郎政权之后成为长期政权这一状况确定下来。因为，到三年后的 2016 年 7 月参议院选举为止，日本将不再举行国政选举。

　　但是，要想修改宪法必须获得 2/3 以上席位同意，所以改宪派在参议院并没有实现这一目标。不用说，日本国宪法也是第二次世界大战后，日本与东亚和世界的"共同性"之一。不准篡改这一选择，是日本的选民们所决定的。同时必须要重新提及的是，第一次安倍政权在自民党总裁选举中曾许诺"在我的任期内要修改日本国宪法"，企图破坏"共同性"的政权这一事实。在预定的 2016 年 7 月举行下一次参议院选举之前，第二次安倍晋三政权最起码能在未来的三年内持有统治权。

从 2006 年 9 月到 2007 年 9 月，第一次安倍晋三政权仅仅执政一年。在那之后，福田康夫、麻生太郎的自民党政权在 2009 年的总选举中落败，出现政权更替，鸠山由纪夫、菅直人、野田佳彦率领的民主党政权同样仅仅是不到一年或一年多一点时间的短期政权。在持续执政五年以上的小泉纯一郎政权之后，将会长期执政的就是第二次安倍晋三政权。

但是，安倍晋三政权的长期政权却会给东亚地区带来极大的不稳定。因为安倍首相的历史认识会毁坏东亚的"共同性"。我必须向大家声明的是：安倍晋三是持有完全错误的历史认识的政治家，根本没有资格出任日本国的内阁总理大臣。

自民党总裁安倍晋山在 2012 年 12 月 16 日的总选举中获胜，12 月 26 日成为内阁总理大臣。在这次的安倍内阁中有 4 名阁僚是安倍初任国会议员的 1993 年成立的"反思日本前途与历史教育青年议员之会"的同志。

此"议员之会"是针对 1993 年总选举落败使自民党有史以来第一次成为在野党的总裁、此前曾出任过宫泽喜一政权内阁官房长官的河野洋平，要求其撤销 8 月 4 日的"河野谈话"而组成的团体。

2012 年 9 月 15 日，安倍晋三在自民党总裁选举公开讨论会上，发表了如下言论："因为河野谈话，说是军队强制性进入居民家中，胁迫女性同行充当慰安妇，致使日本背负着这种恶名。虽然安倍政权时曾做出'并不存在强制性'的阁议决定，但大部分民众并不知晓。因此，有必要重新确认修改河野谈话这一事。"

成为首相之后，在接受《产经新闻》（2012 年 12 月 31 日）采访中，安倍再次强调第一次安倍政权时针对"河野谈话"做出过"军队或官方记录中看不到强征随军的直接证据"的阁议决定。事实上，正是根据这一第一次安倍晋三政权的阁议决定，在教科书检查中把关于"从军慰安妇"问题的部分从教科书中删除了。自第一次安倍政权开始，就开始了破坏东亚"共同性"的行为。

安倍的这一言论经由路透社的报道传遍世界，2013 年 1 月 3 日出版的《纽约时报》刊登了题为《否定日本历史的新举动》的社论，对安倍首相进行了严厉批判。基于这一批判，在 1 月 28 日开始的国会上，日本共产党的志位和夫委员长，严厉批判了安倍的"鉴于没有证明强制性的文件，就没有强制的事实的这一论断"。而安倍首相也不得不声明"自己并没有谈及河野谈话"。

但是，4月22日，安倍首相在国会答辩声称，"作为安倍内阁""并不会依照原样加以继承" 1995年8月15日村山富市首相的"谈话"。第二天（23日），安倍批判村山谈话把过去大日本的战争定位为"侵略战争"，并回答说，"关于侵略这一曾经的定义，即便在学界和国际上也没有固定起来"。

安倍首相在国会做出答辩的同一天，168名国会议员集体参拜靖国神社，参加春季例行祭祀活动。对此，韩国的媒体全部对安倍首相展开批判。4月24日《朝鲜日报》报道了"安倍首相甚至否认日本的侵略"，《中央日报》报道说"安倍否定日帝侵略"。

4月29日韩国的国会形成决议，对麻生太郎副总理参拜靖国神社和安倍首相关于历史认识的发言进行纠弹。

美国国会调查局5月1日提出的报告书中也对安倍首相进行批判，认为安倍"否认日本的侵略行为和亚洲牺牲的历史，是修正主义的历史观"。

5月4日，美国前驻日大使托马斯·希弗警告说，如果日本否定"河野谈话"的话，将会损害日美关系。访美中的韩国总统朴槿惠也向奥巴马总统强调，日本必须拥有"正确的历史认识"。

这一天，岸田外交大臣在会见记者时声明"我国直到先前的大战期间，对许多国家，特别是亚洲诸国的人民造成了很大损害和苦痛"。

但是，自5月10日左右，大家都注意到，即使外交大臣和官房长官发表了"造成了严重损害和苦痛"的声明，但其却省略了村山谈话中非常重要的语句"殖民地统治与侵略"。在这一天的内阁委员会上，冈田克也议员向菅义伟官房长官进行质问道，安倍政权虽声明将会继承历代内阁的立场，但并没有使用村山谈话中最重要的概念"殖民地统治与侵略"，也就是说，是不是对此不予承认呢？尽管冈田氏反复追问了七次，对此菅官房长官一直支支吾吾没有正面回应，没有确认"殖民地统治与侵略"这一用语。

岸田外相虽引用了村山谈话，但排除了"殖民地统治与侵略"这一用语。菅官房长官虽然一边说没有否认过"侵略"，要全盘继承，说什么"不是全部包括在内吗"，但最终还是没有确认"殖民地统治与侵略"这一词语。并且，在随后5月12日NHK星期天讨论中，自民党政调会长高市早苗的发言否定了村山谈话，引起波澜；而 13 日大阪市长桥下彻在发言中对"从军慰安妇"制度加以肯定。

桥下彻发表了如下言论："在那种枪林弹雨中，拼了命地跑向那里，那可是精神高度紧张的集团，也不是说在哪儿休息，但想要让他们这样的话，那慰安妇制度就有必要了，这是谁都明白的。"进而他说，"当时，慰安妇制度是世界各国的军队都存在的呀"。此发言不仅在日本国内，在世界范围内也引起了批判。

此时正值禁止拷问条约委员会举办国际联合第 50 次会议在日内瓦召开，委员会为了使"慰安妇"问题得到解决，提出了严重警告。

对于日本对相关责任和义务的推卸，委员会指出，第一，没有做出任何平服受害者的救赎和补偿措施；第二，缺乏对拷问行为者的起诉、裁判；第三，隐藏相关资料，不积极予以公开；第四，高层的公职人员或政治家公开否定事实，持续对受害者进行精神伤害；第五，对此类问题，历史教科书上不予记载；第六，对于这一问题相关的联合国人权理事会普遍的定期审查等众多来自人权条约委员会的劝告不予理睬。

对此指摘，安倍晋三政权 6 月 18 日在国会答辩上形成如下阁议决定："劝告不具有法的约束力，我们没有遵守的义务。""作为政府对桥下市长的认识没有回答的立场"。日本作为拷问条约的缔约国，公然无视人权条约委员会的劝告，只能说是背离国际社会的举动。

1991 年，曾被强迫为日本军性奴隶的金学顺女士，作为韩国"这里还活着的证人"开始为人所知。她的勇气鼓励了许多受害者站出来。不仅是在韩国，中国、朝鲜、菲律宾、印度尼西亚等日本侵略战争曾经波及的所有地区，被强迫为日军性奴隶的女性们开始了她们的告发行动。

当时的宫泽喜一政权对当时的当事者进行了采访调查。为了使日本的侵略战争责任得到确认，历史学者、中小学教师、学生们和他们的监护人、市民联合起来，把这些祖母辈的女性请到日本，在全国各地巡回活动，听取她们的证言。

其时正是我从成城大学转到东京大学任教的 1992 年，一到任之后，就和本科生、研究生一起组织了集会，请这些女性来讲述她们的经历。

但是，对这些日本军性奴隶受害者女性充满勇气的证言，一些政治家满嘴下流粗口般污蔑说，"全是谎话""为了挣钱卖淫罢了"。这些人正是以自民党的世袭议员为中心的。从而，否认日本军性奴隶问题的草根民族主义运动以"日本会议"为首的右翼组织发动开展起来。

自由民主党是在 1955 年组成的，从那时开始就是政权政党。在过去的 37 年中，很多第二代或第三代世袭议员成长起来。如果追溯他们的父辈或祖父辈，战争责任问题就必然浮出水面。其中的典型就是名叫安倍晋三的这位政治家。他的外祖父是 A 级战犯嫌疑人岸信介。岸信介在出任总理大臣的时候，改订了日美安保条约；对其行为的抗议引发了大规模的民众运动。对如此身世的世袭议员们来说，"从军慰安妇"问题与他们自身作为政治家的姿态是紧密相关的问题。

在 1989 年"柏林墙"倒塌、欧洲终止"东西冷战体制"时，亚洲也打出了南北"冷战体制"的终止符，韩国与朝鲜在 1991 年同时加入了联合国。

韩国在 1965 年缔结《日韩基本条约》之时，也签订了"关于财产和索赔权的解决与关于日韩经济合作的协定"。其中第一条中提出，日本向韩国提供价值三亿美元的日本物品和无偿劳务，来换取第二条中两国的索赔权等"完全且最终解决"。

也就是说，是在没有对殖民地统治的谢罪也没有对因日本的战争而卷入的死伤者给予赔偿的情况下签订的协议。但是，因为朝鲜民主主义人民共和国与日本没有正常的邦交关系，是以对大日本帝国发动的殖民地统治与强征随军、对全面战争动员责任有权提出索赔要求的联合国成员登场了。

对本来就要对战争责任加以全面修正的世袭议员来说，日本军性奴隶问题，是其父辈、祖父辈的战争责任问题，也是他们自身作为政治家被追究的根本问题。于是，他们利用美国所煽动的"怀疑朝鲜核开发"的问题，试图转移问题。

美国把朝鲜民主主义人民共和国作为在亚洲地区新的假想敌完全提出，是在 1991 年年末苏联解体之后。

美国与日本缔结的日美安全保障条约，是把日本纳入美国原子弹的保护伞，即核遏制的范围之中，以此来逃避苏联的核威慑，从这一原理出发而缔结的联盟。从理论上来说，苏联如果消灭了，日美安保条约也就没有再存在的必要。

要使日本绝对不能脱离日美安保条约体制，就要在日本的周边创造出新的"敌人"，美国选择朝鲜作为这一"敌人"，并且不断煽动核开发的嫌疑问题。1993 年 3 月朝鲜声明脱离核不扩散防止条约。

在此形势中，宫泽喜一政权在 1991 年 1 月爆发的海湾战争中没有出动自卫队。对此，美国提出："日本只出钱不流血汗吗？亮出旗帜吧！"旨在迫使日本向海外派遣自卫队。宫泽政权 1992 年 6 月使《协助联合国维持和平活动法案》（POK 法案）成立，9 月向柬埔寨派遣了自卫队。联合社会党的田边诚委员长一起推进日朝恢复外交的原自民党副总裁金丸信，因东京佐川邮政不正当献金问题被发现而辞去议员职位，宫泽政权的支持率也急速下降。1993 年 6 月，在野党社会党、公明党、民社党联合提出内阁不信任案，自民党内部也出现赞成者，在国会通过了这一议案。

出自自民党内部而赞成不信任案的人有小泽一郎和鸠山由纪夫。他们脱离自民党后，小泽组成了以羽田孜为党首的新生党，鸠山则抢先一步组成以武村正义为党首的新党。新党打出"政治改革""改变宪法九条、迈向为国际社会做贡献的国家"的旗号，批判自民党和社会党，要求改宪选举。自民党因此大败。

根据小泽一郎提出的"重组政界"主张，在"反自民非共产"的共识下七党一会派联合起来，于 1993 年 8 月产生了以日本新党党首细川护熙为首相的政权。自民党组党以来的 38 年后，首次从执政党的位置上跌下来。其时成为自民党总裁的河野洋平，在把政权移交细川护熙之前的 1993 年 8 月 4 日，围绕"从军慰安妇"问题发表了"内阁官房长官谈话"，即"河野谈话"。

在自民党跌落为在野党的 1993 年总选举中，作为三代世袭政治家的新议员安倍晋三登上政坛。他指责，正是"从军慰安妇"问题致使自民党从执政党跌落为在野党，于是试图美化日本的侵略战争，使世袭政治家的自己得以正当化，这就是我前面提到的"反思日本前途与历史教育青年议员之会"。

可是，河野官房长官谈话是基于"五五年体制"的最后一届自民党政府宫泽内阁所进行的访谈调查资料而得出的结论，是同侵略战争的受害者直接对话的过程中形成的历史认识。这一历史认识承认原日本军参与了慰安所的设置、管理以及慰安妇的运送。慰安妇的招募，主要是由军方委托进行的，但也有经过花言巧语和高压而违反本人意愿的许多事例，也有一些是官吏直接支持的；特别是在殖民地朝鲜，全部慰安妇都是被强制征用的。许多历史学者认为"河野谈话"是经得住历史学检验的正确的历史认识。因此日本政府也试图对慰安妇经历的痛苦与伤害表示由衷道歉。

1996 年 8 月 15 日村山富市谈话初次承认日本的"殖民地统治与侵略"给"亚洲各国人民带来了巨大的伤害和痛苦"这一历史事实，表示"深刻的反省"和"由衷的歉意"，即表明谢罪的态度。

"村山谈话"在 1998 年被写入《日韩共同宣言》，得到日韩两国政府的承认；此后又被载入 2002 年的《日朝平壤宣言》，获得日朝两国政府承认。这说明"村山谈话"是得到国际认可的政府宣言。

因此试图否认"河野谈话"和"村山谈话"的第二次安倍晋三政权，与第一次安倍政权时代一样，都在践踏 1990 年代至 2000 年代近 20 年来形成的历史共识，应被视为以极为深刻的形式在重复同样的错误。

这就是这位叫作安倍晋三的政治家与其身边的人的所作所为，是前所未有地利用政治力量来美化大日本帝国发动的侵略战争、使之正当化、合法化的举措。

对外石原慎太郎煽动起与中国的领土问题冲突，桥下彻企图煽动以"从军慰安妇"为首的历史认识问题，但招致支持者叛离的结果，这些问题引起与中国、韩国关系的高度紧张。安倍自民党借此强调强化日美安保条约的必要性。当前，根据内阁的解释，自卫队将会变质为能够与美军进行联合军事行动的军队。

因此，主张认可集团自卫权的原驻法大使小松一郎被提拔到内阁法制局长这一所谓"宪法的守护者"的位置上。

而且，石原、桥下组合的"日本维新会"与"大家的党"（或"众人之党"）合作，在参众两院获得了 2/3 以上的席位，把明文改宪写入日程。这意味着在此期间必须掩盖日中韩三国的关系（或者说"领土问题"）的本质。

2013 年 7 月 7 日是 1937 年卢沟桥事变、中日爆发全面战争 76 周年纪念日。这天，"追求和平之海——东亚与领土问题国际研讨会"在东京召开。来自中国、韩国、日本等的 150 名研究者出席此次研讨会。主办方为该会议的执行委员会。

执行委员会在最后对研讨会做总结性发言，对于在领土问题上持续严重对立的中日韩三方今后该如何应对，提出了几个重要建议。我想在此介绍发言全文，可能稍微有些长。

（1）我们在今天、7 月 7 日——奇迹般地在中日爆发全面战争的 1937 年卢沟桥事变这一天里，齐聚东京，面对面地对近年东亚地区日益严峻的（中日、日韩）领土问题展开讨论。

（2）在这里，我们首先确定的是，无论哪个国家，都决不能行使武力（实力）。武力（实力）的行使，不管是在怎样的限定条件下，都将为东亚未来的发展埋下祸根。

（3）第二，各纷争的当事国都承认在"领土"问题上存在纷争，必须与存在纷争的国家开展对话。对话内容无疑是重要的，而在当下，更为重要的是对话的姿态。

（4）第三，产生纷争的海域是周边人们的生活场所、生产场所。生活在这里的人们不希望发生纷争与冲突。

（5）第四，媒体产生的作用是很大的。无论哪个国家的媒体，当发生这类问题时都在煽动国民舆论，希望激发民族主义情绪。这将助长本国国民对纷争国国民的憎恶，妨碍政府的理性判断，从而造成不幸的结果。媒体需要时刻认识到自身应承担的责任，需要进行理性而克制的报道。

（6）第五，在这类纷争中民间（市民）发挥作用的重要性。"领土"问题是主权问题，政府很难做出妥协。这里既会有面子的原因，也会有国民指责政府"脊梁骨不够硬"的声音，这将使得政府与政府间的对话与妥协变得更加困难。与之相比，民间（市民）处于自由的立场，可以自由地提出构想、进行交流、展开对话与讨论。公众舆论容易凝固成民族主义，而民间（市民）能够对此进行缓冲，创造避免冲突的各种路线，有助于政府决定的软化。

（7）但仅止于此几乎没有任何价值，我们不应互相争夺小海岛（岩礁）所有权、互相伤害。本次研讨会确定，要关注东亚地区大局，进行冷静的对话，互相尊重，为创造"和平之海"竭尽全力。

以上是"7·7 研讨会"主办方总结发言的全文。在这篇文章中，关于"领土"问题，我们必须历史性地来思考，将重要的观点清楚地表达出来。我试着提取其中几个观点。

第一个观点，"领土"问题发生在"主权"国家间。就具体的个人而言，只有在将自身定位为"主权"国家的"国民"时，才成为"领土"

问题的当事人。

所谓"主权"国家，是指不从属于他国，无论国内问题还是国际问题，都能够独立自行决定的国家。这种"主权"国家的概念形成于1648年威斯特伐利亚条约。战争的发起者，也被定位为这样的"主权"国家。

"主权"国家，或者说国家的"主权"这种想法自身，也是在历史中形成的，有必要对其进行相对化处理。围绕"领土"的"民族主义"，同样在历史中形成，是近来才产生的一种情感。这个研讨会上，来自冲绳的与会者、琉球大学名誉教授比屋根照夫做了以下发言：

> 对冲绳而言，最担心发生的事态是：在冲绳这片历史上与亚洲和中国保持最亲密关系的土地上，激发中日双方领土民族主义。
>
> 冲绳的舆论与时下过热的"固有领土"论不同。尖阁诸岛（钓鱼岛）是先岛和台湾渔民的生活领域，或者说是"琉球王国"与亚洲诸国共同的生活空间。

生活在"冲绳"的比屋根氏提到非常重要的一点：地球上所有的空间都是人们"共同"的"生活领域"，都有成为"共有的生活空间"的可能性。首先来思考关于"冲绳"这一"地区"曾"在历史上与亚洲和中国保持了最亲密的关系"这一认识。注意比屋根氏将"冲绳"换成"琉球王国"这一说法。在大日本帝国逐渐踏入"冲绳县"之前，这个地区原本是"琉球王国"。

明太祖洪武帝（1368~1398）年间的1372年，琉球接受明朝册封体制，进入朝贡体系。朝贡册封体系是指以作为中华的中国为核心形成的国际秩序。中国皇帝册封周边诸国首长为王，令治理其领土。受册封国将本国特产作为贡品献上，是为朝贡。这种关系与帝国主义时代的殖民地宗主国与被殖民国家的关系全然不同。

接受中国册封、进行朝贡的国家，进行自律性的内政外交，未曾受到过中国的干涉。中国赐予朝贡者的物品有时高于贡品价值。这种关系与近代帝国主义的殖民地主义中侵略掠夺方与被掠夺方的关系有着本质性的区别。朝贡关系中政治性、文化性友好同盟的特点很强。

中国将周边朝贡诸国作为抵御外来侵略的缓冲地带，朝贡国则通过接受中国册封来确保其在国内统治的正统性，并以中国为后盾防御外国侵略，以期获得安定。朝贡册封关系并不是单方面的上下关系，而是有着互惠互利的特点。

琉球中山王武宁在 1404 年正式接受明朝册封，得授冠服。就这样，琉球王国以明朝为媒介，在东亚地区中，作为海洋贸易的小国家保持着自立。

在这 3 年前的 1401 年，室町幕府三代将军足利义满向明朝派遣使者，3 年后的 1404 年与明朝就勘合贸易达成协议，意即向明朝提供正式的船只勘合符，自此明朝与日本开始贸易。出家后的足利义满受明朝册封，被封为"日本国王"。

1388 年，李成桂发动政变自立为王。翌年，经明太祖洪武帝裁定，定国号为朝鲜，次年定都首尔。其后，第三代首领正式受明朝册封为"朝鲜国王"。

以"冲绳"亦即"琉球王国"为轴线来重新审视东亚历史时，不同于"固有的领土"，我们可以从中看到和平交易关系的可能性。我们可以看到，"包围了琉球王国的大海曾经是明朝、朝鲜、琉球、日本平等地进行贸易、从事渔业的'共用的''生活领域'"。

打破这稳定的勘合贸易体系的，当属继织田信长统一天下后执掌大权的丰臣秀吉于 1592 年出兵朝鲜事件。出兵朝鲜之际，秀吉通过岛津义久向琉球提出负担兵役的要求，试图在两者间形成支配与被支配的体制。

赢得关原之战胜利，并在 1603 年被任命为征夷大将军的德川家康继承了这个路线。1609 年岛津家久率兵 3000 余众进攻首里与那霸，希望把琉球王国作为岛津家族的一个采邑。正是战争破坏了"共用的生活空间"，使之成为受暴力支配的区域。

第二次世界大战中，冲绳岛战役（陆战）涉及了作为大日本帝国本土"弃子"的非作战人员全员。战役后，该地区成为美军军事基地，持续至今。

8 月 5 日，一架隶属于美空军嘉手纳基地的直升机在宜野座村的美国海军军营坠毁，从而引发了大规模的抗议行动。

比屋根氏认为"冲绳自明治以降所经历的历史，与亚洲殖民地体验有其共通性"。独岛（竹岛）问题是在中日甲午战争和日俄战争这样的帝国主义战争中，大日本帝国为求与欧美列强的"平等"而对独立国家朝鲜王国动用军事力量进行强制性合并过程中并行产生的。首先，必须在日本国内形成这种历史教育、历史认识的理解。

第二个观点是，将帝国主义战争与殖民地支配的关系明确化，在当下的亚洲对一个个问题进行再定义。

"冲绳正在就阻止配备鱼鹰、缩小并撤掉美军基地以免造成多重负担，举全岛之力展开抗议运动。冲绳岛战争中平均每 4 人中就有一名牺牲者。我们坚定拒绝再次发生由这种悲惨的领土民族主义激烈冲突所引起的战火。如何克服大国主义、霸权主义，如何在现在这个国际社会实现和平主义、王道主义，这是向中日双方共同提出的问题。"这是比屋根氏在研讨会报告上的结束语。

我认为在实践上提出的问题是，所谓"领土问题"已经由媒体煽动而形成，我们该如何抑制东亚的领土民族主义，能够从根源上将其切断吗？

2012 年，石原慎太郎这个反对中日恢复邦交、持续发出敌视中华人民共和国言论的政治家，以美利坚合众国为燃火点，煽动"尖阁诸岛"（钓鱼岛）问题，使中日关系陷入有史以来最恶劣的时期。2012 年是"冲绳回归" 40 周年，同时也是"中日邦交恢复" 40 周年。然而，没有一个 40 周年举行了祝贺庆典。

1971 年 6 月 17 日，美日双方签署归还冲绳协定。大约一个月后的 7 月 15 日，尼克松总统访华的消息闪电般地公布。这表明美国承认越南战争的失败并接受从越南撤军。又一个月之后，美国宣布停止美元兑换黄金，赖掉了在越南战争中的借款。这就是所谓"尼克松冲击"。

1972 年 5 月 15 日"归还冲绳"，同年 7 月就任首相的田中角荣为对抗越过日本独自行动的尼克松，于 9 月同大平正芳外相与周恩来总理进行会谈，一鼓作气实现了中日邦交的恢复。当时中日达成共识，双方都不占有尖阁诸岛（钓鱼岛）。这触发了美方的怒火，1976 美国方面爆出洛克希德事件，田中角荣由此倒台。直至"归还冲绳"与"中日邦交恢复"前夕，这片地区还处在美国支配之下。美国在归还冲绳岛之际，将"尖阁诸岛"（钓鱼岛）问题暧昧化，这样一旦中日间产生领土问题，美国就可以将在冲绳保持军事基地一事正当化，这是美国设下的定时炸弹。

第三个观点，面对所有事件，都要在熟谙美国的东亚战略和日美安全保障条约体制后进行理解，这点非常重要。第二届安倍晋三政权在 2013 年刻意将 4 月 28 日作为"主权恢复日"大肆庆贺，我们有必要对此认真思考。安倍政权认为这天是 1951 年 9 月 8 日签署"旧金山和约"生效之日，因而将它定为"主权恢复之日"进行庆祝。然而，就在同一天，吉田茂首相被带往位处旧金山郊外的美军基地，签署了"旧日美安全保障条约"。4 月 28 日庆典的背后目的就在于掩盖这个事实。之所以称之为"旧日美安全保障条约"则是因为现行日美安全保障条约是在安倍晋三外祖父、A 级战犯嫌疑者岸信介担任首相时改订的。

尽管日本国宪法第九条第二项"不保持陆海空军及其他战斗力"规定了日本不保持战斗力，但美国在"旧日美安全保障条约"序言中要求日本保持防卫力量。当时正处于 1951 年朝鲜战争时期。美军组织联合国军对朝鲜民主主义共和国发起军事制裁，以日本为出击基地发动了朝鲜战争。条约第一条和第二条规定美军可自由使用日本军事基地，在第三条的基础上缔结了后来的日美行政协定。这是比殖民地还不如的不平等条约。

同时，该条约规定，作为美军基地的岛屿冲绳和小笠原的行政权也归属美方。这对冲绳人来说，4 月 28 日是"屈辱日"。因而当第二届安倍政权将这一天作为"主权回归日"举行庆典时，出现由一万人组成的抗议集会也是理所当然的。参加朝鲜战争的朝鲜民主主义人民共和国、大韩民国、中华人民共和国、苏联都没有出席旧金山和平会议，这是导致第二次世界大战后东亚的"共同性"亦即"民主"与"主权"难以明确化的重要原因之一。

在日本宪法之下持续侵犯日本主权的正是日美安全保障条约体制。在这个体制内，美国违反《日本国宪法》第九条第二项规定，不断要求日本重整军备，这持续威胁到二战后东亚的"民主"和"主权"。

根据现行日本宪法，国民作为基本人权所有者，成了日本国家的主权所有者。这是日本宪法序言的第一句宣言。既然单个的国民是真正意义上的主权所有者，那就有必要对处于个人之上的国家的权力做出限制，要求政府不得命令国民为国而死。这就是日本宪法第九条第二项。

"为达成前项目的，不保持海陆空军及其他战力"规定日本不保持战斗力。"不承认国家交战权"否定了交战权。这两点正是日本宪法第九条第二项的重要思想。19 世纪后半期至 20 世纪中叶，持续发动侵略战争的大日本帝国在第二次世界大战中败北，接受了《波茨坦公告》之后的国家存在方式，日本宪法的规定本身至今仍是东亚"民主"与"主权"的根本。

但是，自 1990 年"海湾战争"以来，美国不断地强烈要求日本自卫队与美军一起进行军事行动。日本的"民主"自 1955 年起一直守护着基于宪法的"主权"唯一性，然而从这个时候开始它受到了来自美国的明显攻击。

当时，海部俊树的自民党政权在国会上提出向"海湾战争"派遣自卫队的《联合国和平合作法案》。当时小泽一郎氏任自民党干事长。但是，时任内阁法制局局长工藤敦夫在国会答辩认为"会被认为行使武力与一体化的加入行动，在宪法上是不被许可的"，该法案因此作废。日本自卫队最终没有参加于 1991 年 1 月 16 开战的"海湾战争"。此事让全世界的普通大众知道了日本宪法的存在，知道了日本宪法第九条第二项规定自卫队不是军队。20 世纪 90 年代以后，"日本自卫队不是军队""根据日美安全保障条约，（日本）不能与美军集体行使自卫权"这样的宪法认知被东亚普通大众共享，这是形成东亚"共同性"的重要前提。

试图推倒这个前提的是"9·11"之后小泉纯一郎政权派遣自卫队协助乔治·布什总统发起的"与恐怖主义的战争"。根据 2001 年出台的《反恐特别措施法》，海上自卫队开始在印度洋为参加进攻阿富汗的国家的舰船提供供油作业。

在 2002 年 9 月小泉闪电式访朝之后，日本国内媒体围绕绑架问题开始大规模的反朝鲜宣传，在日本国民中营造了"面对朝鲜与中国的威胁，为保卫自身安全，不得不协助美国的军事行动"的情绪。

2004 年 8 月 10 日，井上厦、梅原猛、大江健三郎、奥平康弘、小田实、加藤周一、泽地久枝、鹤见俊辅、三木睦子九人呼吁成立"九条会"。也正是在这一年，英美违反联合国宪章非法进攻伊拉克，小泉纯一郎政权也向萨马沃派遣了陆上自卫队，进一步逼近日本国宪法解释改宪的底线。

《读卖新闻》每年 4 月第一周会发表关于宪法的舆论调查，在 2004 年 4 月公布的舆论调查结果表明，希望修改宪法的人超过六成，不希望修改宪法的人二成多一点。

4 月下旬，因为向伊拉克派遣自卫队引发当地武装势力的报复，发生了绑架日本人高远莱惠子、今井纪明、郡山总一郎的人质事件。为保护三人的人身安全必须全力以赴的小泉政权企图撇开关系，放言去危险的伊拉克是前往者自己的责任，而不愿使用国家经费营救三人归国；这在网络上遭到猛烈的抨击。从不呼吁社会运动的加藤周一氏，在这一时刻毫不犹豫，最早草拟了呼吁书，上述九人作为发起人呼吁成立"九条会"展开社会运动。从那时开始，我担任了"九条会"的事务局局长。

"九条会"发起在全国主要城市的巡回演讲，依靠每个发起人自己的声音和语言，把呼吁书的内容向国家主权的直接拥有者——国民——做出说明和呼吁，来唤起舆论支持。

"九条会"呼吁，不能重新选择性修改包含"九条"的日本国宪法。这要落实到每天的生活中，而很少提出抽象的理念。我自己也在每次讲演会中都会追问："到底我们怎么办才好呢，请说得清楚些。"

就这样，在日本全国各地唤起了自然发生的、集合起来的发起人，成立"九条会"的运动也就自然而然地运作起来。2005 年 7 月末，在佐贺县有名町大广场举行了有 1 万人参加的讲演会；事务局也掌握到，全国各地成立了 3000 个"九条会"。作为全国各地自发的运动而成立的"九条会"，唯一的方针是要在全国各个角落发起"九条会"，这也是在有名町讲演会上提出的方案。但是，在这期间，9 月小泉纯一郎政权策划了所谓"对邮政民营化说'是'还是'否'"这一话题，并突然解散众议院而举行剧场型小型选举；"九条会"的影响力未能阻止这一使选民沉默的事态。自民党获得 296 个席位而大胜。第三次小泉政权期间抛出了"自民党新宪法草案"，其中删除了《日本国宪法》第九条第二项，明确提出"拥有自卫军"这一点。自民党和公明党组成的执政党，在众议院获得了 2/3 以上的席位，在参议院如果也能获得 2/3 以上席位的话，就会出现能够明文改宪的严重局势。继佐藤荣作、吉田茂之后，小泉政权成为战后日本第三个长期政权。

2006 年 8 月 15 日，小泉参拜靖国神社，造成与中国、韩国的关系恶化。9 月，小泉在自民党总裁任期期满后总辞职；安倍晋三继任自民党总裁，第一次安倍政权成立，并宣布要在自己任期中修改宪法。安倍政权为修改宪法铺路，先行举动是修改 1947 年制定的《教育基本法》。本年，全国"九条会"的数目达到 4800 个，其力量也没能阻止《教育基本法》改恶。12 月 16 日，安倍政权强行修改了《教育基本法》。

2007 年 4 月，在国会举行修改宪法的《国民投票法》审议大会之际，《读卖新闻》举行的宪法修订舆论调查表明，"三年中一直"认为应该修改宪法的人数在持续下降，坚持维持宪法的人数持续增加，双方形成各为四成的平衡对抗局面。在此后 10 日左右，当时的民主党代表小泽一郎不赞成安倍晋三政权改宪路线的态度明朗化。其结果就是，2007 年 5 月 14 日，在只有执政党支持的情况下，安倍政权不得不强行通过《国民投票法》的议案，而且通过了很多附带决议。

此后，为了在参议院选举中胜出，民主党进行了政策大调整，提出应把国民生活放在首位才是国家政策的题中应有之义。另一方面，执政党继续不顾多数派的意见而强行表决通过相关政策。

《国民投票法》就是在只有执政党的自民党、公明党支持下强行通过的。所以，7 月份的参议院选举中在野党获得胜利，形成了通常所说的"转矩国会"，进入 9 月，安倍晋三首相突然辞职了。

2008 年 4 月《读卖新闻》关于宪法的舆论调查报告表明，"久别 15 年"认为不要修改宪法的人们成为多数派。也就是说，1993 年以来，首次出现了不赞同修改宪法的人数多于要求修宪人数的局面。如同前面讲过的那样，1993 年是这样一个年份：在这一年，自民党与社会党以"改变宪法九条、成为贡献国际社会的日本"为旗号，引起新党对其的批判，进而新党获得夏季总选举的胜利，在小泽一郎"重编政界"的理念下，形成了"反自民非共产"的细川护熙政权。

也就是在这时，第一次跌落成为在野党的自民党总裁河野洋平前内阁官房长官围绕"从军慰安妇"问题发表了谈话。参议院选举后，认可集团自卫权的小松一郎成为第二次安倍政权的内阁法制局局长，为了阻止失去控制的第二次安倍政权，必须追究和总结第一次安倍政权时期社会运动的经验教训。就是在上述背景中，第二次安倍政权逐步破坏东亚的"共同性"。到 2007 年，全国已经有 6000 个"九条会"组织。在其运动的影响下，出现了"转矩国会"。在第二年雷曼兄弟公司破产所引发的经济危机冲击中，日本全国出现惊人的抛弃派遣劳动者的浪潮，"守护宪法九条同时守护二十五条"被放在一块作为口号，"九条会"与反贫困运动结合起来，形成全国运动联合，并以汤浅诚和宇都宫健儿为中心形成了"反贫困网络"。2008 年年末，在厚生劳动省眼皮底下的日比谷公园，直接诉诸国家的守护宪法第二十五条、"派遣村辞旧迎新"运动展开了，"九条会"与之联合行动。正是在上述多重运动的合力作用下，才出现了 2009 年的"政权更替"选举结果。

但是，民主党背叛了选举前达成的协议，许多选民不信任政党政治，从而形成了最坏的结果，第二次安倍政权将长期稳定执政。为了打破这一局面，全国 7500 个以上的"九条会"重新在各个地方发起运动，决不允许解释改宪、行使"集团的自卫权"，来抑制明文改宪的步伐，希望通过这些运动来促使舆论变化。"舆论"不是抽象的东西，而是我们大家在居住的地区与邻近的人们通过对话形成"什么是宪法应有状态"的共识。现在，全日本的"九条会"同时发起对话活动，这一方式的重要性在于，在这种日常对话活动中，引导各地的人们向活用并保护宪法的方向行动。5月 17 日，"九条会"的发起人首次破格发出《致九条会的诸位》的呼吁，号召大家抗议"安倍首相的真正目的"，即"以修订宪法九十六条为突破口来冲击宪法第九条"，希望"通过草根运动形成反对改宪的舆论"，"形成坚定的不可动摇的多数派"。这就是我们前进的路线。

第二次安倍晋三政权已经成立 8 个多月了，既没有与中华人民共和国主席习近平，也没有与韩国总统朴槿惠开展首脑会谈。在进入 21 世纪后的日中、日韩关系史上，不能不说是非常不正常的局势。阻挠开展首脑会谈的正是安倍晋三首相的历史认识问题。

最后我想提起的第四个观点是，由民间的对话来促使国家和政府之间胶着态势发生变化的重要性。

2012 年 8 月 10 日，就日本 100 年前强制合并韩国并对其进行殖民地统治，菅直人首相发表了总理大臣谈话。其谈话内容如下：

> 在政治的、军事的支配背景下，当时的韩国人民因违背本意受到殖民统治，国家与文化被剥夺，民族自尊受到了严重伤害。对于殖民统治造成的巨大损失和痛苦，在此再次表示深刻的反省和由衷的歉意。

如此明确地对殖民地统治表示谢罪，在日本政府是首次。这一谈话的出炉处于重要的时机，这年的 5 月和 7 月发表的《"韩国合并"100 年日韩知识人共同声明》起到了很大的作用。该声明包含了如下宣言：

> 到目前为止，两国的历史家已经清晰地认识到，由日本发动的韩国合并，是日本长期侵略、多次占领、杀害王后、胁迫国王和政府重

要官员以及镇压朝鲜人民抵抗的结果。

在此声明上签名的日本人士已达到 188 人，其中包括日韩历史共同研究委员会日方负责人三谷太一郎。日本历史学者的总体意愿改变了政府。我也希望参加今天讲演会的诸位的意志和行动，在各自的国家中也能如上述人士那样促进现在政府的政策变化，并以此结束我的演讲。

一个错觉的未来

——《意识形态的幽灵》简体版序

于治中[*]

摘要：从台湾割日到国民党政府迁台，台湾经历了两种殖民现代性。割日时，清朝并不是现代意义上的民族国家，日本的殖民不仅引进了西方的"文明"，也带入了"皇民化"。国民党据台后，随着冷战的爆发，美国国家机器精心打造的"现代化理论"，使台湾成了"自由的灯塔"。百余年来，台民对"祖国"的认识从腐败的封建王朝，变成军阀混战的民国，最后又转为"万恶不赦"的"共产国家"，以及在"2·28"事件后，被迫流亡至台的"外来政权"。如果说日本殖民遗留的是"反华"，那么国民党移植的则是"反共"。这二者虽然性质不同，可是在现实上却是一线之隔，不仅在时间上前后衔接，在内容上互为表里，在功能上相辅相成，在结构上亦可相互转换，从而造成台湾在情感上亲日，在思想上附美。如果说，"反中"是台湾的政治意识，那么"反华"则可视为台湾的政治无意识。

事实上，所谓"生为台湾人的悲哀"，真正的症结并不在于曾经是"亚细亚的孤儿"，或现在被国际社会遗弃，而是一方面在情感上继续沉溺于自怜自怨；另一方面在知识上仍然深陷在美国或日本的殖民现代性逻辑之中，特别是所谓知识阶层，无论右翼或左翼，不分保守与激进，基本上毫无批判与反思地，将西方的制度与学术当作不证自明的典范，把他们的现况作为我们的理想。当自身的爱高于一切价值，当民主成了拜物教，这也意味着我们

---

[*] 于治中，台湾清华大学外文系副教授。

的思想走到了极限。宗教将信仰当作救赎，把死亡视为永生，用未来替代现在，可是对俗世的人而言，那是弗洛伊德所称的"一个错觉的未来"。

关键词： 台湾　殖民现代性　意识形态　错觉　政治无意识

Abstract： Taiwan underwent two types of colonial modernity after its cession to Japan and after the Nationalist Party retreated to the island. The Qing Dynasty was not a nation state in the modern sense when Taiwan was ceded, and the colonization by Japan introduced not only Western "civilization" but "imperialization/Japanization" (*kōminka*) as well. After the Nationalist Party occupied Taiwan, "theories of modernization" meticulously fabricated by the state machine of the US dressed up Taiwan as the "beacon of freedom". During more than a hundred years, the image of "motherland" in the mind of people living in Taiwan mutated from a corrupt feudal dynasty, to a republic where warlords incessantly clashed, and eventually to an "evil communist country beyond redemption"; after the 228 Incident in 1947, "motherland" also became identified with a "government ab extra" forced into exile in Taiwan. The Japanese colonization left the legacy of anti-Chinese (*fanhua*), while the Nationalist Party, that of anti-communism. These two legacies remain different in essence but are kindred in practice: they share a chronological succession, interdepend on each other in terms of content, supplement each other functionally, and structurally can interconvert. Hence for Taiwan, Japan becomes endearing in sensibilities and the US emulatable in thinking. If we term anti-China (*fanzhong*) as the political consciousness of Taiwan, anti-Chinese could be termed as the political unconscious.

The pivotal problem of the so-called "pathos of being born as a Taiwanese" does not lie in Taiwan being the "orphan of Asia" in the past or abandoned by the international society in the present but in the indulgence in self-pity and the entanglement in the Japanese and American colonial logic of modernity—particularly in the case of the intellectuals who, no matter right or left wing, conservative or radical, regard Western institutions and scholarship as self-evident models of excellence and take the current situation in the West as our future ideal. When self-love surpasses all values, when democracy collapses into a fetishism, our thinking has reached a dead-end. Religion sees belief as redemption, death as eternal life, and the future as the present, but for people in the secular world, such conception is in Freud's words: "the future of an illusion."

Keywords: Taiwan   Colonial Modernity   Ideology   Illusion   Political Unconcious

> 我们求助于错觉，是想由此使我们能
> 免除一些不愉快的感受，并且反而还得以
> 享受到满足。
>
> ——弗洛伊德：《关于战争与死亡的时论》

呈现在读者眼前的这部书，虽然是以意识形态理论作为主要的研究对象，然而最初的起源却是来自对两岸现实关系的思考。如今能够以简体字在大陆出版，对作者而言，当然别具意义。此书是一个长期的写作计划，从时间上来讲，书中最早的一篇《主体性的建构与国族的文化想象：从他者概念论台湾意识形态的构成》，是来自 1994 年的一篇会议论文，尝试从精神分析的观点分析台湾意识的结构。最后的一篇《现代性的悖论与开展：试论当代中国自我认同的文化想象》，试图从现代性的视角展现当代中国关于自我认同的探索。本书的第一章《意识形态的幽灵：问题架构的缘起与演变》，虽是最后写就的部分，不过仅是回溯性地从认识论的层次对书中理论部分的研究做一个历史定位。

从台湾割日到国民党政府迁台，台湾经历了两种殖民现代性。割日时，清朝并不是现代意义上的民族国家，日本的殖民不仅引进了西方的

"文明"，也带入了"皇民化"。国民党据台后，随着冷战的爆发，美国国家机器精心打造的"现代化理论"，使台湾成了"自由的灯塔"。百余年来，台民对"祖国"的认识从腐败的封建王朝，变成军阀混战的民国，最后又转为"万恶不赦"的"共产国家"，以及在"2·28"事件后，被迫流亡至台的"外来政权"。如果说日本殖民遗留的是反华，那么国民党抵台移植的则是反共。这二者虽然性质不同，可是在现实上却是一线之隔，不仅在时间上前后衔接，在内容上互为表里，在功能上相辅相成，在结构上亦可相互转换，从而造成台湾在情感上亲日，在思想上附美。如果说，"反中"是台湾的政治意识，那么"反华"则可视为台湾的政治无意识。

1979 年 1 月 1 日，中国与美国正式建交，而就在同一天，报纸上刊载了《告台湾同胞书》。从此大陆对台工作出现了重大转变，提出"和平统一"的政策。而台湾须等到 1987 年才解除戒严，将两岸的交流除罪化。1989 年的那场风波后，大陆虽然遭到西方世界的抵制与制裁，可是这并未影响两地的往来，当时甚至还成为许多台商趁空抢进的契机。然而冷战结束后，两岸非但没有真正从对立走向和解，反而步入更深层次的疏离与敌对，问题的转折点或许应始于 1994 年。

当时台湾最高领导人李登辉，扫除了国民党内旧势力的掣肘，开始大权在握。为了遏制台商对大陆投资的过度依赖，也同时借机发展与东南亚的实质关系，在经济上开始鼓吹从西进转为南向，并于 1994 年的 3 月初由官方正式定调，从此将原先的"经略中原"方针，逐渐改变成后来的"戒急用忍"。岛内的《中国时报》积极地配合当局的政策，于 3 月 2 日至 4 日在"人间副刊"连载《来自南方的黑潮：南向专辑》，从舆论的层次上推波助澜。在 3 月底，不幸发生了"千岛湖事件"，在岛内当时媒体的炒作下，这个纯属社会性质的刑事案件，迅速变成了政治事件。一个月后，李登辉于 4 月底在台湾的《自立晚报》发表了《孤岛的痛苦——生为台湾人的悲哀》，从此两岸关系的性质丕变，台湾主流的意识形态基本上开始从反共逐渐地滑向反华。纵然马政权上台后，偶尔犹抱琵琶半遮面地挂出"中华民族"的招牌，可是在"钓鱼岛事件"中，从台湾与日本签订所谓"渔业协议"的行为，即可看出这不过是一幅骗人的广告。

本书第一篇《主体性的建构与国族的文化想象》，就是来自 1994 年 6 月《"南进论述"的批判：资本、国族-国家与帝国》的会议论文。这篇短文的主旨在于凸显正在形成之中的台湾意识形态的特殊性。随后开始动念想要从理论上进一步厘清意识形态中主体性的形成机制。这个问题不仅在现实上涉及台湾与中国认同问题的核心，在理论上也经常被西方现代性知识体系有意或无意地忽略。2014 年 3 月份，亦即在本书繁体版面世三个月后，台湾爆发了大规模的"反服贸学运"。虽然这次运动折射了当下台湾经济的与政治的危机，然而这个困境并不始于现在，而是在台湾走向"民主化"之初就已形成，因为台湾所建立的自我，根本上是以他者化，甚至妖魔化中国作为前提。除了表现题材不同，台湾目前的意识形态与 20 年前"南进论述"时并没有什么根本的差异。

解严迄今，台湾共发生过三次学运。1990 年 3 月的"野百合"，当时正值我学业结束返台任教不久，也投身其中，自始至终与本校学生们待在抗议的广场。那次学运虽然牵涉国民党内主流与非主流之争，但基本上摧毁了"中华民国"宪政体制的正当性。许多当时的学运分子最后进入了学界，成为往后二次学运的积极人物。2008 年国民党回朝、美国金融危机爆发、中国崛起，台湾的社运（包括学运）逐渐从阶级的问题转向统独，或者说社运与统独合一。2008 年年底的"野草莓"反对的是两岸"大三通"，如今的"太阳花"反对的是服贸协定。这段时间任何只要与中国相关的议题无不深怀恐惧地加以反对。1949 年以来，台湾一直将大陆视为对立的他者，以此作为建构自身的根本条件。在修宪与直选后，执政当局演出"中华民国到台湾""中华民国在台湾""中华民国是台湾"三部曲，使台湾在一系列的文字游戏与概念偷渡中破茧而出，进入了某些人所宣称的"第二共和"。经由这个过程，台湾也从地理的概念上升为政治的现实，最后只差终曲的名称叫作"台湾是中华民国"（借壳上市），或者直接就是"台湾共和国"（"一中一台"）。如今蓝绿政治人物共同推动的所谓"大一中架构"，即是糅合了这两种形式，以"一中之名"，行"二国之实"，以"独台"的形式暗度"台独"。

与上述过程相反，"中国"在台湾的认知过程中逐渐地从政治的、文化的，变成地理的名词，在精神层面上也从现实的、象征的，退至成想象的对象。在这个过程里，对"中国"的认识与研究也逐渐从内在转为外在，从自我变成他者，从本体导向方法，从文化推至政治，而这个政治不是内政，是"国际政治"。可是台湾透过"去中国化"的过程，努力去剥离历史与文化的纠葛，力图确立自己的主体性时，所援引的参考架构却一直是西方的普遍性话语。从而台湾将自身相对化所凝聚出的他者，其实只是简单地复制了西方对中国的认识，并在复制过程中再次将自己客体化，或是东方化。

摆荡在西方与传统的台湾，有如罗马神话中的双面门神雅努斯（Janus），或以"脱中入西"的文明示人，或以"华夷变态"的正统自居。有意摆脱，或是不愿面对的，其实是中国近现代的历史，也就是台湾自身的历史。然而对历史的"阉割"，或是鸵鸟般的否认，并不能使外在的"现实中国"真正地消失，亦无法驱逐自身内在的"传统中国"。当外在与内在被压抑的对象被迫以另外的形貌重新出现后，化作了一个想象的"巨灵"，无时无刻不处心积虑地企图吞噬台湾。这种如弗洛伊德所言，存在于"文化中的不安"，结果造成了台湾主体性的精神分裂，从而造成对中国大陆极度地蔑视，同时又无端地恐惧。

这两种对立的情感皆来自同一个对象。恐惧是产自现实，因其外形的硕大，蔑视则是源自想象，认为对方表面虽大，可是内在实为虚假。这两种表面矛盾实则互补的情感结构，共同组成了台湾对中国大陆的基本心态，这与国际上流行的"中国威胁论"与"中国崩溃论"异曲同工。从"吃不起茶叶蛋"的案例可知，上至政治体制下到日常生活，无不可以作为嘲讽或丑化的题材。从反服贸的事实得见，对台湾任何的善意或是正常往来，无不被视为居心险恶的陷阱。这种退化的自恋式内在精神结构，事实上是建立在一种道德性论述的模式上，借着简单的爱/恨二分法，利用弗洛伊德所谓各类"微小差异的自恋"，去划分好与坏、善与恶、自我与他者、朋友与敌人、合法与非法。

刚开始改革开放时，在大陆人的眼中，"台湾"是吸收了西方先进体制的代名词。折腾了许多年后，台湾从"四小龙"之首变成末尾，到现在的被除名，已经沦为了传统文化的保留地。以前台湾经常喜欢夸耀自身现代化的成就，中国大陆崛起后，所有傲人的物质建设从此黯然失色。如今能够向陆客展示的，只剩下台北故宫的文物、二蒋的遗迹，以及某些媒体刻意炒作之下被列为景物的"人"。然而如果"最美丽的风景是人"，那么真正生活在台湾之中的人，可能并非如描绘或宣传的那样，内心充满了各种"小确幸"，或是满怀着"热情、善良与诚信"。因为这些虚构出的"自我感觉良好"，不过是利用"去政治化"的手段去进行"再政治化"之后所产生的幻觉。其目的在于透过自我催眠以及催眠他人的过程，再次去划分双方的不同，重构出自身已经失去的优越感，以精神胜利的方式超克对方。

生活在"民主内战"中的人皆知，从政治人物到市井小民，不分蓝绿，每人口中的"爱"，召唤的其实都是对另一方的"恨"。毕竟要爱不容易，可是要恨却不难。大多数人投票不是因为赞同某位竞选人，而是厌恶另一方。恨比爱更易凝聚人心，使人同仇敌忾，并且历久弥坚。无论本省外省，无论性别学历，无论贫富贵贱，对与自己不同意见一方的敌意与仇视，经常令夫妻失和、朋友失谊、长幼失序、父子失亲、师生失敬。

与一般大众的肤浅认识不同，更与"民国粉丝"的投射期许相悖，作为资本主义之中"景观社会"一员的台湾，确实在颜色上有蓝绿之分，可是在政治上却无统独之别。因为对立的双方虽然互相叫阵，口诛笔伐，甚至肢体冲突，但都认同与统一在"已独立"或"将独立"的宣称中，其中的差别不过是"独台"与"台独"而已。二者只是在时间上有现在与未来之争，在形式上有隐性与显性之论，但皆是基于同一个事实所做的不同表述。在蓝绿两党的叙事中，"独台"肇建于 1949 年的"中华国民到台湾"，"台独"奠立于 1991 年修改的民进党《党纲》。至于所谓统独之争，只不过是争夺权力的修辞，妖魔化对方的借口，诠释"爱台湾"的引申。如果将政治舞台上的戏文或表演当真，自然如听评书落泪，是自己入戏太深，替"外"人担忧。事实上，假如大陆真正地实施西式民主宪政，届时或许与"公知精英"一厢情愿的设想背道而驰，台湾可能就不再虚与委蛇地维持不统不独的现状，而是愤然摘掉假洋鬼子的辫子宣告"独立"。因为戳破了朦胧的民主面纱，台湾也就丧失了最后的防火墙，从此再无理由拒绝统一。在官逼民反之下，自然被迫不得不走上梁山。

除了激情化与演艺化之外，民主在台湾基本上也宗教化，并且几乎已经从国家的意识形态上升到准宗教的地位，而各种宗教团体则早已沦为政治动员的工具。与一般政治学教科书所定义的不同，真正决定台湾是否民主的标准，不是有形的选举制度与政党政治，而是在这些条件之外或之上的"爱台湾"。这三字箴言所构成的教义，是任何政治活动唯一的前提与正当性的基础，也使台式民主具有了宗教的维度。如同信徒要牺牲奉献，无条件地去爱自己崇拜的对象，在台湾的"民主拜物教"中，"爱台湾"就是至高无上的律则。不仅"如何去爱"的条文完全是由高喊爱的一方去订定，在一方出题、另一方答卷的状况下，"爱的成绩"最后也是由主动的一方自由采认与计点评分。宪政体制中的公民，如果被贴上不爱台湾的标签，纵使自身具有一切合法性，也会丧失安身立命的资格，甚至被开除教籍，驱逐于"生命共同体"之外。由此可以理解，经大多数公民票选出的世俗政权领导人，为何抵不过守护台湾的"神主牌"独自一人的绝食抗议。

不仅选举的结果可以轻易地被否决，台湾的政党政治也是徒具虚名。因为其中的一个政党其实是一个伪装成宪政体制中的革命党。只是由于暂时无法取得权力，或是如之前取得政权后，在美国"垂帘听政"的懿旨之下，又不敢更改"国号"，从而不得不权宜地以"民主"政体之中的"进步"政党面目示人。在无力革命又不敢革命，想要革命又不许革命的状况下，推展"宁静革命"，在理想与现实难以平衡的无奈中，进行"柔性政变"。这说明台湾的政党既不是在实践合法的"公平竞争"，亦不是在从事血腥的"独立战争"，而是在半梦半醒之间、半真半假之余，进行割喉的"民主内战"。正是这个不中不西画虎类犬的结构性矛盾，导致岛无宁日，人民对立，"向下沉沦"。

所以台湾的政治现实并不是所谓法国式"左右共治"，或是"总统制"下的双首长制，而是特有的"一国二治"（政党与革命党共治），同时加上"一国二制"（世俗与宗教二制）。如果更精确地说，应该属于类似政教合一的"一国二制"之下，宪政党与革命党并存的"一国二治"。因此，如果实在要进行比较，台湾应该更接近于当下的伊朗，以"最高宗教精神领袖"为指导的民主政体。当然双方只是貌似，因为与台湾不同，对方的两党皆效忠于同一个国家。总而言之，无论是"二治"或是"二制"，两者最终的指导纲领皆是"爱台湾"，或者说，是"爱台湾"派生出"二治"与"二制"。

正是这种"准宗教性"与"拟革命性"的内涵，使任何宣称"爱台湾"的个人、团体、组织或政党，如神灵附体般立刻充满了道德光环，自认是站在与恶相对的彼岸，可以超然于所有世俗权力之上，甚至宪法之上。反服贸的学生之所以大义凛然及理直气壮地占领立法机构，宣称"救国家、干政府""公民不服从"，这固然是利用学生清纯与正义的表象，去掩饰背后的政治意图，但头上如果没有"爱台湾"的灌顶，仅凭着前后不一与东拼西凑的口号，是无法拥有那种呼群保义的能量。在学生霸占"国会"的期间，"最高精神领袖"林义雄除了以亲笔信对学运的青年学子表达"疼惜、关爱和祝福"，更以实际的"户外静坐"方式对学生的行为予以加持。只不过令人费解的是，现在被抗议的学生宣告为不具代表性、以"单一选区二票制"方式组成的"立法院"，当年不正是在这位"圣人"的坚持下，人们最终曲迎"圣"意，强行修法后的杰作？

其实人们并非如此容易健忘或是对历史漠不关心，只是当民主被某种宗教性渗入后，就不再具有开放性的讨论空间，一切变成诉诸"人格者"的好恶。如同所有宗教依靠的是一种自成体系封闭的套套逻辑，凭借"爱台湾"升华至宗教后的台湾民主，也成了可以随时运用在任何事物的万灵丹。然而爱虽然是神圣与不可侵犯，但往往也是自私与充满妒恨。如同所有在恋爱中的人一样，在认为只有自己的爱才是真心的、纯洁的，从而也是正确的同时，也想独占所爱的对象，排斥别人爱的权利与权力。从精神分析的观点而言，过度自恋的结果，经常导致对自身存在的绝对化，并且对所有不同于自己的事物怀有深层的敌意，所以自然地也认为，自己有权力以必要的手段去排除任何可能的威胁，而暴力就是精神内在"攻击性驱力"最外显与最激烈的一种表现形式。

占领国会、否认宪法、用近乎宗教般的虔诚宣称爱脚下的土地、借助某种高于一切的价值去合理化所有行为、将自己视为绝对正义的化身、以种族主义攻击他人、将对方看作肮脏、卑贱、不洁与万恶的代表……所有种种这些现象并不令人陌生，稍微对西方现代性有认识的人皆知，它们也曾发生在 20 世纪"魏玛共和"时期的德国，成为法西斯夺取政权的重要手段。与一般此类的研究皆偏重在揭露纳粹的暴行不同，在一本以"纳粹的良知"为主题的书中，孔兹（C. Koonz）阐明纳粹政权不仅拥有一套自身的伦理与道德，而且正是这个价值体系为所有将来的邪恶创造了存在的条件。其中最发人深思的是，孕育这些罪恶的大众文化与知识氛围，当时对此不以为意，习之如常，并且将"野蛮仇恨"当作"高贵理想"。正是这种被阿伦特（H. Arendt）称为"恶的平常性"，蒙蔽了大多数人的理智，或者惮于集体的压力而不敢发声，最终使整个社会陷入疯狂，走向罪恶的极致。无怪乎作者于书中叹道："通往奥斯威辛（Auschwitz）之路是铺设着正义！"

所谓"爱台湾"，与当年纳粹的"德国至上"（Deutschland über Alles），或是现在法国极右政党的"法国人优先"（Les Français, d'abord），基本上大同小异。这种貌似激进实则保守，自认革命实则反动的口号或是做法，都是主体在面临困境与危机之下的呐喊或是征兆。把"爱台湾"作为一切的前提，使民主异化为宗教，利用"民主拜物教"作为救赎，其实是将乱源视为激流中求生的浮木。"当一个人真心渴望某样东西时，整个宇宙都会联合起来帮助他完成梦想"，这是林义雄引一位巴西作家的话，写给学生作为勉励之用。不幸地，他提供给学生的其实并不是"梦想"，而是非关现实的"信仰"，或是精神分析所谓"把欲望当作现实"的"错觉"。因为不要说自哥白尼之后，"整个宇宙"即不以地球为中心，就是所有国际社会的成员，甚至包括被台湾"抱大腿"的"山姆大叔"，都不会"联合起来"，或是提供物质资源，或是施展精神"念力"，帮助台湾实现陈水扁明确说过的"办不到就是办不到"的"梦想"。世间的万事万物是不以个人的意志为转移，明日"太阳依旧会升起"，而"太阳花"的成长与茁壮必然会依照现实世界中的自然规律，而非光天化日之下的"错觉"。

只要稍微用心阅读媒体的报道即知，结束这次学运的真正原因，并不是抗议的学生所要求的事物获得了满足，更不是台面"政治人物"或"红顶商贾"手腕高明的协商结果，而是决定台湾命运的"影武者"幕后遥控的产物。被喊得震天价响的所谓"台湾主体性"，表面上"望之俨然，听其言也厉"，尤其是与中国有关时，更是义正词严，"若决江河，沛然莫之能御"。然而这不过是鲁迅所谓"拉大旗作为虎皮，包着自己，去吓唬别人"。在台湾，无论蓝绿两党，只要隐身的"藏镜人"一旦现形，主体性就立刻人间蒸发，或倏然瘫软在地。只要听闻任何"告别台湾"的风声，马上就如丧考妣，或是惶惶不可终日。从"维基解密"曝光的内容可见，高唱"爱台湾"的两党政治人物对"地下总督"的交心表态、告解告密、争功透过、出卖台湾，实在令人触目惊心，不忍卒睹。

由此可见，在岛内，"爱台湾"如果是最高原则，那么这个原则还有一个"潜规则"，那就是"听美国"。"爱台湾"的形式与内容、浓淡与强弱、时间与地点、方法与目的，完全要"听美国"指挥，须配合"世界警察"的最高战略部署。这个事实表明，"台湾主体性"最终不过是布袋戏中的玩偶，是"西部牛仔"手里操纵的机器人。所有这一切，追根究底，皆是出自"爱台湾"这个梦想。然而"为了爱，梦一生"，纵使如歌词所唱，"梦里的余温够我抵挡那世间寒冷"，可是为了爱自己于是就不择手段，甚至不惜本末倒置地委身他人（美国），以及一厢情愿地将感情寄望于曾霸占自己的豪强（日本），最后换来的往往不会是故事或电影中的"圆满结局"（happy ending）。正所谓"多情自古空余恨，好梦由来最易醒"，当"梦醒时分"的那一刻，发现"人面不知何处去"，而自己却年华已逝，体老色衰，并且依然如故的妾身未明时，也只能在"桃花依旧笑春风"的现实世界中，伴随着"望春风"的歌声，晚景凄凉地怨道郎心狼心，以及哀叹自身所托非人了。

一般在分析或解释大陆的任何现象时，以前最常用的手法就是归因于"共产暴政"，现在则升级为民族主义。这几乎已成为政治正确的最新版本，或是随手可用的创可贴，好像粘上这个标签就完成了无害化处理，将对方分类归档完毕，然后封存到"愚昧无知"的"前现代"范畴，或镇压在五行山下，永世不得翻身。殊不知现代的世界体系本就是由民族国家所构成，民族主义的现象存在于任何一个国家之中，不是第三世界的专利，更不是中国大陆所独享。对于中国以外的国家而言，民族主义的说词有时或许可以成立，可是在内地一般的教育以及宣传里，台湾与大陆同属于一个国家，并且在民族识别中，除原住民外，同属汉族，双方最多不过是内部地区文化上的差异，或是行政划分下省籍的不同，连起码的大汉沙文主义都沾不上边。除非台湾自认为是他国异族，以台湾民族主义去凝聚内部，并且企图里通外界敌对势力去进行独立，否则难以激起大陆民众以民族主义作为回应。在当代中国救亡图存的过程中，民族主义当然扮演了重要的角色，可是对台统一的正当性，基本上并无民族主义的内涵，而是传统"大一统"思想的延续。台湾动则以民族主义去衡量大陆，不过是镜照出自身的所思所想与所作所为，真正顾忌的是两岸最终在力量对比悬殊的民族主义中对决。

无论在何时何地，每当与中国大陆进行比较时，台人最后的结论经常就是："我们有民主！"这已经被台湾看作自我防御的标准答案或撒手锏，仿佛一祭出这个护身符就百毒不侵，立于不败之地，或者自认是身在"众声喧哗"的民主桃花源，与对岸虽然"鸡犬之声相闻"，可是最好"老死不相往来"。遗憾的是，这个金钟罩并无法阻挡对方的崛起，反而将自身锁在西方现代性的"铁笼"之中。搞笑的是，现在居然还是有人在心理上拒绝成长，定格在儿时记忆中的"共匪"，或在认知上"不知有汉，无论魏晋"，仍然视对方是冷战时的"铁幕"。

精神分析的理论表明，孩童以母亲作为最初的爱恋之物与自我理想，面对无法承受的外在现实时，内心的恐惧感使自我退缩至类似孩提时对母亲的依赖，这也是日后在精神上构成"认同加害者"的基础。这种"错觉"虽然可使人类在某种程度上远离无助与痛苦，进入无冲突的状态，产生一种确实感与完满感，可是如果无条件接受欲望的主导，最终只是一厢情愿地将精神投射的产物视为真正的现实。"错觉"以一种近似于封闭与僵化的信仰形式，将问题的本身想象成问题的结束，它要求人类的往往是激情式的服从，并且独断地认为自身是解决所有问题最终与唯一的方式，对所有可能反对的障碍毫不妥协地加以排除。

当看到这次学运不过是再一次印证了自己的研究时，内心感到的不是学术上的慰藉，而是深深的悲哀。事实上，所谓"生为台湾人的悲哀"，真正的症结并不在于曾经是"亚细亚的孤儿"，或现在被国际社会遗弃。而是一方面在情感上继续沉溺于自怜自怨；另一方面在知识上仍然深陷在美国或日本的殖民现代性逻辑之中，特别是所谓知识阶层，无论右翼或左翼，不分保守与激进，基本上毫无批判与反思地，将西方的制度与学术当作不证自明的典范，把他们的现况作为我们的理想。当自身的爱高于一切价值，当民主成了拜物教，这也意味着我们的思想走到了极限。宗教将信仰当作救赎，把死亡视为永生，用未来替代现在，可是对俗世的人而言，那是弗洛伊德所称的"一个错觉的未来"。

此书源自两岸政治的现实，可是同时也始于西方意识形态理论的困境。现代性与认同，这二者与西方民族国家的诞生密不可分。意识形态的核心就是认同，可是传统的意识形态理论只注重从内容上去进行批判，对这个机制自身的运作过程却缺少关注，而正是这个问题产生了现代性中令人无法想象的悲剧，并且这个悲剧经常只是换了戏目，至今仍然在各地不断地巡回上演。这就是为何本书以台湾具体的问题为起点，却多年来设法在理论上去追溯与研究意识形态内在核心结构的原因。

正值本人在大陆做研究访问的期间，台湾爆发了"反服贸"运动，学生与朋友曾写信或当面询问我的看法，以至于引发了上述的感想。本篇序言可以看作对台湾当下问题的一个剖析，以及对当年"南进论述"批判的一个补充。如果说从"南进论述"开始，台湾正式从此走向了去中国化的道路，那么这次反服贸运动，可以被视为这个过程的一个高潮。这个现象正好再次使人们深刻认识到意识形态问题的复杂性与重要性，如果认为仅仅依赖经济的交流就可以跨越这个障碍，则无疑是缘木求鱼，必将徒劳而无功。两岸交往的过程难免会有反复与逆流，然而日升月殒，潮起潮落，喧嚣过后，一切终将恢复平静，历史也会一如既往地继续前进。

在繁体版的序中，对曾经帮助过的人已表达过谢意，在此也就不再重复。本书最终能以简体字的形式在大陆出版，首先要感谢相识多年的汪晖教授，若无他的看重与大力推荐，没有他热心的帮助与殷切的垂问，甚至亲自积极联络出版事宜，此书是不可能有机会与内地的读者见面。此外，张志强教授的鼓励与鞭策也是不可或缺的动力。在他来台客座期间，二人多次彻夜畅饮长谈，每每直至破晓，与他的交流使我一扫闲散，努力完成最后的修订工作。再者，非常感激三联书店的舒炜与冯金红，在二位正式的邀约与不时的督促下，最终使简体版的发行能够顺利完成。特别是后者，家中突遭变故，可是仍然挤出宝贵的时间，细心地从头到尾审阅原稿，不仅指出了其中的一些错误，也提供许多宝贵的意见，她认真的专业工作无疑地提升了这个版本的质量。最后衷心地感谢三联书店，愿意接纳出版拙著，能忝列其中与各位名家的作品并置，除了深感荣耀，更多的是惶恐与不安。最后，由于自身水平有限，错误在所难免，恳请各位读者指正。

章太炎"自主"的联亚思想[*]

——与日本早期左翼运动及亚洲主义、日英同盟、 印度独立运动的关联

林少阳[**]

摘要： 本文聚焦于章太炎（1869~1936）1897~1917 年的亚洲联合思想。章太炎一直都主张联亚以抗衡西方霸权。其关心很早便见于戊戌变法之前、中日甲午战争之后。中日甲午战争似未改变章太炎的联亚思想。初期章太炎的联亚思想实为东亚联合，以中日联手为主干，而且不无源自欧洲种族思想的"黄种"联合色彩。这与他在国内政治层面上同情改良的思想相呼应，因为清末改良多以日本为范。随着后来国际国内形势的变化，加上章太炎个人思想、学术也不断在演变，章太炎在戊戌变法失败后彻底批判改良、主张革命，同时在国际政治层面上，章太炎联亚内涵也在发生变化。其中，日英同盟、日俄战争等，对构成章太炎联亚内涵之"印度""古学"等定位、理解，颇有影响，尤其"印度"的定位日趋重要。本文探讨了章太炎与日本早期左翼运动、海外印度独立运动的关联。本文试图展示，作为一名理论上批判国家的民族主义者（anti-statist-nationalism），其联亚思想是植根于其政治哲学核心之"自主"概念，其亚洲自立思想是立足"个体"的"民"的"自立"，有着超越国家的面相，是以中印革命者的联合为主体的亚洲革命者及民众联合。它不仅是政治的联合，更是文化的联合。而这与章太炎以复古求革命的思想不无关系。在此意

---

[*] 本文部分内容受香港特区政府研究项目资助（GRF Project No：9041929. City U 140213）。囿于篇幅，本文多有删减。

[**] 林少阳，日本东京大学研究生院综合文化研究科副教授。

义上，章太炎清楚地展示了其反现代的现代性。

关键词：章太炎　亚洲主义　明治日本左翼运动　日英同盟　印度独立运动

Abstract：This article focuses on the pan-Asianism of Zhang Taiyan between 1897 and 1917. Zhang's consistent belief in the possibility of pan-Asianism to resist western dominance started after the First Sino-Japanese War and before the Hundred Day's Reform. After the Hundred Day's Reform failed, Zhang criticized reform and espoused revolution, during which time his notion of pan-Asianism also developed. The Anglo-Japanese Alliance and the Russo-Japanese War influenced his perception of "Indian" and "Classical Studies", the former increasingly important for his thinking. By exploring the connection of Zhang with early leftist movements in Japan and with overseas Indian Independent Movement, this article argues that as a theoretical anti-statist nationalist, Zhang's pan-Asianism was grounded in his notion of self-determination, and his conception of Asian independence in the independence of the people as individuals, which surpasses the state and is the union of Asian revolutionaries and peoples based on the union of Chinese and Indian revolutionaries. This union for Zhang, partly because of his belief in achieving revolution through returning to the antiquity, is not only political but cultural as well. It is in this sense that Zhang mostly perceptibly revealed his anti-modern modernity.

Keywords：Zhang Taiyan　Asianism　Leftist Movement in Meiji Japan　Anglo-Japanese Alliance　Indian Independent Movement

本文聚焦于清末民初著名思想家、革命家章太炎（章炳麟，1869～1936）1897～1917 年的亚洲联合思想。章太炎一直都主张联亚以抗衡西方霸权。其关心很早便见于戊戌变法之前，中日甲午战争之后。中日甲午战争似乎并未令章太炎亚洲联合的思想带来改变。初期章太炎的亚洲联合思想主张以中日连手为主干的东亚联合，而且不无源自欧洲种族思想的"黄种"联合的色彩。这一点与他在国内政治层面上同情改良的思想相呼应，因为清末改良亦多以日本为范。随着后来国际国内形势的变化，加上章太炎个人思想、学术也不断在演变，在国内政治层面上，章太炎在戊戌变法失败后也彻底批判改良，并成为清末革命的最大宣传家，因此，在国际政治层面上，章太炎亚洲联合的内涵也在发生变化。

一 早期章太炎的中日主体的亚洲联合构想：与"黄祸"论的关联

章太炎戊戌变法前的"亚洲主义"，只是停留于国家联合层面这一国际政治层面，未必涉及文化、理论角度对帝国主义的批判，但尚难说思想上有多独特。在戊戌变法前，如章太炎《论亚洲宜自为唇齿》（1897 年 2 月 22 日）一文中认为"法、俄合从，南北为罗，且夹沟而 我"，因此"既修内政，莫若外昵日本，以御俄罗斯"。如此则"庶黄人有援，而亚洲可以无蹷"①。由此可以看出，章太炎此时明显接受了源自西方民族主义学术的"人种"观念，并且由此自然而然接受了黄种人白种人之对立意识。后者的背景是其时西方甚嚣尘上的"黄祸"言论。妖魔化黄种人的"黄祸"言论催生了黄种人的认同意识，这是自然不过的。在国际政治层面上，黄白对立也可以理解为以东亚与欧洲列强尤其与俄罗斯、法国之间的对立，但是，另一方面，"黄""白"对立客观上也遮蔽、掩护了模仿欧洲列强之新列强日本的扩张主义，以及亚洲内部的帝国主义与弱小民族主义间的对立。

甚至可以说，戊戌变法前章太炎的思想与同时代知识精英相比，虽然学问上是清代小学之集大成者，思想上也是最前沿者之一，但思想上与其他前沿者差别不大，谈不上独特。本文将会论及，后来章太炎的"亚洲"中"印度"的位置急剧地获得中心位置。这除了与国际形势的变化（日英同盟的签订、日俄战争的爆发等）有关外，章太炎本人1903～1906 年佛教哲学的深入，他对"宗教"概念的理解，以及他对宗教的可能性的期待，以佛学及西学重构自己原有的诸子学等变化，与其亚洲联合的构想之间，应也不无关联。类似观点，也清楚地见于戊戌变法前章太炎的文章《论学会有大益于黄人亟宜保护》（1897 年 3 月 3 日）。这一时期，显然章太炎对源自欧洲、植根于生物进化论的种族歧

---

① 《时务报》第十八册，1897 年 2 月 22 日出版。《章太炎政论选集》（上），中华书局，1977，第 6～7 页。

视言论没有批判而"照单全收"①。这与他后来的观点大相径庭。尤其是在 1906 年出狱后，章太炎有力地批判了"文明"话语本身的意识形态性。

类似的亚洲联合之"种族"框架，其实不过是其时中国、日本知识界的一种流行框架。比如孙文早在 1897 年时便曰："余固信为支那苍生，为亚洲黄种，为世界人道，而兴起革命军，天必助之。"② 在此，孙文将中国革命与"支那"与"亚洲黄种"的解放直接联系。这里的"世界人道"与"天"的关系，也可以看出孙文的"革命"不无儒家天下意识的道德主义、普遍主义色彩。迨至 1913 年时，孙文言及类似的亚洲联合思想，仍说："亚细亚者，为亚细亚人之亚细亚也。中日两国人民，互为亲交"，"亚细亚为吾人之一家"，强调中日同文同种，并呼吁中日相互提携对东亚和平甚至世界和平的意义。③ 此时的孙文的讲话是在"种族""文化"等同构型上，仍不出当时流行的社会达尔文主义的种族理论的范围。但是，孙文 1924 年在日本的演说时提出"大亚洲主义"概念，这一概念立足"王道"，以对付"霸道"，"日本民族既得到了欧美的霸道的文化，又有亚洲王道文化的本质，从今后对于世界文化的前途，究竟是做西方霸道的鹰犬，或是做东方王道的干城，就在你们日本国民去详审慎择"（孙文《对神户商业会议等团体的演说》1924 年 11 月 28 日）。此时孙文的"大亚洲主义"已经发生了更大的变化：虽然传统儒家的思想资源再次被高扬，但来自欧洲的反帝话语、解放话语等左翼革命话语明显糅合其中。孙文在这一次演讲中以其"大亚洲主义"概念，对比了基于儒家政治秩序的"王道"文化与基于帝国主义的"霸道"文化。其"大亚洲主义"之"大"，正是立于儒家普遍主义色彩之仁义道德之浩然之"大"，以对照缺乏道德特质之狭隘之"小"。另外，此时的孙文似乎依然没有完全放弃中日联合、和平共处的期待，其选择中日传统共同的儒教伦理语言，似乎多少也可窥见他的苦心。

---

① 包含章太炎在内的清末知识分子与生物进化论话语的关系，请参考坂元ひろ子『中国民族主義の神話：人種·身体·ジェンダー』第一章，东京：岩波书店，2004 年。

② 《与宫崎寅藏平山周的谈话》（1897 年 8 月下旬），中国社会科学院近代史研究所、中山大学历史系、广东省社会科学院合编《孙中山全集》第一卷，中华书局，1983，第 174 页。

③ 《总理民初游日在东亚同文会假华族会馆欢迎席上演说词之一节》，《孙中山全集》第三卷，第 15~16 页。

二 《民报》时期（1906.6~1908.10）章太炎
联亚构想的变化：亚洲和亲会

章太炎因"苏报案"诋毁清帝而身陷囹圄三年后，于 1906 年 6 月 29 日（五月初八）刑满出狱，孙逸仙、黄克强旋即派人将太炎接往东京。① 太炎入同盟会，未几便主持同盟会机关杂志《民报》。章太炎主持《民报》直至 1908 年 10 月 10 日《民报》第二十四号出版为止。《民报》1905 年 12 月 8 日首刊，至章太炎主持的二十四号止，《民报》每一号必刊载民报社宗旨："本社主义如下：一颠覆现今之恶劣政府，一建设共和政体，一维持世界之平和，一土地国有，一主张中国日本两国之国民的连合，一要求世界列国赞成中国之革新事业。"其中"主张中国日本两国之国民的连合"的字眼，固然有革命基地是在东京的因素，但其与亚洲联合思想的关联，却是值得注意的。但是，之后因章太炎与孙文的争执，加之日本政府禁刊，最后两期《民报》复由汪精卫（1883~1944）主持，但此宗旨则不知何故，却不复刊载。章太炎数年身陷囹圄、失去自由，于狱中钻研佛学唯识论，思想基本成型。再加上来到日本后吸收明治日本学术与西学②，也结交日本无政府主义者、社会主义者等知识、思想精英，并与印度独立运动知识分子相往还，其联亚思想也发生了巨大的变化。

章太炎联合亚洲思想的变化至少见于其 1907 年三月（公历 4 月）亲笔起草的《亚洲和亲会约章》③。章太炎 1907 年 4 月于东京青山成立亚洲和亲会，亚洲和亲的英译为 Asiatic Humanitarian Brotherhood，英文字面不无手足之情之意，据近代日本著名的社会主义人士竹内善朔（1885~1951）1948 年时追忆此事，犹言"Humanitarian Brotherhood，此语有着千

---

① 以上史实，参照汤志钧编《章太炎年谱长编（1868—1918 年）》，中华书局，1979，第 208 页。
② 这方面请参考小林武『章炳麟と明治思潮：もう一つの近代』，東京：研文社，2006 年。
③ 日期据朱维铮、姜义华等编注《章太炎选集（注释本）》，上海人民出版社，1981，第 427 页。

钧之重"①。据竹内善朔回忆，该倡言汉英两文正反面印刷，英文稿由"印度同志""起草"，"与华文有异，但主旨相同"②。该会意在网罗中国、印度、安南（越南）、缅甸、菲律宾、马来亚、朝鲜、日本等志士，但竹内印象中并无朝鲜志士参与，"即基于日本人出席，我们（朝鲜志士——引者注）就不出席的原则"③。即使这是社会主义者的聚会，显然也无法完全跨越作为统治民族的日本人与作为被压迫民族的朝鲜人的意识鸿沟，尤其对于被统治方的朝鲜社会主义者来说更是如此。1902 年第一次日英同盟、1905 年第二次日英同盟的签订，日本已经在国际的层面确立了对大韩帝国的绝对支配体制，至亚洲和亲会成立的 1907 年，日本兼并朝鲜也已经暗地里在进行中。这是朝鲜人士没有参加的一个背景。

中国方面热心倡导者除章太炎、张继（溥泉，1882～1947）、刘师培（1884～1919）、何震（殷震）外，据参加者陶冶公（1886～1962）回忆，还有苏曼殊（子谷）、陈独秀（仲甫）、吕剑秋（复）、罗黑子（象陶）等数十人。④ 竹内善朔忆及，第一次的成立地点于东京青山六七名印度流亡志士合宿之 Indian House（或者可翻译为"印度会馆"），第一次只有中国、印度、日本的参加者。日本第一次的参加者有后来首任日本共产党委员长的堺利彦（1870～1933）、后被宪兵杀害的无政府主义者大杉荣（1885～1923）、后来成为日本共产党创立者之一的山川均（1880～1958）、1900 年（明治三十三年）曾因讨论皇室婚事而被控所谓"不敬罪"（不敬天皇罪）而入狱三年的社会主义者守田有秋（1882～1954）⑤、竹内本人（幸德秋水没有出席）；第二次在一个教堂举行，参加者除了中国、印度、日本的志士外，还有安南的革命党人、菲律宾的志士，"不幸还是没有朝

① 竹内善朔：「明治末期日中革命運動の交流」、『中國研究』（中國研究所編）、東京：日本評論社、1948 年 9 月，第 76 頁。
② 竹内善朔：「明治末期日中革命運動の交流」、『中國研究』（中國研究所編），第 207 頁。很遗憾该英文倡言一直未能觅得。
③ 竹内善朔：「明治末期日中革命運動の交流」、『中國研究』（中國研究所編），第 74～95 頁。朱维铮、姜义华等注《章太炎选集（注释本）》收入《亚洲和亲会章约》时，谈及朝鲜也曾参加，应该是参考竹内数据时疏忽所致（第 427 頁）。这方面也感谢同事石井刚先生提供的竹内数据。
④ 汤志钧据陶冶公旧藏中文抄稿录出。汤志钧编《章太炎年谱长篇（1868—1918 年）》，第 244 頁。
⑤ 朱维铮、姜义华等编注《章太炎选集（注释本）》收入《亚洲和亲会约章》时或将"守田有秋"误植为"守田有秩"（第 127 頁）。

鲜人士"（竹内回忆①），日本的参加者除大杉荣、堺利彦、竹内外，还有社会主义者森近运平（1881~1911）等。附带指出，在1911年镇压日本社会主义者、无政府主义者的所谓企图暗杀天皇的"大逆事件"中，除了幸德秋水作为"首犯"被处死外，森近运平也是十二名被处死刑者之一。②显然近代日本左翼运动史上的著名人物几乎都参加了这一盛举。竹内回忆说："当时昂扬鼓舞中国革命党员士气者，与其说是孙文的言说，莫若说是章太炎的笔力。"③

竹内在此处提及的"Indian House"有着特殊的含义，因为这是印度独立运动中激进派学生的海外据点标志，比如伦敦的激进派学生有活动据点为"Indian House"，1910年激进派学生领袖Tarak Nath被逐出温哥华后，在西雅图也成立了"The United Indian House"，并每周六在馆内给25名印度劳工上课。④ 东京青山的"Indian House"，显然正是独立运动的东京据点。

《亚洲和亲会约章》曰：

> 曩者天山三十六国，自遭突厥、回鹘之乱，种类歼亡。异日支那、印度、越南、缅甸、菲律宾辈，宁知不为三十六国继也。仆等鉴是，则建"亚洲和亲会"，以反对帝国主义而自保其邦族。他日攘斥异种，森然自举，东南群辅，势若束芦。集庶族之宗盟，修阔绝之旧好，用振我婆罗门、乔答摩、孔、老诸教，务为慈悲恻怛，以排摈西方旃陀罗之伪道德。令阿黎耶之称，不夺于皙种，无分别之学，不屈于有形。凡我肺腑，种类繁多，既未尽集，先于印度、支那二国组织成会。亦谓东土旧邦，二国为大，幸得独立，则足以为亚洲屏蔽。十数邻邦，因是得无受凌暴，故建立莫先焉。一切亚洲民族，有抱独立主义者，愿步玉趾，共结誓盟，则馨香祷祝以迎之也。⑤

---

① 竹内善朔：「明治末期日中革命運動の交流」、『中国研究』（中國研究所编），第78页。
② 竹内善朔：「明治末期日中革命運動の交流」、『中国研究』（中國研究所编），第78页。
③ 竹内善朔：「明治末期日中革命運動の交流」、『中国研究』（中國研究所编），第80页。本文关于亚洲和亲会的整理主要参考了竹内这一珍贵的回忆文章。
④ Bipan Chandra, *India's Struggle for Independence 1857-1947*, New Delhi: Viking（Penguin Books India Ltd.，1988），p. 147.
⑤ 朱维铮、姜义华等编注《章太炎选集（注释本）》，第429页。遗憾的是，英文章程暂时未能觅得。

在此清晰可见的是，亚洲和亲会正是旨在谋求亚洲弱小民族之独立的一个国际组织，这一反帝国主义理念，也令文中的"皙种"（白种之意）之类的种族概念变得淡薄，不过由此多少也可以看出，东西二元对立这一框架依然存在。这也几乎为所有泛亚洲主义话语所共享。必须指出的是，正如狭间直树所指出的那样，"虽然亚洲和亲会的核心是反对帝国主义，但只是消灭其他民族意义上的帝国主义，与列宁所说的帝国主义略微有别"①。在章太炎等发起亚洲和亲会之后的十年，列宁出版了著名的《作为资本主义最高阶段的帝国主义》（1917）一书，列宁以 19 世纪末期以来的战争，尤其以 1914 年以来的战争为背景，说明这些都是"帝国主义战争（亦即侵略的、掠夺的、强盗的战争），是为了瓜分世界，为了殖民地与金融资本的'势力范围'等分割与再分割而进行的战争"②。列宁认为资本的原理在于通过扩大再生产而扩张，而帝国主义就是扩张的结果，这一帝国主义为资本主义的最高及最后阶段。章太炎的帝国主义定义与列宁有重叠之处，但显然未必有资本主义的视点。

在上面的纲领中，章太炎明确提出："先于印度、支那二国组织成会。亦谓东土旧邦，二国为大，幸得独立，则足以为亚洲屏蔽。"此一取中印之历史悠久，二取中印之幅员辽阔。章太炎提出了与戊戌变法失败前有所区别的新的亚洲联合构想，其亚洲联合构想之新，在于这一亚洲联合已经由以前的中日联合为主体，变为以中印联合为主体。另外，值得注意的是，章太炎此处不仅从地缘政治角度希望中印构成亚洲安全保障上的屏障，显然也从文化传统角度希冀以中印悠久的文化构成文化的主体，同时，这一文化的联合又是植根于道德的。后者见于章太炎所说的"用振我婆罗门、乔答摩、孔、老诸教，务为慈悲恻怛，以排摈西方旃陀罗之伪道德"。革命必须植根于道德主义，这是章太炎自始至终不曾有变的立场。此多少类于孙文 1924 年所提出的"大亚洲主义"概念中以立足仁义的王道对抗霸道的模式，但章太炎与儒家话语多少有些距离，虽然其内涵与儒家相去不远。章太炎也提出以"慈悲恻怛"对抗"西方旃陀罗之伪道德"。"旃陀罗"为梵文 cāṇḍāla 屠夫之音译，为佛道中十恼乱之一，源自"暴

---

① 狭間直樹、松本健一：「章炳麟と明治の「アジア主義」」，『知識』（世界平和教授アカデミー編），1990 年 8 月号，第 249 頁。

② 本文據日文列寧該書：レーニン『帝国主義』（〈法語及德語版序言〉），宇高基輔訳，東京：岩波書店，2009 年，第 16 頁。

力"一词，也解释为"恶人"①。"旃陀罗"所代表的暴力，正是孙文所批判的"霸道"，"西方旃陀罗之伪道德"，正是帝国主义"霸道"之文化部分。也可以发现，章太炎在基于佛学资源上与孙文有异。这与章太炎思想上对"宗教"的定义及广义重构不无关系。在此章太炎"我婆罗门、乔答摩、孔、老诸教"构成其"宗教"的内涵，并且赋予这一"宗教"以反帝的使命。也就是说以中国原有的以孔子、老子为主的诸子思想，糅合来自印度的佛教，重构其"宗教"概念。婆罗门（Brahmanism）为一称呼古印度雅利安（Indo-Aryans）社会、文化、宗教体系的总名，一般认为土著印度人的精神信仰与婆罗门的融合在5世纪左右发展为印度教（Hinduism）②。而乔答摩（Gautama）则是佛陀原姓，此处自然指的是佛教。这里也可以看出章太炎的亚洲联合构想中他对宗教所寄予的期待。章太炎的"宗教"多偏于世俗色彩，而且，他认为革命必须立足道德，只有道德方能培养刚毅不屈的精神，去面对强权、暴力甚至死亡。这些想法见于其1906年因"苏报案"出狱后的文章，如《革命道德论》。这也是他推崇儒家狂狷概念的原因（见章太炎《论乡愿》）。有意思的是，章太炎此处将儒教与老子哲学都视为"宗教"。在其他论文中，他甚至用佛教作为其革命理论的资源，并以此糅合老庄哲学，建构自己的政治哲学理论（以佛教为主要资源者，如1907年的一系列论文《五无论》、《国家论》、1908年7月的《四惑论》等，以佛教糅合老庄哲学者如其著名的《齐物论释》等）。章太炎之"宗教"有着浓重的世俗的道德主义及革命色彩，这是他对"宗教"概念重构的结果。由此亦可窥见近代中国"人间佛教"运动与章太炎的关联。

章太炎此时的亚洲联合构想，也并不是一个金字塔状权力等级森严的联合体，而提倡在反帝这一理念上的平等联合，这也可以从章程中看出：

> 会中无会长、干事之职，各会员皆有平均利权，故各宜以亲睦平权之精神，尽相等之能力，以应本会宗旨。无论来自何国之会员，均

---

① Charles Muller, *Digital Dictionary of Buddhism*, The University of Tokyo, 1995（http://www.buddhism-dict.net/cgi-bin/xpr-ddb.pl? q=旃陀罗）.

② Ibid. （http://www.buddhism-dict.net/cgi-bin/searchddb4.pl? Terms＝%E5%A9%86%E7%BE%85%E9%96%80.）

以平权亲睦为主。[①]

此时章太炎的亚洲构想，正是一个反帝反殖民共同体。故亚洲和亲会章程中明确表示："本会宗旨，在反抗帝国主义，期使亚洲已失主权之民族，各得独立。"[②] 此外，也应该留意到，章太炎的帝国主义批判，也是对文化的批判，这一文化批判矛头所指，部分也包含戊戌变法前章太炎本人并未能意识到的一些"现代"概念，亦即其时源自西方的概念以及由此建构的框架，如"种族""人种"等社会达尔文主义话语的问题性。相反，章太炎此时已经成为最有力的这一类"现代性"话语的批判者，因为他锐利地看出，"进步""文明""人种"等"现代"话语与帝国主义、殖民主义行径之间的呼应。这一点，与国内政治层面上章太炎的革命不无关系，因为章太炎所主张的革命也是文化的革命，而且也是以复古为创新的革命，而这一"复古"，也包含了对古代文化本身的批判，如对专制文化的批判、章太炎与康有为论争中对其儒学某些部分的批判、对唐之后的文学的批判，等等。最后，也应留意到，章太炎经过 1903 年至 1906 年身陷囹圄期间对佛学的攻读，令他得以将佛教的奥义与其革命的实践相结合。唯因此，他对自己所理解的"宗教"于中国革命的可能性，充满憧憬。毫无疑问，他的文化革命，也是与宗教密切相关的。因此，他所构想的"亚洲和亲"，也是以亚洲各国的宗教为基础，以抗衡西方的"伪道德"，亦即帝国主义的"屠夫"（旃陀罗）之"伪道德"。

三 日英同盟与亚洲和亲会的成立

亚洲和亲会成立于 1904~1905 年日俄战争后的 1907 年。该会成立于此时，固然与 1906 年章太炎出狱流亡东京有一定关系，但是，某种意义上说，正是 1902 年第一次日英同盟之后，日俄战争的结果以及第二次日英同盟的签订等国际形势的变化进一步促成了亚洲联合运动。日英同盟对亚洲主义、亚洲连带思想的影响以往似乎鲜有论及。这一军事同盟几乎规定了之后的东亚局势，其对亚洲联合以及日本亚洲主义思想的影响，实不可小

---

① 朱维铮、姜义华等编注《章太炎选集（注释本）》，第 431 页。
② 朱维铮、姜义华等编注《章太炎选集（注释本）》，第 430 页。

觑。日英同盟于 1902 年 1 月 30 日经英国外交大臣澜斯登（Henry Maurice Lansdowne，1845-1927）与日本驻英公使林董（1850~1913）签订，性质为军事同盟，规定当缔约国一方与两国以上进入战争状态时，另一方也必须参战。1902 年的日英同盟条约规定："鉴于两缔约国的特殊利益，即于大不列颠国之于清国，于日本国之于清国利益以及于韩国之政治、商业及工业上所拥有之特殊利益"，日英两国对涉及 "该等利益" 之 "列国侵略行为" 有共同的保护责任。① 也有日本的外交史家认为，虽然第一次日英同盟明显是针对意欲进一步南下的俄国，但是，对日本来说该同盟未必是为了与俄国一战，而只是为了在与俄国交涉的过程中获得谈判筹码，以保障日本外交的一贯方针之 "满韩交换"（日本认可俄国在中国东北利益以换取俄国承认日本在朝鲜半岛的利益）。② 日俄战争后的 1905 年 8 月 12 日于伦敦签订的第二次日英同盟的第四条中，明确加进了如下字眼："鉴于大不列颠国于印度国境安全之一切事项有着特殊利益，日本国承认大不列颠国于前述国境附近采取其认为必要之保护大不列颠国或其印度领地之措施。"③

在第一次日英同盟的保障下，日本成功击败俄国，正式跻身于世界列强俱乐部，与欧美列强平起平坐。第二次日英同盟签订时俄国南扩已不复存在，而英国在印度的利益开始为德国所觊觎。第二次日英同盟意在保护两国在华、朝鲜半岛以及印度的既得利益，并保障两国共同防止俄国、德国等列强在瓜分亚洲上的竞争。因此，日英同盟对士人之敏锐者还是带来了不小的冲击。比如 1902 年 1 月 30 日日英同盟签订后不久，梁启超即撰《日英同盟论》一文于《新民丛报》2 号（1902 年 2 月），对日英同盟中有 "保全支那高丽之独立主权及其土地" 之类表述，颇为在意。梁启超警告曰："言保全人者，是谓侵人自由；望人之保全我者，是谓放弃自由"，批

---

① 参见日本国外务省编纂『日本外国年表并主要文书』上卷，东京：日本国际连合协会 1955 年，203 页。并参照英文条款："Appendix A: Text of The Anglo-Japanese Alliance, January 30, 1902", in Wood, Ge-Zay, *China, The United States, and the Anglo-Japanese Alliance* (New York, Chicago, London and Edinburgh: Fleming H. Revell Company, 1921), p. 143。

② 鹿岛守之助：『日本外交史・6・第一回日英同盟とその前後・満韓交换主义と英露の选择』，东京：鹿岛研究所出版会，1970 年，第 5 页。

③ 日本国外务省编纂：『日本外国年表并主要文书』上卷、第 241 页。

判日英同盟条约的虚伪，以及国人对此条约的麻木。① 梁启超宣统二年之长文《将来百论》中亦有"日英同盟之将来"一节，言及日英同盟既为日本外交之"莫大之成功"，亦是英俄为争霸亚洲而相冲突，英国为保全其于印、华等亚洲国家既有利益之产物。② 后来，孙中山对日本的扩张也多有抨击。比如，孙中山 1906 年 6 月 29 日《致田中义一函》："今则时局益迫矣，其恶化之原因，颇关系日本之政策。……近代日本对于东亚之政策，以武力的、资本的侵略为骨干，信如世人所指。"③

另外，自 1903 年至 1908 年英国在印度的统治也第一次面临极大挑战，这就是印度独立运动的兴起。运动起因于英国殖民者 1903 年提出计划将孟加拉国分割为二（Partition of Bengal）。关于这一分割的目的，借用英国的印度殖民地总督卡松爵士（Lord George Nathaniel Curzon，任期 1898 ~ 1905）的话来说的话就是"废黜加尔各答"作为"中心的位置，在整个孟加拉国，实际上在整个印度，国民大会徒党就是从这一中心被操纵的。成功的阴谋中心……"，"分化（divide）说孟加拉国国语的人口"［加尔各答（Calcutta）为西孟加拉国府］。而英国印度殖民政府内政部长（The Home Secretary to Government of India）Risley 在 1904 年 12 月 6 日的话说得更加露骨："统一的孟加拉国就是一股力量。但是如果孟加拉国被分开的话，则会有被引向不同的路向。（略）我们其中一个目的，就是分化（split up）进而弱化反对我们统治的坚实的群体。"④ 成立于 1885 年的印度国民大会（The Indian National Congress）在世纪之交时可分为激进派（the Extremists）及温和派（the Moderates），激进派由著名的独立运动家提拉克（Bal Gangādhar Tilak，1856-1920）领导。温和与激进连手反抗孟加拉国分割运动，运动的主要表现形式为声势浩大的抵制英货、提倡国货的群众运动，史称 Swadeshi［意为"自给自足"（self-sufficiency）］运动。但是随着运动声势浩大地开展，温和派与激进派的分歧增大，对激进派来说，令分割孟加拉国流产，此时已经成为"所有政治目标中最为微小、最为视野狭窄的目标（pettiest and narrowest of all political objects）"，而温和派对此

① 梁启超：《饮冰室合集集外文》上册，夏晓虹辑，北京大学出版社，2005，第 80 页。
② 梁启超：《饮冰室合集》第三卷，中华书局，2003，第 180 页。
③ 中国社会科学院近代史研究所、中山大学历史系、广东省社会科学院合编《孙中山全集》第五卷，中华书局，1983，第 275 ~ 276 页。
④ 转引自 Bipan Chandra, *India's Struggle for Independence, 1857-1947*, p. 125。

持有异议。① 激进派希望将运动推广至全国，而且不仅抵制外国商品，也抵制所有形式的与殖民政府的合作，将运动转化为全面的群众性的不合作运动，而温和派则只是希望将运动局限于孟加拉国，总的来说，反对将不合作延及政府。② 简言之，激进派事实上趋向通过革命谋求印度的彻底独立。英国政府原本认为温和派主导的印度国民大会容易对付，因为温和派处于弱势且缺乏群众基础，印度总督卡松爵士直至 1904 年还认为国民大会无能，而以拒绝接见国民大会代表的方式对之加以羞辱。③ 但是，随着 1905 年其激进派在抵制洋货运动获得压倒性的影响力④，情况便开始改变了，因为激进派的力量开始在国民大会中上升。

表面上看，1903 年至 1908 年的印度独立运动与晚清中国无多大关系，但是，当印度独立运动延伸至海外据点时，情况就并非如此了。它对晚清士人的影响其实不可忽视，这清楚地见于这一时期章太炎的著述。事实上，印度的问题并不是章太炎首先论及，无论改良派还是革命派，"印度"都成为投射中国命运的一个对象和装置。瑞贝卡·卡尔（Rebecca Karl）留意到，早在鸦片战争后魏源（1794~1857）的《海国图志》，书中便以"亚细亚"为框架，将中国与印度等而齐观，魏源通过其对英国人主导的鸦片贸易的观察，论及外国来袭与商务中印度与中国命运的相似性。⑤ 魏源在《海国图志》中言及印度"鸦片盛行，英夷岁收税银千余万，俄罗斯觊觎之"⑥。魏源自然是念念难忘刚过去的中国之"夷变"。Rebecca Karl 曾在其书中多处论及"印度"在戊戌变法之后如何成为中国人"亡国"的象征。⑦ 而作为"亡国"象征的"印度"直至 1905 年后中国志士在东京有机会接触印度流亡人士，这一"亡"（lost）的从属的形象不仅被改变，而且这一新的"印度"给了晚清士人新的期待，亦即由"奴隶"而一变为充

① Bipan Chandra, *India's Struggle for Independence*, *1857-1947*, p. 128.

② Ibid., p. 138.

③ Ibid., p. 137.

④ Ibid., p. 138.

⑤ Rebecca Karl, *Staging the World*: *Chinese Nationalism at the Turn of the Twentieth Century* (Durham and London: Duke University Press, 2007), p. 12, p. 155. （汉译：高瑾等译《世界大舞台：十九、二十世纪之交中国的民族主义》，三联书店，2008。）

⑥ 魏源：《海国图志》卷一，《魏源全集》第四册，岳麓书社，2004，第 25 页。

⑦ Rebecca Karl, *Staging the World*: *Chinese Nationalism at the Turn of the Twentieth Century*.

满革命可能性的"人民"①。在晚清的语境中，章太炎正是第一位构筑新的"印度"想象的思想家。在这一点上，章太炎的"印度"与康有为的"印度"形成鲜明的对照。正如日本的中国史家岛田虔次（1917~2000）所指出的那样，章太炎对印度的同情，不是空洞的，是基于其对印度佛教、文化的景仰，而章太炎持论也是与康有为认为印度不可能自立的言论有关。②康有为 1901 年曾游印度，并著有《印度游记》一书。而这一新的期待正明显地见于章太炎主理之下的同盟会机关报《民报》的编辑内容以及章太炎本人的叙述中。

无论如何，魏源的"亚细亚"表述，只是一个含糊的地理概念，而远非文化、政治的范畴。然而，也正是西方的"黄祸"论及西方进一步的扩张，慢慢在亚洲催生了这一有着一定匀质性的同时作为文化、政治范畴的"亚洲"。

四 章太炎的亚洲联合思想变化与日英同盟

章太炎《记印度西婆耆王记念会事丁未》（《民报》第 13 号）一文，记述了 1907 年 4 月 20 日印、日、中、英等国人士参加在东京的印度激进派举行的一次西婆耆王节纪念集会。文章开头曰：

> 阳历四月二十日，印度游学者开西婆耆王记念会于虎门女学馆，其领袖者为法学士钵逻罕氏。初钵逻罕自美洲来，访余于民报社，言英政府遇印度人，较往日蒙古为甚，学者不得讲政治、法律，虽之他国犹被禁遏，独在美洲得自由，以此获法学士之号。其友人保什氏能为日本语，重译应对。③

在此，我们根据日本、印度的资料及研究，确认、补充章太炎所提及的印度人士，以明确章太炎文章的背景。莫卧儿帝国（The Mughal

---

① Rebecca Karl, *Staging the World: Chinese Nationalism at the Turn of the Twentieth Century*, pp. 169-163.

② 岛田虔次：『中国革命の先駆者たち』，東京：筑摩書房，第 267 頁。

③ 《民报》第 13 号，1907 年 5 月 5 日。本文《民报》引自复刻本《民报》第四卷，中华书局，2006，第 2217 页。

Empire),即蒙古帝国之意,据说是成吉思汗后裔巴布尔（Bâbur,1483-1530）由乌兹别克南下入侵印度而建立的伊斯兰教帝国,故上文有"英政府遇印度人,较往日蒙古为甚"之说法。根据刊载于《警钟日报》（1904年5月21日）文章《亡国之学生》,当时在东京的印度学生有 20 人[①]；而印度方面的数据显示,1898 年只有两名印度学生去日本留学,1903 年为15 名,日俄战争之后,印度留日学生逐年增加,1906 年有 54 名[②],1910~1911 年日本有超过 100 名的印度学生,而东京与神户则有许多印度商人。[③]甚至有印度学者指出,早于 1900 年,日本便成为印度民族主义的重要基地,在日的印度学生 1900 年便已成立了 Oriental Youngmen's Association（东方青年协会）,虽然英国驻日代表"对其政治意义掉以轻心",但是英国印度殖民政府却注意到了他们的成员在日本媒体上的反英言论[④],而印度总督卡松爵士（Lord Curzon）"强烈反对印度学生赴日",因为印度学生"容易被灌输不满及不忠情绪"。[⑤]

　　章太炎文中提及的"钵逻罕氏",乃是次会议的领袖。日本学者近藤治考证其表记为 Muhammad［或 Mohammed］Barkatullah（？-1928）[⑥]。早在此之前,研究印度的日本学者长崎畅子曾在一篇介绍日本亚洲主义与印度民族独立运动之关系的文章中提及一位名为 A. H. Mohammed Barkatullah 的印度激进派领袖,他 1909 年来日,任东京外国语学校教授印度乌尔都语（Urdu）的外籍教师,并多与日本政界人士往来,同时在东京运营一份反英英文周报 *Islamic Fraternity*,后英国驻日使馆给东京外国语学校校长村上直次郎（1868~1966）施压,该周刊被迫停刊,但因 Barkatullah 之后继续

①　转引自 Rebecca Karl,p. 267。

②　Sant Nihal Singh,"Indian Student in Japan," *Indian Review*,September,1906,p. 673. 本文转引自 Birendra Prasad,*Indian Nationalism and Asia*,Delhi：B. R. Publishing Co.,1979,p. 45。

③　Arun Coomer Bose,*Indian Revolutionaries Abroad*,*1905 - 1922*：*In the Background of International Development*（Patna：Bharati Bhawan,1971）,p. 66.

④　J. B. Whitehead to W. Cunningham,28,June,1900. 转引自 T. R. Sareen,*Indian Revolutionary Movement Abroad*,*1905 - 1920*（New Delhi：Bangalore & Jullundur：Sterling Publishers PVT Ltd. ,1979）,p. 145。

⑤　Note by Curzon 31,July,1905. Foreign Department,Internal B,August,1905,no. 420. N. A. I. 转引自 T. R. Sareen,*Indian Revolutionary Movement Abroad*,*1905-1920*,p. 145。

⑥　小野川秀美不太肯定推测其人名表记为 Pradhan（小野川秀美编《民报索引》下卷,《欧汉译名对照表》,京都大学人文科学研究所,1970~1972,卷末第 6 页）。上述西文表记为近藤治『東洋人のインド観』,東京：汲古書院,2006,第 223 頁。

进行反英宣传，遂于 1912 年被东京外国语学校解职，1914 年离日。① 类似的记述亦见于印度学者的描述（来日日期为 1909 年 2 月），只是名字表记为 Maulavi Barakatullah②，上述数说基本相吻，应该指的正是章太炎文中所说的"钵逻罕氏"。但是，印度学者曾谈及 1906 年秋印度人 Lucas Joshi 与 Maulavi Barakatullah 创办于纽约的第一个带有政治目的组织 The Pan-Aryan Association（泛雅利安协会）以进行反英宣传，但因 Barakatullah 1909 年 2 月赴日，Joshi 尔后赴英而令该协会结束。③

而章太炎所说的"保氏"又是谁呢？印度激进派设于温哥华的机关报《自由印度报》（The Free Hindusthan）1908 年 7 月号上曾指出，独立运动人士的 Surendramohan Bose 为第一个赴日印度革命者，他 1906 年到达日本，并且在东京青山 Gondwarmmachi 17 号租有一座房子作为组织的中心，并命名为 Indian House④。此说正与竹内善朔上面的回忆文吻合，因此，Surendramohan Bose 正是章太炎所说的"保氏"。据印度学者指出，保氏与另一独立运动分子 Taraknath Das 在美国组织"美国印人会"（Indo-American Association），以争取更多人同情地理解印度的事业，《自由印度报》也正是由钵逻罕氏与保氏二位创办。⑤《民报》从第二十期（1907 年 4 月 25 日）起开始刊登章太炎亲自撰写的有关印度独立的文章，从第二十一期（同年 6 月 10 日）起译载《印度自由报》、《印度社会报》（Indian Sociologist）等印度独立派报章新闻（附带指出，第二十一期还刊登了《韩国人之露布》，内附《告韩侨檄文》），此后每期必刊，直至章太炎编辑的

---

① 長崎暢子：「日本のアジア主義とインドの民族運動」，大形孝平編『日本とインド』，東京：三省堂，1978 年、第 72 頁。人名日文原文發音為：ムハンマド·バルカトゥラー。

② Arun Coomer Bose, *Indian Revolutionaries Abroad*, *1905 - 1922*: *In the Background of International Development*, p. 67. 另一印度学者的表记亦为 Maulavi Barakatullah，但是言及其任教于东京大学，则应是错误（T. R. Sareen, *Indian Revolutionaries*, *Japan and British Imperialism*, New Delhi：Anmol Publications, 1993, p. 13. 以及 T. R. Sareen, *Indian Revolutionary Movement Abroad* (1905-1920), p. 146. ）。

③ ArunCoomer Bose, *Indian Revolutionaries Abroad*, *1905 - 1922*：*In the Background of International Development*, pp. 30-40.

④ *The Free Hindusthan*, July, 1908, J. & P. 4803 of 1911 with 275 vol. 1129 of 1912. 笔者转引自 Arun Coomer Bose, *Indian Revolutionaries Abroad*, *1905-1922*：*In the Backgound of International Development*, p.67. 暂时未觅得此原始资料。西順藏、近藤邦康編譯『章炳麟集：清末革命の思想』（東京：岩波書店，2004 年，第 250 頁）亦援引该印度学者的研究做出同样推测。

⑤ Arun Coomer Bose, *Indian Revolutionaries Abroad*, *1905 - 1922*：*In the Background of International Development*, p. 50.

第二十四期（同年 10 月 10 日）。由此可看出，章太炎对印度独立运动的高度关注，这些报章大概也是独立运动活动家赠给章氏的。

在汉语圈比较早论及章太炎与甘地（Indira Gandhi, 1917~1984）以前的印度革命关系的丁则良留意到，与章太炎接触的，都是国民大会中人，而且很可能都与提拉克领导下的极端派有关。① 这一点也可以从《民报》翻译登载激进派刊行于温哥华的机关报《自由印度报》（The Free Hindusthan）文章看出，此亦可证丁氏推测。《自由印度报》1908 年 3 月创办于温哥华，为双月刊，后该刊于 1908 年秋天移去西雅图，于 1910 年 11 月停刊。② 笔者觅得的 1908 年 4 月号应为其创刊号，该号的 The Free Hindusthan 之刊名下标有该报纸性质说明："追求自由、政治、社会、宗教改革的机关报（Organ of Freedom, and of Political, Social and Religious Reform）"，再下则有一行粗体字的报纸信条："反抗暴政，就是忠顺于神！（RESIST-ANCE TO TYRANNY IS OBEDIENCE TO GOD）"③，足见其激进色彩。在上述《自由印度报》1908 年 4 月号上一篇文章中有类似的政治目标表述："我们殷切期待我们的民族领导者能在民族路线下重组国民大会，并且在民族掌握国民大会下取得我们的民族愿望之 Swara（绝对的自主，absolute-self-government）。"④ Swaraj（self-government, self-rule 之意），也无非就是独立之意。其激进派色彩可谓一目了然。

章太炎在《记印度西婆耆王记念会事丁未》中接着说：

> 西婆耆王者，当十七世纪末，自民间起，覆蒙古帝国，使印度人得独立，盖与吾国明祖相类。印度人不敢以反对英国、经画独立昌言于众，而一寓其意于记念会。观西婆耆王之反对蒙古，则今当反对英国可知。凡列会中宾席者宜无不心知其意，因其意而赞成之，人道所当然，纵不能，犹无为阻抑之也。钵逻罕氏既召余及同志三数人，而日本人参列者以百数，大隈伯亲临而演说焉。高车庾门，鼓吹　作，

---

① 丁则良：《章炳麟与印度民族解放斗争：兼论章氏对亚洲民族解放斗争的一些看法》，《历史研究》1957 年第 1 期，第 26 页。

② Arun Coomer Bose, *Indian Revolutionaries Abroad, 1905 - 1922: In the Background of International Development*, pp. 50-51.

③ *The Free Hindusthan*, Vancouver B. C., April, 1908.

④ "The Lesson Taught from the German Revolution of 1840," in *The Free Hindusthan*, Vancouver B. C., April, 1908, p. 4.

参席者不哀印度之亡，而为大隈伯击掌。伯见英人士女之列坐者，鞠躬握手，曲尽恭谨。余不意著名之政党而如此也！及演说，惟言英皇抚印度，至仁博爱，不可比拟，而勖印度人以改良社会，勿忽他人，勿谋暴动。语毕，英人某复前演说，大意谓英人与印度人亲如骨肉，其语率圆滑曲媚，盖心知印度人长厚，而以是笼络之也。英人不足道，余独怪大隈伯以东方英杰，而亦为是谐媚取容之语，岂昏耄短气耶？抑以同盟之故，不欲使印度人得所藉手也？此在当轴秉政，与在野之政党首领宜为是说。伯既引退，于国政无所关系，犹作是言，是真余所不解者矣！①

　　西婆耆王（Chatrapati Shivājī，1627 或 1630-1680）又译为"希瓦吉王"，为印度次大陆西部王国马拉塔帝国（Maratha Empire，1674-1818，后改为联邦）的建立者。"覆蒙古帝国，使印度人得独立"者，指莫卧儿帝国（The Mughal Empire），即蒙古帝国之意。1681 年莫卧儿王朝乘西婆耆王去世而入侵马拉塔，1707 年终为马拉塔击败。但马拉塔 1818 年为英国所灭。在印度的独立运动中，西婆耆王节被激进派领袖提拉克提升、推广为跨越西印度及孟加拉国的宣传手段，试图借此使独立理念走向群众。② 章太炎在此描写了日本政治家大隈重信（1838～1922）在是次会议的演说中粉饰英国对印度之殖民统治，并不支持印度之独立革命。大隈重信 1907 年辞去宪政本部总裁，并出任早稻田大学校长，在校内成立"印度学会"，他接受这一演讲邀请就在此后不久。③ 故章太炎批判大隈曰："伯既引退，于国政无所关系，犹作是言，是真余所不解者矣！"1902 年签订的日英同盟对亚洲联盟思想的冲击，也可以从"抑以同盟之故，不欲使印度人得所藉手也？"中窥见。章太炎对大隈重信的批判，源于同盟签订之后日本支持英国对印度的殖民统治，这也表达了章太炎对印度独立运动的同情。事实上大隈重信本人是日英同盟重要的促成者。这一军事同盟冲击了亚洲联合的理想，令其他亚洲士人对日本渐失信心。章太炎在《印度人之观日本》（1908 年 4 月）中批判日英同盟后的日本：

---

① 《民报》第 13 号，1907 年 5 月 5 日（复刻本：《民报》第四卷，第 2218 页）。

② Bipan Chandra, *India's Struggle for Independence, 1857-1947*, p. 130.

③ 内藤雅雄：「近代日本の形成と英領インド」，大形孝平編『日本とインド』，第 65 页。

日本无趾人大隈重信尝演说亚洲事，支那、印度人皆往听。无趾曰："亚洲文明之国，今以日本为第一，次即支那，若巴比伦、印度辈，往日文化虽可观，今则不足比较。"支那人皆喜，印度人皆怒。暇日印度人带氏过余，因道此事，带氏则哂曰：自日露战争以来，日本人傲睨甚，以为东方龙伯，即已族矣！……印度于日本，事鲜相涉，日英同盟，则惟恐印度有光复事，丑言诋斥，亦人情也。①

上文中的"带氏"，应为竹内善朔上述回忆中提及的起草《亚洲和亲会约章》英文稿的流亡东京的印度志士。竹内言及是印度志士中的领袖人物，在外语学校任教，大家称他为"Mister Day"②。大隈重信1889年因国家主义组织玄洋社成员来岛恒喜自杀式炸弹袭击而被切去右腿，故有"无趾人"此一章氏恶言，足见其憎恨之情。就此集会，大隈侯八十五年史会所编之《大隈侯八十五年史》（1926年）如是描述："君明治四十年四月于印度爱国者西婆耆王节作《印度之将来》之演说。翌年七月敦促印人自省。西婆耆王节每年本只由滞留本邦印人自行举办，然明治四十年邀请日印协会及该会相关人士与会。君登上讲坛，印度人的眼中露出喜悦之光。"③这一反应与章太炎笔下的中印革命派与会者后来的反应大相径庭。第二次日英同盟（1905年8月）与第一次日英同盟最大区别在于将条约的适用范围由第一次的"满韩"而扩大至"远东及印度以东"。该条约令英国在印度的统治以及在华利益进一步得到保障。同时，对日本来说，日本导入日英同盟而进一步借此巩固朝鲜殖民地利益并进一步瓜分中国，该条约为此增加了日本实现此目标的筹码、强化了其基础。而大隈重信正是扩大日英同盟范围的最主要推动者。《大隈侯八十五年史》描述了大隈如何主动向英方提出将同盟范围扩大至印度的情节，以作为大隈生平功绩之一予以彰显。④

① 《民报》第二十号，1908年4月25日。本文引自复刻本《民报》第五卷，第3156～3157页。
② 前引竹内善朔回忆文章，第78页。日文原文为"ミスター・デー"，并无罗马字表记，该表记为笔者杜撰而已，仅取近于日文发音耳，并无其他根据。虽笔者多方查找，但很遗憾尚未从日本与印度方面的资料中觅得"带氏"的数据。
③ 大隈侯八十五年史会编《大隈侯八十五年史》第二卷（1926年），东京：原书房，1970年复刻，第703页。
④ 大隈侯八十五年史会编《大隈侯八十五年史》第二卷（1926年），东京：原书房，1970年复刻，第439～440页。

上面提及大隈重信"翌年七月敦促印人自省",指的是在明治四十一(1909)年七月大隈重信在日印协会上也曾在重复类似论调,大隈演讲中说:"虽然我不能说英国政府没有在某种程度上多多少少限制了印度的自由,但是,若要谈到印度在这一百年来的进步因何而起的话,那就是因为英国的资本的力量。""如我屡屡重复的那样,宽大仁慈的印度皇帝,尤其最进步的英国政府,一定会乐于给予自由,我对此坚信不疑。"① 这里可以看出大隈对印度的两面。一方面作为新的列强成员,与英国殖民者在现实国际政治中对印度共享了以强凌弱的强者立场;另一方面,日本作为亚洲唯一没有被列强侵略且与列强平起平坐的一员,在面对同为亚洲之一员的印度时,亚洲盟主之日本之盟主意识也就难掩于大隈的言表。这是相互矛盾的态度。

五 文化主体性建构的联亚思想: 作为"方法"的印度

首先,似乎可以指出,章太炎的"印度"也是批判日本破坏亚洲团结的"方法"。这一点,见于章太炎《印度人之观日本》(1908 年 4 月)一文中:

> 带氏又曰:当日本未兴时,亚洲诸国,虽时时有小衅,犹近平和,今也反是。夫土耳其于亚洲为恔戾无仁恩矣,然不足以挠乱大势。引白人以侮同类者,则谁乎?②

在此,章太炎借印度知识分子之口,批判日本"引白人以侮同类",这里显然指的是日英同盟。

其次,章太炎作为"方法"的"印度",也表现在章太炎以"印度"作为批判中国的"方法"。这一方法势必难免特权化印度、单纯化印度〔这一点,令人联想起战后日本的思想家竹内好(1910~1977)的"中国",本文作为"方法"的"印度"这一表述,当然是借自竹内好〕。比

① 大隈重信:「印度人の自省を促す」,江森泰吉编『大隈伯百話』(明治四十二年初版),東京:實業之日本社,1912 年,第 454 頁、第 459 頁。
② 《民报》第二十号,1908 年 4 月 25 日。《民报》第五卷,第 3158 頁。

如，在《印度中兴之望》（《民报》第十七号，1907 年 10 月 10 日）一文中，章太炎言及与印度独立分子相交所闻，并同情印度人民的命运，期望印度早日能从英国的殖民统治中解放出来。同时，章太炎亦以留日印度知识分子为镜，批判了中国留日求学人士松弛、麻木的现状："余视印度人在日本者，明允确坚，嗜学不怠，未有如汉人之惰弛者。"[①] 章太炎又曰：

> 呜呼！观其志行忼慨卓厉如此，而成就学术，又远在震旦人上，自兹以往，则印度之独立可期，而吾国殆绝望矣！（中略）由今观之，震旦之异于印度者，惟郛郭尚在，未为白人所掩耳。又其起居服食，凡诸所谓表面文明者，大较优于印度。故虽外人之觇国者，亦谓震旦在印度上。试一核实，则不逮印度远甚！诈伪无耻，一也；缩朒畏死，二也；贪叨罔利，三也；偷惰废学，四也；浮华相竞，五也；猜疑相贼，六也；是六者皆印度所无，而吾国之所独有。自非斫雕为朴，代文以忠，其曷能取济哉？呜呼！东方文明之国，荦荦大者，独吾与印度耳！言其亲也则如肺腑，察其势也，则若辅车，不相互抱持而起，终无以屏蔽亚洲。印度志士，望震旦独立者多矣，而汉人曾莫念彼。岂独不念，又鄙夷之！（中略）迷而不返，视比邻如草昧穷荒，又震于西人之言，矜华靡而羞质野，其视印度，盖与西羌、马来相等。由是言之，汉土弟昆，皆贾竖之见耳。[②]

在此，章太炎比较印度与中国之长短优劣，批判中国人自比印度，觉得自己在印度之上，而沾沾自喜，但在他看来，事实恰恰相反。章太炎借"印度"，批判中国人远逊印度人之处，进而批判中国士人对印度独立的傲慢、冷漠。同时，章太炎也批判了中国人的势利，一方面以傲慢的态度看待周边国家如印度、西羌、马来，"视比邻如草昧穷荒"；另一方面又盲从西方，诚惶诚恐。在章太炎看来，这一类中国人都只是势利商人之见（"贾竖之见"）。在此，"印度"显然成为一个章太炎批判中国知识界的"方法"。

再次，章太炎作为"方法"的印度，也是某种"文化主体性"的建构

---

① 《民报》第十七号，1907 年 10 月 10 日。《民报》第五卷，第 2770 页。
② 《民报》第十七号，1907 年 10 月 10 日。《民报》第五卷，第 2771~2772 页。

方法。章太炎虽然有特权化印度之虞，但是，其对印度也并非只是一味理想化。他认为，印度与中国相比，在学术上对历史的保存不如中国，而这一点影响了印度人追求独立的自觉意识（"今者学术多废坠，独历史尚稍完具，令士民不骞太古以期独立，印度阙是，故国民自觉稍晚"[①]）。

在另一篇文章《印度人之论国粹》（《民报》第二十号，1908 年 2 月 25 日）中，章太炎以印度为例，言及学术上高扬国粹与培养反殖民主体性、国粹与反满民族革命之间的关系：

> 人无自觉，即为他人陵轹，无以自生；民族无自觉，即为他民族陵轹，无以自存。然则抨弹国粹者，正使人为异种役耳！[②]

由是观之，章太炎的国粹主张，不能只是从民族主义的排他性中去解读，显然也必须从反殖民反帝的语境中进行理解。对文化帝国主义的警惕，也构成了章太炎"战斗性文章"（鲁迅评语）的其中一面，而因此赋予"国粹"以主体性的含义。在此，他又是如此期待，印度也能以自己的"国学"去追求"国民自觉"，亦即培养反帝反殖民的主体性。事实上，印度的抵制英货、提倡国货（The Swadeshi）运动的另一重要侧面，也是强调"自主"（self-reliance or Atmasakti），意即重拾民族尊严、自尊及自信，进而在乡村层面上希望通过自助（self-help）手段，带来农村地带之经济及社会的新生，同时，这一"自主"（self-reliance or Atmasakti）计划也包含了国民教育。[③] 无疑这与章太炎通过复古进行的文化革命，有着一定的相通之处，都有着文化革命的性质，而且印度的独立运动是一场更为广泛的群众运动。

从上面的引用中炳然可见的，是章太炎对印度的某种文化、政治上的认同。章太炎视中印皆为文明古国，此为文化上的认同；其次则认为中印皆是未从帝国主义、殖民主义的统治中取得完全独立的国家，尤其印度的境况，更是引起他的同情，此则为政治上的认同。在此意义上，章太炎所

---

① 《民报》第十七号，1907 年 10 月 10 日。《民报》第五卷，第 2771 页。

② 《民报》第二十号，《民报》第五卷，第 3160 页。《民报》原版为"正使人为异种设耳！"。浙江图书馆一九一九年版《太炎文录初编》〈别录卷二〉为"正使人为异种役耳！"（第 56 页），改原本误植。《章太炎全集》第四卷收入此文时，亦为"正使人为异种役耳！"（上海人民出版社，1985，第 366 页。）

③ Bipan Chandra, *India's Struggle for Independence*, 1857–1947, p. 130.

谓作为"方法"的印度，也不仅是借印度批判日本对亚洲联合的破坏，以及借印度批判中国人的势利、无知和傲慢，也在于借以激励中国知识分子投身革命、追求解放。

　　章太炎1917年3月4日于上海参加亚洲古学会第一次大会。[①] 常住中国的日本人有平川清风（1891～1940，名记者）、西本省三（1878～1928，东亚同文书院教师、其时于上海发行日语杂志《上海》）、植村久吉（《上海日报》主笔）等参加了第一届亚洲古学会。我们可以从文献中看到，从1897年至1917年，20年来章太炎都持有联亚思想，而且这一联亚思想越来越带有文化、学术的色彩。一个月后的第二次亚洲古学会，则假虹口日本人俱乐部集会，在章太炎发言之前，柏田忠一以《亚洲之文艺复兴》为题演说。[②] 章太炎则就佛教与亚洲古学的关系等发表演说。章太炎这一亚洲古典学中，更强调佛教，但是事实上其"佛教"是世俗化的佛教，而且杂糅孔老等诸子之学。因篇幅问题，这两次亚洲古学会的分析在此从略。无论如何，我们可以看到，章太炎的亚洲文化认同，更多是通过"古学"来进行，也就是说，其"亚洲"是学术的、人文的"亚洲"，是以亚洲的古典学建构起来的亚洲认同。此与其复古而求革命的一贯性相辅相成。

六　超越国家的"亚洲自主"

　　对于章太炎来说，独立是亚洲联合的主要目的，换言之，亚洲联合为其手段，它接着的课题才是"均平生分"这一国内政治的课题。关于这一点章太炎在《印度人之论国粹》（1908年4月）中说："带氏曰：'今日为亚洲计，独立，其先也；均平生分，其稍次也；玄同彼是，泯绝政法，其最后也。求大同于百年以后，而不为旦暮计者，斯则为不知务尔！'"也就是说，民族主义有限度的，是一定过程中的手段，在此意义上，亚洲主义是章太炎民族主义的另类表述。而求大同，这是将来的终极目的。

　　章太炎的"印度"有时是"方法"的"印度"，但更多是现实中的印度。他对印度的独立运动及英国统治下的人民，倾注了巨大的同情。此见于章太

① 汤志钧编《章太炎年谱长篇（1868—1918年）》，第553页。
② 汤志钧编《章太炎年谱长篇（1868—1918年）》，第554页。

炎刊于《民报》十三号附录《送印度钵逻罕保什二君序》（1907 年 4 月）：

> 印度法学士逻钵罕（原文如此——引者注）自美利坚来，与其友保什走访余于东京。余固笃志于薄伽梵教，而甚亲印度人者也。平生未尝与其志士得衔杯酒之欢，亦未由知其名号。既见二君，欢相得也。已而，悲至陨涕。二君道印度衰微之状，与其志士所经画者，益凄怆不自胜！复问余支那近状。嗟乎！吾支那为异族陵轹，民失所庇，岂足为友邦君子道？①

章太炎予人印象多是刚直不阿、英勇不屈之斗士，但上文中却是如此柔情流露。章太炎同情殖民统治下的印度人民，也与其关怀外有列强瓜分、内有清政府专制的中国民众命运相吻合。可谓同病相怜，然断非顾影自怜，更有与印度的革命相携相励之意。这一相互扶持的想法，又见于他回答胡汉民（1879~1936）的文章《答佑民》（1908）：

> 印度民心齐一、体魄坚强，而理化工艺诸术，又远在吾民上。……以独立之期，彼此或有先后。如印度先独立耶，必当扶持中国；如中国先独立耶，亦当扶持印度。使人心有此观念，而后他日可见之施行。②

正如瑞贝卡·卡尔所指出的那样，以亚洲和亲会的组织形式将"亚洲"实体化，一方面意味着从之前的全球主义（globalism）的一次后退，另一方面又代表着将这一全球主义转化为具体的政治化形式。③ 无论如何，以亚洲和亲会的成立为象征的亚洲左翼革命家们的连带，作为一个运动，它未必是成功的。除了本文前述的国际形势等变化外，日本进一步的帝国主义化与对内的专制化也是很重要的原因。就后者而言，比如 1908 年 1 月 17 日的以堺利彦、山川均为中心在平民书房二楼召开 40 人左右的演讲会，招致堺利彦、山川均、大杉荣、竹内善朔等被捕，中国的张继因此被迫流亡巴黎，日本史称"周五屋顶演说事件"；之后更发生了 1910 年所谓"大

① 《民报》第十三号，1907 年 5 月 5 日。《民报》第四卷，第 2221 页。
② 《民报》第二十二期，1908 年 7 月。《民报》第六卷，第 3551 页。
③ Rebecca Karl 前书，第 159 页。

逆事件"，12 名日本无政府主义者、社会主义者被处极刑。日本初期社会主义运动的研究者指出，这些日本国内左翼镇压事件是导致章太炎主持的中国同盟会会刊《民报》停刊以及章太炎被处罚款、刘师培、何震夫妇关闭无政府主义刊物《天议》并被迫离日等事件的重要原因。① 但是，也应该留意到，在一个不短的时间里，东京显然成为亚洲革命家聚集的中心，而这一中心事实上并不是那么坚固。② 它面临着明治日本作为一个新兴帝国的国家暴力。但是，一方面日英同盟既是促使亚洲活动家进一步联合的因素；另一方面也是促使日本政府站在英国的立场镇压印度独立运动，而令运动趋向弱势。

一方面，正如战后日本著名史学家石母田正（1912~1986）在 1953 年的论文中所指出的那样，日本初期社会主义者幸德秋水在批判日本帝国主义政策上不遗余力，并且积极参加中国等亚洲革命家的活动，也积极地传播《资本论》、无政府主义理论。另一方面，石母田也批判了幸德秋水因为过于浓郁的无政府主义世界主义、无政府主义共产主义的色彩，而对中国、印度革命家的民族独立诉求不那么热心。③ 应该指出的是，章太炎的亚洲联合的思想中显然朝鲜的问题也是"缺席"的。《民报》第二十一期除了刊登过印度独立运动的问题外，还刊登过《韩国人之露布》，内附《告韩侨檄文》，但总的来说，章太炎那里还是显示出某种朝鲜问题的缺失。这是否因为辛亥革命的基地在东京，而朝鲜问题又是日本帝国的核心利益之一，就不得而知了。

章太炎在 1907 年的论文《五无论》从其糅合佛教与庄子的政治哲学出发，主张无政府、无聚落、无人类、无众生、无世界之五无主义，其中他如是谈及印度等国以及相关的民族主义问题，如是定义的"民族主义"之"广大者"为"其他之弱民族，有被征服于他之强民族、而盗窃其政柄、奴虏其人民者，苟有余力，必当一匡而恢复之"，视此"推我赤心救彼同病，令得处于完全独立之地"者，为"圆满民族主义"④。由上可见，

① 前引原英树「竹内善朔论：その生涯と思想」，『初期社会主义研究』创刊号［1 号］，第 106 頁。
② 石母田正：「幸德秋水と中国」，石田母『続・歴史と民族の発見』（1953 年初版），東京大学出版会，1960 年，第 319~354 頁。
③ 石母田正：「幸德秋水と中国」（1953），石田母『続・歴史と民族の発見』（1953 年初版），東京大学出版会，1960 年，第 319~354 頁。
④ 《民报》第十六号，1907 年 9 月 25 日。《民報》第四卷，第 2432 頁。

章太炎的亚洲联合构想，并不是国家与国家之间的联合，而是由不同国家革命者之联合而发展至人民与人民之间的联合，章太炎的民族主义怀有深切的对被奴役的本国人民及弱国人民的同情。另外，章太炎的民族主义很复杂，有着多种面向，断不可纯以种族主义的框架视之，更不可以国家主义另类表述形式的民族主义去观之。对于后者，国家对个人的压抑问题，始终是章太炎政治学的中心，但是，在辛亥革命之前，汉族中心的种族革命确实是章太炎民族主义中的一个问题，但不可忽视的是，这是其反满革命中不可或缺的宣传策略，抛弃这一历史语境多少有些不切实际。[①]

戊戌变法失败后，改良派的梁启超与革命派的章太炎虽然都在中国与印度同病相怜之类的心境中谈及印度，尤其梁启超应该说是有着高度国际视野的思想家，但是，两人的区别显然也在于梁以国家建构为中心的民族主义（statist-nationalism，或 state-centered theory of nation[②]），而章太炎一方面有时是以种族主义为其宣传话语，鼓吹革命（ethno-nationalism），但他又是一个反国家的民族主义者（anti-statist-nationalism），这一点清楚地见诸其写于《五无论》一个月后的论文《国家论》，为其在"社会主义讲习会中，有遮拨国家之论"而作的进一步说明："一、国家之自性，是假有者，非实有者；二、国家之作用，是势不得已而设之者，非理所当然而设之者；三、国家之事业，是最鄙贱者，非最神圣者。""要之，个体为真，团体为幻，一切皆然。"[③] 关于章太炎的政治哲学，因篇幅所限，留待今后另文叙述。简单地指出的话，也就是说，章太炎根本上的着眼点，是其政治哲学中最重要的概念之一的人的"自主"[④]。在此意义上，章太炎所说的"亚洲自主"[⑤]，也就是亚洲人民的"自主"，因此，其所言之亚洲连带，是由革命者之间的连带而延及人民的连带、文化的联合，而非政府之间的连带。章太炎这一革命者主导的人民的联合，又是建立在批判性地认同、继承传统学术、传统文化上的，并且将这一批判性重构的传统学术转化为革命的资源。唯因此，章太炎的"民"显然也与后来马克思主义影响

---

① 这一方面，请参照坂元弘子的讨论：坂元ひろ子『中国民族主義の神話：人種·身体·ジェンダー』，第 77~82 頁。

② 后者是 Rebecca Karl 的说法。Karl 认为章是 ethno-nationalist。前引 Karl 著作，p. 142。

③ 《民报》第十七号，1907 年 10 月 25 日。《民报》第五卷，第 2671、2672 页。

④ 日本的章太炎研究者小林武探讨了章太炎的"自主"概念与叔本华之关系。小林武、佐藤豊著『清末功利思想と日本』，东京：研文出版，2011 年，第 326~332 页。

⑤ 《支那印度联合之法》，《民报》第四卷，第 3163 页。

之下的"人民"概念不同。后者植根于线性的进步主义历史观上，因而对传统文化全面否定，同时这一"人民"处于经济视野的阶级框架之中，换言之，它始终是在某种集体性政治框架之中的，是革命这一历史推进器的主体。

章太炎的"自主"或者可以表述为：只有人的自主，才有真正意义上的国家的"自主"，而非相反。这应该是理解章太炎包含联亚主义在内的政治思想的重要角度。在此意义上，章太炎可谓是另类的民族主义革命者。

根据地哲学与历史结构意识

——竹内好的毛泽东论

孙　歌[*]

摘要：日本战败之后，对于竹内好这一代人而言，最为痛切的思想课题是如何改造战后的日本社会。以《毛泽东评传》为中心，竹内好写作了一系列关于毛泽东思想的论文，并在 20 世纪 50 年代参与了若干关于中国革命与毛泽东思想的讨论，在 20 世纪 60 年代初期挑起了一场关于翻译毛泽东《矛盾论》的论战。这些著述形成了竹内好著作中一个相当成型的作品群，其核心在于《毛泽东评传》中的一些基本假说。通过对这些假说的解读，一个具有鲜明个性的政治家跃然纸上，而透过竹内好笔下这位独特的政治家，竹内好给出了他关于中国革命的富有个性的解释。竹内好阐发了毛泽东在《矛盾论》中提出的矛盾区分和矛盾转化思想，认为这种抓住主要矛盾、促使矛盾转化的观念，与中国革命的性格有关：这是一种"永远革命"的观念。这种永远革命的观念并非毛泽东的独创，它也体现在孙中山的思想中，竹内好并且断定，这是萌生于中国儒教大同思想（他称之为原始儒教的终末论）的永续的事业。借助于对毛泽东矛盾转化思想的解释，竹内好把自我否定方式这一命题历史化了，并把它解释成了具体的社会革命过程，即根据地建设的过程。本文指出，竹内好代表了日本讨论中国革命与毛泽东思想的一条重要线索，即通过对中国革命和毛泽东思想的深度提炼和转化，寻找一些具有普遍原理性的要素，并把它们转化成对日本思想状况的反思和重建。竹内好通过《矛盾论》翻译的论

---

[*]　孙歌，中国社会科学院文学研究所研究员。

战，从毛泽东"与诡辩一线之隔"的辩证法思想中读出了最有摧毁教条主义理论原教旨和非主体知识生产方式的强大思想能量。对于竹内好而言，读出毛泽东辩证法精神的内涵，则显然是他一生中最为重要的思想时刻。继发现鲁迅思想的"黑洞"之后，竹内好又一次找到了"永恒"。

关键词：竹内好　毛泽东　中国革命性质　矛盾转化　根据地哲学

Abstract：Takeuchi Yoshimi wrote a series of articles on Mao Zedong's thought that were mostly collected in his book *Biography of Mao Zedong*, participated in several discussions on the revolutions of China and on Maoism in the 1950s, and started a debate at the beginning of the 1960s in regard to the translation of *On Contradiction*. These texts form a substantial group among Takeuchi's work. Takeuchi elaborates on the distinction and the transformation of contradictions in Mao and argues that the concept of grasping the major contradiction and precipitating its transformation is connected with the character of the Chinese revolution, e. g. a notion of "revolution forever". This article argues Takeuchi represents a crucial perspective in the discussions on the Chinese revolution and Mao Zedong thought in Japan: to look for some elements of universal theoretical value by encapsulating and transforming concepts absorbed from the Chinese revolution and Mao, and to transform them into the reflection on and the rebuilding of thinking in Japan. For Takeuchi, the discovery of the connotation of Mao's dialectics through reading was apparently one of the most important moments in his intellectual development.

Keywords：Takeuchi Yoshimi　Mao Zedong　The Chinese Revolution　Transformation of Contradiction　Philosophy of Base Area

竹内好的毛泽东论述，是以他的鲁迅论述为基础的。因此，他在《鲁迅》中形成的基本视角是他毛泽东论的原点。同时，构成《鲁迅》基本问题意识的时代背景是日本非正义的侵略战争给日本知识分子带来的困惑与绝望，这种对于现实的认识构成了竹内好鲁迅论述的边界。我们可以看到，在写于1943年的《鲁迅》中，竹内好为自己笔下的鲁迅规定了一个

"绝望于绝望"的特殊思想位置，这意味着认知到自己对于现实无法妥协也无法改变现实的基本状况之后，确立一个有效的自我坚持的立场。这个立场既区别于那种因为无法改变现实所以远离现实的"非政治"态度，也区别于把思想工作直接对接现实因而在实际上仅仅满足于自我想象的所谓"政治性立场"。它的政治性恰恰体现为不妥协地抨击各种肤浅的和虚伪的政治正确立场。竹内好特别关注鲁迅在后期与各种进步力量之间的张力关系，例如与普罗文学家的论战、与文艺家协会的论战等等。这些论战表面上看都使得鲁迅失掉了政治正确的可能性，并为他招来了各种政治上的非难，但是在历史过去一段时间之后，竹内好敏锐地察觉到，鲁迅这种不以政治正确为意的思想方式，是一笔最为重要的精神遗产。它指示了那些无力直接介入政治过程的知识分子，如何有效地通过间接的方式介入同时代政治思想建设的方向。

日本战败之后，对于竹内好这一代人而言，最为痛切的思想课题是如何改造战后的日本社会。在日本被美国占领之后，进行社会革命的可能性已经荡然无存，而日本进步知识分子认识到这一点却花费了至少 6 年时间。在这 6 年里，对革命的可能性保有幻想的进步知识人，对毛泽东以及中国共产党表现出了强烈的现实兴趣，在 1949 年新中国成立之后，这种兴趣愈加强烈。进入 20 世纪 50 年代以后，以朝鲜战争和旧金山和约的签订为契机，日本社会对于美国占领军的幻想——包括日本共产党在内，多数日本人一直把美国占领军视为"解放军"——开始破灭，而美国占领当局带来的形式民主的制度安排，也被日本知识界作为日本民主化建设的媒介积极地加以利用。正是在这样的局势之下，在 40 年代后期开始的对于中国革命与毛泽东的关注，成为一个热点话题，而中共提出的新民主主义的口号也成为日本社会有识者进行政治构想的一个着眼点。

1947 年，竹内好发表了一篇短文：《鲁迅与毛泽东》。这篇论文针对的是当时日本文学界对于毛泽东文艺观的直观解释，也借此重申了竹内好对于文学与政治关系的认识。在这篇论文里，竹内好以更为直白的方式重新提出了他在《鲁迅》中以较为晦涩的方式提出的问题：文学（竹内好《鲁迅》中的"文学"是思想的代名词）必须以政治为舞台，才有自己强劲的生命力。

竹内好针对日共领导人野坂参三在一次题为《延安的民众艺术》的演讲中所谈的"政治第一艺术第二，因此艺术应该服从政治"的观点，尖锐地批评说这至少会造成对毛泽东"文学从属于政治"这一提法的曲解；竹内好对毛泽东这一说法的解释是："所谓'文学从属于政治'，是这样一个含义：文学是具体的历史世界的产物，作为自我实现而无限地超越个体的文学行为，其自身受到历史的、社会的制约；并且由于不断地突破这样的制约，才使得文学得以成为文学；政治正是在此意义上成为使文学得以成立的包容性场域。在此意义上，我也认为文学是从属于政治的。"①

同样正是在这个意义上，竹内好用鲁迅的文学立场解读了毛泽东的政治立场。他对毛泽东高度评价鲁迅这一事实进行了深度挖掘，提出了与当时直观地认为毛是在利用鲁迅为政治服务的通行解释大相径庭的看法。他认为，毛泽东在年轻时就受到鲁迅的深刻影响，他的鲁迅观是建立在对鲁迅的深度理解与共鸣基础上的。至少，在毛的政治生涯中，他体现了与鲁迅精神高度相似的某些基本思想特征。竹内好把这些基本的思想特征归结为"为了理想而不断地破坏现状""不相信标签式的英雄主义""彻底地排斥偶像"② 等等。这些思想特征在鲁迅和毛泽东那里，分别体现为不追求时流的文学独立精神和不惧怕强势的政治务实态度。

1951 年 4 月，竹内好发表了继《鲁迅》之后的又一部呕心沥血之作——《毛泽东评传》。这是一部非常特别的毛泽东传记。它最初发表于 1951 年 4 月号《中央公论》，作为该杂志系列论文《推动了世界的人们》的第二篇（第一篇为猪木正道的《斯大林》）；同年，这篇长文收入由猪木、竹内、腊山芳郎共著的《斯大林·毛泽东·尼赫鲁》；下文将要提到，这个组合方式暗示了一个后来被竹内好在《防御抵抗主义的毛泽东》一文中提示的思想框架：毛泽东恰恰是连接了作为社会主义体制代表的斯大林与作为殖民地解放运动代表的尼赫鲁的中间项，或者说，他同时具有了这两者的基本要素。

当时，《毛泽东选集》尚未被翻译成日文，毛泽东的主要著作例如《井冈山的斗争》《实践论》等也尚未公开发表，竹内好面临着信息匮乏的具体困境，他基本上的资料来源是萧三的《毛泽东传》当时刚发表的前两章和斯诺的《西行漫记》，此外便是毛泽东的著作本身；这也就决定了竹内好的毛泽东评传基本上不是传记书写，而是人物思想研究；由于竹内好

---

① 《鲁迅与毛泽东》，《竹内好全集》第五卷，筑摩书房，1981，第 252 页。
② 《鲁迅与毛泽东》，《竹内好全集》第五卷，第 254～258 页。

一直是从文学与政治的关系入手讨论历史的，他处理毛泽东这个政治家的时候并没有对政治的特殊性格加以强调，因此他对毛泽东的论述有着明显的理想化与单纯化的弱点。不能否认，《毛泽东评传》并没有取得《鲁迅》那种里程碑式的成功。不过，这仍然是一部非常耐读因此非常重要的作品，因为它处理了一些被人们所忽略的问题；同时，由于竹内好解释毛泽东的视角基本上是他分析鲁迅的视角，这也就在事实上为理解《鲁迅》难解的思维方式提供了有效的参照。

在若干年后，竹内好谈到这部作品的时候，谈到了他的遗憾：在 20 世纪 50 年代初期写作此文的时候，他并没有完成自己的写作计划，特别是该文的后半部分草草收场，没有充分展开；他后来也曾打算把这部作品发展成一部著作，但是终于没有动笔。这并非因为资料的关系，而是因为思考力不足。在这篇长文问世之后，在日本又有多部其他人的毛泽东传记问世，而且相关史料大量出版，但是竹内好并未因此对于此文的基本问题意识产生修正的想法。相反，他在 1957 年重新收录了这篇文章，宣布他的毛泽东观没有发生本质性的改变。他说："我在这里提出的偶像崇拜问题、根据地的结构问题、和平革命的条件问题、湖南这一地域的特殊性问题（这个问题发展下去，应该可以转化为中国为何采用了多民族的统一国家形态，而不是采用联邦制形态的问题）等等，还有我尚未提及的一些问题，在其后的研究者那里都没有得到关注，这是非常遗憾的。因此，我便产生了坚持自己这些问题意识的想法。"①

竹内好的上述问题意识，并非在今天全部具有意义，例如他关于偶像崇拜问题和湖南地域特殊性问题的设想，并不易于转化为深层的历史解释原理；竹内好对此问题的论述也基本上止于点到为止；但是他对于根据地结构（准确地说是根据地原理）与和平革命的论述，却在今天依然具有认识论的启发性。

在上述问题意识之外，《毛泽东评传》还花费了很多篇幅讨论毛泽东的思维方式与"学习方式"。这种分析并非基于具体的史料，而是基于竹内好对毛泽东代表性论文特别是早期论文的深度研读。由于竹内好认为毛泽东并不仅仅是一个个体，而是代表了中国民众历史要求的政治主体，因此，他的毛泽东论事实上是他对于中国革命性质的思考。以《毛泽东评

---

① 《竹内好全集》第五卷解题，第 437 页。

传》为中心，竹内好写作了一系列关于毛泽东思想的论文，并在 20 世纪 50 年代参与了若干关于中国革命与毛泽东思想的讨论，在 20 世纪 60 年代初期挑起了一场关于翻译毛泽东《矛盾论》的论战。这些著述形成了竹内好著作中一个相当成型的作品群，其核心在于《毛泽东评传》中的一些基本假说。通过对这些假说的解读，一个具有鲜明个性的政治家跃然纸上，而透过竹内好笔下这位独特的政治家，竹内好给出了他关于中国革命的富有个性的解释。

一

在发表于 1962 年的《〈矛盾论〉解说》中，竹内好对于中国革命进行了这样一个界定："这里所说的'中国革命'，指的是一段相当长的历史幅度。中国的指导者常常说'革命尚未结束'，这个说法的深处具有一个特定含义，即革命与人类进步相同，永远不会完结。革命是永远持续的事业，是努力的目标。由于日本人有着倾向于把革命视为一次性事件的思考习性，这一点在研究中国的时候尤其不能忘记。"① 竹内好指出了一个非常重要的特征：现代中国革命并不仅仅是暴力推翻旧政权的"改朝换代"之举，更重要的是，中国共产党把革命转换成了社会结构方式本身，它成为日常性的社会运作系统。这就是竹内好称为"和平革命"的历史过程。它是日常性的，而且在现代中国受到正面的评价。这就意味着革命对于现代中国而言，是一个长期的日常性变革，而不是一过性的暴力事件。

那么，和平革命的内容是什么呢？借助于对毛泽东著述的阐发，竹内好勾勒了一个基本的轮廓：这就是在流动性的敌我关系中转化抗争双方的战斗力，从而最大限度地制约敌人的威胁以消灭战争。对此，下文再加详述。在此首先需要强调的，是竹内好界定的这个和平革命的实际政治目标所具有的"转化"能量与整顿党风、学风、文风之间在结构上的关联性。

发生在 1942 年的"三风整顿"是共产党的一个特有的日常革命形式，

① 《〈矛盾论〉解说》，第 350 页。这篇短文是 60 年代初期竹内好为自己翻译的《矛盾论》所做的解说。

它的特殊性在于自我否定。在竹内好看来，这一自我否定的意义在于，通过放弃自己固守的一切，使人处于"一无所有"的状态，从而发现整体与局部调和的可能，重新建立自我的主体。而这个重新建立的自我，则是在放弃了旧有的绝对化自我之后才能够获得的转化他者为自我的能力。因此，自我否定并非放弃自我，而是放弃宗派主义、主观主义和形式主义，使自己获得可以有效把握状况并且促进事物转化的能力。

在这个意义上，如何整风是一个需要斟酌的重大问题，因为它直接关涉到社会重建的质量。事实证明，理想意义上的和平革命亦即理想意义上的思想改造运动很难实现，我们在历史中观察到的是更为暴力性因而更为简化的思想改造过程，其结果引发了一些意料不到的负面效果，例如事实上的因言获罪以及说假话和说空话的流行。但是，在这一段历史已经过去之后，我们不能仅仅以事后诸葛亮的姿态对这种"和平革命"的失败进行讨伐，因为这意味着我们对今天中国社会思想重建可能性的放弃。竹内好的论述也正是在思想重建的意义上提供了一些思考的媒介。最具有启发性的，就是竹内好的毛泽东论述从一开始就指向了那些原理性的要素，因此，他关注的是毛泽东的思想方式，甚至是"学习方式"。

从基本的思考方式入手，竹内好这样评价毛泽东的思想活动："以强烈的意志压缩现实，从中抽取法则，通过全力投身于这样的法则反过来支配现实。这并非是从保留了某种立场的主观出发来切割现实。主体是无，并且在超越的意义上与对象在整体上是一致的。"[1] "他的方法是花费充分的时间，从不同的角度对于重点提炼出来的问题进行彻底的调查。……资料的多寡不是问题。问题在于如何利用这些资料。……他所说的理论是从现实中抽象出来的东西，却不是从经验中割裂开来的生吞活剥的公式。在他那里，理论与历史研究与现状调查是三位一体的。从这种三位一体出发，一切都是学习的对象，同时也都是教师。"[2]

在这两段分析中，曾经在《鲁迅》中构成基本思考线索的范畴又出现了。首先是"主体是无"的说法。在《鲁迅》中竹内好已经提供了这个视角，"无"并不是"没有"，并不是不存在，而是一个大于"有"因而可以通过无数的"有"来暗示其存在的本源性范畴。在论述毛泽东思

---

[1] 《毛泽东评传》，第 290 页。

[2] 《毛泽东评传》，第 292 页。

想主体的时候，竹内好多次提到这不仅仅是毛泽东个人的主体，它代表了人民的意志。① 其实换一种说法，也可以说这是一种历史主体的意志，它远远超越了毛泽东的个人意志，因此"在超越的意义上与对象在整体上是一致的"。其次，是竹内好强调的理论从现实中抽象，却不可从经验中割裂的观点。这是一个非常耐人寻味的视角，因为它突破了经验与理论的二元对立思路，提供了更为精细的思考模式。从现实中抽象出的理论，并不比现实更高，仅仅是因为人的思维不可能穷尽现实；而认知人能够把握的有限现实，必须具备不被现实的表象所迷惑的非直观想象力；同时，这种抽象出的理论，由于不从经验世界中割裂，它就有可能提供照亮经验世界的能量。说到底，理论并非是为了理论自身而存在的，它必须与经验世界发生特定的关联甚至是紧张关系，才有可能具备思想功能。因此，资料本身作为知识是无法自足的，只有建立了对于"如何利用这些资料"这一问题的自觉，并依靠这一自觉反过来驾驭资料，资料才能转化为知识。特别需要强调的是，这一驾驭不可以是随意性的，只有与经验世界建立了真实的联系，也就是毛泽东在《实践论》中强调的"变革梨子"的过程，才能获得有效"利用这些资料"的结果。改革开放初期中国共产党的一个重要的口号"实践是检验真理的唯一标准"，在认识论的层面上可以说是对毛泽东这一思考模式的继承。

对于毛泽东思想方式的分析，在竹内好这里也贯彻了从现实中抽象但不从经验中割裂的基本原则。他通过对毛泽东早期著作的阅读建立了一个"纯粹毛泽东"或曰"原始毛泽东"，也就是说，建立了一个关于毛泽东思想原型的假说；这个假说的核心内容是"从无出发进行创造"。换言之，就是不简单地把任何"先进的理论"作为自己的出发点，而是在主体的实践过程中创造性地进行思想生产，并在这个过程中吸收各种有用的理论，包括马克思主义和列宁主义。竹内好在后来坚决反对把毛泽东思想视为"马克思主义的新发展"，其理由就在这里。毛泽东并没有兴趣"发展马克思主义"，他要解决中国革命的现实问题；在这个过程中，他创造性地转化了马克思主义，而不是原教旨地遵循了马克思主义。在方向上，这与"马克思主义的新发展"是相反的。②

---

① 《毛泽东评传》中多次提到了毛泽东代表了人民意志的问题，在其他有关毛泽东的文章中，竹内好也一直强调这个基本的观点。

② 竹内好这个论述参见座谈会《中国革命的思想与日本》，《世界》，1957年2月。

纯粹毛泽东这一原型的设想，并非旨在建立一种理论假说。竹内好更关心的是如何通过这个假说有效解释井冈山时代青年毛泽东的革命实践。他认为这个时期毛泽东的具体活动奠定了其后中国共产党政治、军事、经济、文化等各个方面的基础。他认为"纯粹毛泽东"代表了"井冈山的人格"。① "纯粹毛泽东是什么？这是一个矛盾的组合体：它由敌强我弱的认识和我决不会败北的确信组合而成。这正是毛泽东思想的根本和原动力，并且也构成了今日中共一切理论与实践的源头。"② 毛泽东的这种政治辩证法，使得他在战争时期区别于"左倾"盲动主义和右倾机会主义的政治路线（在竹内好看来，这两者都缺少毛泽东这种矛盾组合的基本思想特征，因而缺少应对现实的有效能力），引导中共的武装力量不断在极端不利的情况下壮大发展，并且最终夺取了政权。

对于毛泽东政治辩证法的进一步阐述，体现在竹内好的其他文章特别是他参加的几个 50 年代的座谈会发言里。在这些论述中，竹内好紧扣住一个要点，就是对于毛泽东在《矛盾论》中提出的矛盾区分和矛盾转化思想的阐发。他认为，这种抓住主要矛盾、促使矛盾转化的观念，与中国革命的性格有关：这是一种"永远革命"的观念。这种永远革命的观念并非毛泽东的独创，它也体现在孙中山的思想中，竹内好并且断定，这是萌生于中国儒教大同思想（他称之为原始儒教的终末论）的永续的事业。联想到《鲁迅》中的相关论述，我们很容易把握竹内好的基本视角：他认为突破教条主义的关键思想环节，就在于具有哲学意义的自我否定方式。通过自我否定这样一个哲学范畴，竹内好为毛泽东、鲁迅与孙中山建立了一个共通的思想维度，那就是处于不利地位的后发达社会建立自身的主体性的时候，必须通过自我否定的方式把外在于自己的要素转化为自我主体的组成部分；而这个转化不可能发生在直观层面上，需要动员必要的理论想象力才能够把握。鲁迅是通过他的"挣扎"完成了这个过程的，因此鲁迅在思想上的坚守并非直观意义上的自我确认，而是如同《狂人日记》《阿 Q 正传》描述的那样，通过把拒斥的对象内在于自身而完成对它的拒斥，这一拒斥过程也因而成为主体通过自我否定而实现自我坚持的过程。借助于对毛泽东矛盾转化思想的解释，竹内好更具体地把在《鲁迅》中略显玄虚的

① 《毛泽东评传》，第 302 页。
② 《毛泽东评传》，第 304 页。

这一命题历史化了，并把它解释成了具体的社会革命过程。这个过程，就是根据地建设的过程。

竹内好说："根据地并不意味着一定的地域，而是哲学的范畴。它意味着绝对不可能被剥夺的东西。它并非固定的，而是动态的；并非需要固守的，而是发展着的；并非封闭的，而是开放的。敌人进入根据地战斗力便会低下，绝对优势的敌人与处于劣势的我方之间就会产生力量均衡的瞬间，这便是反击的机会。随着反击，敌人被歼灭，根据地就被扩大了。根据地概念的特征就在于伸缩自如地动态性把握这一力学关系。"① 显然，竹内好从毛泽东先后放弃江西根据地北上和撤离延安以引胡宗南军队入瓮的战略战术中提炼出了这个"动态的、发展的、开放的"根据地概念，他并没有把它仅仅作为游击战的常规战术对待，而是试图把它提升到哲学原理的层面。

竹内好的"根据地概念"，是他从毛泽东的思想方法中演绎出来的一个基本思想框架。在对毛泽东少年时期一个细节的描述中，竹内好提炼出一个原理性的视角：少年时期毛泽东有一次在对抗父亲说他"不孝"的斥责时，反向利用了父亲斥责他的理论根据：在儒教的多种经书中，"子孝"都是与"父慈"相对应的，如果单独强调子孝而不致力于父慈，则是违背经书的。竹内好说，这段逸事充分显示了毛泽东日后的主要思维方式：把对手的逻辑转化为对抗对手的武器。② 这种"以子之矛攻子之盾"的政治辩证法，在日后发展为"根据地哲学"是理所必然的。

竹内好这样界定"根据地哲学"："按照中共的战术，占领不构成问题。力量固定化并向一定的方向施加，这是占领地；根据地与此相反，它构成张力关系谋求均衡而流动的场。在这个场中，战斗力强大的敌人不仅被歼灭，而且反过来还把它的力量加入到我方来，就是说，这是一个价值转换的场。……占领地可以被夺取，根据地无法被剥夺。因此，它也无法被给予。……根据地以世界规模或者以民族规模都可以存在。同时，也可以存在于人类活动的各个分野。它最小的单位可以是个人，被称作人格独立的时候，也就是说它包含了那种无法剥夺的终极意义上的场。"③

这个论述看上去有些故弄玄虚，但是提示了一个深刻的道理：真正的

---

① 《毛泽东评传》，第306页。
② 《毛泽东评传》，第272~273页。
③ 《毛泽东评传》，第312~313页。

独立，无论是国家的主权独立还是个人的人格独立，都必须在终极意义上具有转化各种外在要素的内在主体精神，但是这种主体精神绝对不是固守已有的"占领之物"，而是一种价值转换的能量。因此，它可以放弃，却不会被剥夺，因为它存在于推动力学紧张关系双方发生力量对比逆转的推动力之中。为了做到这一点，竹内好强调自我改造的重要性。这是磨炼人们放弃自己的主张同时获得真正自我的方式。但是，这并非直观意义上的"舍小我顾大我"，而是让人们体验一无所有的感觉之后，学习在全局中确立知己知彼的认知能力，这也就意味着只有在失掉一切的时候才能够获得一切。

竹内好说："如果不把暴力理解为固定的实质性的东西，而是把它设想为流动性的量，那么会产生什么样的情况呢？我们会看到从极小到极大的一个领域。它可小可大。于是这就产生了根据地的问题。在此，我们假设有一个根据地。它具有由于敌人战斗力而自动地变得强大的性质。如果根据地变得最大的话，敌人的战斗力就变得最小，于是武力的斗争就消失了。这就是作为终极意义上的和平革命。"

这段话不能够在常识意义上理解。因为它是以竹内好的"根据地哲学"为基点的。他希望指出的是，如果从静态的角度去理解暴力革命的话，那么显然任何暴力都与和平无缘。但是如果从动态的角度去理解的话，那么显而易见，暴力与和平并不是绝对的对立项，它们可以通过根据地这一催生均衡关系的"场"实现相互转化。因为根据地的原理就在于它不仅仅固守自己一端，而是在与敌对势力的抗衡之中转化包括敌人力量在内的各种力量对比，不断重新安排政治、军事力学关系的均衡。

竹内好还有一篇短文专门讨论了这个"和平革命"的问题。1951 年 10 月，他发表了《防御抵抗主义的毛泽东》一文。这正是日本知识界展开关于战争与和平问题大讨论的时刻，竹内好并未直接参与由社会科学家主导的"和平问题谈话会"的活动，却间接地呼应了这个主题。他在文章中指出：毛泽东的战争观认为，只要世界上存在着阶级，就不可能消灭战争。同时，中国在 50 年代的基本状况，使毛泽东一方面具有与斯大林同样的社会主义制度代表者的身份，一方面也具有与尼赫鲁同样的殖民地解放要求的体现者身份。这当然就使得毛泽东的战争观区别于列宁的革命观。资本主义的侵略本性与中国被侵略的经验，都使得毛泽东对资本主义国家具有高度警戒心，因为中国的历史经验证明，允许了侵略者的第一步，就会招致第二步，因此让步是危险的。但是，毛泽东所肯定的战争，说到底是防御性质的，他的思考中存在着一个世界和平的终极目标。

"那么毛泽东的和平条件是什么呢？是世界人民对于和平的意志。恐怕就这一点而言，毛泽东也会认可印度的固有立场吧。"①

强调毛泽东的防卫主义立场，显然是针对日本主流意识形态宣传的共产主义的侵略性而言的。在 1964 年中国进行了成功的核试验之后，竹内好在日本社会普遍的担忧与反对之声中，又一次强调了这一点。② 在 1951 年的这篇《防御抵抗主义的毛泽东》中，和平与防御固然构成了重要的主题，但是这个主题却是在根据地哲学的认识论层面展开的：

"支撑着毛泽东战略基础的思考方式，是这样的认识：战斗力可以转化，因而绝对值的比较没有意义。强者未必一定获胜，弱者反向利用敌人的力量也可以制胜。……同样是彻底的自立，与甘地不同的是，他肯定武力。只不过这个武力并不是单方面的力量，而是包含了敌人在内的变换自在的力量。"③

竹内好的根据地理论重造了和平的观念。与当时日本社会自由主义左派知识分子争取的非暴力和平观念相对应，竹内好的和平理念的核心内涵并不是"说服的政治"，而是"转化的政治"。这种政治形态并不排除不得已的"防卫主义暴力"，因此分寸感很难把握；但是，不能否认的是，比起绝对化的和平观念来，这种防卫主义的"转化的政治"更接近于后发达国家的现实，也更接近于国际上那些因为不平等关系而处于不利地位的弱势国家的政治诉求。竹内好并没有因为强调这种防卫主义的正当性而忽略了绝对化的和平理念作为终极目标的正当性，他把毛泽东的防卫主义与世界人民的和平意志结合起来，特别强调毛泽东在终极意义上与甘地所代表的印度立场是一致的，因此，这一具有双重层面的和平理念超出了常识理解的范畴，排除了静态的"绝对值"判断。应该说，竹内好的毛泽东论述由于紧紧抓住了矛盾转化这一动态概念，就使得他很难与当时的其他毛泽东研究或者中国革命研究建立接触点，因为同时代的其他研究恰恰是从"绝对值"判断出发的。几年后当竹内好慨叹后来的毛泽东研究都没有关注他的和平革命与根据地理论的时候，他大概已经了解到了一个基本的事

① 《防御抵抗主义的毛泽东》，《竹内好全集》第五卷，第 324 页。
② 竹内好：《从周作人到核试验》，《竹内好全集》第十一卷，第 295~297 页。
③ 竹内好：《从周作人到核试验》，《竹内好全集》第十一卷，第 323~324 页。

实，那就是他从鲁迅到毛泽东的论述视角，并不会轻易地被受到静态学术训练的同行们所理解和共享。

二

竹内好直接谈及毛泽东的著述大多写于 20 世纪 50 年代初期。这个时期的中国给世界带来了很大希望，也让日本进步知识界中的改革力量（包括非马克思主义者中的左派）获得了很多灵感。特别是在 1956 年斯大林批判与波兰、匈牙利事件相继发生之后，把中国革命从苏联指导的共产主义运动中区别出来，作为亚洲的社会主义试验加以重新认识，就成了日本知识界不同派别进步知识人共享的思想课题。虽然当时的论述很少直接援引竹内好的毛泽东论述，但是他的这部分工作显然获得了知识界的认可，以至于在 70 年代另一位著名的知识分子吉本隆明说过这样的话："我觉得竹内好会向我们揭示中国之所以为中国的关键所在，到了那时，中国将被解放。"①

这部分地是因为中国革命在其后的发展过程中并非如同竹内好的理想化论述那样顺利，而毛泽东也没有能够在其后的政治实践中有效地推动思想改造任务，反倒使得这种日常性的革命在相当程度上转化成了诸如"文化大革命"时期"狠斗私字一闪念"那一类思想控制的简化形态；同时，中国在其后的核试验以及"文化大革命"等代价巨大的运动，都使得在 50 年代对中国抱有好感的不少知识人开始失掉了这种好感。在这种情况下，一个意味深长的事实是，那些基本上以静态的"绝对值"来正面肯定中国革命和毛泽东的论述纷纷失去了分析功能，从而被新一轮同样静态的否定式叙述所取代，而竹内好的毛泽东论述却并没有被历史所抛弃，它仍然有足够的能量被重新发掘，尽管它需要等待被发掘的时机。

尽管竹内好并非以政治学研究为己任，且对中国政治的讨论基本上止于提出假说的程度，但是他以自己的思想穿透力有意无意地接近或者揭示了一些基本的政治课题。透过中国革命的残酷性和巨大的代价这些表象，竹内好持续追问的问题是：那些通过毛泽东所体现出来的中国民众的历史

---

① 参见《状况性——竹内好对谈集》，吉本隆明与竹内好的对谈《思想与状况》，合同出版，1960，第 62 页。

要求，在现代社会是否有可能转化为某些有效的政治形态？在 1956 年的斯大林批判前后，竹内好积极参与了一些公共性讨论。在这个脉络里观察他的和平革命和根据地假说的现实分析功能，有助于我们理解这一点。

1957 年大概是日本知识分子讨论中国革命和毛泽东哲学思想最集中的一年。在这一年之前的 1956 年，发生了斯大林批判与波兰、匈牙利事件，而在这一年，中国则从"百花齐放、百家争鸣"的社会动员转向了反右派斗争。这几个相互关联却又各不相同的事件集中发生，一切都来得过于迅速，使得人们应接不暇。但是，即使中国在匈牙利事件上最终显示了支持苏联的态度，即使 1957 年反右斗争的扩大化造成了对中国言论自由的巨大伤害，当时的日本知识分子仍然善意地关注中国事态的进展；对中国的期待使得他们对于显然违背了毛泽东相关论述的事实采取了同情之理解的态度，并且在温和的质疑中推论事态进展的可能性。这一段时期日本论坛的基本氛围，与今天日本舆论界讨论中国问题时缺少弹性的冷战姿态形成了鲜明的对照。

1957 年 2 月，竹内好参加了由《世界》编辑部主持的座谈会《中国革命的思想与日本》。这个座谈会的四位参加者中，除了古在由重一人之外，其余三人——竹内好、贝塚茂树、岩村三千夫——都各自发表了毛泽东传记或者毛泽东研究的著作。但是由于各自侧重点不同，他们并没有产生在思想深层的呼应关系。这个座谈会上，竹内好重申了他 6 年前写作的《毛泽东评传》的基本视角，并且对贝塚试图把实事求是与清朝初年顾炎武、黄宗羲的考证学直接关联起来的学院式操作提出了异议，对古在由重的毛泽东思想发展了马克思主义的说法提出了修正意见；不过更值得关注的，或许是他下面这段话：

> 我认为作为思想家的毛泽东，仅仅从对人民充分信赖这一乐观主义角度出发是无法把握的。正如刚才吉野（《世界》主编、座谈会主持者）所说的那样，毛泽东的国家论是以消灭国家权力的社会为建设目标的；战争论则认为战争的终极目的是消灭战争；我总觉得毛泽东的这种思维方式中有着一种虚无主义。我的这种想法总是受到批判，但是我还是觉得毛泽东有一种关于永恒的思维方式。到底是毛泽东本身拥有可以这样解释的要素，还是我自己的想法投射到他身上从而这样解释，我也说不清楚；无论如何我认为有一种可以用这样的解释来

贯穿始终的东西存在。它到底是什么，这是个问题，这也就是我的中国研究的课题，只是到现在我也无法得出结论。……我觉得在毛泽东思想中，根据地这一思考方式构成核心。依我的解释，根据地不是一个固定的地域，而是力学相互冲突的场。他所说的根据地与我们所说的根据地不同，我感觉到这是一个哲学范畴。……我总是觉得毛泽东有一种对于永恒或者说无限的思慕。我这么想不行么？①

竹内好这个诚恳的提问没有得到其他人的呼应，话题被含糊地岔开了。但是这段话却比《毛泽东评传》更为明确地揭示了竹内好把根据地概念定义为哲学范畴的内涵：当毛泽东以矛盾转化的方式运作根据地的时候，竹内好认为他有一个大于自身立场的永恒态度，这使得他把自己的立场不断置于一个更大的结构中，从而在促进各方力量转化的过程中伸缩自如。这也正是他在上文提及的《鲁迅与毛泽东》中所说的"为了理想而不断地破坏现状"的真实内涵。

竹内好在谈到这个问题的时候，含蓄地暗示了这不是个乐观主义（或者说性善论）可以解释的问题，它更接近于虚无主义范畴。他的这个视角逼近了中国政治现实中最棘手的问题，也逼近了政治学理论最一般性的问题。表面上看，竹内好似乎一直在为毛泽东做正面的辩护，为中国革命进行善意的解释；但是，如果充分考虑到他的这个排除了乐观主义性善论的"虚无主义"视野，那么他的讨论就进入了另外一个层面：他通过对毛泽东个人气质的讨论，提出了关于中国政治生活的另一种观察的视野，而这种视野，正是竹内好早在 1943 年写作《鲁迅》的时候就表述过的"永远革命"的视野。

1967 年，当竹内好与吉本隆明对谈的时候，他谈到了"文化大革命"的特殊性格：这是一个由国家主导的自上而下的破坏国家机器的运动，它的具体发起者毛泽东以此体现了中国民众传统的历史意愿；但与此同时，它也强化了现代国家的功能，因为不如此它无法应对来自帝国主义的威胁。② 在这个双向的运动中，竹内好看到了那个并非乐观主义的性善论和人道主义可以解释的"永远革命"的真实过程。他认为，这是从孙中山到

① 《中国革命的思想与日本》，《世界》，1957 年 2 月号，第 162~163 页。
② 参见《状况性——竹内好对谈集》，吉本隆明与竹内好的对谈《思想与状况》，第 74 页。

毛泽东一脉相承的一条中国政治的线索，它的文化体现者则是终生"挣扎"的鲁迅。

竹内好以一种颇具浪漫主义色彩的态度把握了中国历史与政治过程的基本特征，虽然他本人显然对于这样的历史与政治过程保有相当的疑虑。这个疑虑突出地表现在 1957 年的另一个座谈会"探讨毛泽东论文"中。1957 年 6 月 18 日，毛泽东发表了《关于正确处理敌我矛盾和人民内部矛盾》的报告全文，在日本引起了热烈的讨论。8 月号的《中央公论》发表了以这篇文章为中心的座谈会，四位参加者中竹内好和古在由重参加了上一个座谈会，因此话题也有某些连续性。

在这个座谈会里，竹内好对于矛盾转化的政治辩证法依然给予了极高的评价："这次的论文里面也出现了敌与我的对立，它被以一种相关的、不是绝对不变的方式加以把握。理论与经验同时得到丰富，这个过程让人感觉到中共理论的高度。"①

但是，竹内好同时也注意到了这个时期中国社会面对的困境。在座谈会里他并没有正面进行论述，但是在这个座谈会前后，他单独发表了一篇短文，却极为简练地分析了这个困境：

> 这次的演说通读下来，我感觉到中国最为紧要的问题与其说是调解苏联、波兰、匈牙利的关系，毋宁说国内的建设才是最重要的。那么到底什么是国内的问题呢，这个很难回答。要言之，四九年急速地结束了内战，立即就开始了朝鲜战争。在这个朝鲜战争期间开始了建设，不久就开始实行五年计划，结束之后又进入了第二个五年计划。这个时期的建设取得了非常的成果。与俄国革命的历史相比，中国是以非常快的速度推进了建设的。但与此同时不可否认的事实是，由于速度过快，也产生了落差。
>
> 建设的方式，由于是农业国，所以就先提高农业生产，接着进行工业建设。因此强力推行了对于农民的剥夺。在这个过程中出现了矛盾。这一点中国的指导人也是承认的，同时这一矛盾的结果也致使五年计划在实施的过程中放缓了若干速度，或者说某种程度上控制了重工业化的速度，部分提高了消费物资的生产。

---

① 《探讨毛泽东论文》，《中央公论》，1957 年 8 月号，第 143 页。

这种勉为其难强迫的结果，致使不得不放缓经济建设速度的矛盾显在化。这是第一点。还有一点，则是与俄国的情况类似，中国也背负着过去的遗产。这就是官僚主义的遗产。中国在历史上直到清朝都是强大的官僚国家。这种官僚主义在中共成为强大的政党之后也存在着复活的危险。对此必须防患于未然，因此也必须以国民规模开展运动。①

事实上，从 50 年代初期开始，竹内好就非常关注中国的经济建设情况，并参与了一些讨论，例如他在 50 年代初期就曾司会主持过研究中国第一个五年计划的讨论。② 这是他写作《毛泽东评传》的时期，在高度评价根据地哲学原理的时候，竹内好并没有把自己置于人文学者易于陷入的浪漫主义政治论述，他在这个关于五年经济计划的讨论中已经充分关注到了为发展工业而剥夺农业的现实问题。所以，当 1957 年中国开始推行全民整顿的思想运动时，竹内好立刻进行了相当准确清晰的判断。

但是这个判断并没有让竹内好简单地肯定中国的状况，他更多地是把它作为中国面对的困境去理解的。因此，他在"探讨毛泽东论文"座谈会里更多地是以提问的方式参加讨论。例如，他对其他三位讨论者提出了这样的问题：1927 年以来中国共产党不断进行小规模的整风，只是没有使用这个称呼而已；1942 年以后也可以看到几次类似的小规模整风，这次的反右是否可以视为 1942 年大规模整风之后的第二次？在第一次整风运动中，是以整顿党员为中心开展的，对党外群众是采用间接渗透的方式加以影响；而这次的反右整风，共产党已经成为执政党，有条件进行全国范围的整风，但是似乎仍然坚持了第一次的方式，即以党员为整顿的重点。这样的认识是否准确？③ 又如，《光明日报》曾经发表储安平的文章，批评共产党并不尊重党外人士等等，竹内好追问：这种对共产党不满的意见开始明确地发表出来，这种时候毛泽东的文章或者周恩来的讲话问世，应该如何

---

① 《毛泽东演说的背景》，《竹内好全集》第五卷，第 342~343 页。
② 参见《新中国的思想与建设——推行经济五年计划的各种条件》，《中央公论》，1953 年 12 月号，第 50~64 页。
③ 参见《新中国的思想与建设——推行经济五年计划的各种条件》，《中央公论》，1953 年 12 月号，第 140 页。

理解？这是否证明了他们有自信不会发生匈牙利事件那样的悲剧？①

　　显然，竹内好关注着1957年这个中国当代历史的转折点，敏感地预感到中国的思想运动正处在一个十字路口上。以他对毛泽东永远革命的根据地哲学的理解，他知道中国也可能发生匈牙利式的悲剧，而他确信毛泽东一定会以他特有的具有"永恒性追求"的矛盾转化方式处理这种可能发生的悲剧。若干年后，在"文化大革命"期间，竹内好在回答媒体调查的时候，说了这样的话："中国是一种世界国家，世界上的所有矛盾都反映在中国的内部。所以矛盾永无终结，一旦矛盾终结了，那就是世界的终结——这就是毛主席的矛盾论，或者不如说，这是汉民族的传统思想。"②

　　到了这个时期，竹内好已经把他为毛泽东界定的"虚无主义"转化成了他自身的视角。这当然也不完全是常识意义上的虚无主义（虽然在破坏现存秩序的意义上它也具有一般虚无主义的含义），这是一种大于自己主体意志的历史结构意识。在认识论上，竹内好始终坚持把毛泽东《矛盾论》的思路置于一个结构性的"相关关系"中加以讨论，而敌我的相对性，并不仅仅是战略战术的操作，它们通过不断的转化体现了这种相关性。竹内好甚至试图用中国古代阴阳关系的相关性来论证毛泽东的矛盾论思想，强调这不是对黑格尔与马克思辩证法思想的演绎，而是中国传统文化的独特方式。③

　　对于竹内好这部分思考，他的同代人中大概只有丸山真男从政治学的角度给予了一定的呼应。在1957年5月题为"革命的逻辑与和平的逻辑"的座谈会中，借着讨论1956年12月以《人民日报》编辑部名义发表的《再论无产阶级专政的历史经验》一文，竹内好又一次提出了矛盾转化问题的重要性。他指出，《人民日报》文章提到国家时用了"较大""较小"的限定，这是一种相对主义的立场；丸山进一步推进这个问题：这种相对主义抓住了政治的逻辑。在政治的现实中，不存在绝对的东西。昨天较大

---

① 参见《新中国的思想与建设——推行经济五年计划的各种条件》，《中央公论》，1953年12月号，第146页。

② 《关于"一张照片"》，1967年2月，《竹内好全集》第十一卷，第300页。

③ 《探讨毛泽东论文》，第145页。同时，关于毛泽东的辩证法与黑格尔、马克思的区别，他在写于1962年的《毛泽东思想的接受方法》一文中有更正面的解释："在毛泽东那里，深深地浸润着中国的阴阳二元论，扬弃的契机比较弱，对立即同一的观念比较强。"（《竹内好全集》第五卷，第377页）

的敌人，今天可能成为较小的敌人，如果进一步变成更小的敌人，就有可能不再是敌人。反过来也是一样。丸山说，不仅是《人民日报》编辑部文章体现了这种相对主义，在毛泽东的《矛盾论》里面也充满了这种相对主义。这是政治成熟度的标志。丸山接着指出，毛泽东关于矛盾转化的逻辑贯穿了中国共产党的政治实践，从他们一贯的行事方式看，如果条件具备，他们可以把反革命巨头蒋介石作为高官迎进中国政府。当然，转化不等于混同，对中共来讲，革命与反革命、敌人和朋友的区分标准是清楚的；但是他们同时在现实状况中不断地把它相对化。如果把无产阶级与资产阶级的矛盾作为基本矛盾，把这种矛盾固定化，那么就不会在逻辑上产生这样的考虑：在现实生活的复杂状态中，有时候两者之间也需要有暂时的联合与同盟。在固定化的思维方式引导下，即使进行了这样的结盟，它也只不过是现实政治操作的产物，结盟双方的性质不会发生变化；而在逻辑上设定了相对主义的矛盾转化可能性，这就意味着暂时的结盟催生新的情势，在新的情势之下，有可能使得曾经的敌人不再是敌人——于是暂时的结盟就不再是暂时的了。"意识形态本身谋求理论的完成性，总是不免具有绝对化的倾向，这一点就任何意识形态而言都是一样的；而政治在具体的状况当中，它总是开放的，常常孕育着多种可能性。……如果把握不住这一点，就会出现两种危险：其一，敌我范畴凝固化的危险。在这种情况下，A 就是 A，永远是敌人，或者永远是反革命；即使在状况转化的条件下，本来潜在地具有成为同盟可能性的对象，也会因为使用'昨天'的标准来定位而被视为敌人。其二，与此相反，有对敌我的界定不加限制地滥用的危险。就是说，看上去已经决定了对方是永远的敌人，可是一转眼却又宣称其为永远的盟友，无原则地从一个极端跳到另一个极端上去。"①

丸山对于竹内好的根据地哲学理论进行了出色的政治学诠释。他们共同开辟了一个饶有兴味的讨论层次，并且由于这样的对话，使得这个层次变得丰富和清晰。虽然这样的对话在后来没有继续下去，但是，这一层次却由这两位优秀的思想人物和后来的知识分子不断地拓展和继承，成为一笔重要的思想遗产。

---

① 《革命的逻辑与战争的逻辑》，《世界》，1957 年 5 月号，第 125~126 页。

三

对于日本这样一个基本上不存在社会革命可能性的社会，讨论中国革命与毛泽东思想有着更曲折的理由。在战后初期，日本左翼和进步知识分子尚希望透过中国革命成功的经验来提炼改革日本社会的参考线索，但是这个期待很快就随着社会的剧烈变化，特别是日本共产党武装斗争的失败而被搁置了。与此同时，另一条线索却在慢慢地积累，这就是通过对中国革命和毛泽东思想的深度提炼和转化，寻找一些具有普遍原理性的要素，并把它们转化成对日本思想状况的反思和重建。而这一努力的最主要代表人物就是竹内好。

在 20 世纪 50 年代的毛泽东热与中国革命热开始慢慢降温的 60 年代前期，竹内好曾经挑起了一场关于《矛盾论》翻译的论战。从 50 年代开始，日本就陆续翻译了毛泽东的部分著作，《实践论》《矛盾论》有多个不同译本。由于版权被日本共产党系统掌握，所以大部分翻译是由日本的共产党和马克思主义知识分子做的。对日本共产党内部的"天皇制"一贯持严厉批评态度的竹内好，在毛泽东著作翻译的问题上一直耿耿于怀；这是因为，已有的这部分译本虽然力求准确地翻译毛泽东的著作，却在翻译过程中忽略了毛泽东特有的个性风格；对于竹内好来说，这并非文风问题，而是重大的失误。从竹内好对毛泽东解读的基本视野看，毛泽东的个人风格构成他思想著述最为独创性的部分，当竹内好强调毛泽东的辩证法不同于黑格尔、马克思的辩证法的时候，他的立足点恰恰是毛泽东的这种个人风格（下文将要谈到这一点，此处从略）。因此，仅仅在语词层面翻译毛泽东，则会失掉这些最为基本也最为重要的特点，把毛泽东一般化地归类到马克思主义中去。这也是竹内好坚持反对把毛泽东思想视为马克思列宁主义新发展的原因所在。

1962 年 2 月，竹内好发表了他的第一篇论战文字。这篇文章虽然谈的是翻译《矛盾论》的技术问题，但是从中推出了一些重大的原理性思考，其激烈程度与从小处着眼的写作方式令人想起鲁迅当年的论战姿态，特别是发生在 1936 年的"国防文学论战"。这篇文章对三组翻译提出了质疑，其中尤其以第三组"C 译本"《实践论·矛盾论》（松村一人、竹内实译，岩波文库，1957）为主要的论战对象。这主要是因为第三个译本出现最晚，综合了前两个译本的成果并进行了改进，同时也因为它是日本广受信赖的岩波文库出版的，影响面比其他几个译本更广。

这篇洋洋洒洒的论战文章很长，基本上从头到尾都在讨论具体的翻译实例（他共举出五类十四个错误的译文段落和句子，逐一进行了讨论）；同时，其中也确实有少数几个例子，竹内好的论据并不充分，甚至有些强词夺理。但是，结合竹内好对于毛泽东的整体理解，不难看出，他之所以被这类翻译所激怒，并非因为其不准确，而是因为其平庸；并非因为其不认真，而是因为其教条；并非因为其力求通俗，而是因为其追求通俗的态度是高高在上的。在竹内好的生涯中，这类论战在早年也发生过一次，那就是他与吉川幸次郎等人之间进行的有关翻译的论战。在这种论战中，竹内好很难取胜。那是因为，他所表述的问题要求论战的对手具有类似的感觉方式才能够被理解，而无论是早年的论战还是这一次，他的对手甚至多数读者都不具备这样的条件。

这篇挑战性的文章里有几个耐人寻味的例子，正面提示了竹内好如何理解毛泽东的思想。首先是下面这个例子。

毛泽东的《矛盾论》中有这样一段话："无论什么矛盾，矛盾的诸方面，其发展是不平衡的。……矛盾着的两方面中，必有一方面是主要的，他方面是次要的。其主要的方面，即所谓矛盾起主导作用的方面。事物的性质，主要地是由取得支配地位的矛盾的主要方面所规定的。"①

竹内好为了准确地传达"其主要的方面，即所谓矛盾起主导作用的方面"的语感，花费了一个晚上的时间从上下文进行推断和揣摩，最后，他决定这样翻译：

"正是这主要的方面，才是在矛盾中起指导作用的方面。"

而他所批评的 C 译本则是这样翻译的：

"所谓主要的方面，是指在矛盾当中起主导作用的方面。"

这个对比说明了竹内好与其他译者的区别。竹内好对此有一段颇为精彩的评论："其实，我为了准确地解释而冥思苦想了一个晚上。当我终于决定如此翻译的时候，不由得对于毛泽东推进逻辑的精彩程度扼腕叫绝。如同 C 译本这种凡庸的说明，在这个上下文里他是不会重复地再说一次

---

① 《矛盾论》，《毛泽东选集》第一卷，人民出版社，1968，第 297 页。

的——这一点我从一开始就深信不疑。"①

不难看出，竹内好虽然也举出了一些明显的误译加以批评，但是他追问的并非表面层次上翻译语词的对错，而是深层意义上的理解与传达。他的翻译与 C 译本的翻译，并非在用语层面上对立，而是在思想层面上对立，而这个对立的核心，则是如何理解毛泽东思想。竹内好的翻译是一种跃动着的主体表达，而 C 译本的翻译则是在静态地说明。这种动态的表达与静态的说明之间，暗含了一个竹内好在论战激化之后进一步进行了解释的差异："我认可 C 译本作为解释的一种。这样的话读者可以选择自己喜欢的译本。订正版（尚未出版）C 是以这样的态度来翻译的：'世界已经完结。那么让我们来说明吧。'这个译本适合于那些谋求这类说明的读者；而我向那些拥有着'世界尚未完结，世界应该变革。为此我们需要发现矛盾'这一问题意识的人推荐的，则不是 C 译本，而是 D 译本（即竹内好的译本——引者注）。这样，复数的译本可以共存。"②

对于竹内好而言，世界确实不会"完结"，亦即不会永远维持既定的权力秩序；因此，逆转既定秩序的大小革命——亦即竹内好界定的从暴力到非暴力的和平革命——则必须是日常性的。在这个日常性的革命过程中，发现主要矛盾，并且促使主要矛盾转化为自己一方的力量，是竹内好理解的《矛盾论》的精髓所在。他为此无法忍受那些静态地排列各种概念并且寻找其间联系的翻译方式。

当然，竹内好还有一个更为形而下的理由让他无法沉默，这就是他后来在文章中提示的日本共产党知识分子"十年间独占"毛泽东著作翻译权③的问题。作为一个非日共和非马克思主义知识分子，竹内好认为这种把毛泽东视为共产主义者独占品的方式，有损于毛泽东思想作为人类思想财产的品质。他猛烈地抨击了已有的译本，这样指责："已有译本的译者全部是共产主义者。但是我可以断言，他们既没有理解毛泽东思想的能力，而且更有甚者，他们连理解的意愿都没有。……（毛泽东）把战争与和平作为矛盾关系加以把握，把无知与有知（进而一般性地说，是无与有）、进一步说还有真与伪都视为辩证法的对立概念，这表明他的立足点

① 《毛泽东思想的接受方法》，《竹内好全集》第五卷，第 376~377 页。
② 《再谈关于毛泽东思想》，《竹内好全集》第五卷，第 399 页。
③ 竹内好说："我要对十年间持续不当地独占（我认为这是不当的）翻译权从而折磨了日本人民的这个翻译集团问责。"《竹内好全集》第五卷，第 399 页。

几乎与诡辩一线之隔。他并非是诡辩家，但是他的亚流却可能成为诡辩家。然而，日本的马克思主义者，却连诡辩家都当不成。他们只不过是把毛泽东置于马克思列宁主义这一条直线上，通过把毛泽东转化为后者的解说者，从而利用他来证明自己作为解说者的权威性而已。"①

竹内好这一火气冲天的批判基于他对日本共产党的一些基本看法，特别是他认为日本共产党有脱离民众脱离实际的"独善主义"，他们把革命理论作为自己的社会资本，对民众其实是居高临下的。所以，当他读到下面这个例子的时候，难免会产生严厉的诠释。

毛泽东有这样一段话："共产党人必须揭露反对派所谓社会革命是不必要的和不可能的等等欺骗的宣传，坚持马克思列宁主义的社会革命论，使人民懂得，这不但是完全必要的，而且是完全可能的，整个人类的历史和苏联的胜利，都证明了这个科学的真理。"②

C 译本的翻译是这样的：

"共产党员必须揭露反动派所谓社会革命是不必要和不可能的等等欺骗性的宣传，坚持马克思列宁主义的社会革命理论，并且使人民理解它；这不仅完全必要，而且完全可能。人类的整个历史与苏同盟的胜利证明了这个科学的真理。"

竹内好的翻译是："共产党员必须要揭露反动派所谓社会革命不必要、不可能等等欺骗性的宣传，坚持马克思列宁主义的社会革命论，并且使人民懂得，这不仅是完全必要的，而且是完全可能的：全人类的历史与苏联的胜利，都证明了这个科学的真理。"

对比这两个翻译，可以看出 C 译本确实在语法上没有准确把握原文的意思，把"使人民理解"的对象规定为"共产党人揭露……"和"坚持……"这部分内容。但是竹内好却并非在语法层面上讨论问题，他认为这个误译恰恰暴露了日本共产主义者的致命弱点。他略显刻薄地批评道：

> 这固然是单纯的语法方面的错误，不过要是考察一下产生这种误译的心理背景，实在是颇有兴味的。按照 C 译本，"使人民理解"马克思主义理论被规定为共产党员的任务。而证明这是必要的和可能的

---

① 《毛泽东思想的接受方法》，《竹内好全集》第五卷，第 376、377 页。
② 《矛盾论》，《毛泽东选集》第一卷，第 309 页。

根据则求诸于"全人类的历史与苏同盟的胜利"。至少可以说，在这个翻译后面存在着足以使译者对这种译法不加质疑的心理习性。如果稍微扩展一下这个解释的话，那么，似乎日本的共产党员只要让人民理解马克思主义理论就可以了，而且，这事情的必要性和可能性自有外力证明，只要自己觉得可以接受，就足以安身立命了。

毛泽东和毛泽东要求中国共产党员的，不是这样的工作。"使人民懂得"社会革命本身是必要的和可能的这件事情，才是共产党员的任务。再稍微引申一下，"让人民懂得马克思主义理论"在这里不构成讨论对象。只不过为了使人民懂得社会革命的必要性，只是为了完成这一任务，毛泽东才仅仅对共产党员提出理解马克思主义的要求而已。①

读到这个段落，令人联想起 50 年代竹内好曾经孤军奋战地对抗"毛泽东思想是马克思列宁主义新发展"的提法，坚持强调说毛泽东思想不是对外来共产主义思想的移植，而是中国传统文化的产物，因此与马克思列宁主义具有不同性质；同时也令人联想到他强调毛泽东"实事求是"精神并不能归类为清朝考证学的实证主义传统，而是更具有实践性格的口号。这两个看似矛盾的态度并不对立，因为它们是从不同的角度体现了竹内好的同一个问题意识：他坚持认为，让思想离开它所由产生的语境，仅仅依靠与其他对象的类似性就通过类推来理解它，这种类推无论是发生在不同文化中还是发生在同一文化中，都同样是危险的。"因为是实事求是，所以就可以说成是实证主义，这种看法是不成立的。一般说来，把思想从它发生的根据那里割裂开来，只是依靠类推就想当然地觉得已经理解了，这是非常危险的。特别是在日本，近代的学问全部是从欧洲土壤中产生的，日本不过是把它们如同插花一样切下来零卖；因此这种危险性很大。"②

日本的马克思主义和共产党的教条主义问题，一直受到来自日共内部和非日共进步人士的批评。但是对于竹内好的这些讨论而言，这种教条主义却不仅仅是日共的专利品。他在更为一般的意义上把日共的教条主义乃至早期对苏联和中国的"事大主义"视为日本社会的一个缩影，因此他的

---

① 《毛泽东思想的接受方法》，《竹内好全集》第五卷，第 360~361 页。
② 《中国革命的思想与日本》，《世界》，1957 年 2 月号，第 155 页。

批评是针对整个日本社会特别是学院知识分子的批评。

如此激烈的论战文字，不可能被置之不理。竹内好提出的问题迅即引起关注。在他的文章刊出当月，《图书新闻》即开始发表回应文章，不仅仅是他批评的几位译者，而且不直接相关的人也参与了讨论。竹内好颇感意外。他写道："中国问题现在很难成为传媒的话题。马克思主义最近也颇有背时之感。加上我是以翻译这一最朴素的形式提出问题的，所以说要想成为论坛热点话题，不利条件算是全都凑齐了。我自己没有料到居然讨论会以这种方式展开。"①

回应文章中，被竹内好点名批评的两位译者都撰写了长文，并且对竹内好提出的部分意见表示接受；但同时，他们并不接受竹内好借题发挥地阐发的思想分析，并且反过来对竹内好译文的缺点也提出了直率的技术性批评。这与早年竹内好与"支那"学家们的论战基本上是同一个结构。因此，在同年 11 月，竹内好又写作了另外一篇长文，作为对两位译者的再回应；通过这篇文章，可以更清楚地把握到竹内好问题意识的核心。

竹内好的批评主要是针对松村一人的。这是一位马克思主义哲学家，个性并不跋扈。他对于竹内好的反驳，明显地尽量以"客观性"来自我要求。他对竹内好的批评也在于竹内好的主观意志。他这样反驳："竹内好的翻译，其他的问题姑且不论，有相当的误译是由于他没有很好地把握《矛盾论》各个基本概念之间的关联性。至少就此而言，作为哲学论文的翻译它有着致命的缺陷。"同时，他也反感于竹内好毫不掩饰的论战态度，指斥其为最大限度地痛骂对手，同时自夸自己译文的正确性。②

竹内好在再回应的文章中对此做了激烈的反驳。他并不认可这种把分歧导向个人修养乃至个人恩怨的思路，又一次强调说自己并非在技术层面讨论翻译问题，而是借着翻译问题讨论其背后的认识论根源。他紧抓住松村关于"各个基本概念之间的关联性"的说法，指出这正是他们之间的差异："我在《矛盾论》作者那里看到了真理探究者的姿态，松村氏则看到了客观真理（这一观念）的显在化。这是我们之间的差别。因此，我看到的毛泽东，突出的是过程的、永未完结的、战斗者的侧面，松村氏的把握方式则把他绝对化、固定化、神格化。"③ 在竹内好看来，松村尽管关注各

① 《"〈矛盾论〉论争"与我的立场》，《竹内好全集》第五卷，第 379 页。
② 松村一人：《兼听则明——回应竹内好氏》，《思想》，1962 年 7 月号。
③ 《再谈关于毛泽东思想》，《竹内好全集》第五卷，第 393 页。

种概念并且力图整理其中的关系，但是这是一种"世界已经完结"的分析方法。同样的问题也存在于另一位译者、中国语言学家和文学家竹内实那里。竹内好讽刺说，松村的法宝是概念，而竹内实的守护神则是单词："概念是重要的，同样，单词也是重要的。不过，无论怎样堆积概念，只凭借这一点不会直接产生思想；与此相同，无论如何陈列单词，只靠这个也不会直接变成'文'。反过来说，把文章分解为单词，再组合对于这些单词的理解，这也不构成对'文'的理解。"① 竹内好有关单词主义的批评是相当精彩的翻译论，仅从与本论主题相关的角度看，则他谈的是：一视同仁地使用单词，将会导致对原文思想的简化和歪曲。因此，何为准确的翻译，就在形似与神似之间产生巨大的争议。

竹内好借助于这个翻译标准的问题，推进了他在前一篇论文中提出的思想课题。在松村的回应文章里，大量出现了"正确的翻译""误译"等判断，并对竹内好的翻译和他的批判应用这两个标准进行分析；竹内好被激怒了。他说："我提示了误译（或不合适的翻译）。于是被提示的译者本人向着提示者的我，下达了这些提示是对的或者是错的之类的判断。这究竟算是怎么一回事情？从常识考虑，在普通人之间不可能出现这样的交流。现在两个人意见相左，一方要么认可另一方，要么不认可。认可的话就撤回自己的意见，或者修正它，不认可的话就彻底坚持自己的意见。这就是论争。可是现在呢，明明是当事者，却偏偏要当判决者。这相当于相扑运动员同时也兼了裁判。……一般而论，日本的共产主义者所写的东西里这类文体相当普遍。A 是正确的 B 不正确；C 是错误的 D 没有错误。这种形式非常多。而'我想'这类提出个人意见的形式则非常少。无论是以团体名义还是以个人名义发表的文章，这种倾向都是一致的。"②

竹内好接着提出了进一步的问题，那就是在这种立足超越性审判者的冲动背后，存在着"唯一正确"的真理标准。而且，这个绝对化的真理是被赋予的，是作为他者定位的。因此，对于"客观性"的强调，就成为判断翻译的标准。竹内好说，这种对于所谓"客观性"的强调，暗示了日本的共产主义者缺少真正的主体性，这使得他们在判断事物的时候不具备改变事物的能动精神。在这个意义上，竹内好以相当"主观"的态度诠释了

① 《再谈关于毛泽东思想》，《竹内好全集》第五卷，第 400~410 页。
② 《再谈关于毛泽东思想》，《竹内好全集》第五卷，第 387~388 页。

毛泽东的政治辩证法：

> 松村氏的（7）论文中"诸概念的关联"这一说法几次出现，以此我们可以了解他最关心的是什么。（C）译本的译文里也呈现了这一点。怎样做才能完美地把各种概念（以及范畴）串连起来，他只专注于这件事。……
>
> 但是我并不在这个方面确认《矛盾论》的主干。我认为这部著作的核心部分在于提倡为了解决问题而全力以赴地发现矛盾。进一步说……我觉得毛泽东的口吻甚至可以这样理解：如果没有矛盾的话，就是造也要把它造出来。进而言之，毛泽东在激越地鼓动着人们：将诸种矛盾中的主要矛盾为我所用，掌控主要矛盾的主要方面。①

到这里，竹内好挑起翻译论战的动机可以窥见一斑。他并不认可所谓绝对客观和唯一正确的翻译标准，他所论争的是如何主体性地通过翻译来进行思想生产。因此，他不仅质疑日本马克思主义者作为正确思想代言人的姿态，而且也质疑他们以科学精神为政治思想武器的"客观主义"态度。② 在此我们需要谨慎对待的是，当竹内好质疑绝对客观的唯一真理时，不能把他归为相对主义甚至虚无主义者。如果因此断言竹内好是在强调主观任意性翻译的合法性，将会错失这场论战最具有建设性的内涵。竹内好不惜花费大量篇幅讨论那些纯粹的技术性错误，就在于他反对主观任意性的思想方式和论述方式。我们只有突破了直观的二元对立思维，才能在强调主体性、反对绝对客观性的竹内好那里发现谨慎的历史分析契机。竹内好对于毛泽东的解读，紧贴着他对于中国革命的理解，他固然没有充分地强调中国革命的代价，这使得他的相关论述失之于理性主义；不过指出这种历史性的局限实在是过于容易的工作，而且也难免会犯竹内好所质疑的那种居高临下对他人进行审判的错误；比较困难也比较有价值的课题是，在战后日本那个没有社会革命可能性、对中国的关切也渐渐淡漠下去的历史时期，作为毛泽东思想论述，竹内好这些富有"如果没有矛盾的话，就

---

① 《再谈关于毛泽东思想》，《竹内好全集》第五卷，第 396～397 页。
② 最为典型地体现了日本马克思主义者科学主义精神与他们政治斗争策略之关系的，是 50 年代后期发生的"昭和史论争"。这一部分请参照拙著《文学的位置》第三章、第四章，山东教育出版社，2009。

是造也要把它造出来"之色彩的挑战,究竟给我们留下了何种可供转化的思想媒介?

围绕《矛盾论》翻译的论战无疾而终,它的收获似乎只在于"挤着"竹内好写作了两篇很有哲学意味的论战文字。时至今日,论战本身已经不重要了,重要的是竹内好提出的问题。这些问题引导我们在今天反思自己所处的知识状况,并进一步设定自己的课题。

竹内好通过《矛盾论》翻译的论战阐发出来的问题,暗示了他对毛泽东思想的基本理解方式,也提示了另外一种对延安整风运动基本精神的理解途径。他之所以如此重视中共进行全党整风的思想运动,如此高度评价整风的内容(他称为"三风整顿"),是因为这一整顿的内容恰恰针对了他深恶痛绝的日本同时代的知识风气。值得玩味的是,竹内好基本上没有把右翼知识分子作为自己的论敌,当然,他更不把后者作为自己的盟友。在文化立场上,竹内好属于进步知识阵营,但是他与马克思主义左翼保持距离,同时也对自由主义左派不时表现出的西方理论原教旨本能表示不满;他对于这两大类左派知识分子(必须强调的是,这两类知识分子都对战后日本的思想建设做出了重要的贡献,因此其中一些优秀的思想人物也是竹内好的工作伙伴)提出的批评,尽管在内容上各不相同,但核心都在于批评他们把理论硬性地强加给实践的潜在思路。因此,竹内好高度重视毛泽东《矛盾论》《实践论》,其理由不难理解。他显然从毛泽东"与诡辩一线之隔"的辩证法思想中读出了最有摧毁教条主义理论原教旨和非主体知识生产方式的强大思想能量。对于那些执着于政治正确与绝对客观的唯一真理的知识分子而言,这是水火不容的;而对于竹内好而言,读出毛泽东辩证法精神的内涵,则显然是他一生中最为重要的思想时刻。继发现鲁迅思想的"黑洞"之后,竹内好又一次找到了"永恒"。

橘朴与战前日本对中国及
东洋的知识建构

赵京华 *

摘要：在近代 200 年来地缘政治急遽变动背景下，东亚社会全新的知识建构受到来自日本的思想概念和人文词汇的强烈影响和制约。而日本有关"中国"和"东洋"等的知识生产，主要是由官、学、民三种力量联合承担的。三种力量的兴起分别依托于新兴帝国对大陆及东亚的霸权战略、接受西方知识洗礼的一般学界重新阐述自我与他者关系的愿望，以及普通国民欲了解周边世界的热情。然而，这种知识从一开始就带有殖民地学的性质，并在帝国日本走上称霸世界和殖民战争之不归路的 20 世纪 30 年代以后，被吸纳到帝国主义海外经营的"国策"当中，或者说国家主导的"大陆政策""大东亚共荣"论已然成为这些知识生产不言自明的前提。橘朴作为昭和时代前期横跨官、学、民三界又不直接隶属于任何一方而具有思想独创性的中国问题专家，他关于中国及东洋的叙述是由通俗道教、官僚阶级统治、乡村自治体和王道自治论、东洋共同社会等一系列自制概念支撑起来的。他一生的大半在大陆度过，双脚踏遍了中国的大江南北，由此形成的认识远远超越了一般"支那通"对中国的理解。但是，橘朴亦未能摆脱日本国家的束缚，其全部的知识积蓄因 1931 年自身的"方向转换"而成为帝国日本称霸世界的知识生产。本文在阐述橘朴的中国观及其概念生成的同时，还将就如何认识知识生产与权力政治的关系以及"东亚社会的知识建构"问

---

* 赵京华，中国社会科学院文学研究所研究员。

题，给出自己的思考。

关键词：战前日本中国学　橘朴　帝国权力　知识生产

Abstract：As a China specialist of independent and original thinking who traversed three realms—the governmental, the academic, and the civilian, but never confined himself to any of them, Tachibana Shiraki buttresses his narrative of China and the Orient with a series of notions construed by himself, e. g. popular Daoism, ruling by the bureaucratic class, rural self-governing, self-governing through the kingly way, and etc. As he spent most of his life in and travelled throughout mainland China, his views of China far surpass most "China specialists" in Japan. Regrettably he was still not able to free himself from the state of Japan; consequently, after 1931 his pursuit of knowledge changed its direction and served the production of knowledge for the Japanese Empire to become a dominant power in the world. This article delineates the generation of Tachibana's view of China and his key concepts, considers the relation between knowledge production and power politics, and explores the issue of "knowledge construction in East Asian societies."

Keywords：Pre-war Japanese Sinology　Tachibana Shiraki　Imperial Power　Knowledge Production

一　战前日本有关"中国"和"东洋"的知识生产与橘朴的位置

一个时代的知识生产，归根结底要受到该时代世界政治格局和社会结构变动的巨大影响并从其中获得想象的根本动力。反过来讲，某一时代经由人文概念的社会知识建构将深刻反映那个时代的聚变，尤其是主导的权力政治和特定国家的权力意志，同时也接受其各种各样或深或浅的制约。因此，在回顾和探讨过去时代的知识生产和概念建构之际，我们不能仅仅局限于纯技术层面的考察，还要深入概念知识和时代社会复杂交错的关系结构之中，从而了解其背后的文化政治。如果是期待过去时代的知识在未来能得以传承，成为我们重建当下知识的资源，那么就需要对其背后的权力政治和意识形态进行不断的解构和批判性省察。讨论"东亚近代社会的知识建构",更是如此。

众所周知,19 世纪 70 年代世界进入帝国主义时代和全球国际体系以后,原有的东亚区域格局发生了根本性的改变。日本经过明治维新和两场大的对外战争(中日甲午战争和日俄战争)而一跃成为新兴的帝国和区域内的中心国家,即东亚盟主。同时,经过第一次世界大战特别是"满洲事变"之后,彻底走上"大陆经营"和殖民主义海外扩张的道路,并试图以此来抗衡欧美从而称霸世界。这样一种称霸世界的国家战略之形成,强有力地刺激和带动起日本人文社会科学的整体发展。其中,特别是有关"中国"和"东洋"的知识生产获得了显著而影响深远的成就,在 20 世纪前期不仅形成了鼎盛一时之势,而且随着日本帝国经济军事力量的渗透,这些隐含着殖民地学性质的知识对东亚近代社会产生了强大的影响力。实际上,我们仔细观察 20 世纪 90 年代后出现于东亚的新一轮"亚洲论述",就会发现其基本的思考范围和阐释架构依然笼罩在诞生于战前日本的有关叙述之下而少有新的突破,这充分说明 20 世纪前期日本的东亚知识建构影响力的深远。

近代日本有关"中国"和"东洋"的知识建构,经过明治维新 40 年翻译吸纳西方知识和方法论而逐步消解以往源自以中国儒学为核心的知识系统的影响,到了 20 世纪初俨然形成了独自的体系和规模。以中国研究或曰"支那学"为例,就出现了以下三种类型的论述。第一,以政治家、外交官和各路国家战略论者为代表的有关中国政治、时局和革命运动的论述,具有强烈的官方色彩;第二,以京都学派为代表的运用现代西方学术特别是德国文献学方法来研究中国历史与文化的学院派"支那学",以及后来包括马克思主义学者在内的对于中国的社会学研究;第三,是迎合帝国日本对大陆的殖民扩张政策以及国民的政治文化关心而产生的所谓"支那通"趣味本位的中国论,这种中国论大都出自日本大陆浪人或新闻报刊从业人员之手,比较通俗甚至低俗,但在一般国民的阅读层面有广泛的影响力。可以说,日本有关"中国"的知识生产主要是由这官、学、民三种力量联合承担的。三种力量的兴起分别依托于新兴帝国对大陆及东亚的霸权战略、接受西方知识洗礼的一般学界重新阐述自我与他者关系的愿望,以及普通国民欲了解周边世界的热情。然而,这种知识从一开始就带有殖民地学的性质,并在帝国日本走上称霸世界和殖民战争之不归路的 20 世

30 年代以后，被吸纳到帝国主义海外经营的"国策"当中，或者说国家主导的"大陆政策""大东亚共荣"论已然成为这些知识生产不言自明的前提。关于"东洋"的知识建构，情形也大致相同。值得注意的是，由于"中国"和"东洋"之间有着直接和内在的关联，因此一部分"支那"学者或中国问题专家到了 30 年代之后又自然延伸其思考，而成为有关"东洋"知识的建构者。

在上述日本的中国研究和东洋论者中间，有两个人一直吸引着我的好奇和关注。一位是以《朝日新闻》特派记者身份于 20 世纪 30 年代初滞留上海、在积极投身中国左翼文化运动过程中深化自己的认识而成为著名中国问题专家和"东亚协同体"论者、最后因"佐尔格国际间谍案"被本国政府处以绞刑的尾崎秀实；另一位就是一生大半在中国度过而以新闻记者和中国问题评论家著称的橘朴。两人同为有别于学院派"支那"学者的日本中国问题观察家，对中国社会及其现代革命有深刻的了解和同情，其言论又远远超越趣味本位的"支那通"而达到了卓越的水准。中日战争爆发前后他们回到日本，主动投入国家主导的有关中国时局和建构大东亚建设的讨论之中，成为当时日本论坛有影响力的论客乃至国策研究团体昭和研究会的成员。他们从"民间"走向"国家"，自由的思想学问套上了制度和意识形态的枷锁，其有关"中国"和"东洋"的论述具有特殊的紧张感——既服从国家又试图超越之从而形成的思想张力。然而，他们的思考最终未能被国家所接受，作为共产主义者的尾崎秀实被处刑自不待言，橘朴亦始终遭到日本内务部门的暗中监视。①

橘朴（1881～1945）② 是本论文的讨论对象。这是一位在日本近代思想史上很难定位的人物。由于他的一生波澜跌宕和后期转向"右倾"，战

---

① 参见石堂清伦《共同体式东洋的主张》，收山本秀夫编《复活的橘朴》，东京：龙溪书舍，1981。

② 根据传记资料，橘朴出生于日本大分县，早稻田大学肄业，日俄战争后不久来到中国，并长期居住在东北和京津等地。早年，曾历任《辽东新报》（大连）《济南日报》《京津日日新闻》等日文报纸的记者及主笔。1918 年作为日军随军记者曾一度赴俄国。1924 年创办《月刊支那研究》杂志，开始展开全面系统的中国研究。1925 年成为日本"满铁"本社调查课"嘱托"（职位），两年后转为情报课"嘱托"。1931 年创刊《满洲评论》，并在九一八事变之后发生政治立场上的"方向转换"。其后，曾任日本关东军自治指导部顾问，"满洲国"协和会理事。1939 年回到东京，此后三年多时间里积极发表有关时局的评论，成为广受关注的舆论人物。1943 年再度来到中国，1945 年 8 月在哈尔滨得知日本战败消息，逃难至奉天后于 10 月病逝。

后日本主流知识界对他基本上是持否定或默杀态度的。由于 20 世纪 30 年代以后橘朴从意识形态上积极参与日本关东军对中国东北地区的殖民地经营而被视为"满洲国理论家",大战期间更对日本"国体"及其"大东亚建设"等大政方针多有议论,因此,一般是将其归入"右翼"历史人物一类的。1963 年筑摩书房出版战后最大规模的"现代日本思想大系",其第 9 卷《亚洲主义》的编者竹内好就没有收录橘朴的文章。而吉本隆明、鹤见俊辅等进步批评家,更直接视橘朴为民粹主义者或"超国家主义者"而予以批判。① 就是说,在战后日本的近代史特别是思想史叙述中,橘朴一直处于边缘的位置而没有得到更多的关注。当然,随着 1966 年三卷本《橘朴著作集》的编辑出版和 1981 年诞辰百年纪念活动的展开,也曾在小范围内出现重新评价其思想人生的热潮,一批相关文献资料等得以问世。②

而进入 21 世纪以来,日本研究界出现了重新关注橘朴的趋向,并大有逐渐升温之势。例如,酒井哲哉于 2007 年出版的专著《近代日本的国际秩序论》中,关注到橘朴的"乡团自治论",并从与"安那其主义式大正社会主义之民族国家批判"的逻辑关联性角度,肯定其对中国社会自律性和相互扶助性的论述中包含着"超克主权国家的可能性"③。或者可以说,橘朴 20 世纪 20 年代有关中国乡村自治体的论述,超越了明治维新以来日本言论界以主权国家为标准而否定中国有治理近代国家之能力的一般认识。而著名思想史学者子安宣邦近期的一系列有关论述,更使橘朴一直以来被日本知识界所冷落的状况有了明显改观。④ 特别是在最新出版的《日本人是如何叙述中国的》一书中,子安宣邦直面"满洲事变"以后橘朴备受争议的思想言行,向我们提出了重新解读和估价其意义的如下议题:

橘朴与关东军参谋和青年将校们拥有同样的革新计划并参与到满

---

① 参见鹤见俊辅、久野收《现代日本的思想》,东京:岩波书店,1956,第 170 页。
② 《橘朴著作集》全 3 卷,东京:劲草书房;山本秀夫《橘朴》,东京:中央公论社,1977。相关资料的整理和研究有《橘朴——传略与著作目录》,东京:亚洲经济研究所出版(内部资料),1972;山本秀夫编复刻版《支那研究资料》(全 5 卷)、《月刊支那研究》(全 4 卷)及《满洲评论的世界》,东京:龙溪书舍,1979;山本秀夫编《复活的橘朴》(诞辰百年回忆集),东京:龙溪书舍,1981;山田辰雄等编《橘朴 翻刻与研究——〈京津日日新闻〉》,东京:庆应义塾大学出版会,2005。
③ 参见酒井哲哉《近代日本的国际秩序论》第 4 章,东京:岩波书店,2007。
④ 参见子安宣邦以下著作《日本民族主义解读》,东京:白泽社,2007;《何谓"近代的超克"》,东京:青土社,2008;《日本人是如何叙述中国的》,东京:青土社,2012。

洲国的建设当中。他对"满洲"的参与，的确是一个危险的投企。但这种果敢的参与打开了新的思想地平线。参与"满洲"对橘朴来说，这成了思想实践的新场域。他是把"满洲"作为"亚洲解放"之基石来发现的。是否要视此为 20 世纪 30 年代"方向转换"者之亚洲主义梦想而将其葬送掉，则全看我们在 21 世纪的今天面临新的亚洲问题之语境下来如何解读橘朴。至少在我，从橘朴那里获得了民众自治的"亚洲再生"之重大启示。①

很明显，这里有着日本学者试图在历来颇有争议的橘朴身上重新开掘可资 21 世纪建构超越主权国家之区域社会"再生"知识的可贵努力。然而如前所述，橘朴那一代日本知识者或许对"国家"有某种反思的意识，但他们最终未能超越"国家"即日本帝国强有力的笼罩和束缚，他们的中国研究包括"满洲建国"的蓝图和对"东洋"的种种叙述，其热情和思想动力均与帝国日本的大陆政策、殖民扩张战略密不可分。或者说，他们是自觉不自觉地在用宗主国看待殖民地的"帝国视线"来观察日本以外的地区。这一点，在子安宣邦的另一部著作里也有明确的论述。② 当然，对于有批判性的日本知识者来说，反思和批判"国家"已是应当具备的思考前提，或者他们把橘朴视为本民族内部的历史人物而不需要过多的解释。但对我来说，橘朴乃是一个他者的存在。他在那个激荡的时代作为日本人其对中国之理解的深刻和诚恳令人敬佩，他对"满洲建国"之"王道自治"理念乃至"东洋共同社会"的阐发，也有一定的启发意义。然而，我始终不能无视他的"日本"身份背景，包括时常流露出来的帝国视线，更无法完全认同其后期以"殖民地经营"为前提的思想观点。

因此，受到上述两位日本学者有关议论的启发，本文将从以下视角和逻辑理路展开论述。第一，以明治维新后日本有关"中国"和"东洋"的知识建构过程为横向坐标，来检验橘朴中国研究的几个独创性概念的内涵及其价值；第二，以"国家意识"为纵深剖析的尺度，来观察橘朴"方向转换"之后的"王道自治论"和"东洋共同社会"等概念的生成过程、逻辑结构，以及其内涵的日本大陆政策论的性格；第三，在对其进行历史

① 《日本人是如何叙述中国的》，第 127 页。
② 参见子安宣邦《日本民族主义解读》，东京：白泽社，2007，第 214 页。

性的政治学批判和解构之后，再来阐发其思想学问在"东亚社会的知识建构"中的意义。我想，这样一种批判和解构的程序乃是思想史研究应该坚守的文化政治立场。

二 橘朴研究中国的理路和方法论特征

橘朴真正开始自己的中国研究，是在其来华担任新闻记者历经 10 年之后的 1916 年，10 年来的中国生活和实地观察使他积累了不同于一般书斋学者的丰富经验和第一手资料。同年，着手编辑发行不定期刊物《支那研究资料》之际，他称自己进入了"半学究式生活"①。正如《职域奉公论》"序说"概括的那样，橘朴始终不承认自己为"支那学者"，而强调是"以中国社会为对象的评论家"，其"中国评论的动机并非出于喜好和求知欲，而主要在于政治目的，即探索谋求日中两民族正确关系的理论及其方法"。直到 1931 年为止，他确实大体上维持了一种"旁观者的立场"②。如果说"半学究式生活"使他的中国研究得以与当时高雅的学院派"支那学者"和趣味本位的"支那通"区别开来，那么"旁观者的立场"则意味着他基本上坚守了与政治家、外交官和各路国家战略论者有别的"民间"位置，即有意识地与"日本国家"保持着距离。这促成了其中国研究的独创性成就和"在野"的性格。换言之，正是在意识到明治维新以来日本国民包括政治家和学者在内的中国认识之偏见并与之对抗的过程中，橘朴最终获得了自己观察中国的方法论视角和一系列独创性概念。也因此，他有关"中国"的知识建构在近代日本的知识生产中就有了特别的意义。

已有日本学者指出，明治维新以后日本开始掉转船头，由景仰中国文明转向崇拜西方思想，在文明与野蛮的文明史论判断标准之下出现了"蔑视中国的思想"。到了甲午战争胜利之后，与欧化主义互为表里的视中国为固守儒教传统而不事改革的"固陋之国"的风潮，进而从文明论层面发展到否定中国具有构筑和治理现代主权国家能力的政治层面。③ 我们从明治前期福泽谕吉以欧化的文明论为前提拒绝因循守旧之中国、朝鲜的"脱亚论"思想，以及辛亥革命后山路爱山、内田良平、内藤湖南等的"支那

---

① 参见山本秀夫编《橘朴》，东京：中央公论社，1977，第 112 页。
② 《橘朴著作集》第 3 卷，东京：劲草书房，1966，第 2 页。
③ 参见松本三之介《近代日本的中国认识》，东京：以文社，2011，第 291 页。

论"其对中国治理现代国家之政治能力的怀疑态度，可以看到这种"蔑视中国"风潮的演变轨迹。而辛亥革命后不久开始中国研究的橘朴，则是从与上述日本国内风潮截然不同的另类思路甚至是针锋相对的路径展开论述的。如果说他最初提出的中国人思想核心在于"通俗道教"而非传统儒教，这一观点针对的是明治维新后视中国为固守儒教传统之专制国家的一般风潮，那么强调中国基层社会存在着与西欧现代社会相去甚远的具有强大自治能力的"乡村自治体"，这种论述则针对的是大正时期认为中国没有治理现代国家能力的流行观点。而稍后展开的"官僚阶级统治论"，乃是其研究进一步深化到中国社会深层并通过阶级的视角进行结构分析而得出的结果。它显示了橘朴中国研究的渐趋体系化和方法论的不断成熟。

在进入具体的讨论之前，我们先来看橘朴是如何对日本人蔑视中国的思潮加以批判的。1924年在为《月刊支那研究》创刊所撰写的《认识中国之途径》一文中，橘朴以世间所谓"支那通"为例，尖锐地批判了日本国民对中国妄自尊大式的无知偏见。他认为：

> 一般俗称有丰富中国知识者为支那通，世人一方面视他们为宝贝，另一方面又表示出轻蔑，其原因除了他们经济上道德上的缺欠外，还在于其展示出来的中国知识的内容是非科学的。比如，他们往往以自己一知半解的知识去预测中国是否会发生内乱，本来社会科学难以预测某国家未来的发展，但他们却以"非科学"的头脑大胆放言，结果成为世间的笑柄。他们所具有的中国知识都是片面和缺少系统性关联的，不过随机应变而撮合到一起的东西而已，结果不说他们完全不得要领，至少未能给听众提供可取舍的系统线索。①

而在橘朴看来，这种中国认识的非科学性和无系统性有其更为深层的社会根源，即近代日本国民整体的对于中国之缺乏常识性理解，以及源自民族优越感的蔑视心理。它反映在以下三个方面：（1）日本人无反省而妄自尊大地以为比中国先进；（2）日本人自以为中国是儒教国家；（3）日本人同时又自相矛盾地认为中国是完全缺乏道德情操的民族。总之，这种矛盾的谬误思想源自先中国一步完成现代化的日本国民其蔑视邻国的"优越

① 《橘朴著作集》第1卷，东京：劲草书房，1966，第2～15页。

感"，及从西方殖民者那里学来的以文明等级论标准来衡量自身与他者关系的傲慢逻辑。

在橘朴看来，日本人之所以错误地以为中国人是缺乏道德情操的民族，在于没能摆脱世上存在着普遍适用于人类的善恶标准这一迷信。因此，他强调自己的中国研究将冲破普遍主义的思想藩篱，采取力求按照中国人的标准来评判中国的立场。① 我理解，这"中国人的立场"并非意味着原封不动地接受中国人自身的看法或道德准则，而是以设身处地的同情与理解的态度、从尊重中国历史和现实的客观角度来观察中国。或者说，这是一种在否定了以西方或日本为价值标准的自我中心主义之后而确立起来的以观察对象为基准的中国中心主义立场。这种"立场"也即橘朴观察和研究中国的方法论视角，它与当时日本国内蔑视中国的思潮截然相反，更与其背后的西方中心主义相对立。1923 年 1 月 7 日，橘朴在采访鲁迅时所强调的"支那有支那的尺度"②，也正是这种立场的明确表示。

无论是"旁观者的立场"还是"支那的尺度"，它们都是橘朴"中国中心主义"的政治立场和治学方法的表明，由此也形成了其不同于一般学者的独特思考路径。在 1964 年举办的橘朴追悼会上，竹内好有一个十分形象的说法。他说阅读其著作，却难以"选出一篇足以代表橘朴先生风貌的文章，他每一篇论文的成熟度都很低，还多处于流动的状态。结果是他的人格阔大而文章无法涵盖之"③。这所谓"流动的状态"，我理解源自橘朴作为新闻记者或评论家的职业影响。他一生的大半漂泊于中国社会革命的惊涛骇浪之中而不甘做一介书斋里的学者，他始终关心中国底层社会特别是农民问题，坚持社会调查并跟踪国共两党的社会改革方略，他以极大的热诚细心考察孙文从民族革命到社会革命的思想转变历程，他虚心接受五四新文化运动思想领袖们的影响……。这一切构成了他紧贴中国社会现实和革命动向的"视野向下"的观察角度，而没有采取一般书斋学者"视野向上"之综合抽象的路径。也因此，生逢东亚区域发生历史大变局的时代，橘朴时刻关注着中国革命乃至中日关系的剧烈变动，其研究著述或许

① 参见《橘朴著作集》第 2 卷，东京：劲草书房，1966，第 13 页。
② 橘朴：《与周氏兄弟的对话》（上、下），连载于《京津日日新闻》，1923 年 1 月 12～13 日。
③ 竹内好：《橘朴在日本思想史上的位置》，收山本秀夫编《复活的橘朴》，东京：龙溪书舍，1981。

缺乏理论厚度，但得以成为 20 世纪前期中国政治、经济、社会大变迁之"活的"记录。

三 橘朴中国论的三个核心概念

橘朴的思想和著述活动，以九一八事变为界线明显地分为前后两个时期。如果说，前期是以中国为主要的考察对象，其著述涉及中国历史、社会、文化、思想的各个方面，并建立起了自己独特的阐释体系，那么，后期则主要是将思考的中心落实到了"满洲国建国"理念和有关东洋共同社会的理论建构方面。其中，既有从中国研究领域自然延伸到东洋社会的思考拓展且保持着前后的连续性，更有在思想观念和政治立场上的重大变化。简言之，这体现在其"民间"立场向与"国家"合作方向的转变，由此使他后期的思想学问明显地带上了或多或少的帝国主义殖民政策学的色彩。也因此，我们需要对橘朴做综合而前后有别的分析。

在此，我们首先考察其中国研究，它由以下三个核心概念构成其内在的阐释架构。

1. 通俗道教说

橘朴的中国道教研究始于 1916 年①，其成果大都发表于《京津日日新闻》等日文报刊，到 1925 年出版编著《道教》（支那风俗研究会丛书之一）而告一段落。他首先从底层社会调查和道教经典解读两个方面入手，对包括老子思想、神仙方术和民间俗信在内的各个方面进行综合的考察。为了和当时一般道教研究主要关注老子以下的经典道教相区别，他与日本民俗学者中野江汉一起提出"通俗道教"的概念，由此构成其中国研究的基础。自 20 世纪初以来，外国汉学家和中国本土的研究者已经开始注意到道教在中国社会和文化传统中的重要地位，相关的论述也陆续出现。然而橘朴的道教研究，正如他自己将其定义为"通俗道教"那样，尤其关注渗

---

① 中野江汉回忆：将道教命名为"通俗道教"，"最初是我和朴庵（即橘朴——引者注）的合作。大正五年在北京，我们两人携手钻研道教研究之际，曾一起商量应该给道教系统的民间信仰起一个什么名称，结果我们想到了可以在道教之前冠以'通俗'二字，而公布于世。当时，还没有专门研究通俗性道教的人"。（《朴庵与我》，收山本秀夫编《复活的橘朴》，东京：龙溪书舍，1981。）

透到社会底层的民间道教，并将其提升到一般宗教信仰的层面加以分析，其实地观察和人类学、社会学相结合的研究方式，为我们了解儒教以外的中国人生活思想信仰提供了重要的线索，也构成了橘朴中国研究的一个特色。

第一，橘朴从中国文明起源与演变的大视野出发，提出儒教非宗教而道教才是中国之民族宗教的看法。他认为，2000 年以前的"原始儒教"的确是以"上帝"为本尊的真正宗教，但是随着后来统一的政治组织的出现，统治与被统治的关系扩展到全社会，导致单一朴素的民族宗教亦投上了阶级的阴影而发生分裂。结果，其一部分为统治阶级所掌握而成为儒教的源流，一部分则是保留在被统治阶级一边的朴素民族教而逐渐演化为道教。原始儒教到了周末已然失去其宗教性而成为国教，即统治阶级支配被统治阶级的政治工具和道德范型。因此，儒教并非宗教而道教才是渗透到全体中国人社会并左右其思想行为的宗教信仰。① 他在《中国民族的政治思想》一文中进而明确表示："中国古来思想上有两大传统。一个是儒教，另一个则是道教……。简言之，儒教乃是基于治者的利益而建立起来的教义，道教则与之相反代表着被统治者的思想及感情。因此，如果要问两大教义哪一方更能代表中国民族整体的思想与感情，则当然是道教。"②

第二，橘朴视道教为中国人真正的宗教信仰，虽然承认其中有迷信的成分并有所批评，但总体上表示出极大的同情和肯定。他注意到西方传教士在中国传播基督教曾受到道教的阻碍，便以西方标准断定中国人是非宗教的民族、道教是非宗教的迷信。橘朴认为，这完全是一种偏见。"道教包含着很多迷信的分子虽为不争的事实，但其教义的本源来自中国民族必然发生的特别属性，正所谓民族性的宗教。它虽然无法与基督教和佛教相比肩而成为人类普遍适用的，但我们有充分的理由承认它是一个卓越宏伟的宗教。"③ 如果不是刻意要求其教义的严谨、唯一神的存在和严格的教会组织形式，而是将宗教宽泛地定义为人们于有限的世间追求对无限神力的摄取从而获得永生快乐的必然要求，那么，以现世善达到长生幸福为目标的道教，无疑是一种宗教。

不过橘朴也承认，道教虽然在将道德实践和幸福追求置于同一层面这

① 参见《橘朴著作集》第 2 卷，第 9~11 页。
② 《橘朴著作集》第 1 卷，第 31 页。
③ 《橘朴著作集》第 1 卷，第 9 页。

一点上，与佛教和基督教相似，但它最大的缺欠是没有释迦牟尼和耶稣基督那样理想的人格神作为信奉者的道德模范。无论是老子、吕祖，还是张道陵、王重阳等，他们虽有超自然的风骨而受到高扬，但其人性即道德价值却完全没有得到阐发。结果，道教的信徒多趋于功利的追求，为作恶入地狱的恐怖心和因果报应的道德律所禁锢，生出许多低级恶俗的成分。换言之，道教信仰缺乏伟大的人格神之净化力量，过分的现世性"好善妒恶"导致黯黑的宿命论。自春秋战国以来，这几乎没有变化的宿命论依然压迫着中国民族的思想生活。[①]

第三，橘朴清晰地将"理论道教"与"通俗道教"划分开来，并将思考的重心落实到后者上。他视《太上感应篇》《阴骘文》等为通俗道教的经典，努力通过注释解读以抽出其教义及永生观。他强调道教所反映的中国人之宿命观和迷信思想源自传统政治和社会组织造成的精神与物质压迫，因此必须通过彻底的社会政治改革，才能最终消除道教中的迷信宿命思想。这反映了橘朴观察社会历史和宗教信仰的历史唯物主义态度，并成为他后来关注中国政治改革的重要原因。

2. 官僚阶级统治论

自早年开始，橘朴便通过阅读《官场现形记》《水浒传》等小说和《清国行政法》（日本临时台湾旧惯调查会报告，1913）等公文资料，同时借鉴马克思主义阶级斗争史观等，得出以下认识：中国的官僚作为一个稳固的阶级或统治集团自宋以来逐渐形成，它与欧洲近代国家的官僚组织截然不同，也和西欧及日本的封建贵族、领主阶级有别，是中国社会的特殊现象。官僚阶级是以作为"父老""乡绅"的退职官僚和现役官僚的上下结合而存在的，他们构成对农民阶级的经济剥削和政治压迫，这种对农村实行广泛榨取的社会结构，成为官僚社会得以长期存在的基础。橘朴认为，官僚社会由于"支那的官僚群身处国家及民族所构成的整体社会之中并成为该社会的一个组成部分，同时又构成一个社会阶级并作为统治阶级而居于国家及民族的最高位置。一般的官僚制仅包括文武官员及其同等人员，而作为社会阶级的官僚群则不仅包括文武官员及同等人员，甚至还包括其家族和宗亲。终极意义上的官僚社会正是支那所特有的现象，它是支

---

① 参见《橘朴著作集》第 1 卷，第 130 页。

那政治及社会组织区别于其他所有国家及民族的根本原因之一"①。

那么，中国特有的官僚阶级是如何产生的呢？橘朴从中国历史变迁中发现了如下两个主要原因：第一是宋代初期统治阶级权力出现空缺。为了添补这个空缺，宋朝开始积极采用贵族时代所制定的科举即官员录用考试制度。因此，以往只是作为补充手段的该制度，自宋以后便成了原则上录用官吏的唯一源泉。当然，仅依靠科举而被任命的官僚群体还不足以构成一个阶级，因为官僚身份在法律上还未被确定为世袭制。但是，在固有的家族主义传统浓重的中国，官僚的法律上的世袭身份虽然没有被认可，但作为一个社会身份却容易得到广泛的承认。而随着社会承认的逐渐深化，一个官僚阶级便诞生了。因此可以说，官僚阶级的统治成为宋代以来千年间中国政治经济及社会构成的基本特征。第二是社会财富通过政治上的榨取而倾向于汇聚到官僚群的手中。而财富聚集于官僚门下这一事实导致社会上对官僚的崇拜倾向，这进而促成了人们对这种身份的社会性世袭的承认。②

在上述认识基础上，橘朴又形成了其独特的中国革命论。他认为 2000多年来中国历史上曾经出现过"四期乱世"和三次大规模的革命，它们在社会性质上又对应着三种社会形态，即殷代至战国末期的古代社会、秦代至五代的封建社会和宋代以后的半封建商业资本社会。而最后一个社会形态便是"官僚阶级统治"的社会，它延续到 20 世纪而成为中国现代革命的主要对象。橘朴的上述中国社会分析不同于中共党纲中的"半封建"论，也异于马克思主义"亚细亚生产方式"说，他强调现代中国革命的任务必然是针对官僚阶级和军阀势力的革命，在将其打倒的同时还必须解决社会底层广大被压迫者和长期处于饥馑状态的农民问题，即实施土地改革。

3. 乡村自治体论

在分析官僚阶级统治的形成时，橘朴发现这个疯狂榨取的官僚阶级的存在，也自然孕育出与之相对抗的"乡村自治共同体"，这是中国社会的另一个特有现象。他注意到中国"官僚政治和民众生活相乖离的支那特有的政治现象"③，而这种乖离导致基层乡村社会自治组织和自卫能力的发

---

① 橘朴：《"官僚"的社会意义》，载 1924 年 12 月《月刊支那研究》第 1 卷第 1 号。
② 《橘朴著作集》第 1 卷，第 229~230 页。
③ 橘朴：《支那思想研究》，东京：日本评论社，1936，第 97 页。

达。他认为，中国自 10 世纪以来官僚代替庄园贵族而成为侍奉朝廷的统治阶级，而庄园制的崩溃导致社会的混乱，农民为了团结自卫而加强了以家庭和亲族为主体的宗族联合，以此为基本单位形成乡村自治共同体。另一方面，城市工商业者之间建立起行业上的自治组织，即所谓同业公会。官僚统治机构的实际控制充其量只辐射到知县衙门一级，县以下的行政管理实际上是掌握在底层人民手中的。人民在抵御官僚阶级榨取、土豪劣绅侵害和自然灾害过程中形成了各种"团结自卫"的自治组织。

如果说，以官僚阶级为代表的中国上层社会信奉的是儒教思想，那么，以乡绅和广大农民为主体的下层社会——乡村自治共同体，则通行的是道教信仰和祖先崇拜式的孝道。这样的自治共同体有经济生活上相互扶助的性格，而道教信仰则构成其功利主义道德准则。中国乡村自治共同体由以下三个由小及大的单位构成：一是最基本的家族单位，其中又因家族血缘的扩展而包括了宗族；二是多个家族集合形成的自然部落；三是多个自然部落的联合又形成村落与村落的联合，从而构成纯粹的乡村自治共同体。自治乃是远离国家统治而于下层民众中自然生成的社会组织形态。橘朴认为，"从消极的方面讲，所谓自治是人民依据自己的集体力量谋求生活的保障，从积极的角度讲，则是求福祉的增进"。以此来衡量，他强调传统中国拥有旺盛的自然生长的自治能力，这一点与欧洲人也善于自治有共同的地方。而"唯独日本人在这方面相当幼稚。正如日本的市町街村自治那样，乃是官僚统治的辅助机关，与人民自发组织的完全不同"①。

作为 20 世纪前期日本重要的中国问题专家，橘朴的中国研究远远不止于上述所列举的方面。但是仅从这些成就来看，也不得不承认其观察视角的阔大和结构分析的深广。他由上述三个核心概念支撑起来的有关中国的阐释架构，涉及底层广大民众的思想信仰、上层社会的阶级关系和乡村社会的自治组织形态，是一个贯通社会历史的多个层面又与现实密切关联的系统，而具有动态和开放的叙述功能。这个阐释架构不是指向某个完结的预设结构，而是在底层和上层、历史与现实之间往复运动并相互阐发的方法，由此橘朴得以给出一个有关"中国"的总体描述，乃至预测未来发展的历史脉络。这在近代日本有关"中国"的知识生产中，具有特殊的认识

---

① 《橘朴著作集》第 2 卷，第 61~62 页。

价值。

比如，通俗道教说不仅颠覆了明治维新以来日本人称"中国是闭关自守的传统儒教国家"的成见，而且与"五四"前后中国知识分子多关注道教问题形成了交叉互动。1921 年 1 月 7 日橘朴走访鲁迅、周作人时，谈话的核心便是道教信仰问题。他不但与始终认为"中国根柢全在道教"[①] 的鲁迅形成了对话，而且和强调中国"绝大多数的平民百姓几乎完全被道教的势力所征服"[②] 的周作人也有观点相同之处。所不同者在于周氏兄弟对道教多持批判的态度，而橘朴作为外国的中国研究者则多表示出同情和理解。同样，乡村自治体论在主权国家的思考架构之外，发现了中国社会固有的传统自治能力的发达，从而打破了"中国人没有治理现代国家的能力"这一某些日本学者的偏见。可以说，橘朴有关中国通俗道教和乡村自治体的论述，在明治维新以来日本"支那学"的知识生产之外，建立起另一种观察视角，从而显示了自己中国认识的存在价值。其意义不可小觑。同时，这又为他后来构筑"东洋共同社会"的理念提供了基础。

而与乡村自治共同体论相关联的官僚阶级统治论，在 20 世纪 20 年代之后有关"中国社会性质"讨论的思想学术脉络中则更有特殊的意义。如旗田巍《中国村落与共同体理论》指出："昭和初年，亚细亚生产方式和东方专制主义等概念因与中国革命的关联而成为问题，村落共同体也具有了新的意义而被提起。在此，村落共同体被视为东方专制主义或亚细亚之停滞的基础。当时，'治水理论'颇为流行。"[③] 我们知道，美国中国学家威特福格尔在继承马克思和韦伯的理论基础上，曾以"治水社会"的理论提出"东方专制主义"概念。他认为，由于大规模农业灌溉的需要而产生中国（东方）式的官僚统治，这个官僚制本质上是中央集权的，它与西方"分权的封建社会"不同而最终导致了"东方的停滞"。这个"治水理论"在 20 世纪 20 年代也受到日本社会科学特别是马克思主义学者的关注，并用来研究中国乃至东洋共同体社会及其停滞的原因。而橘朴的官僚阶级统治论和乡村自治共同体说与威特福格尔的逻辑思考理路不同，他不同意"亚细亚生产方式"和"东洋专制主义"的说法，而从阶级分析和财富占

---

① 1918 年 8 月 22 日致许寿裳信，收《鲁迅全集》第 11 卷，人民文学出版社，1981，第 353 页。

② 周作人：《乡村的道教思想》，收《谈虎集》，河北教育出版社，2002。

③ 旗田巍：《中国村落与共同体理论》第 3 章，东京：岩波书店，1973。

有形式的角度观察官僚作为一个阶级统治的形成。他批判官僚统治的绝对压迫和榨取，但同时也注意到这种统治导致了与之对抗的乡村自治共同体的形成，并给予积极的评价。也因此，他的中国官僚阶级统治论其逻辑论证并没有最终归结到"中国的停滞"，而是在与官僚统治阶级的斗争和土地改革方面看到中国革命的必然性及其前景。这是橘朴中国研究又一个有别于当时日本社会内部占主流地位之中国论的地方。

而从1936年汇集出版的《支那思想研究》和《支那社会研究》两书观之，我们还可以看到橘朴注意从社会经济和民族运动的角度观察中国的方法论特征，由此他得以打破传统日本"支那学"只注意王朝兴衰史、儒释观念论的方法论局限。可以说，橘朴在那个时代按照自己的方法论路径达到了与后来日本马克思主义史学研究者相近的结论和境地。1945年临终前，橘朴准确地预言："中共军队必将从热河、辽西、山东方面进击满洲。然后以满洲为根基实现军事实力的扩充，最终将南下入关控制中国全土。"[①] 他那敏锐的观察能力正源自一生认识中国的深厚积蓄。而一段时间里，鲁迅曾给予橘朴以高度评价，称他"比我们中国人还了解中国"[②]，也印证了其中国研究的卓越不凡。

四　橘朴的"方向转换"与其对东洋之知识建构的殖民学色彩

我在这里虽然充分肯定了橘朴前期的中国研究之卓越不凡，但同时也要注意到随着九一八事变爆发后他的"方向转换"，即从"在野的"民间人士转向投身日本"国家"，由此在思想理论上所带来的问题。必须指出，这种投向"国家"的身份转变使他后来在中国研究基础上进而提出的有关东亚社会的知识构想，如"满洲国王道自治"论和"东洋共同社会"论，虽然有对日本帝国"大陆政策"的批判成分，但总体上是沿着"国策"路线对其殖民扩张行径做出的理论论证。因此，橘朴在王道自治论中尽管主张"新国家"内部各民族的协和平等和超越资本主义体制的农民自治，但没有忘记不断强调日本民族的指导者地位；同样，在大东亚战争爆发后提

---

① 山本秀夫：《橘朴》，东京：中央公论社，1977，第374页。
② 增田涉：《鲁迅的印象》，东京：角川书店，1970，第39页。

出的东洋共同社会论中，尽管阐明了印度、中国文明的伟大以及日本与之平等联合的必要，但他坚持拥有优秀的"国体奉公"思想和尚武精神的日本人，在融和东洋各文明并构筑崭新的区域共同社会中必将发挥先锋指导的作用。也因此，他那具有反资本主义社会和西方霸道逻辑的东洋共同社会论，不能不内含着一种文明论等级化的结构性矛盾。

我们先来看橘朴自己对其"方向转换"的解释。九一八事变之后，他立即通过友人的斡旋主动拜见日本关东军参谋板垣征四郎和石原莞尔，表明合作参与"满洲国"建国的意向。三年后发表《满洲事变与我的方向转换》一文，在承认自己走向"右倾"的同时，强调这也是思想上的一个进步：

> 东拓楼上的感慨给了自己一个反省此前脆弱之立场（自由主义——引者注）的机会。全面回顾这种反省，当然不是本文的目的。简言之，反省的结果使我告别了自由主义和资本家民主主义，而产生了提出新的勤劳者民主主义——为了满洲建国尤其需要的农民民主主义的理念并加以培养和鼓吹的深厚兴趣。就是说，我的思考基调虽与将校团现在的指导精神不同，但作为某种程度的同行者，我对这一新势力抱以深深的期待。

我们且不论橘朴与关东军青年将校之间有怎样的"指导精神"上的不同。"满洲事变"本身是一个帝国主义依靠武力而遂行的殖民行径，其后的所谓"王道乐土"之独立国家建设方案更是帝国日本确保其"生命线"以称霸世界的一个骗局，这一更为根本的事实何以被忽略了，才是问题的关键所在。1933 年 2 月，国际联盟以 42 票反对 1 票（日本）赞成的绝对多数通过"反对满洲国决议"案，已经表明当时没有一个国家认可这种帝国主义行径。即使在日本国内亦有人对"事变"提出尖锐质疑，如吉野作造认为关东军的行为已然超出"自卫"的范围而成了"侵略行动"；又如石桥湛山则同情中国民众的反帝爱国情绪，质问关东军青年将校所谓建设理想国家的幻想："据说目前在满洲的军部有一些新人往往恣意空想，为了把满蒙打造成一个理想国家而一本正经地奔走。我不知道这理想国家是什么，难道在日本国内亦难以实现的理想可以到支那人的居住地满蒙去求得吗？"实质上，"有这种不着边际想法的日本人之所以能在满洲得势，就在于日本人缺乏对满蒙乃至中国的正确认识。满蒙乃至支那终竟是支那人的居住地，如果明白了这一点就决不会产生那种空想"①。而橘朴却积极主动地把自己的理想投到这个建立在帝国武力掠夺基础上的"满洲新国家"的建设事业中！这就决定了他此后的理论思考不能不带上"国家"和殖民地学的色彩。我们对他基于"勤劳者民主主义"的"满洲国"王道自治论和稍后围绕"大东亚建设"而提出的东洋共同社会论，也就必须首先从这样的政治角度来理解。

1. 王道自治论

1931 年 11 月，橘朴在关东军"自治指导部"所做讲演《作为王道之实践的自治》，反映其王道自治论主张的基本内容。这个王道自治，很明显是橘朴在一直以来所关注的中国乡村自治的思考之上，加入具有"东洋"思想色彩的"王道"说和反资本主义国家之民本倾向的"自治"论，扩展开来而形成的"新国家"建设理论。他援引《礼记》，说明实行王道的社会也即"大同世界"，而构成这大同世界的主要条件有三：一是保障所有人民的生活，二是创造财富而避免其私有化，三是劳动力为社会所用。他认为《孟子》中有实现王道社会的方法论，归结起来便是一种惠民的经济政策。如《孟子》曰"五亩之宅，树之以桑，五十者可以衣帛矣；鸡猪狗彘之畜，无失其时，七十者可以食肉矣；百亩之田，勿夺其时，八口之家，可以无饥矣……老者衣帛食肉，黎民不饥不寒，然而不王者，未有之也"。这在橘朴看来，就是"王者要彻底保障人民的生活"。而王道社会的实现途径则在于人民的"自治"，它最终将经过三个阶段，即从农民自治走向小康国家最后汇集而成为大同社会。

在此，橘朴讨论的是"满洲国"建国的理念，但同时常常使用"王道社会"的说法，似乎在"国家"和"社会"之间有所摇摆，或者有意识地用"社会"掩盖"国家"的意图。这或许反映了橘朴的思想矛盾也说不定，但比之他先前的思想言论，其"国家"意识明显增强，则是显而易见的事实。"满洲事变"之后，日本人在中国东北占领地区直接面临着如何实施殖民地治理的问题。橘朴的王道自治论，实际上具有"政

---

① 1932 年所作《对支那的正确理解与政策》，见《石桥湛山全集》第 8 卷。

策论"的浓厚色彩。就是说，他的王道论从一开始便与日本国家的殖民主义"大陆政策"直接相关。他强调古来的"王道"说是一种经济政策，实际上反映出其重点不在主权的自治。这与他后来讲东洋共同社会时不断强调日本民族的指导地位一样，在认可殖民地经营和日本建构"大东亚"的帝国意志之下，橘朴不可能提出真正意义上的抵抗和解构"国家"并超越资本主义体系的人民自治理论。因此，他的"王道自治"提案也只能最后归结为："王道乃王者保障人民的生活；自治乃人民依靠自身集体的力量保障其生活。正如孟子的王道以经济政策为主体那样，我等的自治也须以经济设施为主。这种社会及行政部门只有在实现其经济政策的情况才有意义和价值。"①

橘朴的王道自治论的确有某些反国家的社会主义或农本主义倾向。然而更重要的是，他虽然不赞成腊山政道那种只承认日本人为"新国家"的创立者以及公然主张的"独裁统治论"②，但他并没有忘记坚持日本人即殖民地经营者或宗主国的指导地位。这在稍后所作《协和会与民族政策》（1939）一文中，有更为直接的表示：

　　指导民族未必需要一元统一的形态，但在东洋复兴运动及其组成部分的满洲建国工作过程中，事实上只有日本民族有资格占有其地位。这原本是一个艰巨的责任，但也有不少比较方便容易的地方。然而，说日本处于一元统一的指导者地位，并非意味着无视其他民族的特长。实际上，我们必须融合无间地努力发挥各民族的特长，由此构筑起越来越强大多彩的国家。③

我坚信，这样的以日本为指导民族的"王道自治"论，不可能建立起真正的各民族平等共生的新世界，它只能成为一个强者压迫和宰制弱者的霸道世界。因为，在这样的王道自治背后实质上隐含着诞生于 19 世纪的殖民主义"文明等级论"的逻辑结构。而自 1931 年以来日本帝国在东亚广大土地上的所作所为，也无情地证实了这一点。在此，我想援引现代中国两位伟大思想家和革命家的观点，从被压迫者的角度来反证橘朴"王道自

---

① 《橘朴著作集》第 2 卷，第 65 页。
② 参见《橘朴著作集》第 2 卷，第 78 页。
③ 《橘朴著作集》第 3 卷，东京：劲草书房，1966，第 184 页。

治"论的虚幻。

孙中山在讲到民族的自然形成和国家的武力建构之不同的时候，使用过王道与霸道这一对传统的概念。他说："中国说王道是顺乎自然，换一句话说，自然力便是王道。用王道造成的团体，便是民族。武力就是霸道，用武力造成的团体，便是国家。"孙中山强调以民族主义救中国而反对武力之霸道，当然是有感于近代以来帝国主义殖民历史的血腥。他历数香港、印度的被英国人所征服的历史，痛心疾首地指出："像英国这样大领土，没有一处不是用霸道造成的。自古及今，造成国家没有不用霸道的。至于造成民族便不相同，完全是由于自然，毫不能加以勉强。"[1]

而鲁迅在九一八事变之后曾读到日本通俗小说家中里介山的《给支那及支那国民的信》，对其中所言中国人只相信强者的王道，即"只要那侵略，有着安定国家之力，保护民生之实，那便是支那人民所渴望的王道"，表示大不以为然。鲁迅直截了当地回应说："在中国，其实是彻底的未曾有过王道"。历史上多有人讲王道，那是因为霸道横行，而王道其实根本没有出现过。"在中国的王道，看去虽然好像是和霸道对立的东西，其实却是兄弟，这之前和之后，一定要有霸道跑来的。人民之所讴歌，就为了希望霸道的减轻，或者不更加重的缘故。"[2] 我想，曾经接受过橘朴的访谈并赞叹其"比中国人还了解中国"的鲁迅，如果在有生之年再次与其会面，将对其"王道"论表示不能认同的吧。

2. 东洋共同社会

随着日本帝国进一步加快对东亚区域的殖民扩张并最终挑起太平洋战争，橘朴的"满洲国"王道自治论也有了新的展开和深化。在1941年所著《东洋社会的创造》中，他正式提出"东洋社会"的理念并加以概念的规定，又在1943年所作《东洋枢轴论》中，进而将此具体化为"东洋共同社会"。这个理念包括以下内涵。

（1）东洋社会的范围。"我们东洋人至少可以从图们江口向波斯湾划一条斜线，将其斜线以南的大陆及岛屿和在此经营着和平的农业社会生活的诸民族总括地称为东洋。而我的愿望就是解放这些民族而创造一个浑然

---

[1] 孙中山：《三民主义》，九州出版社，2011，第3~4页。
[2] 《鲁迅全集》第6卷，人民文学出版社，1981，第10页。

一体的东洋社会，并以平等的关系与西洋社会并肩前行，以从事和平光辉的世界社会之建设。"这是橘朴为"东洋社会"所划定的地理边界线，同时也是可以与"西洋社会"对应（乃至对抗）的文明或者地缘政治上的分界线。这个东洋社会的范围与日本帝国的"大东亚共荣圈"稍有不同，它将"东亚"概念换成更具传统内涵的"东洋"，并排除前者所包括的澳大利亚而将印度纳入其中。很明显，橘朴的"东洋社会"论当初主要还是一个文明论上的区域概念。

（2）东洋社会的民族构成。这个东洋社会由三大主要民族构成金字塔式的等级结构："在物质文明不断扩散的今天，过去宿命般地阻隔着东洋各民族的地理障碍得到了排除，因此任其自然发展也会实现其经济文化上的交往而自然形成与西洋一样的统一之东洋社会。然而，这既需要时间又无法达成从西洋压迫下获得解放的主要目的。"因此，"我们还是需要确立一定的目标并付诸实践。在这种情况下，最具有效率的方法是承认某个特定民族处于核心的指导地位，从而引领其他民族。幸运的是在我们东洋存在着质与量和发展阶段上不同的三个杰出的民族"，即印度、中国和日本。地处亚洲湿润地带的印度、中国和日本以往相互隔绝而独立发展至今，但其中唯以"日本为特别显著的例外，它继承并彻底消化了中国的儒教和印度的佛教，而得以成为创造东洋社会的先驱"①。日本文化的精髓就在于其国体思想和奉公尚武的精神。

（3）从"东洋社会"到"东洋共同社会"。1943 年所作《东洋枢轴论》则进一步将"东洋社会"定义为有别于"西洋利益社会"的"东洋共同社会"。橘朴解释说："西洋自罗马以来一直维持着单一的社会乃至文化，而东洋因地形、交流和经济生活上地域自足性的关系，至今依然未能克服其分裂的状态。尽管如此，冈仓天心称亚洲是整个的，我亦有意识地强调东亚是一体的。根据何在呢？如果说天心看到的是文化的共通，那么我则同时承认其精神和物质生活中都有显著的类似。……总之，东洋各民族基于上述精神及物质生活形态的共通性，以及与迥然有别的西洋社会之对抗上的需要，在不远的将来必须创造一个一元的东洋社会。在此，我将东洋社会的特色解释为'共同体'，以此与利益社会的西洋区别开来。"同时，橘朴再次强调中国和印度均缺乏对他民族文化的理解和融合能力，唯

---

① 以上见《橘朴著作集》第 3 卷，第 10~25 页。

有日本"才是东洋文化的综合者"。①

（4）虽然当初橘朴对"东洋共同社会"的解释似乎没有强调其与"西洋社会"的对抗性，而是用了"与西洋社会并肩前行，以从事和平光辉的世界社会之建设"这样的表述，但如上面所引有关西洋"利益社会"一段反映的那样，实质上橘朴是在与西洋社会对抗的关系结构之下构筑起"东洋共同社会"概念的，并越到后来越显现出文明与文明相对抗的含义。例如，在1940年召开的一个议题为"国民性的改造"座谈会上，橘朴解释构建"东洋共同社会"的主体将是超越了"个人自我意识"的公共自我意识，这是与近代西方资本主义制度下发展起来的个人意识不同的东洋自我意识，"它在群体中形成，并成为共同体的主体"②。实际上，早在大战爆发之前谈到"日本的改造"时，橘朴就有了这样一个构建东洋共同社会的蓝图，即经过日本的改造，逐渐实现泛亚洲国家的联合，最后建设世界国家。而在其中经过改造的日本将成为其发展的原动力。③

在此，我们发现橘朴后期思想的一个特征，即在思考未来社会图景的时候，他总是试图建构一个循环结构。王道自治论的从农民自治到小康社会再到大同世界是如此，东洋共同社会的从日本到泛亚洲国家再到世界国家的构想也是如此，都是一个三段论式逐渐走向完成的结构。这与他前期认识中国的那个流动、开放的阐释架构不同，是一个封闭的结构体系。这样的阐释架构，很难获得真正有益的知识生产。而他的王道自治论和东洋共同社会的图景最终与日本帝国的"大陆政策"乃至"大东亚共荣"战略基本重叠在一起，也就成为必然了。或者说，橘朴后期的思想言说归根结底依然是一个对帝国区域主义霸权行径的理论论证，他的目的是要赋予大东亚战争一个更为明确的"建设"目标④。

因此，我们不能同情于橘朴20世纪30年代以后的"方向转换"。他虽然并不完全赞同日本帝国的殖民主义，对所谓"大陆政策"也确有批判，甚至强调要在亚洲各民族之间建立起基于"王道"理论的平等关系。但是，橘朴的理想是以容忍日本帝国于东亚事务上有其主导权、承认日本

---

① 以上见《橘朴著作集》第3卷，第26~48页。
② 参见《橘朴著作集》第3卷，第681~702页。
③ 参见《泛亚洲主义的新理论》，收《橘朴著作集》第2卷。
④ 参见1942年《日本评论》第2期所载「大东亚的建设」座谈会纪要。

的经济军事力量即帝国霸权为基础的。就是说，他虽有反国家和反资本主义制度的倾向，但没能真正超越"国家"的束缚，而是在后期积极投身"日本帝国"的过程中，其思想学问逐渐加重了殖民地政策学的色彩。这不能不说是一个遗憾的结果。如果与当时另一位日本的中国研究大家中江丑吉（1889~1942）做比较，这一点更为清楚。《橘朴著作集》编委之一的判泽弘曾指出：中江丑吉和橘朴都是在二战结束前后离开人世且大半辈子生活于大陆的日本在野的中国问题专家。他们真心热爱中国并以其文化为研究对象而取得了重大成就。但是，在政治方面两人的姿态有决定性的不同。橘朴身处日中之间不断发生冲突的时代，积极挺身而参与到其政治中去。与此相反，中江丑吉始终坚守自身，以冷静甚至是顽固的姿态一贯坚持其超政治的立场。他一面发出咒语："要在有生之年看到日本军部这家伙的倒掉和被踏翻的末路图景"，一面冷眼静观中日战争的走势，坚守着朴素的学者生活而拒绝参与一切与日本国家有关的工作。①

五　简短的结语

以上，我就橘朴一生有关"中国"和"东洋"的知识建构，做了综合的分析。我尤其注意到他前期的中国研究和后期的东洋论述之间的过渡与变化，这变化既意味着政治立场上从疏远到走近"国家"的"方向转换"，也包括思想学问方法上从开放的去中心化的阐释架构到转向以帝国为中心的封闭结构体系。我在充分肯定其中国研究的卓越不凡的同时，重点阐发了国家乃至帝国意识给他的知识建构带来的问题。目的是要进一步思考曾给本地区社会知识建构带来强烈影响的日本，其战前有关中国和东洋的知识生产在今天如何估价和再利用的问题。

众所周知，19 世纪以来的知识生产一个根本的动力在于民族国家乃至帝国主义政治的需要。尤其是来自帝国的对于"落后"国家和地区的知识阐释，总有一抹挥之不去的殖民地学色彩。这个知识体系的内部隐含着文明与野蛮二元对立的等级化结构，难以真正呈现对象的主体位置。在日本近代有关东亚社会的知识生产中，橘朴是一个特异的存在。他一直努力坚守独自的思考，其成就也远非一般"支那学者"或日本的"中国主义乃至

---

① 参见竹内好等编《近代日本与中国》下卷，东京：朝日新闻社，1974，第 86~89 页。

亚洲主义者"所能比肩的。但是，他仍然典型地反映了国家和帝国主义知识建构的特征。

我们至今还没有完全走出 20 世纪现代主权国家和帝国主义的时代，不过显而易见，21 世纪的社会知识建构将不再主要以国家和帝国主义为其主体和原动力。更多的人已开始在寻求一般生活者对世界和区域社会的理解。未来东亚区域社会的知识生产应该是在谋求和平共生的政治生态之建构的同时，确立起没有国家主宰和帝国霸权的知识体系。这种情况之下，我们在重估战前日本关于东亚的知识以为将来所用的时候，就需要首先批判和解构隐含其中的国家或帝国意志。换言之，只有在消除了"国家"权力对"知识"生产的严重污染，只有当日本战前的东亚知识去帝国化之后，才能成为我们今天有益的思想资源。这是我通过解读橘朴而获得的一个基本结论。

东亚尚未结束的战争

——堀田善卫之中国观

〔日〕竹内荣美子 著 曾 嵘 译*

摘要：如今的中日关系、日韩关系告诉我们，殖民统治和战争回忆是思考东亚共同性的必要因素。为此，叙述战争的立场和方式也随之变得至关重要。日本战后作家堀田善卫在长篇小说《时间》中，以南京大屠杀为题材，运用他者的视线记录了共有的历史。他立体看待战争的国际化视点为后人提供了很好的参考。在全球化时代，战争已不再属于某个国家的记忆，无法再用只面向国内的内向型思维去解读。Carol N. Gluck 所提倡的"全球记忆文化"值得日本深思。

关键词：战争记忆 殖民统治 堀田善卫 中国观 全球记忆文化

Abstract：Contemporary Japan-China and Japan-Korea relations reveal that any reflection on the commonality of East Asia requires reflection on colonization and war memories, which renders the perspective and methodology of narrating the war pivotal. The novel *Time* (jikan) written by Post-war Japanese writer Hotta Yoshie is based on the Nanjing Massacre and records a shared history from the perspective of the other. His all-rounded international perspective to describe the war sets a good example for us. In our globalized times, war is no longer the memory of a single country and cannot be deciphered with an introvert mentality that only faces one's own country. Carol Gluck's notion of "global memory culture" deserves careful consideration by people in Japan.

---

* 竹内荣美子，日本千叶工业大学教授。曾嵘，文学博士，现任深圳大学讲师。

Keywords：War Memory　Colonization　Hotta Yoshie　View on China，Global Memory Culture

　　我们在思考东亚的秩序和新的共同性时，不能只着眼于经济合作关系或文化交流之类的成就。殖民统治和战争回忆，是考量中日或日韩关系时最不能忘却的重要问题。而此刻谁在说，或站在什么样的立场说，是不容忽略的重点。

　　例如，几年前美国关于问题小说《拥子物语》① 中，也只是一味地把惨痛的体验作为一种受害的样式进行描述，而关于加害的情形却从不触及。有受害人就应该有加害人，可加害人到底去了哪儿？

　　不同于这种受害式的叙述，野间宏（1915～1991）和武田泰淳（1912～1976）等主导的日本战后文学，其特征是刻画了作为加害人的自我形象。其中，在堀田善卫（1918～1998）的小说中，可以看到受害和加害的多重性，它们镌刻了至今尚未停止的东亚战争的记忆，如《祖国丧失》（文艺春秋社，1950）、《齿轮》（《文学界》，1951 年 5 月）、《汉

---

① 《拥子物语》原书于 1986 年在美国出版，并于 2013 年 7 月 19 日以《竹林遥远：日本少女拥子的战争体验记》为题由日本 Heart 出版社印刷发行。作者是居住在美国的 Yoko Kawashima Watkins。她生于 1933 年。因父亲在满铁工作的关系，她青少年时代是在朝鲜北部的罗南度过的。读了日语译本后，可以感觉到这个家庭在罗南深受其益，对共产主义者的反感也非常强烈。主人公的确是特别勤奋的人，但没有触及殖民统治的视野。由于内容反共，因此在美国大概很受欢迎。1986 年，虽然苏联已经开始了改革，但仍旧处在冷战之下。关于这部作品所引起的争论，辛炯基的《重读回归物语》、米山丽莎的《日本殖民主义的历史记忆和美国》［见小森阳一、崔元植、朴裕河、金哲编著《东亚历史认识论争的超历史》（青弓社，2008）］中都有详细论述。

　　另外，与 Yoko Kawashima Watkins 仅一岁之差的藤森节子，1932 年出生于伪满洲的铁岭，她在《少女们的殖民地：来自关东州的记忆》（平凡社图书，2013）中，谈到自己很难用怀念的口吻去叙述孩提时令人怀念的记忆。她说："战败时还在国外的日本普通老百姓，据说大约有 330 万人。一提到回归者，不由得会想起满蒙开拓团的人们体验过的痛苦场面。但是，我想要在历史中记住其他的一面。那就是即便没有亲眼看见那些大书特书的东西，也不能否认是在压迫其他国家人们的构造上成立起来的一面"（第 12 页）。生活在伪满洲和朝鲜半岛的 Yoko Kawashima Watkins 和藤森节子的家族能有稳定的生活保障，绝对是因为住在殖民地的缘故。这两个人是同龄女性，都生长在殖民地，可为何 Yoko Kawashima Watkins 缺少殖民地的视角呢？例如，广为人知的藤原贞的回归小说《流逝的星星在闪烁》（日比谷出版社，1949）中也没有涉及殖民地的视角，也许在战败后奋力重建生产的 1949 年，很难养成这样的视角。可是，Yoko Kawashima Watkins 的经历是从朝鲜半岛归国后回到京都苦学并大学毕业，后来又在美军基地担任翻译，结婚后去美国，因此大概可以推测，她战后在美国的生活影响了她认识的形成。

奸》(《文学界》，1951 年 5 月)、《历史》(新潮社，1953)、《时间》
(新潮社，1955) 等。这些主要是 20 世纪 40 年代末 50 年代初写成的作
品。1957 年他应中国作家协会和中国对外文化交流协会邀请，与本健
吉、井上靖、多田裕计、十返肇、中野重治、本多秋五等第二届日本文
学代表团成员一起访问了中国，并把此经历编著成《在上海》(筑摩书
房，1959) 一书。这部由留美日裔女作家执笔的小说，根据她幼年回归祖
国时的记忆写成。小说讲述的故事是，战败前夕在朝鲜半岛被告知苏联军
队入侵后，她决定与母亲和姐姐一道回国，归途中惨遭朝鲜共产主义分子
的攻击，历尽艰辛回到祖国。作品中，朝鲜共产主义分子如何狠毒，而日
本主人公 (11 岁的少女) 又如何勤奋努力，描写对比鲜明。由于这部作品
涉及朝鲜人强奸的事情，且在美国又作为中学教材使用，因而受到了留美
韩国人的强烈批判。他们认为这部作品的根本问题在于，没有提及日本对
朝鲜半岛的殖民统治，没有表现出战争的本质。

　　作者有过历尽艰辛才最终回到祖国的体验。于她而言，这部作品可能
是真实的切身体会。但是，从另外的视角看，去除对殖民统治战争的叙
述，是不全面的。大多数的战争叙述，都在强调战争如何残酷、如何让人
们痛苦不堪、不要再发动战争等和平反战的观念。理应是如此。然而，即
便在日本战后出版的众多手记和记录①，也鲜有超越受害的一面。

　　如上所述，不论是小说还是随笔，中国都是形成 20 世纪 50 年代堀田
作品特征的重要因素。只可惜，正如堀田在与武田泰淳的对谈集《我再也
不谈中国》(朝日新闻，1973) 中所宣称的，他自 1972 年中日邦交正常化
后不再就中国做正式发言。以中国问题为分界点，在那之后，他把关注点
转向了日本的中世纪和欧洲，并开始探索鸭长明、藤原定家、戈雅、蒙泰
涅等人物。但在这之前，特别是 50 年代的前半期，他创作了诸多以上海为

---

① 例如，1949 年发表的《听呀！海神的声音》作为战后和平运动的精神源头，现在由岩波
　文库以《日本战殁学生的手记》为题重版发行。还出版过永井隆的《留下这个孩子》
　(大日本雄辩会讲谈社，1948)、《仿佛彼岸有你：全国未亡人之歌·手记》(中央公论
　社，1950)、植村环等编写的《与爱子一起坚忍前行》(主妇之友社，1952 年) 等众多描
　写战争痛苦体验的手记。这些在提倡反战和平方面有一定的效果，但并没有强调受害的
　观点，也没有涉及日本加害的方面。从尝尽涂炭之苦的经历来看，这也许并不能加以勉
　强。然而，武田泰淳的《审判》(《批评》，1947 年 4 月) 和野间宏的《脸上的红月亮》
　(《综合文化》，1947 年 8 月) 等，却很早就超越了受害的一面，并以加害作为作品的主
　题，这可以说是战后文学的特征。

舞台、可称为"上海小说"的作品。① 直至今天，这些小说提出的问题，仍能为如何思考中日矛盾或东亚矛盾提供有益的视角。堀田善卫的《思索印度》（岩波新书，1957）和《古巴纪行》（岩波新书，1966）广为人知。其最大的贡献是生动描写了在亚非作家会议上发挥重大作用的第三世界的崛起。然而，影响这一思想形成的，除了中国别无其他。近些年，他在战败前后的日记《堀田善卫上海日记》（红野谦介编，集英社，2008）出版发行，让我们听到了上海时期的堀田最内心的声音，这可谓一大收获。本篇论文试图以上述提及的"上海系列"小说为依据，具体讨论基于南京大屠杀为题材写成的《时间》（新潮社，1955），并分析堀田作品中受害和加害的多重性。在阐述堀田善卫的中国观的同时，也试图思索如何叙述东亚的战争记忆，以及全球化时代的战争叙述方式。

一 紫金山的印象——《时间》的写作契机

1945 年 3 月 10 日，东京遭受空袭两周后，堀田善卫来到了上海。据他回忆，踏足上海原本是为奔赴欧洲，然而却一直滞留，直至 1947 年 1 月回国，一共在上海待了一年零九个月。在此期间，他与在国际文化振兴协会上海资料室认识的武田泰淳一起，从名取洋之助处获得旅资，并于 1945 年 5 月去南京旅行，据说那时在城墙上看到的紫金山给他留下了难以磨灭的印象。堀田不断回想起夕阳映照下的紫金山：

> 1945 年的晚春，武田泰淳和我这两个战争末期仍待在上海的流浪汉，因为通货膨胀的缘故，变得极度贫穷，我就像个乞丐去海军武官府求他们给我午饭吃……
>
> 在南京，也就五六日，我们二人四处徘徊闲逛。某日，去看了南京的城墙。在城墙之上，细细眺望着一望无际的江南原野，脑海中在

---

① 关于堀田描写上海的小说，矢崎彰在论文《堀田善卫：从上海至占领下的日本》（《文学》，2003 年 9 月 10 日，岩波书店）中以《历史》为例，论述了国家和个人的关系，及堀田在战后一边以中国为题材、一边描写日本的文学起点。另外，黑田大河的论文《堀田善卫与上海：介于"祖国丧失"和"无国籍"之间》（《日本近代文学》第 81 卷，2009 年 11 月）以横光利一的《上海》为对照，特别讨论了堀田的小说《祖国丧失》和《齿轮》。

思索，到底是日本的谁有那样的妄想，想用军队来压抑这些生活在无垠广阔的土地上的中国人民呢？这事暂当别论。就在这时，我，看到了紫金山。

也许是因为夕阳的压迫，这低矮的山岩，看上去就像真的映染了紫金的颜色。我整个身体，被这种令人愕然失色的硬质的、想说是自然一样的、所谓观念的美击垮了，然后涌现出要把这种硬质的、矿物质的美写出来的念头。

也就在这时，横躺在身侧的武田泰淳噌地站起身，说"我要写明朝的衰落史"。9 年后，我写了《时间》……

时间是 1937 年 12 月，场所如果是南京，那自然就是那里，所谓日军发起的"南京大屠杀"也加进去了。不知是鸡在先还是蛋在前，若要把铭刻在心里 9 年也无法消去的、庄严无比的紫金的美描写出来，也许必须要用这无比残酷的现实来铺垫……①

堀田与武田泰淳一同游览南京之际，沉浸于紫金山抽象的矿物之美，9 年后他开始写作《时间》。虽然上述在南京紫金山的感慨与作品中对冥府的描写是共通的，但需要注意的是，堀田并不是为了追究发起南京大屠杀的日军而写的这部作品，也并不是因为后来正义的裁决而把南京大屠杀作为题材的。不如说，这是他被紫金山异样的美所魅惑而写成的作品。紫金山的美响荡在"流浪汉"堀田颠沛落魄的心里。这种美，在《时间》中反复被提起。

毋庸置疑，堀田认为日本应当就中日战争向亚洲诸国谢罪。另外，他也认为，中日战争无疑是侵略战争，日军的残暴不仁也不得否认。只是，战争的形态还体现了人的存在之复杂难测，它无法单纯用善恶正邪来区分。堀田的小说正揭示了人之存在的高深和微妙。首先需要确定的是，讨论《时间》时，如果仅把它当成控诉日军残酷不仁或把它看作描写残酷战

---

① 堀田善卫：《时间：我的小说》，收入朝日新闻社所编的《我的小说》（雪华社，1962）。此书把朝日新闻社学艺部连载的"我的小说"收录成一册，140 位作家各自讲述了自己最上心的小说。根据此书的解说，连载原本分成 143 回，但由于幸田文、庄野润三和中野重治的文章在出书时被禁而减少至 140 人。中野重治写的是《〈初春的风〉和〈五勺酒〉的方针：我的小说》（收录于全集第 22 卷），叙说自己以后将继续《初春的风》和《五勺酒》的写作方针。其发表在报纸上的题目为《年轻率直之时：我的小说》。

争的作品，是片面不当的。《时间》不是一篇单纯控诉的作品。[①]

这部小说采用日记体裁，记录了 1937 年 11 月 30 日至 1938 年 10 月 3 日（其中有 5 个月的空白）日军侵占南京前后的情况。[②] 日记的"作者"是曾经任职于国民党海军军部的文官，37 岁的陈英谛。他与身怀六甲的妻子莫愁、五岁的儿子英武一起生活。相较于逃亡汉口的其他高官，陈英谛留在南京，并担负着利用无线电汇报南京情况的任务。他哥哥吩咐英谛务必要看守住家产，之后就抛下他举家逃往汉口。原本以为可以指望的伯父，也叛变去南京伪政府任职并从事鸦片贸易。如此见风使舵、只顾从安全方面考虑其归属的伯父，陈英谛也无法依靠。

陈英谛经历过 10 年前，确切说是 1927 年 4 月 12 日（他在上海上学期间）蒋介石反目，杀戮共同革命的劳动者，镇压上海的学生暴动。那时他总算逃过了搜捕，后来的 6 年里，靠着各地华侨总会的帮助去了印度和欧洲，1932 年回国任职于海军军部。然而，根据从苏州逃难来的表妹杨孃的描述，他觉得这次的日军侵占要远甚于 10 年前的镇压。在被日军侵占的南京，众人为了保全自己不顾体面地四处钻营，而英谛却在这样的处境下安静地继续着那些留给他的任务。

二 《时间》的分析：四个观点

南京沦陷后，陈英谛的大宅子被日军霸占，而他也沦为男仆，服务日军上尉桐野。他的妻子已经被杀害。"我，只有我一个人"，他在日记中写道。"那大概是去年，一九三七年十二月十三日的下午。城门内外开始了集团总攻。之后，杀戮、强奸、抢掠持续了约三周之久。"日记空了 5 个月后，于 1938 年 5 月 10 日又重新开始记录。在空白之前的 12 月 11 日这样写着：

---

① 王之英、王小岐将《时间》翻译成中文，书名改译为《血染金陵》，由安徽文艺出版社 1989 年出版。金陵是南京的古称。这一题目让人想到南京大屠杀如何残酷。据清华大学王中忱教授称，在中国，这部作品是当作大众小说被接受的。堀田的作品被当作大众小说是始料未及的。在日本和在中国的接受，似乎有些不同。中文翻译是否已肯定描写残酷的一面，在没有详细考察之前无从得知，但《时间》为何变成了《血染金陵》？译文又是一种什么样的语调？以后还想继续讨论。另外，至于这中文翻译的存在，是清华大学的博士生曾嵘赐教于我的。

② 据堀田善卫和佐佐木基一的创作对谈集《日本·革命·人》（《新日本文学》，1955 年 6 月）披露的内幕消息，《时间》中日记的日期，似乎是堀田实际写作的日子。作品中的年份是 1937 年，而实际是在 1954 年的这些日子里写的。

上午 11 时，从不时路过的士兵群里听到，兴中门和通往下关车站的挹江门都敞开着。但那里是日军飞机肆意轰炸的目标，疯狂的屠杀，血流没踝。江里的渡船也被炸沉，溺死者不计其数。因此，士兵们才返回来了。已经死了好几百人。

好几百人死了。——但这是多么没意义的句子呀！数字也许会消失在观念中。但这事实得用黑色的眼光去看待。还有，得去思考，把这么多人的死亡视为不可避免的必要手段来实施，其目的何在，条件是什么。死去的，即将死去的，不是数万人，而是一个个的人。一个个的死，上升为数万人的死。数万人与一个个的人。这两种数字的统计方式，存在战争与和平的差异，存在新闻报道和文学的差异。（第 55 页。本文中《时间》的引文取自新潮社 1955 年发行的《时间》单行本，只随文标出页码数。）

随心所欲地"屠杀"，对人大概就像对待动物。"屠"这个字，意味着把身体一块块分割切杀。而没入脚踝的鲜血，显而易见暗示了日军的残暴。

只是，与此不同的是，在这里，我们可以看到堀田并不拘泥于数字，而是尊重一个个的人。他说几万和一个个人的数字的区别，即"新闻报道"与"文学"的区别。这种区别，并不是指客观地报道数据，而是提出了要如何富含感情地去看待人的"个体"。"文学"重视"个体"。孙歌在《中日战争：感情与记忆的构图》中，围绕南京大屠杀的数字，论述了"客观真实性"和"活着的人的感情"的区别。[①] "活着的人的感情"即"感情的记忆"，相当于这里所说的"文学"。因而，在《时间》中，最重要的一点，就是对无法用数字表述的一个个的人的尊重，这些人是无法替代的存在。

另外，桐野上尉不是一名职业军人，而被设定成了一名原为大学教授的知识分子。他把擅长外语并有西方留学经历的海军军部文官陈英谛看成与自己一样的知识分子，并以"像你这样的知识分子甘于杂役实在是浪

---

① 收录于孙歌的《亚洲论述之两难》（岩波书店，2002）。此论文论述了"感情记忆丧失"的负面效应，即"感情记忆的丧失，使得历史失掉了紧张和复杂，变成了可以由统计学替代的死知识；而恰恰是这种死知识，最容易为先行政治和意识形态所利用"。同时，又谈到"单纯的民族感情并不能够面对复杂的国际政治关系，也不能有效地进入活着的历史"，分析了单纯的民族感情的不足之处。这里所说的"感情记忆"，毋庸置疑，不论在讨论历史还是文学的时候都是非常重要的因素。

费。不如同日军合作发挥你的能力吧"这样的话语来诱惑他。当然，对于这样的邀请，陈英谛不可能答应。他说"我爱我的妻子，只想这么安静地过"。对于已经失去了最爱之人的他，名誉与保全性命已经无关紧要，当然也无心像伯父那样与敌为伍。陈英谛反反复复地回想被杀害的妻子。这种伤痛如此之深，无可治愈。但是，另一方面，他在成为桐野上尉的男仆之前，曾经把尚有一脉气息的中国人投入河沟埋葬。把活着的人当成尸体处理、间接杀人的他，在日记中，把这件事与他妻子的事情一起，不断提起。"我把还在活着的人扔进去了。那时候的死者，在我的怀里，尚没有死去。还是活着的。"（第79页）

深具智慧的陈英谛，由于妻子被杀而成了受害人。但同时，他也是杀害同胞的加害人。需要注意的是，陈英谛能自觉意识到自己作为受害人和加害人的双重性。当然，日本"长达三周的烧杀抢掠"所导致的南京的不幸、陈家的凄惨是这部作品的主流，正因如此，日军绝对是加害方，陈英谛无疑属于受害者。然而，堀田善卫捕捉到的战争构图更加细化了。在被侵略的受害人中，也有像兄长和伯父这般狡猾之人，作家甚至还描写了陈英谛自己的罪孽。因此，《时间》中其次重要的，是这种受害和加害的双重性。

第三点有关小说的题目——"时间"的含义。失去了妻子的陈英谛，想去无人的、无机的世界。他在日记中如是说：

当我发现自己竟然厌恶看到地上有花草树木时，有些惊呆了。如果是这样，那怎样的自然景象才是自己所希望的，才符合自己的心境呢？没有任何花草和树木，只有岩石和金属这种荒凉、高硬质的自然，这是我所期望的。因为时间，所有的东西、一切都斗转星移，现在的我已无力承受。但实际上，所有的一切都因时间转变，如果现在的形势和境遇不发生逆转，最为麻烦的应该是我自己……

人类的时间、历史的时间浓度增强，流速加快，当其他国家的异质的时间闯入并与之冲突时，刹那间就强行使我们与所爱的人永诀……

我也不知何时，会被时间卷走，会被时间击中而再度死亡。如果真有神的慈悲，不论天堂还是地狱，只愿我的冥府，是一个大理石色的岩石，处处熠熠闪耀着紫金矿石光芒的地方。想要这样一个暗光中

的大理石世界。(第 88 页)

在其他地方，也有类似的描述。例如，"莫愁现如今，携着孩子走在岩石和金属的冥府中"（第 108 页）；"我想去，想去往只有岩石和金属的世界"（第 108 页）；"彷徨在只有岩石和金属、没有时间（略）的世界和六月生机勃勃的山川密林的世界，这种非人类世界和人类世界的境界线上"（第 112 页）；认为现在妻子带着孩子徘徊在岩石和金属的冥界的英谛，也希冀去妻子的身边。这里冥界的景象，与作为观念的美景打动了堀田的紫金山的模样重合。"时间"是"人类的时间""历史的时间"，与只有岩石和金属、没有生命的紫金山是相对应的。在小说《时间》之前，堀田善卫写了题为《历史》的长篇。无论是"时间"还是"历史"，都意味着充满戏剧味的人类的营生。而这里的陈英谛希望去没有"时间"的冥界。

另一方面，他觉得自己无法承受"时间"去改造所有的一切。但同时又说，要改变绝望的现在，却需要通过"时间"去改造。在他看来，导致不幸的是"时间"，而能让现在的不幸发生转变的也是"时间"。由时间来治愈，又因时间而受折磨。所谓"时间"，与涵盖了善恶的人类生活联系在一起。"时间"包含了双重意思，其两重性是值得注意的第三点。回头再看，陈英谛是一种双重的存在，他背负着加害者和受害者的身份，沦为桐野上尉的男仆、为之服务的同时，也在进行抵抗。在没有时间的"非人类世界"和生命盎然的"人的世界"之间徘徊的他，无法安住在任何一方。作为分裂的存在，他心中彷徨不已。

这样看来，陈英谛也许会被想象成一个怀念妻子的温情男人。然而，并不完全如此。他的确深爱着妻子，但同时也是一个纯情质朴、内心坚强的人。这深刻关系到他所从事的间谍活动。

最后强调的第四点是，这部作品中出现了好几个从事间谍活动的人物。画家"K"是国民党的间谍，陈英谛怀疑他同时内通日军，是双重间谍。"K"是十年前上海暴乱时一起从黑暗小巷中逃出的同伴。此外，磨刀的行脚商（那个称为"刀具商"的男人）是共产党的间谍。而最重要的是，陈英谛，他自身也盗取桐野上尉的情报，从事间谍活动。马群小学的国旗杆上，挂着日本的太阳旗，但旗杆上的无线电装置与地下室的发报机是连接在一起的。通过高挂太阳旗的旗杆往汉口发送情报，本身就是背叛的表现。但是，这种背叛是为了正义的背叛。另外，即便是勾结日军的伯父，每逢碰上什么事都来观察陈英谛，而在伯父身边的那位穿着灰色衣服、酷似莫愁的女人，也经常出入日本军队，她操纵"K"的存在。小说《时间》中有许多这样的间谍登场。①

陈英谛询问"K"是否双重间谍的时候，说自己并不是在谈爱国心，并说："我不信任何主义。主义和方针这种东西总归是行动的道具，不足以相信。（略）像我们这种从事间谍工作的人，大家都是犹大"（第183~184页）。他意识到自己是犹大，并且认为"像我这种不管经历什么都无法赤裸裸的男人，是虚伪的人，是人的叛变者吧"（第215页）。他自觉到自己是叛变者，生活在不可能有纯粹正义的灰色世界里。

前面从对无法还原于数字的"个"的尊重、加害与受害的二重性、"时间"的双重意义以及作为犹大的间谍活动这四个方面，分析了《时间》。从这四点可以看出，陈英谛并不像许多物语中描写的充满正义感的高尚勇士或英雄。他曾有过在上海暴乱中被镇压的体验，深受虚无主义的折磨，是一个不相信一切的嘲讽家。当然，他绝对是一个值得信赖的主人公。不相信宿命论，一边做着敌军将领的男仆，一边作为反抗者把情报发给汉口。然而，他并非善良的、纯粹的受害者。文章开头所说的战后文学的加害性，在《时间》中呈现出了更为复杂的样式。由于日军惨绝人寰而成为受害者的陈英谛一家的悲剧，以及活下来的英谛的绝望、虚无、愤怒和抵抗，这些错综复杂的世界在《时间》里逐步展开。这里面，没有人纯粹因无辜的受害意识而流泪。原本也没有无辜的人。这是与战后刊载的众多手记和记录大相径庭的地方。

《时间》最为重要的特征，是日本作家堀田善卫以被侵略的中国人作为主人公。为何使用这样的描写方式？也许是因为堀田作为侵略国国民，试图站在对方的角度去分担痛苦。另外，他不从日本方面来叙述，而采用中国人叙述的方法，也许是为了更立体地审视这场战争。堀田自始至终没有使用自我叙述，而是采用导入对方（他者）的视线来呈现全体的方法。

---

① 关于堀田善卫作品中出现的间谍活动，矢崎彰的《堀田善卫：从上海至占领下的日本》也提到了《齿轮》中女间谍陈秋瑾所讲述的冷酷的谍报活动。

三 堀田善卫的中国观

用以上方法创作《时间》的堀田的中国观到底怎样呢？刚才已经指出，陈英谛不只有受害的一面，也有加害的一面。当然其大前提是，作为日本人的堀田一定做过深刻反省。他在随笔《反省与希望》（《改造评论》，1946.6）中指出，日本政策最本质的谬误就是对"人性"的漠视。实际上，许多人在处理中日问题时，不过是把它当成一份工作，一种赚钱的东西。就这点而言，他们无脸面对宋教仁、北一辉、孙文和宫崎滔天等先辈。而在与《广场的孤独》同时获得芥川文学奖的《汉奸》（《文学界》，1951.9）中，他也曾提到，孕育"汉奸"的不是其他，恰恰是日本。所谓"人性"，与"工作""赚钱"相对而言，而不仅仅是字典中所说的人生来具有的自然特性。按堀田的话说，就是"真正痛心于两国关系并以此为己任的人又有几人"，这最终归结于思想问题。他痛切批判当时所说的大东亚共荣圈等美丽辞藻，认为这是根本性的谬误，最终不过是利用汉奸为日本"工作""赚钱"而已。

与《时间》同时被关注的小说《历史》（新潮社，1953），也是以战争刚结束时的上海为舞台。以堀田的分身，即一位在国民党政府留用的日本人龙田为主人公，讲述了自己"被日本天皇制为核心的日本意识形态所捆绑、所围困，属于困顿人群"（《堀田善卫全集》第二卷《作者后记》）并脱离其束缚的过程，描写了从国共内战向中国革命发展时的中国形势，以及战争期间的政治经济形势在战后上海依旧持续。这里面的主人公龙田也不是高尚的英雄，而是一方面为勾结特务机关的贸易商人工作，一方面又与立志革命的学生产生共鸣。陈英谛也与此相同，在结尾的画面中，他期待年轻的磨刀匠和杨嬢不管是去延安还是重庆，都应该是自己的选择，以"人生可以无数次发掘"（第 236 页）结束了全文。不管是以南京为舞台的《时间》里的陈英谛，还是以上海为舞台的《历史》里的龙田，都被描写成了一个同抱希望和绝望的战败方的人。①

堀田 1945 年在上海体验了日本战败，目睹了无国籍流浪者互相倾轧的

---

① 正如把《时间》和《历史》放一起讨论，也可以把《时间》和与它同时期写成的《夜晚的森林》（讲谈社，1955）放在一起讨论。《夜晚的森林》是以 1918 年出兵西伯利亚和日本的米骚乱为题材创作而成的。它和《时间》虽同为日记体小说，但呈现 （转下页注）

组织和政治阴暗面，认识到侵略统治中国的日本政策本质上充满谬误，50年代初期写成的这些小说的基调是通过这些沉痛经验形成的思想。特别值得注意的是，堀田把自己作为战败国的国民来认识。此外，与把日本的"惨败"巧妙地说成"终战"的日本统治阶层①不同，中国人把中国的胜利称作"惨胜"的现实认识，给了他很大启发，这不容忽视。

他在《在上海》中也反复提起中日的差异。在这篇根据1957年访问中国的经历写成的随笔中，也可以零散地看到前述《历史》中所提到的内容。笔者将会在其他论文中讨论《在上海》和《历史》的关系②，这里只引《在上海》的开头部分：

> 我预感到一种危机。如今两国关系的模式，在不久的将来，可能会导致今天无法预料的危机吧。恢复邦交是至关重要的。这件事情关

（接上页注①）的却是不同的样貌。《夜晚的森林》是参军远征西伯利亚的庶民巢山忠三的日记，讲述了把敌人蔑称为"老毛子"并残酷杀之的快感。然而，后来的巢山受了翻译花卷的影响，逐渐觉悟了人生和社会的问题。这是一部描写巢山的人生成长过程的军队小说，由于采用的文体是百姓的日记，所以其叙述中没有烦恼，一副满不在乎的样子。而《时间》则是中国知识分子陈英谛的日记，他的妻子被杀，痛苦万分，是具思辨性的观念叙述。据前揭堀田善卫和佐佐木基一的对谈集《日本·革命·人》记载，堀田本人想把《夜晚的森林》和《时间》作为一部作品，模仿福克纳的《野棕榈》把每一章相互交错展开。如果是这样的话，说句题外话，和村上春树《世界尽头与冷酷仙境》相同的小说构成，也许在1955年就已经存在了。他想把两部作品合并为同一部的证据，是描写庶民士兵和知识分子市民在西伯利亚和南京大屠杀中各自如何参与战争的主题。

① 关于把"战败"诨称为"终战"的统治阶层，白井聪的《永续败战论》（太田出版，2013）中作为规约日本战后状况进行论述的"败战"认识可供参考。"作为战败的终结，在政治、经济和军事意义上从属于美国的构造永远延续，因此巧妙地遮蔽了对战败一词的认识（等于否认）。大多数日本人的历史认识和历史意识的构造停留于此，没有任何的变化。在此意义上，'败战'形成的双重构造也一直延续下来。当然，这两方面是相辅相成的。正是因为否认战败，才必须无限期地从属于美国；也只有继续从属于美国，才能继续否认战败"。作者把这种情况称为"永续败战"，一针见血地指出了战后日本依附于美国的构造本质。这就是说，"所谓永续败战"，是否定"战后民主主义"并"赤裸裸表达对战前价值观认同的政治势力"，面向日本国内或亚洲否认战败，同时，又是败北于美国继续"卑微臣服"的构造，因此是"否认战败因而无限期败北"的构造。

② 举一例加以说明，在《历史》中，有个叫左林的商人，他是一名背叛马克思主义的马克思主义者，与陆军特务机关关系密切，同重庆军委的高级官员罗绍良合作从事通敌贸易，主人公龙田则为左林工作。在《在上海》中，实际上是特务机关国民党调查统计局的老板的戴笠，同时也是美国特务机关（OSS）的伙伴机构中美合作社（SACO）的主要成员之一。在战争期间，从事通敌贸易。不只是特务机关和通敌贸易，其他许多《在上海》中的回想也会以各种插话的形式在《历史》中重现。

系到我们国家的真正独立，因而，也关系到我们的道德伦理。但是，恢复邦交并不意味着所有的一切都会顺利，我的预感，不如说是关于邦交后的事情。是关于邦交正常化之后两国的呼应模式，或者说之后的摩擦。现如今两个国家在状况上存在许多基本差异，不只是体制上的差异，最本质的差异来源于双方国民的内心构造。我们现在就应该预料到，并重新审视那些开始直接交涉时发生的事情。

恢复邦交并不是一桩容易的事情。因此，恢复邦交以后也不会那么容易。（《在上海》，集英社文库，第 11~12 页）

这篇文章写于 1957 年访问中国之后，1959 年发表，那时中日还没有恢复邦交。其中指出，日本 1951 年与美国签订旧金山条约，听从于美国，这一"真正独立"是中日恢复邦交首先关联的重要事项。但是，值得注意的是，堀田把恢复邦交后的两国关系作为一个问题，并说恢复邦交不容易，恢复之后也不容易。所谓"双方国民内心构造的差异"，表达的是前面所说的"惨胜"和"终战"的差异，是直面战后惨淡现实的中国与试图舒缓国民承受的心灵重创的日本统治阶层的差异。堀田痛切地感到，日本统治阶层和民众的心都被"苹果之歌"这种"没出息的歌曲"所迷惑的"虚脱"状态，与中国唱着雄壮的"起来，不愿做奴隶的人们，把我们的血肉筑成我们新的长城"的状态的区别。堀田说"不能被同文同种这等虚妄的标语所迷惑。中国是外国，中国人民是外国人"（《在上海》，第 144 页）。他在《在上海》中着重提到，以"同文同种"的名义实行同化政策是错误的，中国是他者，他们对现实的认识与日本人完全不一样。

这种认识，与竹内好《前事不忘，后事之师》（《朝日期刊》，1972 年 12 月 29 日）中的观点有相通之处。竹内围绕《中日联合声明》中的措辞，以周恩来的"前事不忘，后事之师"和田中角荣的"日本不能一直沉沦在过去黑暗的死胡同中"为例，论述了他们之间的差异。这是面向未来、不忘过去的中国方面与提倡忘记过去、奔赴未来的日本方面的差异。竹内是这样论述的：

不问过去，把过去付诸流水，对日本人而言是比较普遍的讲和习俗和思考习性，有它自己存在的道理，也不能说就不是一种民族美德。如果说它与除秽的民俗有关，也不是一朝一夕能改变的。只是，心里要清楚这不是普适的规矩，应该抑制它的对外运用。如果不这样的话，交往就不会顺利。汉民族是把传统记录看得比生命还重的民族。即便于自己不利的东西，也会为了后世史家的评说而保留记录。这与我们除秽的民族是完全相反的。正是"前事不忘，后事之师"。一旦在主观上忽略了这些差异，就无法形成平等的友好。（《竹内好全集》第 11 卷，筑摩书房，1981 年，第 402 页）

与堀田的观点一样，竹内好也强调了日本人与汉民族在思考习性上的差异。他认为，如果在主观上忽略了抛诸东流的日本与注重记录的中国之间的差异，就难以形成"对等的友好"。这是如何理解异国文化的问题，非常重要的是"对等的友好"，尊重自己和他人。但是，战争中的大东亚共荣圈是在虚妄的"同文同种"上构筑的骗局，并没有把他者当作他者去认识，遑论"对等的友好"。这是日本方面根本上的谬误。堀田不停地强调这一点。我们在《历史》《时间》《在上海》中所看到的堀田的中国观，首先是他的思想根底，包括反省日本的谬误和谢罪，尤其重要的是把中国作为异国文化的他者去理解。

四　全球化时代的战争叙述方法

如上所示，从四个方面分析了《时间》，并考察了堀田善卫的中国观。最后想谈谈怎么叙述东亚的战争。

作者在《时间》中导入外部的视线，试图立体地看待战争。那种自始至终的自我叙述，遵从的是个人的自大之心，来源于确立和强化集团式身份认同的欲望。比如 2013 年 8 月 15 日《朝日新闻》的社论《战后 68 年与邻国外交：走出内向型思考吧》，就将《在上海》作为走出"内向型思考"的模本。其中着重渲染了堀田善卫听了《终战诏书》后"被一种抑或愤怒抑或悲伤的莫名情绪袭扰身体颤抖不已"的感情波动。当时，在堀田的周边，也有几位效力于日本的亲日中国人。因此，堀田在收听《终战诏书》时，注意力集中在天皇如何评说日本的协力者这一点。可是，天皇只是"不得不表示遗憾"，后来又说"朕，朕，朕之忠良的臣民，他们是可爱的"。虽然大肆宣传大东亚共荣圈的理念，可一旦战败就与亚洲撇清关系，"不得不表示遗憾"，听到这样的天皇宣言，堀田怒而称之为"薄情"

"利己主义"。小说《汉奸》所描写的日本的"利己主义",可以说指的就是这个意思。

不同于与亚洲一刀两断的天皇或日本的"利己思想",堀田的视线正如以上所示,投向了遥远的未来。那是堀田在战争后期的上海见识了国家和政治的黑暗后获得的视角。他不像《终战诏书》一样从国内问题的视角来处理,更多地考虑到与其他国家的关系。从这个意义上说,Carol N. Gluck 在《安倍政权和战争记忆》(《朝日新闻》2013 年 8 月 20 日)中所言极是。他提倡"全球记忆文化"的概念,即最近 20 年,关于战争的记忆形成了一种"全球记忆文化"。它是一种关于国家过去行为的新国际规范。在 50 年代,各国首脑并没有就战争责任谢罪。但是,因欧洲在创建欧盟的过程中使屠杀犹太人成为欧洲的共同记忆,而形成了新的记忆文化。这种新的规范在东亚也得以扩大,在冷战结束后,依靠日美关系支撑的日本,也应该义不容辞地面向亚洲处理好战争的记忆。他说这是世界"新的常识",即便想作为国内政治问题处理,也存在着不同的国际环境,美国下议院责难的慰安妇问题就是例子。

这里所说的"全球记忆文化",意味着即便在国内说得通也不被国际容忍的战争记忆。犹太人大屠杀、南京大屠杀、慰安妇问题等都是其案例,当然投放原子弹也包括在内。开头提及的《拥子物语》,在原作刚问世的时候并没有成为问题,而经过 20 年之后在 2006 年成了论争的焦点。这部只在日本和美国流通的小说,却把日美之外也存在的殖民地问题放在全球化的大脉络之下。《拥子物语》中的"回归"问题,不久之后应该也会被当作"全球记忆文化"讨论。① 抑或说,不只是第二次世界大战,就战后的亚洲而言,朝鲜战争和越南战争的记忆迟早会被关注。而今后怎样的记忆才会被作为"全球记忆文化"记录下来?抑或说由谁来审定?这些都有必要关注。

1990 年以后,由于冷战结束,被称为"失去的 10 年"的经济不振导致日本国力衰微,代之而起的是狭隘的民族主义,颠倒黑白地把侵略战争

---

① 关于"回归者"问题,朴裕河的《倾听"回归文学"》(《立命馆言语文化研究》24 卷 4 号,2013)中有详细论述。另外,成田龙一的《"战争经验"的战后史》(岩波书店,2010)也指出:"回归"和"滞留"作为战争刚结束时的"体验",在 20 世纪 70 年代前后,因 1965 年的《日韩基本条约》和 1972 年的《中日联合声明》,以及同一年的冲绳返还条约等,其叙述方式发生了新的变化,而从 80 年代至 90 年代,残留在了中国的未返回的日本人也出现了问题。

叙述成自虐式历史。这种强调自尊的历史观在扩张，现在不断呈现出向内的封闭式状态。但是，今后如果可以从"全球记忆文化"的视点来叙述战争，可以预测，上述封闭式的内向的国内讨论恐怕会更错误。在思考东亚战争（的记忆）的时候，如何不封闭地叙述，将成为一个重要问题。

结　　语

东亚的战争（记忆）至今尚未结束。这在开头提及的《拥子物语》的不和谐叙述方式中也有所表露，这与近年来日本否定村山谈话和河野谈话、否定"慰安妇"问题、否定侵略战争等言论一脉相承。堀田在《在上海》中就预测到，将来恢复中日邦交的两个国家会发生不可想象的危机。反观当今的两国外交，尽管觉得遗憾，也只能说这预测非常准确。为了确保集团式的身份认同，从国家和民族的层面上进行叙述的欲望，不管在何时何地都极其强烈；但为了构筑"共同性"，必须导入他者的视线，小心谨慎地甄别那些集加害者和受害者于一体并无法明确辨识的现象。这时候，描写中国的堀田作品定能给予我们莫大的启示。

经验与希望

——通过作家林京子的半生看到的核与亚洲

〔日〕岛村辉 著　周　颖 译*

摘要：本文围绕访谈录《原子弹受害者的生活》，结合历史与社会的研究视角，论述了"原爆文学"作家林京子的生平及其创作。本文选取对林京子而言具有重要意义的上海、长崎、特里尼蒂三个场景，结合《上海》《祭场》《从特里尼蒂到特里尼蒂》等作品，论述了林京子与原子弹相关的生活经验及其对核问题的反思与批判。本文将林京子"即物的""硬质的""原爆文学"作品，置于"日本-亚洲-世界"的空间维度进行审视。在这个维度里，核问题理应被视为超越"个人经验"的"人类经验"，这正是我们面对包括福岛核电站在内的一系列现实问题时所存续的"希望"。

关键词：林京子　原爆文学　福岛核电站　经验　希望

Abstract：This article discusses the life and work of "Atomic Bomb Literature" writer Hayashi Kyōko as revealed in the interviews from *Life of an Atomic Bomb Survivor*. Three locations, Shanghai, Nagasaki and Trinity as presented in *Shanghai*, *Ritual of Death*, *From Trinity to Trinity* and other works are used to explore nuclear related experience of Hayashi and her reflection on and critique of the nuclear issue. The "materialist" and "hardened" works on the atomic bombing by Hayashi will be examined in the context of Japan, Asia, and the world. In this context, the nuclear issue should be understood as human experience transcending individual expe-

---

* 岛村辉，日本东京菲利斯女子大学教授。周颖，清华大学日语系硕士。

rience, whereby hope is preserved at a time when we are besieged in reality with a series of issues including the Fukujima Nuclear Power Station.

Keywords：Hayashi Kyōko　Atomic Bomb Literature　Fukujima Nuclear Power Station　Experience　Hope

一 历史中的日本-亚洲-世界与作家林京子的 半生——《原子弹受害者的生活》

中日邦交正常化 40 周年（2012 年），本应是回顾迄今为止的历史，立足两国 40 年来在诸多方面构建的互不可缺友好合作关系的进展，对两国关系进一步发展做出展望的绝好时机。为两国交流尽心竭力的相关人士计划举行多种多样的活动，并已做了相应的准备。然而，时任东京都知事的石原慎太郎于 4 月 17 日，在美国华盛顿保守派智库传统基金会（Heritage Foundation）主持召开的会议中做了"尖阁诸岛（钓鱼岛）都有化"的发言，往这个好势头上泼了一盆冷水。

针对这个发言，日本政府所采取的应对之策则是将归属民间的尖阁诸岛（钓鱼岛）"国有化"。这一举动刺激了主张"钓鱼岛是我国固有领土"的中国政府。2013 年 9 月，中国各大城市的抗议游行向几近于暴力化的"反日"势态扩展。不仅在政治、外交，而且在经济、文化领域，都因两国关系而陷入冷冻期。我 2012 年 9 月上旬身在天津参加南开大学的学术研讨会，下旬则在厦门大学做短期讲学，并未因此中断我的中国访问。

我最初到中国工作是 1999 年，在北京的日本学研究中心担任为期半年的派遣教授。之后在大约 10 年前的 2002 年，赴广东外语外贸大学进行为期三个月的短期讲学，在这期间，我在中国迎来了中日邦交正常化 30 周年纪念日。在我的记忆中，不论是在当时我暂住的广州、参加学会时造访的北京和长春，还是在大学校园内或大街上，只要我说"我是从日本过来的"，给我的回答多是"这几天日本人多了不少啊""在纪念活动上，有某某歌手的演唱"等，至少在表面上，我从未受到过露骨的"反日"待遇。

之后因为各种机会，我每年要来中国两三次。2005 年，我与加藤周一、小森阳一共同访问了北京。此前一年，加藤周一和其他八位著名人士共同结成"九条会"，小森阳一则是该会事务局长。在那一年里，中国也有一部分"反日"游行之类的街头行动；日本则大张旗鼓地对此进行报道。然而，包括这年秋在保定市河北大学召开的"中国小林多喜二研讨会"的筹备与举办活动在内，我不论是在大学校园内还是在街头巷尾，都未曾亲遇明显"反日"情绪，在我以后的多次访华经历中也同样没有这类遭遇。

但在 2012 年 9 月访问中国时，我却有了前所未有的经历。不论是在天津还是在厦门，作为主办与负责招待的大学熟知中日关系局势、希望两国关系能有良好的发展，在接待工作上做得可谓尽善尽美。然而，特别是 9 月下旬在厦门，我出行坐出租车时被司机问"从哪儿过来的？是哪国人？"时，一旦我回答说"是日本人"，司机的态度就立刻发生转变。这种情况我遇到数次。街头巷尾到处都竖起"钓鱼岛是中国领土"的大标语牌，这些牌子一看就知道是匆匆赶制出来的。日本料理店的店头升起中国国旗的景象也是我实实在在亲眼所见。

自那以来，又经过了一年。现在，中共高层更替，日本的众议院解散，进行总选举后成立安倍自民党、公明党连立政权。两国出现了一系列变化，而包括美国在内的国际关系力学也在发生作用，当时那种"反日"势头不见得还在持续，但是又很难说两国关系已经在顺利恢复当中。当下这种困难局面仍在持续。似乎是要与实行宪法改恶成双配对一般，安倍首相在上任初就策划修改政府的历史认识。仅就此事论，就连堪称日本"宗主国"的美利坚合众国与日本之间，也已踏入有可能引起互相倾轧的危险境地。在这种情形下，至少在今后与亚洲诸国的关系中，日本应该不可能出现戏剧性的改善。不仅不会，甚至还极有可能大幅度加强右倾化、军事化。作为有缘能在这 20 余年里与中国诸友人亲切交往、加深友谊的我来说，不由为此深感遗憾。当然，这是我作为个人所生发的感想。同时，我又不断思考着一个问题，那就是个人所直面的经验是在怎样的历史-社会的脉络里被规定的。如果从这样一个思考者的身份出发，那我所感到的就不仅仅是遗憾了，我不得不认为自己站在一个更大的思考点上。

我大约自 30 年前起，在很长一段时间内研究当时还少有人关注的小林多喜二，并将这个课题的研究范围进行纵向与横向拓展，考虑文学与历史、社会的关联。通过这样的研究，我开始觉得，日本的近代，亦即打开国门以来大约 150 年间所发生的事情，其实是一整个连续的故事。如果把某个特定划分的时代取出来，仅围绕着这个时代展开论述是不行的。以前，大多认为和平问题、环境问题与文学分属不同领域，随着近年来参与

"九条会"活动，我开始认为文学研究其实与这些问题不可分割。恰巧今天演讲主题中的作家林京子女士住在我家附近，有时也在"九条会"里听她讲话。在这个意义上，我获得了阅读近邻作家林女士作品的好机会。

2011年3月11日，我参加完教授会后待在研究室里，经历了平生从未经历过的、像坐船一样的摇晃。最初我以为是一场大地震，然而这种摇晃的感觉与我平生经历过的地震的晃动又不一样。当时我想，难道这不仅仅是地震，有可能是一场更大的灾难？我卷起研究室的百叶窗，映入眼帘的是富士山。当时，我脑中浮现了黑泽明电影《梦》（1990）中"红色富士山"的片断，从富士山后的核电站一个接一个大爆炸的场景开始，接着是核辐射扩散，到最后人一个不剩地全死光。当然，我卷起帘子看富士山时，它是没有爆炸的。可能是我对这部电影的印象很深刻，心里想着要是富士山爆炸了会怎么样啊，于是自然而然地看了富士山吧。

之后我用了很长的时间，在信号灯瘫痪的路上驱车回家，黄昏里那太阳的颜色非常瘆人。井上光晴曾写过，当原子弹落下时，红色的月亮冒了出来。我那天看到太阳的颜色时，感觉是非常不祥的征兆，那天色让人不由地想"这真是莫名地让人感觉不祥的天空啊""接下来还会有不好的事情发生吧"。要说是偶然，可能也确实是偶然，之后我就在车上听到福岛第一核电站停电，根据《原子能灾害对策特别措置法》宣布进入紧急事态的消息。直觉告诉我，这种严峻的事态将持续很长时间。这之后的事情就是大家都知道的，3月12日一号机氢气爆炸，14日三号机爆炸，（反应堆）所在建筑整个被炸飞了。

在这种情况下，我和家人一起暂往九州方向疏散。在当时，估计谁都不敢肯定事态到底将恶化到什么程度。虽然"原子能灾害对策本部"已经开始讨论炉心熔融、辐射外泄的危险，但新闻媒体只报道了其中的一部分。仅凭公布的信息也能知道，事实应该不是这样，但我们能够获取的正确信息都是极为零碎的片断。可能最初获取的信息，是据德国用于气象预报的风向预测系统做出的核能扩散范围通知。在那种情况下，我当时认为不得不离开东京。

暂离后我们又回到东京，自此又过了两年半。但即使是现在，我在日常生活中仍能感到，眼下不能说安全已经得到保证、事态已经平息，也不能说现在已经恢复到令人安心的状态。

就在这样的背景下，我实现了对林京子女士的访谈。这次访谈原本是

在 "3·11" 地震发生之前就已开始计划。就在林女士同岩波书店的负责人电话联系，商量这次访谈计划的日程和内容时，这场大地震来临了。结果如林女士所说，她经历了长崎原子弹爆炸事件，之后漫长的岁月里耳闻目睹了诸多事态，跑去为 JCO 的临界事故取材，然后又目击了今天的福岛核电站事故，之后接受了此次访谈（林京子《原子弹受害者的生活》，岩波 BOOKLET，2011）。

众所周知，所谓事件、事故，不可能与其他的事情分割开来而独自产生。至少当我的视线只顾及眼前事物时，会判断失误。当下关于是否关闭核电站的争议中，恐怕许多政治家、财经界人士们的头脑里只有自己目光所及范围内的利害关系。同时，讨论领土问题的政府负责人如果只在国民国家体制的历史限定内处理这个问题，那么不管到何时都会将眼前的 "国家利益" 置于首位，但从长远来看，地区和平发展的机遇却被破坏了。

从 2009 年 6 月到 2011 年 6 月的两年里，我担任了日本社会文学会的代表理事。2011 年春，内刊《社会文学》刊登了由成田龙生担任主编、以 20 世纪 50 年代的文学与文化为中心的特辑。其中有成田先生、内海爱子女士和我三人的座谈讨论。通过这场三人座谈，以及我在论文中就 "战后" 问题的思考，我产生了这样的问题意识："1945 年亚洲·太平洋战争失败后，照说战争已经结束，但不知何时起又被卷了新的强权政治。在这种情形下，日本其实被卷入了在世界各地爆发的战争之中。这究竟是从何时起、以怎样的组织形式引发的呢？这是不得不考虑的问题。"

有这样一种说法日益盛行："在一个作为 '文学' 被认可的研究制度下，去 '研究' 被 '日本近代文学' 这一概念圈出来的对象。" 我在思考我专攻的 "文学研究" 领域时，开始对这样的论述抱以疑问。我从以前就开始思考方法性的东西，渐渐着手分析，觉得还是需要与历史、社会研究有所联系，应该重新思考这个说法。

再来说林京子女士。幼年的林京子在二战前和二战中作为煤炭公司的驻外员工子女在中国上海生活，在战争即将结束之际起程撤回长崎，在那里遭遇原子弹轰炸。她之后以原子弹受害者的身份生活。中日邦交恢复后致力于中日关系的开展，后又在她儿子的工作地——美国生活，继而遭遇了 "3·11" 地震。林京子女士就像时代象征一般，拥有非常独特的经历并开展写作活动。在思考我刚才提及的这些问题时，参照作家林京子女士的半生与她的发言，不仅对日本人，而且对中国、亚洲乃至世界的人们而言都有着非常深刻的意义。我的这次演讲，将以上述 2011 年 4 月 18 日对林京子女士的访谈内容为中心，来介绍其中的一部分。

二 "核与人类无法共存" —— "从特里尼蒂到特里尼蒂"

与童年时期的上海生活一并成为林京子人生起点的，是 1945 年 8 月 9 日在长崎被原子弹轰炸的经历。大约在 55 年后，林京子曾去访问过那个与 8 月 9 日相联系的、最初的核试验场特里尼蒂，并写下了《从特里尼蒂到特里尼蒂》（《群像》，2000 年 9 月）。然而，她在那里再次明白"核问题绝不会解决，它不可能在那里终结"。之后，便发生了这次的福岛核电站事故。

> 现在的人们，只把核能看作燃料。在日本，尚有为数众多的、在 8 月 6 日和 8 月 9 日受原子弹轰炸后的幸存者。虽然形式不同，但是核能已对人类造成了怎样的影响，照理说我们应该已经深刻明白。至少为政者、专家们应该是知晓的吧。竟有如此不知吸取教训的国家吗？我深感无奈。
>
> 为什么那些头脑清醒灵活的人们不明白呢，核能这种东西，不论在什么情况下都绝不会与利益联系起来的。我认为，只有当人类能够彻底地处理放射性物质和原子能时，才可能进行核能发电。
>
> 建核电站时，居然没预想到最坏的情况，让人不禁哑然。想必这正在被别人讥笑。

福岛核电站事故中，当政府向居住在事故地点 20 公里范围内的居民发出避难劝告时，美国已经向 80 公里范围内的全体美国人发出了避难劝告。有位叫肥田舜太郎的医生，不仅一直需要跟饱受核辐射后遗症之苦的病人打交道，且他自己也受到了核辐射。林京子拿美国和日本避难劝告范围不同的事去问他，肥田听了当下就回答说："这是对生命的认识程度不同。"林京子听后深以为然。

> 这回首次使用了"人体内部辐射"一词。我在听到这个词的瞬

间，眼泪就唰地流了下来。原来他们也知道啊，"人体内部辐射"的
问题。这回在核电站事故中，首次将这个问题说了出来。

事故发生后，政府不断声称的"不会当即就对健康造成影响的程度"，
恰恰意味着这一点。这次，在福岛的孩子们中，有出现明显疑似甲状腺癌
的病例。即使出现这样的事态，在福岛医疗机构中甚至有人揣度政府心
意，声称"切尔诺贝利事件中，儿童身上出现甲状腺异常是在事故发生四
年之后，把这次的情况认定为核电站事故的影响，还为时过早。说不定在
核电站事故之前，他们就已经产生异常了吧"。这种行径的罪愆之深，应
当值得我们深思。

不论是原子弹爆炸还是核电站事故，都把生命换算成金钱或者其他的
东西——这种逻辑赤裸裸地显露了出来。不珍重生命，反过来就是说有比
生命更重要的东西吧。一言以蔽之，这就是"利权"。

美国特里尼蒂核试验场所在地新墨西哥州以"西部剧的舞台"而闻
名。来自欧洲的殖民者们不断地驱逐原住民，从他们手上夺取了广袤的土
地，又在这片土地上建起了原子弹试验场。这可以说是收购、掠夺廉价生
命的结果。而核电站，不也一样可以看成建立在被轻视、被狠狠杀价后便
宜购得的生命基础之上的吗？作为核电站的所在地，福岛、青森、福井都
一样，它们都是自然资源丰富的地区，也是尚未城市化、工业化的地区。
因此，在这些地方建核电站，只要能够提供就业机会，当地人虽然最初是
不得已才接受，但渐渐地就深陷其中不可自拔了。因为，他们中了核电站
利权的毒。

核电站往往与核辐射受害者联系在一起。即使没有爆炸事故，维持核
电站正常运行所需的工作人员也一定会受到辐射。因此，即使设定了放射
线外泄的限度，但是到什么程度为止是安全的，到什么程度是危险的？像
这样的临界值，其实从一开始就不存在。

林京子把广岛、长崎和福岛的事故联想到一起，归根结底在于她对这
些"不吸取教训"的人们的存在方式持以"无可奈何"和"无语"的孤
独感。这里，林京子引证了鲁迅的话。

我昨天又重读了鲁迅的评论集。他所写的简直就是今天的日
本。……

我自身就是鲁迅所说的、在战火中四散奔逃的"愚民"之一。因为我是"愚民",所以我思考。但是,如果没有每一个人都去再稍微认真一点地思考的话,到底还是可怕的。

这是近乎绝望的孤独感。然而,对于从鲁迅的文字里产生如此联想的林京子而言,这并不一味只是绝望感。"始终不放弃思考",在这个意义上说,也可算是与一抹"希望"如影相随的"绝望"吧。

三 "原子弹轰炸并不是受原子弹轰炸者的 个人经历,而是全人类的问题"—— "祭场"

林京子以《祭场》于 1975 年 4 月获《群像》新人奖,同年 7 月获第七十三届芥川奖。该作品是以一段时间之后回忆追溯的形式,描写长崎被原子弹轰炸时的事件。小说将视点放置在作者执笔写作之时,即长崎原子弹爆炸、紧跟着日本宣布战败、二战结束的 30 年之后。小说把包括作为女学生的主人公在内的、当时在长崎附近的人们在遭受原子弹轰炸后见到了什么、不得不经历些什么,都精确地、痛切地描写了出来。林京子作为一名少女,在原子弹轰炸之后亲眼看见、亲身经历的一切都是活生生的真实。在长大成人后,她又就当时的事情参阅许多资料,叙述既保持一定距离,同时又融入了作者的批判性。即使在以原子弹爆炸为素材的文学中,这也属于极具控诉力度的作品。小说不只是见闻与经历,作品还将投下原子弹那一方的、非常自私任性的主张也充分纳入视野之中,这成为增加小说深度的主要原因。《祭场》不仅是让林京子开始真正受到文坛关注的代表作,也是作为"原爆文学"的杰作而至今仍保持很高评价的作品。之后,林京子通过短篇集《钻石玻璃》《如同乌有》等作品,持续地对这个问题发出追问。

中上健次作为《文艺首都》的同人,与林京子有文学上的交流。关于林京子的这种作为作家的姿态,中上健次曾用"原子弹法西斯分子"这一过激的词语来对其进行批评。关于这一点,林京子是这么说的:

我并没有在这种过激的意义上来写作。遭受原子弹轰炸不仅仅是受原子弹轰炸者个人的经历，而是全人类的问题——我在抚养我孩子时这么想的。我还一直在思考，如何能让它升华为全人类的普遍性问题，或者说人类经验。因此，被说成"原子弹法西斯分子"，我感觉，啊，这样啊，还是那个"伤感的九号"啊。

中上健次的批判非常清楚地显示出的是他与林京子之间最基本的文体风格的不同，或者说作为基盘的文化的不同。中上是以自身的根源与生长之地为基点，世界则作为身体的延长向外扩展，也就是"身体密着"的写作方式。与之相对的，林京子是"即物的"，即与眼睛所见的东西、风景保持一定的距离后，从那里开始测量自身感觉的写作方式。而中上却误将这些看作与林京子"身体密着"的风景。因此，题材——原子弹——是一样的，那么可能在中上看来林京子所写的小说全都是一样的。

然而，在中上看来林京子只写了同一件事，但林京子笔下的世界其实是多样的。而林京子在描写丰富多样的世界时，她实际上也在写同一件事。用文学性的话来说，中上文学和林京子文学恰好就是正面与反面的关系。中上的这种极端的批评，以及他那一派的做法其实也不是不能理解的。

中上健次是在"身体感觉"上一边破坏一边构建，然后再一边构建一边破坏，就这样一直写下去，这经常体现在他的文章风格中。而林京子的风格则是把见到的一个东西竭尽全力地构建起来。在这时，作为作家，需要完成构建自己语言这一艰苦工作。也就是说，小说并不是把眼见的、感受到的东西原封不动地再现。

特别是像原子弹爆炸这样的经历，究竟能否通过语言来书写表达？像这样极限式的经验能否诉诸语言？其中应当会经历极大的纠葛与苦战。关于这一点，林京子自己这么说过：

> 在上海的那段时期，战争已经不时地闪现在我的日常生活中。战争总是伴随着创伤、疼痛，这对我而言已是常识。因此，对于这些我一直努力不去触碰。这种伤痛，我觉得是我无法表现的。
>
> 但是，创伤、疼痛可以治愈，却还有深深隐藏在"内里"的东西。对我而言，这"内里"的问题更为重要，"内里"的问题终将成为疾病爆发出来。这既是精神上的，也是原子弹爆炸时被吸入体内的

放射性物质。这是关系到遗传基因的问题，当年六日、九日的爆炸并不是事情的终结。我试图书写这种伤痛。

因此，我尽力不将个人感情放入其中，尽量使用"即物的"语言来描写。

我自认为极少使用既有的语言。但有时也会觉得，一般日常生活中谁都在使用的语言才是最合适的。打破既有的语言会怎么样呢——我这么想着，就去查阅国语词典。理所当然地，根据前后的文章内容，会有很多的解释。我就从这陌生的单词中选择它最简单的意思来使用。

文学需要将原本很难用语言表达的独特性最终用语言表达出来，这是一个困难的课题。而其中最困难的课题之一当属原子弹爆炸。以原子弹题材来进行文学分类，是有效的且有保留的必要。反过来说，原子弹题材的独特性却又极强，非同一般。同时，不管何时何地都持有一种危机感，即有可能再次发生与原子弹爆炸程度相当的事件，这或许就是文学想象力的存在方式之一。而没有被原子弹轰炸过的经验，但拥有丰富文学想象力的学者们，也创作出了拥有核能问题意识的作品。在日本文学领域里，如井伏鳟二、井上厦、小田实、大江健三郎的很多作品和评论，如果没有对核能的高度想象力，是写不出来的。

在日本，广岛、长崎被投原子弹并不是终结，比基尼环礁的氢弹试验导致的第五福龙丸被炸也是直接受害事件。之后，又有屡次进行的空中核试验。美苏两国冷战时期，奉行所谓"核抑制"思想，以大量持有核武器来保持局势平衡。即使后来冷战体制结束了，世界上的核武器也已经堆积如山。而近年来，由于核能价格低廉并能防止温室效应，新的核能发电站不断被建造。

于是，在这次东日本大地震中，福岛核电站发生了严重事故。即便如此，主张立即关闭核电站的声音绝不算大。消灭核武器也依然是遥不可及的事情。正是在这样的时代里，不进一步发挥文学性想象力的话，后果不堪设想。"3·11"福岛第一核电站事故发生后，在这个时间、这个地点，我们难道没有必要将"原爆文学"作为以后的课题吗？林京子的文学，正在这一点上触发了我们的思考。

四 "这个'愚民'正是我们的 处境"——"上海"

　　林京子虽然出生于长崎，但在她能记事前就因父亲工作关系搬家到了上海。1932 年第一次上海事变时，林京子年仅两岁，她在日本战败前夕、美国投下原子弹之前撤回长崎。其间 15 年里，她一直住在上海。按现在的话来说，她属于"归国子女"。而按林京子的说法，与其说是"归国子女"，她更觉得自己像是个"归化人"。这种感觉可能覆盖了她的语言感觉、文化感觉的每一个角落。

　　林京子的作品使用非常"硬质"的语言。她的作品是"即物的"，通常一般的日本作家会写得暧昧的地方，她也会保持恰当的距离直接指责。她的写作方式向读者传递着这样的信息："对于这个事实，我采取的是这种态度。"作为读者，有时也会感到"好可怕啊"。保持理智、保持距离、使用"硬质"语言——从这个意义看，可以说林京子的小说与井伏鳟二、堀田善衞有其相连通之处。

　　刚才提到的林京子在发言中使用鲁迅的"愚民"一词，也是被她的这种经历与感觉形成的"发射天线"所捕获。

　　《上海/米歇尔的口红》（讲谈社文艺文库，2001）的后记《致读者》一文中，引用了鲁迅的日语作品《我要骗人》（1936）中的内容，向读者介绍了日本和中国新闻对当时因战争临近四散奔逃的中国难民冠以"愚民"称号的旧事。

　　　　本不该出现在这片土地上的外国人，兴致勃勃地眺望着在祖国四处逃亡的同胞。我感觉自己似乎看到了目睹这一切的鲁迅的血泪。我们一家也看热闹似地旁观过那些搬出弄堂，把家什装上大板车逃往别处的中国人。但是，因为我们家恰好是最正宗的"愚民"，所以我们往往通过观察逃亡者们的表情，来判断我们自己要不要逃亡。因此，我用儿童的眼睛，在《上海》《米歇尔的口红》里，如实地写下了当时旁观远眺的日本人和君临天下的日本人。

　　关于这种作家的态度，林京子在访谈里这样说道：

我把上海时代写成小说时，并不刻意把自己想成一个好孩子，我想的是"用儿童的眼睛、如实地"写出来，因为小说的正反面是重合在一起的。这种态度也一并贯彻在8月9日里。

"用儿童的眼睛、如实地写出来——这个我可以明白，但是你对于当下正在执笔书写的这个成人，也就是你自己，是什么看法呢。"确实有可能会出现这样的质疑。但是，林京子在"用儿童的眼睛、如实地写出来"之前，还写道："我们日本人其实也成为四散逃亡的难民。"这是林京子文学的两面，我们必须认真地看到这一点。

五　日本-亚洲-世界——林京子所体现的"经验与希望"

随着访谈临近结束，林京子讲了一个小插曲。20世纪80年代，她在美国生活时曾有机会做演讲，小插曲发生在演讲之后。

学生们散去后，一位大学老师带着一名韩国女学生过来，据说她父母都住在纽约。因为那位老师说这位韩国女学生有问题想问林女士，不知道可不可以。我便说，如果我能够回答的话，请问吧。

这位小姐就问我："林女士，我的父母日语都非常好，但是他们一句日语都不说，这是为什么呢？"我想，这孩子来问我这个问题时，她自己可能已经隐隐察觉到了原因，只是想从日本人口中听到这个原因罢。或许她还在想，你现在说得这么漂亮，那你对日本曾经做过的事情又是怎么想的呢。

我当时首先跟她道歉说"对不起"。这时，那位老师就问我："林女士为什么要道歉呢？"我告诉他，我的童年是作为战胜国的孩子在上海度过的，当时虽然并不太清楚日本和韩国的关系，但之后在学校上课学到了两国关系。那位老师说："那我也得向你道歉。林女士，对不起。我作为占领军的孩子，也曾在日本住过。"

这之后，我跟那个女学生说，你的父亲与母亲他们是韩国人，却被迫学习日语，被迫把名字也改成日本式的。他们当时应该是受着迫害、在看到祖国被否定的情况下学会的日语。这样的经历对你父母来说，已深入骨髓，他们不说日语，我想这是他们的意志。所以，真的对不起。

我接下来还跟韩国女学生讲了我母亲的事情。那应该是原子弹爆炸后，我获救回到谏早市之后的事情了。许多长崎原子弹爆炸的受害者都被收容在谏早市的学校里，当时地板上好像放了很多烧伤溃烂的身体。其中有一个女孩子不断哭着喊"aigo、aigo（唉哟、唉哟）"，一听就知道是韩国人。被烧伤的身体里不断地涌出蛆虫来，我母亲她们妇人会里的人就用镊子把这些蛆虫清理掉，似乎是因为烧伤的身体上如果爬着蛆虫的话会很疼。当时有个年轻的日本警察走过来说："你们，把朝鲜人放一边，照看日本人。"

我母亲——还在上海时她就这样——对那个警察说，这种时候不分什么日本人和朝鲜人。然后她没有挪动，继续待在那里清理朝鲜女孩身上的蛆虫。

我对这位韩国的女学生说，我并不是想要你因此原谅日本曾做过的事情。只是，至少想让你知道，还有像我母亲这样的日本人存在。

听我说完，韩国女学生的眼泪扑簌扑簌地掉了下来，她对我说，林女士，谢谢你这么如实地告诉我，请跟我握个手吧。我当初在上海时，作为侵略国的少女也曾被中国人吐过口水。但是，过了近半个世纪，而且是在美国，因为自己国家犯下的罪行，而直接被人用近乎挖苦的语言质问还是第一次。可能因为我是在上海长大的，我总是被夹在国家与个人的矛盾中生存到现在。但是，秉持一颗真心、作为一个人把话说出来就能明白——我感觉这是我在美国学到的。

我想，果然我最终是个人，想要把每个个体当作人来看待。

这段引文很长，而正是在现在这个时候，这个小插曲所阐述的事情包含着能够引起心灵共鸣的东西。作为一个人，认真地从正面看待事物，看清楚了再判断什么是真实的——如果不能做到这一点，一切都将被轻视生命的语言所蒙蔽。

林京子虽然花了很长的时间，讲了很多东西，但是仍然难以被接受，情况也没有转变。在这种局面下，林京子表示有时会产生一种无力感。而我在东日本大地震和福岛核电站事故之后，追踪日本的政治现状与国际关系，也生出非常绝望的心情。但是，在对林京子进行访谈之后，我觉得自己学到了一点，那就是希望是存在的。当然，可能过很长的时间后自己也能渐渐明白这一点。

2005 年出版的林京子最新作品集《希望》，于去年 8 月 9 日被讲谈社文艺文库收录并发行。此外，林京子在《群像》今年的 4 月号里，发表了最新的短篇作品《再致路易。》（「再びルイへ。」）。这里的"路易"曾在《从特里尼蒂到特里尼蒂》中登场。《再致路易。》以写给路易书信的形式，重现面对"3·11"大地震后袭来的所有事物时的无力感与愤怒感，记录下摆脱迷茫的历程，并提出质疑。作品发表不久，也就是今年的 3 月 9 日，在东京明治公园召开的以"团结起来福岛！告别核电站大行动"为主题的集会中，大江健三郎把这篇作品放置在他演讲的中心地位，做了如下陈述。

　　把在广岛、长崎的经验联系起来，持续关注福岛，不让放射性物质再次杀害孩子们。我把林京子女士的这个声音、怀着这种意愿的希望原原本本地坚定地接纳了进来。

正如大江先生发现的一样，"历经了漫长时间的人类经验"之后留下的可能是"希望"。可能是非常痛苦的希望，但是我想要阅读林京子的作品，不时上门拜访听她讲述，今后也要花些时间，不绝望，来思考我们生活着的时代与地域，并有所行动。

开掘友好之源泉

——辻井乔的作为

〔日〕成田龙一 著 刘 凯 译*

摘要：辻井乔有着丰富的人生经历，他的活动横跨实业界、政界和文艺界。他是一个"战后知识分子"，也是一个"现代知识分子"。作为前者，辻井乔穿越了战争年代，并在战后不断地反思内心的矛盾，他就像自己笔下的主人公一样彷徨在"革命者"和"生活者"之间。作为后者，辻井乔始终能对复杂多变的日本政治做出敏锐的把握并加以批判。面对近年来日趋严峻的日中关系，他以大平正芳等老一辈政治家为中心努力梳理出一条"良质保守"的交往路线。一方面，他作为日中文化交流协会的会长，总是身体力行地为日中关系做出具体的实践；另一方面，他笔耕不辍，通过小说和回忆录不断发掘日中友好的源泉。辻井乔的行动给我们思考中日关系提供了一个重要参照。

关键词：辻井乔 知识分子 《在彷徨的季节》 《茜色的天空》 日中友好

Abstract：The eventful life of Tsujii Takashi features entrepreneurship, politics, and literature. He was a "post-war" as well as "modern" intellectual, having lived through the war era and continuously reflected on his internal conflictions after the war, wondering between "the revolutionary one" and "the living one" like characters in his writings. Tsujii has always been able to grasp and critique the complex and fluctuating

---

* 成田龙一，日本女子大学人间社会学部教授。刘凯，清华大学中文系在读博士生。

political scenes of Japan with incisiveness. Confronted with the weakening of Sino-Japanese relations, he endeavored to construct a methodology of interaction between China and Japan, viz. the principle of good-natured conservatism, pivoted on an older generation of statesmen such as Ōhira Masayoshi. As the President of the Japan-China Cultural Exchange Association, he dedicated himself to the praxis of promoting Japan-China relations; as a writer, he wrote diligently to discover sources for Japan-China friendship. The action of Tsujii has provided us with a significant frame of reference to contemplate on the relationship between Japan and China.

Keywords: Tsujii Takashi　Intellectual　Hōkō no kisetsu no naka de (*In the Season of Wondering*)　Akaneiro no sora (*Red-colored Sky*) Japan-China Friendship

前　言

佐高信在《开掘友好之源泉的人们》一书中列举了保利茂、松村谦三、石桥湛山、三木武夫、田中角荣、大平正芳、伊东正义等自民党政治家以及社会党党首村山富市，他清晰地描绘出了致力于日中关系 - 日中邦交正常化的"良质保守"路线。佐高重点关注自民党的党派政治家，并且在探讨日中关系的过程中摸索"保守的另一种道路"。

本文的标题出自佐高的这部著作。从东亚秩序中新的共同点出发，我们可以对佐高的著作做出两种可能的评价：其一，它让我们记起除石桥湛山和田中角荣以外，还有那些很少受到关注的向来秉持"良质保守"路线的政治家们。其二，当前革新派的情况绝非乐观，在转向"良质保守"以寻求可能性之前他们的状况会日趋严峻。

在此若对上述第一点加以补充，除佐高所列举的人以外，我们还可以追加上实业界的高碕达之助、藤山爱一郎、冈崎嘉平太、水野成夫，文化界的中岛健藏、团伊玖磨、井上靖、水上勉、北村和夫、篠田正浩等，以及在日中文化交流协会尽力的白土吾夫。他们全都致力于发展有实效性的日中友好关系的讨论，建设日中之间有实践意义的渠道。在本文中，笔者拟介绍他们中的辻井乔的作为。

一 多面的辻井乔

辻井乔为笔名，他的本名为堤清二（1927～2013）。他是历任西武流通集团代表和 Saison 集团代表的实业家，同时，也作为小说家和诗人为人所熟知。辻井为政治家、实业家堤康次郎的侧房所生，他一生恼于同父亲的争执以及与异母兄弟们（其中一个弟弟为原西武铁道会长堤义明）的关系。

辻井的履历如下，他在进入东京大学经济学部之后，加入日本共产党并参加了学生运动，但是在共产党的分裂过程中被除名。不久之后又患了肺结核，脱离了共产党运动，此即所谓他的"转向"经历。

1951 年大学毕业后，辻井为时任众议院议长的父亲康次郎担任秘书。1954 年进入西武百货店，次年任董事及店长。1964 年康次郎去世后，同父异母弟弟堤义明继任西武集团总裁［西武集团主要经营铁道、棒球、王子酒店（Prince Hotel）］，辻井则继承了流通业务并开设西友超市，扩大了业绩。辻井着力发展百货店，并致力于让百货店来弥补日本都市机能的欠缺。他以东京池袋为据点开设店铺，紧接着于 1968 年在涩谷开设新店，1972 年又开设时尚商厦 PARCO。PARCO 的业务亦涉及西武剧场（PARCO 剧场）等文化事业。

辻井缔造了西武流通集团（后改组为 Saison 集团）。Saison 集团旗下约有 100 家公司，涵盖酒店经营、度假开发、美术馆经营、DC 品牌开发、无印良品等，参与的事业甚为广泛。特别是采取面向青年文化与艺术的"文化战略"，实行"感性经营"，催生出"不可思议，好喜欢！""美味的生活"（糸井重里）等一系列知名广告语。此外，辻井还在池袋西武百货店设立了"Saison 美术馆"（西武美术馆，1975），将其作为 Saison 集团的文化据点并展出现代艺术品。

1975 年，辻井开始在大型书店 LIBRO（西武图书中心）和艺术类书店开设 Art Vivant（西武新艺术），开展美术作品经营。与此同时，他还成立了 PARCO 出版、Libro Port 出版社，并通过 Cine Saison（Saison 影业）进入电影事业。80 年代还发行了杂志。然而，由于泡沫经济的崩溃，辻井被迫撤出百货商店和超市业务，并辞任代表职务（1991）。Saison 集团最终于 2001 年宣布解散。

在上述期间，辻井乔于1954年发表了诗集《不确切的早晨》，1969年发表小说《在彷徨的季节》等作品，笔耕不辍。他的主要作品有自传三部曲《在彷徨的季节》（1969）、《一如往常的春天》（1983）、《暗夜周游》（1987），半自传小说《远处的花火》（2009），回忆录《叙情与斗争 辻井乔/堤清二回忆录》（2009）等。此外他还以堤清二为名发表了作品《消费社会批判》（1996）。辻井的作品亦被翻译成中文出版，有《辻井乔文集》（共4卷5册）。

由此观之，辻井乔作为实业家，不仅将目光投向了文化事业，而且加入了实际的文艺创作活动之中。因此，他不仅与政界、财经界的要人，而且与文化界也保持着一定的联系。

辻井的内心如其履历一样，也是相当复杂的。《叙情与斗争》（2009）以"辻井乔/堤清二回忆录"为副标题，这部作品从辻井乔以随员身份与父亲赴美国会见麦克阿瑟和艾森豪威尔写起。那是1959年的事。

如前所述，辻井在学生时代参与了政治活动，反对占领政策，但是他在不久之后又脱离了运动。此时的他则在回想当初与敌对方美国总统会见的场面。辻井严肃地记录下了这一体验："自己在内心里挣扎着去确认没有转向，然而我又确定无疑地背叛了自己。"辻井意识到了自己的"双重背叛"。第一，因跟随父亲而背叛了那些参与反对运动的人；第二，在这种"败北感"中，"因自身没有受到任何伤害而又背叛了我自己"。辻井严厉地审视着自己的内心，"丧失"与"不安"是他的基调。这与近代人的那种自觉为"故乡丧失者"、战前的转向——对故乡的倾心、对村落的感情、对日本的同化——相比，是另一种转向体验。

与此同时，辻井的这些思考也在不断地循环反复，最终形成了他的精神内核。正是这个原因使得辻井几经波折后仍然能够不断地适应"现在"并具有影响力。如果从知识分子的角度重新叙述上面的内容，其一，辻井穿越了战争年代并以此为思考的依据，在这个意义上，他是一个"战后知识分子"；其二，他也有作为"现代知识分子"的一面，即自觉到有义务对21世纪的"现在"发表言论；其三，他作为实业家的同时又是文化人，作为文化人的同时对政治和财经界又有影响力。身兼诗人与经济人的人并非不存在，也有作家当了政治家，但是辻井乔的特点则是使二者相互渗透在一起。

再补充几点。关于上述第一点，辻井乔在小说《在彷徨的季节》中提及一个奔赴战场并战死了的学生的手记（《听！海神的声音》），他写道：

"战争若再继续一年，恐怕我也会写出同样的手记。"然而，面对着复杂的家庭问题，津村又立刻想到："可是究竟将遗书写给谁呢？"身处亚洲·太平洋战争旋涡中的津村日后再次述怀："当时憧憬着战争与死亡的我，用仅有的余裕一点一点地读了这本书。"战争从根底里影响着津村的精神世界，这恐怕也如实地体现了辻井的心境。

辻井没有刻意遮蔽他对战后的不适感。他如此描述将《听！海神的声音》放在面前的少女："不谙寂寞的少女想要拿起这本书来读，那表情像是在说'多么浪漫啊'。"正是因为始终执着于对战时的思考，他对战后也保持了距离。这一点也与他献身战后的"革命"相重合。

关于第二点，我认为有必要通过迄今为止的几次危机来思考日本的"战后知识分子"。这几次危机在时间上可分为 1968 年学生们开始追问"战后"的时期、80 年代"战后"逐渐失去意义的时期、全球化过程中"战后"被一扫而净的"现在"。即便困难重重，仍然有知识分子巧妙地穿越这些时期，继续对当下发表言论。他们便是我所说的"现代知识分子"。我们可以从大江健三郎、井上厦、加藤周一等"现代知识分子"那里看到辻井乔与他们的共通性。其实，辻井乔在晚年也对政治、社会不断地发表言论。

可以说，辻井乔与他们一起既是"战后知识分子"，又是"现代知识分子"。他们是能够经受住时间考验的、"良质"性的知识分子，而辻井乔的"良质"性便源于他的真挚，这种真挚促使他终其一生无数次地做自我总结。

二 辻井乔的肖像——小说《在彷徨的季节》（1969）

小说《在彷徨的季节》（1969）是辻井乔对自己的总结之一。作品的开头如此写道："关于身世，我所受的侮蔑"只不过是人间苦难的一部分，自己那些"难以忘怀的记忆"中亦常常包含着"人际关系的裂隙"。作品的历史背景恰逢"战争"逐渐扩大，"人世间的变革"继之而起。自己虽向往"革命"，但是"在内心里，一想到自己的背叛以及对自己的背叛，思绪便无法平定"。

《在彷徨的季节》里，"转向"与"生活"这两个用语和概念成为焦点，每一个用语/概念都富含两三重意义，而非单纯的字面意义。"转向"意味着①被组织除名、②脱离组织、③脱离政治运动，而"生活"则作为①对抗某种观念的概念（A）、②应当脱离的"小市民性"（B）、③自我的根据（C）被使用。另外，生活和生活者也被区别使用，生活者中也富含两三重的意味。由此可见，辻井对自身的考察视野是一个复线的过程，有详细的步骤。

在此试举一例。《在彷徨的季节》中，主人公津村甫以社会科学（马克思主义）为依据试图脱离"父亲的世界"，这是一个典型的"战后知识分子"式的构想。然而，与此同时他又开始寻求"生活"。"我必须尽快开始生活""有没有能够在群众中与父亲斗争、一边生活一边打败父亲的方法？""我"要寻求"有体系的思想、生活"等等。

这一认识同那些社会活动家们的空洞浅薄形成了对比。津村认为，在活动家那里"生活没有丝毫的悲怆"，他对此表明了不适感（A）。可是之后他自己又迅速成了活动家，这一次他要变革"生活"。最终走投无路的津村又邂逅了"生活者"，他转而又开始重新探寻以"生活"为根据的道路（C）。上述过程在《在彷徨的季节》中构成了一个巨大的叙事流。

作品中的恋爱问题也一样，津村想在恋爱中追求"心的归宿"，然而却被恋人要求成为"同志"（活动家）。此时的津村想到："对家里的事睁一只眼闭一只眼，只在大学里讨论革命。想到自己不知何时变得如生活者一样老练圆滑，我开始讨厌自己"，"我认识到必须变革自身才行"（A·B）。

然而，事情接踵而至，在脱离了政治运动后，津村感受到了同一切事物的"脱离"和"败北感"，产生了"落伍者"意识。他继而听着"潜藏于自然的沉默之声""无数纤细的声音的海洋"，奔赴发现新"生活"的旅程。《在彷徨的季节》以此结尾："唯有自由劳动者峰岸，才是我心向往之的存在"。

> 我曾想再一次加入生活着的人们中间。我曾鼓励自己，这一次不依靠任何人也不组织任何人，全凭自身的力量前行，到曾经想加入却最终没能加入的群众中间去。

如此，《在彷徨的季节》里这种自揭疮疤的行为——"自己的背叛/对自己的背叛"——始终在一个两重性的概念集合之中进行。辻井乔是作为一个有深刻内省的知识分子来讲述自身的。

三　辻井乔的中国

辻井乔对中国亦抱有关心，这一点不容忽视。虽然他在作品中未提及为何关注中国，但我们可以看出辻井一边内省式地参照历史，一边审视着日本的过去，他是在这个过程中开始关心中国的。在"战后知识分子"那里，对战争的深刻反省是通过对中国的关注展现的，其核心就是日中关系。他们将战前和战时的非对称关系重新认作相互关系，并为此摸索新的关联性、制定程序和政策、尝试具体的实践。

到 2012 年为止，辻井已访华 29 次。他的初访是 1973 年 9 月，1990 年以后几乎每年都会到中国。与此同时，从 1975 年开始，他在日本中国文化交流协会的会刊《日中文化交流》上多次撰文提及中国，并且在该协会中的行动亦为人瞩目。2004 年 4 月，辻井就任日中文化交流协会会长，开始与中国进行人事交流，并通过文化交流活动来拓展日中关系的新领域。

辻井在接受《日中文化交流》（1975 年 1 月）的专访时第一次提到了中国，他介绍了 1973 年访华时的印象（《宏大的实验 第三世界的论理》）。辻井认为，"访问中国就是给现代日本照了一盏明灯"；所有北京市民"都流露着活在历史中的表情"，"市民有着农民的脸庞"，这是一种"生活的现实性"；中国"在进行世界上史无前例的宏大实验"。这既是对中国政策的关心，也是对当时日本的批判。通过对中国的观察，他确信了自己对一味追求经济高度增长的日本的批判。他强调："现在，我认为对日本最为必要的与其说是'亲中国派'，倒不如说是'知中国派'"和"相互理解"的必要性。

辻井还谈起鲁迅并说道："若能真正地理解了他的精神，在日本或许会发生一个更加不一样的文化运动吧。"辻井的这一姿态一直持续到他的晚年。在《文化交流乃和平之基》（《日中文化交流》，2004 年 1 月）一文中，他指出："我们期待能够从中国源远流长的历史文化中获得智慧，并以此超越当今产业社会的缺陷。我们深知我们的文化中蕴藏着走向和平的智识。从世界范围看，当前国际社会冷冷清清，日中之间的文化交流所起到的作用无疑是极其重大的。"

在《日中关系的现状之我见》（《日中文化交流》，2005 年 5 月）中，辻井提及了当时的"反日运动"："在这一运动的背后存在着这样一种态度上的问题，即一部分领导人仍然故意无视我国过去对周边各国的侵略、殖民的历史事实。"

辻井在讨论日本和中国的时候，一贯采取对日本政府的批判姿态和对日本历史的反省意识，这一点从未动摇。他以此为出发点，一方面谋求基于相互理解的交流，另一方面积极应对发生在眼前的政治事件。他曾多次写道："8 月 15 日，小泉首相参拜靖国神社让人遗憾至极"（《日中文化交流》，2006 年 9 月）、"日本过去对中国犯下的罪"（《日中文化交流》，2007 年）。

辻井在《和平友好的王道》（《日中文化交流》，2007 年 1 月）中写道："将日中关系放在历史中来看，我国曾经率先一步模仿列强实现工业化进而侵略了中国，这一事实是无法掩盖的。"此时正值第一次安倍晋三内阁时期，这是对安倍首相的姿态提出警告，而且是以宪法为理据。

辻井是一个"战后知识分子"，但他同时又是一个经济人。他指摘"欧美市场经济的缺陷"（《日中文化交流》，2009 年），以一个"现代知识分子"的身份批判性地直面全球化。正因为将目光转向了现代日本的消费社会，他敏锐地察觉到了日本社会与现代政治的变质，并对其展开了批判。

辻井乔对中国的关注有多种方式。首先是通过小说，特别是在《风的生涯》（2003）、《茜色的天空》（2010）中，主人公们都因中国体验而发生了较大转变。例如，在前者中有这样一句："水野成夫的成长与中国革命的历史有着深深的关联"（《日中文化交流》，1999 年 9 月）。在文化事业方面，辻井举行了众多的展览会（中华人民共和国鲁迅展、出土文物展、丝绸之路上的都城·长安秘宝展）。在实业方面，他举办了"物产展览"等活动。最后，他通过日中文化交流协会建立了多方面的人脉关系。

辻井通过参与财经界的活动，在政界也建立起了人脉，他通过各种路径展开多重、多层次的讨论和行动，这对于日中关系的发展是不可或缺的。

四 辻井乔的主张——关于《茜色的天空》（2010）

辻井乔在文艺的世界里也展示出他对中国的关心，例如，《桃幻记》

（2003）便是取材于中国民众日常生活的短篇小说集，共有八篇小说。辻井乔曾说："我当时就是想要描写自己所体验到的事，即我所接触到的中国"（《后记》），并且"随着访华次数增多，社会的复杂性和纵深度也展现到了我的面前"。他最后总结道："我国的大众社会似乎完全忘却了战争，忘却了日本曾经做过的事，忘却了先辈们所经历的痛苦。"

与前述以水野成夫为原型而创作的《风的生涯》（2000）一样，我们在《茜色的天空》（2010）中也能够感受到辻井对中国关注的深度。

这部作品是大平正芳的传记，作者将焦点放在参与了日中邦交恢复具体过程的大平正芳。该书参考文献翔实，具有较高的可信度。在评价政治政策，辻井对大平的政治姿态亦做了着重论述。他对大平做出了这样的评价：发现问题的眼光、注重实务的姿态、贯彻到底的态度、现场主义的作风。

辻井在《茜色的天空》中强调，大平在年轻时代结识了中国留学生并成为知己，后受其影响于 1939 年赴兴亚院①任职，开始体验在中国的生活。在那以后，他亦频繁出入中国，受到了较大影响。辻井对兴亚院时代大平的评价或许过于温和了，但之后通过对参与日中友好事务的大平进行观察，将其同周恩来放在一起做了重新评价。

另一方面，《茜色的天空》亦是辻井写下的战后保守派政党史，内容涉及"五五年体制"的确立、"六〇年安保条约"等每一个重大历史事件。虽然他的写作聚焦于具体人物并着重论述他们对政策的评价和态度，但我们从中仍然可以读出辻井本人对各个历史事件的见解。

例如，书中有不少篇幅描写了安保斗争以及岸信介所做出的应对、将解决三井三池煤矿问题②的关键放在池田勇人内阁③（接替岸信介内阁）初期等，这些都反映出辻井的历史观。在论及日美冲绳返还密约及其牵连出的"西山事件"④时，他不断地提出"国民的知情权"这一观点。在写

① 兴亚院（1938~1942）是日本侵华时期近卫文麿内阁设立的行政事务机构。在建立"东亚新秩序"的名目下图谋加大对已占领地区的政治、经济和文化统治。总部设在东京，支部联络处遍及北京、上海、张家口等地。——本文中的脚注均为译者所加。

② 1963 年 11 月 9 日发生在日本福冈县大牟田市的一起严重的煤矿爆炸事故。事故造成 458 人死亡，839 人中毒、受伤。

③ 池田勇人内阁（1960 年 7 月至 1964 年 11 月）。

④ 1971 年，日本《每日新闻》记者西山太吉在美日签署《冲绳返还协定》时，通过秘密渠道获得相关机密文件并予以公开。西山立即被以违反国家公务员法的罪名遭到起诉。

到洛克希德事件①时，辻井对田中角荣做出了非常微妙的评价。他认为逮捕田中对于大平来说虽是"痛苦的事"，但是田中混淆了"公私之别"。

从上述政治史的立场出发，《茜色的天空》亦描写了岸信介与吉田茂之间的斗争，并对池田勇人的政治姿态做出了评价，另外也展开了对岸信介-福田赳夫路线的批判。

一直以来，政治史往往将吉田茂一派的保守路线作为主轴，将池田勇人-佐藤荣作路线作为其延续。而辻井则认为佐藤荣作奉行的并非池田路线，而是"旧岸派的路线"。这个观点值得关注。因为，辻井写作《茜色的天空》时正值2000年代后半期，当时福田康夫-安倍晋三路线与从前的岸信介-福田赳夫路线如出一辙。也就是说，辻井是在自民党开始发生变化时重新去描写昔日保守派的面目，这同时也是在探究以大平正芳为主线的"良质保守"的可能性。

当下的日本政府——第二次安倍晋三内阁虽然是岸信介路线的复权，但它似乎又有必要去批判岸（信介）派、寻求有别于当初吉田茂对美从属路线的另一种存在方式。可以说，辻井是在一边观察现状一边提出自己的问题，他用为大平正芳做传的方式，向现实的政治发出了自己的忧虑和信号。

辻井乔拥有实业家的行动力和小说家/诗人的感性、现实主义与浪漫主义、观察力与叙事能力，他将实业型的思考和文人型的思考融于一身。他熟知富有历史感的认识、议论和发言，并懂得如何将其付诸有效的实践。同时他也深谙组织的表面与内面、文化的有力与无力以及政治的无情。

面对新型的日中关系，辻井通过日中文化交流协会进行了一系列打破现状、打开危急局面的实践，并展开了人员交流。他在《新世纪的日中关系展望》（《世界》，2012年10月）中提出，要活用宪法第九条、"入亚脱从属"，"而且，对于日中之间的问题"（《日中文化交流》，2012年10月），"面对如此不幸的局面，我们应当采取的方法是首先向历史学习，进而解明问题的本质，冷静处理"。

在辻井的议论背后，是《茜色的天空》中所展示的战后日本政治史认识，他以此展开了富有实效性和历史性的认识、议论和发言。毫无疑问，辻井乔是在开掘日中友好的源泉。

---

① 1976年2月爆发的美国飞机制造商洛克希德公司行贿事件。该公司此前依靠巨额行贿田中角荣等人打开了日本市场。在经过了长达19年的审判过程后，1995年，田中角荣被判四年监禁，并处罚金五亿日元。而此时，田中已经去世两年。

由冲绳展开的东亚像[*]

——从崎山多美的文学说起

〔日〕渡边英理 著　朱奇莹 译[**]

摘要： 自 1879 年的"琉球处分"以后，冲绳一方面被强制要求只能在与日本的关系框架中进行自我定义，与此同时又不断累积了被日本排除在外的经历。其结果是，冲绳被置放进了这样一种构造中，即当冲绳每一次试图对自己的"固有性"进行重新追问的时候，总是不得不以日本这一媒介作为前提。冲绳文学作家崎山多美的小说《孤岛梦自言自语》要挑战的，正是冲绳一直以来所置身的这种构造，并力图对其进行解构。这篇小说，首先颠覆了在冲绳和日本本土之间所象征的主体和客体（对象）的关系构造，小说语言具有的运动性，促使导致二者位置序列化和互相分隔的边界线融解并使其无效化。而且，小说还将冲绳的"固有性"置于加害和被害的多层性中加以审视，揭示出将这种"固有性"向"东亚"这一他者打开的方向。例如，小说尝试着把美军基地集中于冲绳的经验，与同样驻有美军基地的其他亚洲地区的经验相重合，并且还努力把对美军的性暴力充满着畏惧的冲绳女性的经验，与那些作为"慰安妇"的、不得已遭受了非正当待遇的中国和韩国的女性们连接在一起。诸如"日本唯一的地面

---

[*]　本文是基于渡边英理的学术论文《梦之语的现实性——崎山多美〈孤岛梦自言自语〉》（一柳广孝、吉田司雄编《幻想文学、通往近代的魔界》，青弓出版社，2006）和博士学位论文《巷子和文学——针对中上健次作品中遍在化的巷子和历史环境下蠢动人物的文化研究》（2012）的"第二节第四章　梦之语的现实性——崎山多美'孤岛梦自言自语'"，经过大幅润色、修改而完成的。

[**]　渡边英理，宫崎公立大学人文学部副教授。朱奇莹，天津职业技术师范大学外国语学院日语系助教。

战战场"、日本国内的"美军基地负担的集中地"等，这些都是在国民国家的解释框架中被叙说的冲绳经验。这篇小说使冲绳的经验脱离开国民国家的框架，探寻一条与亚洲的多样经验相互交流之路。

关键词：东亚　冲绳文学　崎山多美

Abstract：After the so-called "Ryukyu disposition" of 1879, while it was coerced to redefine itself within the framework of its relationship with Japan, Okinawa also experienced the increasing sense of rejection from Japan. Okinawa is situated in such a construct that any attempt to re-question its own inherence will have to be premised on the medium of Japan. Okinawan writer Sakiyama Tami's novel *Thinking Aloud in a Dream on a Lone Island* challenges this construct and endeavors to tear it apart. This novel subverts the subject-object relationship between Okinawa and Japan and contextualizes the "inherence" of Okinawa in the multiplicity of the inflictor and the victimized. This novel elevates the Okinawan experience about the framework of citizens and nations and explores a path of interexchange with the diversity of Asia.

Keywords：East Asia　Okinawa Literature　Sakiyama Tami

在日本社会，文学早已被认为失去了代表时代思想和整体性的功能，但是就冲绳而言，文学至今仍然是一种占据着非常重要的位置的表现活动。

自 1879 年的"琉球处分"以来，冲绳一方面被强制要求只能在与日本的关系框架中进行自我定义，与此同时又不断累积了被日本排除在外的经历。其结果是，冲绳被置放进了这样一种构造中，即当冲绳每一次试图对自己的"固有性"进行重新追问的时候，总是不得不以日本这一媒介作为前提。换句话说，在日语这一具有压倒性的他者语言体系中，冲绳从一开始就被篡夺了作为主体的位置，只能不由分说地处于被叙述对象的位置上。因此，这种不得不以他者的语言来进行自我表现的冲绳文学，一直都在一边反诘着这种表现行为本身，一边追问着自我的"固有性"何在，不断地生成着切实的自我表现。

针对冲绳所处的这种自我定义和表现的构造，有一位非常具有自觉精神且总以进行批判的强硬态度与之对峙的作家——崎山多美。这位作家真切的自我表现，成为她与他者之间"相互重合的经验"，东亚的时空由此展开。《孤岛梦自言自语》可以说就是这样一篇小说。

唤醒再开发过程中的基地城市胡差

崎山多美，本名为平良邦子，1954 年 11 月 3 日出生在冲绳县西表岛。毕业于琉球大学法文学部，1979 年荣获新冲绳文学奖之佳作奖，1988 年荣获九州艺术节文学奖。[①] 此后，崎山的小说又在 1989 年和 1990 年连续成为芥川奖的候选作品。地域文学奖旨在通过设奖发掘出当地作家的才能，为其提供表现的舞台，并将其培养为优秀作家。崎山多美成为一名职业作家的过程，恰好体现了"地域文学"一词本来所蕴含的这层意义，从中让我们感知到"冲绳文学"的实态。

崎山不是那种笔耕不辍的作家，因此作品数量算不上多，但她无疑是代表现代冲绳的重要作家之一。例如，从近来围绕冲绳文学而编纂的文选，如《冲绳文学选——来自日本文学边缘的追问》（勉成出版，2003）、《现代冲绳文学作品选》（讲谈社，2011）等都收录了崎山的小说这一点来看，其文学的重要性和现实性是不言而喻的。

《孤岛梦自言自语》发表于文艺杂志《昴》2006 年 1 月号。被选定为作品舞台的，是位于冲绳本岛中部的胡差。胡差以一种凝缩的形式，昭示着冲绳长期以来被美军占领和支配的殖民地状况，也体现着其军事要塞化的现状，即仅占日本国土面积 0.6% 的冲绳，却承担了全日本 75% 的美军基地。

二战前胡差属于农村地区，与美军空军基地嘉手纳相邻，战后，作为美军统治下的"基地之城"而获得飞速发展。尤其是越战期间，大量美军聚集在此，兼具提供风俗类服务（性服务——译者注）功能的餐饮业店铺也大量增多起来。胡差背靠着嘉手纳这一越战前线基地，作为"性服务"

---

① 1979 年，小说《城市之节》获得新冲绳文学奖之佳作奖；1988 年，小说《水上往来》获得九州艺术节文学奖。1989 年，小说《水上往来》成为第 101 届芥川奖候选作品；次年即 1990 年，小说《固守在岛》成为第 104 届芥川奖候选作品。而且，九州艺术节文学奖，可以说是九州当地作家的"龙门"，获得这个奖的作品将刊登在由中央文艺杂志、文艺春秋出版社发行的《文学》上。冲绳的作家当中，除了崎山以外，还有又吉荣喜、目取真俊等人也分别获得过该奖。又吉荣喜于 1978 年以《乔治射杀的猪》获得第 8 届九州艺术节文学奖，目取真俊于 1997 年以《水滴》获得第 27 届九州艺术节文学奖。

的最前线，迎来了红灯区的繁盛发展；同时这里还存在着"白人街""黑人街"和面向冲绳本地人的"社交街"，是一个形象地昭示出冲绳存在的分断状况和边界线的地方。

而且，在冲绳的战后史中，胡差也是一个因曾经反对过美军占领、作为"蜂起"之地而为人们所记忆的地方。当时，以美军士兵引起的交通肇事逃逸事故为契机，冲绳群众放火烧毁了美军军用车辆和基地雇用事务所。美军对事故处理不当和专横粗暴的态度，引发了冲绳群众长年积压的不满和愤怒，这一事件被称为"胡差暴动"。发生的时间正好是在1970年，即冲绳即将迎来"日本复归"/由日美两国政府决策的施政权返还的前夕。

曾经连地名都是用片假名来命名的胡差，现在经过市町村合并已经变成了冲绳市。冲绳的公交途经站中，现在还依然有名为"胡差"的站点。另外，例如在目取真俊的小说中，也有以胡差作为舞台的作品。①在冲绳，胡差这一地名已经消失了，然而就算它已不再作为一个行政区域，这个地名还是会一直存在于冲绳人民的心中。实际上，《孤岛梦自言自语》就是在胡差的城市风貌正处于不断改变的进行时的状态下创作而成的。

现在，崎山多美离开了故乡西表岛，居住在胡差，她在自己的散文作品中，频繁地叙述着胡差的街头事情，在小说作品中，也屡次描绘了胡差风景。

位于胡差中心的胡屋十字路口附近的再开发建设项目，是从1990年左右开始的。此次开发建设被命名为"中心之城·音乐城规划项目"，借助于"搞活冲绳美军基地所在市町村经济建设特别项目"（通称：岛田恳谈会项目）的实施，在国道330号、胡屋十字路口的胡差门路一侧，计划建造起一座地上九层、地下一层的大厦，将其作为以音乐广场为核心的综合设施。为配合项目建设，决定于2006年拆除胡屋十字路口的天桥，并在2007年建成可随意横穿的交叉路口。小说《孤岛梦自言自语》的发表时期，正好与该改建时期重合。

---

① 例如，目取真俊的小说《希望》。该小说讲述的是一名冲绳男子在诱拐美军士兵的儿子，并将其杀害之后，自己也焚身自杀了断了生命，以这样一种抗议之死的形式来展现寓意。这篇小说的舞台，也是胡差。此外，还有又吉荣喜的获得九州艺术节文学奖的小说《乔治射杀的猪》，也是以胡差作为作品舞台的。

在《孤岛梦自言自语》发表之前，崎山几乎连续三年没有作品问世，然而，以小说《孤岛梦自言自语》为开端，崎山打破沉默，陆续发表了四篇短篇小说。这些小说，都可以看作以胡差这方土地为舞台而创作的作品，也可以称之为"胡差系列作品"①。而这篇《孤岛梦自言自语》，可以说是一篇旨在通过不断地反复整理记忆，将逐渐失去了曾经风貌的胡差的记忆重新唤回/唤醒的小说。

对主客体的颠覆和边界线的无效化

我们首先应该从小说《孤岛梦自言自语》中读解的，是对冲绳长期以来被置放于其中的固有框架的挑战。具体而言，小说意在达成的，是对表现主体和客体（对象）之间构造关系的颠覆，并促使导致二者位置序列化和互相分隔的边界线融解，并使其无效化。

小说的登场人物是一对男女，即一个"本土"的男子和一个"冲绳"的女子，仅此二人。叙述的视角是从男子一方展开的。

文中男子是一名专业拍摄"风景"的"自由职业摄影家"，他把"风景和风景之间无法接合而互相峭立的场所"称为"渊"。男子决定去拍摄"冲绳最北端的边户岬"，作为"渊之风景"的"收官力作"，于是从日本"本土"向"冲绳"出发。然而，这名男子却偏离了最初的目的，迷路进入一个叫作"KUJA"的好似城市废墟的建筑物里。这里曾经是"剧团KUJA"的演剧馆，男子在这个馆里观看了一个叫作"玛利亚"的冲绳女子的表演。女子默默地表演，每个举动都简单自然，男子的视线完全被这举动所吸引，当女子随后开始独白、自言自语时，男子一心一意地只顾倾听。表演结束后，男子已经失去了"把镜头对准风景的兴趣"，取而代之的是他从"剧团KUJA"在"曾经最盛况空前的时代"（1975 年左右）拍摄的"18 名团员的黑白证件照"上，感受到"真实鲜活的他们"。至此，小说拉上了最后的帷幕。

作品中的这男女二人的关系，可以说是对冲绳长期以来被构建于其中的某种固有框架的比喻。作为"摄影家"的男子，以观看行为本身作

---

① 可视为"胡差系列作品"的有以下四篇小说：《孤岛梦自言自语》，载《昂》2006 年 1 月号；《从那看不见的城市传来的歌》，载《昂》2006 年 5 月号；《黄昏幻视行》，载《昂》2006 年 9 月号；《坂夜行》，载《昂》2007 年 1 月号。

为自己的职业，在这里他充当了作为观看主体、叙述主体的"本土"（大和）的代表。与此相对，那个"冲绳"女子，对应的就是总是作为被视对象和被叙述对象，且屡屡遭遇社会性别女性化的"冲绳"（冲绳岛）。小说让这种构造发生颠覆，并企图消融那条形成此一构造的边界线。作品的舞台可推测为胡差，而从在这舞台上表演的"剧团 KUJA"身上，可以看出作者对于在冲绳"复归日本"不久后便活跃发展起来的剧团"创造"，以及对其代表作戏曲《人类馆》的赞美之意。然而，更重要的是文中有关剧团表演的引用和变奏，都是在挑战前述固有框架的意图之下，来推进展开的。①

对于男人而言不过是"风景"的冲绳，在小说的最后，变成了一个拥有着容颜和身体的鲜活的"人"，为此变化提供了契机的，是作中剧——冲绳（冲绳岛）女子玛利亚的单人演出。作为表演者的玛利亚，通过自己的视角把作为观众的男子重新捕捉，并依照自己的意志来进行表达。而且，玛利亚的演出，有时以沉重痛苦的泥沼梦魇为媒介，让男子仿若白日做梦一般体尝热战之苦。此处所言的泥沼梦魇，既充当着促使被压抑的战争记忆得以回复的媒介，也是作为一种绝不轻易的方式，去努力超越"本土"（大和）/冲绳（冲绳岛）的固有叙述框架，并破坏其分隔界限，最终将该分界冲流消融。

挣脱全球性包围网

接下来能够从作品中确认的，是作者针对资本和国家的全球性包摄和多元文化主义统合，而力图通过作品挣脱包围的问题。

---

① 创造剧团是 1961 年，由知念正真、中里友豪、幸喜良秀等人，以创造冲绳的新演剧运动为目的，在胡差（现冲绳市）结成的业余剧团，代表作有剧本《人类馆》。《人类馆》的原作是知念正真，作品最初发表于 1976 年。翌年，该作品由冲绳的演剧剧团"创造"上演，剧本刊登在 1976 年的《新冲绳文学》第 33 期上，1977 年又转载在全国性杂志《戏剧界》上，并且于 1978 年获得"岸田戏剧奖"。
　　《人类馆》这一剧本，是以人类馆事件为背景依托的。人类馆事件指的是 1903 年（明治 36 年）3 月至 7 月期间，即正值在大阪召开第五届国内劝业博览会之际，在会场周边的一个叫作"学术人类馆"的表演棚里，来自琉球的游女（妓女），来自朝鲜、中国台湾高山、印度、爪哇、土耳其以及非洲的人一起，被当作"学术资料"进行展出一事。在该事件中贯穿的这种对他者进行整理分类的博物学研究式的知性视角，可谓一种典型的冲绳认识框架。

自 20 世纪 90 年代后半期开始，在新自由主义的影响下，冲绳被完全地席卷到一张全球范围的包围网中。在资本和国家的主导下，政治经济领域展开了支配权力的再编/再整合，多元文化主义的统合进程也被推进。我们需要注意的是，这样的再编/再整合，是在原以为"变革"中尚存一丝希望的想法彻底幻灭之后，才得以展现的。1995 年，冲绳发生了美军强暴少女的事件。二战以后，冲绳已经多次发生此类强暴事件，并且，每次出事之后，对于事件加害者都未曾采取妥当的处罚。长年以来积压在冲绳民众心中的不满和怨愤，在此次事件中激烈地爆发出来，最终与大规模的反基地运动浪潮连接到了一起。而当日美政府做出决定，同意迁移被视为最危险的驻冲美军基地即普天间基地。这一决定，正是对此次强暴事件所激发的冲绳群众的愤怒情绪和反基地运动做出的一个回应。

在这种状况下，日美政府共同制定的基地振兴政策施行展开，由资本和国家主导的全球性支配网遍撒开来，民众的愤怒却被置若罔闻一般。上文中提到的胡差的再开发建设项目，也属于基地振兴政策的一环。而作为这种支配权力重组的一个饱和点出现的，可以说是 2000 年的冲绳峰会。在此背景下，普天间基地的迁移，也在不知不觉间由原来的县外迁移"后退"为向县内的边野古迁移。事后回看的话，在明明已经窥见了某种"变革"可能性的情况下，等一回过神来，却发现社会已经向右转了，90 年代后半期正可以被视为这种情形之下日本社会转向的一个拐角。

而且，这种政治经济性的整合，也伴随了文化性的统合。在这个时期里，冲绳按照"能够商品化的冲绳"和"不能商品化的冲绳"的标准被严格加以区别，但是只把那个"能够商品化的冲绳"，即能够由国家规训的那部分差异编入消费网中。① 一个拥有慈祥的阿妈、长寿的岛民、蔚蓝的大海和白色海滨沙滩的旅游胜岛，诸如此类过度本质主义化的、为观光事业而服务的冲绳印象，对应的是"能够商品化的冲绳"。相反地，诸如基地、冲绳战等，此类涉及政治和历史的问题和记忆，是"不能被商品化的冲绳"。在这样的严格区别下，90 年代后半期被作为消费对象的，只是那个"能够商品化的冲绳"，即那个能被国家规训的冲绳形象，显在化、全面化的多元文化主义式的统合就这样展开了。

---

① 本滨秀彦在《亚洲游学》（No.66，勉诚出版社，2004）中，针对冲绳的多元文化主义统合状况，在"能够商品化的冲绳"和"不能商品化的冲绳"的视角区分下，进行了理论性的分析梳理。

在小说《孤岛梦自言自语》中，这个名叫玛利亚的女子想要完成的，是一种与"证言"相关的语言行为。证人的声音，是对上述 90 年代后半期的状况的抵抗，是从一个事态极度紧张的场所发出的。

玛利亚的父亲是一个"具有菲律宾血统的美国军人"，母亲则是一个"冲绳岛"女人。越战时期，玛利亚作为"具有菲律宾血统的美国军人的私生子"降生，是一个"菲律宾佬"。在小说中，玛利亚已入中年，在她作为"证言"的自言自语中，饱含了恨意和艰辛，甚至恶语恶言与人相向。在此，玛利亚这一女性形象，实际上正从既往那些围绕冲绳女性形成的固有意象中脱离、挣脱开去。

首先，就玛利亚是"菲律宾佬"这一点而言，可以看出作者明确保持着与当地传统冲绳女性形象这一本质主义观念之间的距离。其次，针对已形成的两种有关典型冲绳女性形象的固有观念，即一种以"姬百合部队"为典型表象的、被视为崇高的牺牲品而为人怜惜的少女形象，和另一种总是笑眯眯的、"虽然辛苦，却一直在加油"式的冲绳的慈祥阿妈（老妇）形象。由一个既非少女也非老妇的"中年"，由这个毫不隐藏恨意艰辛、也不避讳恶语相向的玛利亚，来与这两种固有形象对峙，实现对固有观点的克服。

小说中，玛利亚讲述了自己的身世（人生）/性（人身）经历、自己的生母、自己的养母、养育自己的阿妈（老妇）、遭到美军强奸的阿姐（姐姐）等，叙说这些即使在冲绳也是被严重边缘化的女人们（冲绳女）所拥有的充满苦难的人生/性（人身）经历。玛利亚的这些证言，描述的是"不能被商品化的冲绳"，是不能规训的差异，是作为绝对性差异而存在的冲绳。这样的冲绳，也是正被全球性的大网所覆盖遮蔽，欲将其置若罔存之境地的"冲绳"，是权力的支配之网试图将其隐蔽起来的"冲绳"。小说用语言，将这个"不能商品化的冲绳"和这些无法规训的差异、绝对性的差异中存在的冲绳的声音和记忆唤回/唤醒。很显然，这些声音和记忆，是从覆盖全球的大网网眼中散落出来的，是从全球性包围网中渗漏脱离开的。

通向亚洲

接下来要指出的是，这篇小说还提示了一种发现冲绳"固有性"的方向性——强调冲绳同时具有加害和被害的双重性，正是在这种双重性中，存在着找到冲绳"固有性"的方向性。这一点，可以从作者让玛利亚这个女子来进行证言阐述这一创作特征中得到确认。

玛利亚是一个冲绳女子和一个美国军人发生关系而怀孕生下的孩子。也可以说，虽然她是"美国"和"冲绳"的"混血儿"，但是我们可以容易地想象到，像玛利亚这样的出身，在冲绳这块土地上要经历多少艰辛痛苦。在前面已经提到过，在驻有美军基地的冲绳，由美军造成的强奸事件屡屡发生。这样的事件不胜枚举，每次事件发生，冲绳民众的愤怒，便上升成为他们强烈的反美情绪。由这种情绪促成的现实、具体的行动，就是反基地运动。这样的抵抗运动/去殖民地化、反资本主义运动的重要性无论怎么强调都不为过，可是，有时候玛利亚却是作为美国人的女儿，代表着美国，因此也成为冲绳人愤怒的对象。毋庸赘言，玛利亚的妈妈和作为女儿的玛利亚两个人，在驻有美军基地的冲绳，身心饱受战后那些最为困难的岁月的煎熬。即使仅就冲绳而言，她们也是生活在冲绳的最边缘境遇中的女人。纵然如此，被迫分裂在冲绳和美国之间的玛利亚，有时却不得不代表和承担起美国这一加害者的立场。

在被普遍存在的暴力所包围的诸如殖民地这样的场所，有时，就连用来与之对抗的暴力（"对抗暴力"）本身，也不是指向本应针对的对象，而是指向自己以及与自己状况相近的那些最柔弱的存在（"内向暴力"）。被基地覆盖的冲绳，正是这个暴露在普遍暴力之下的场所。因此，本来应该指向美国和日本这对合作同盟盟主的暴力和敌对性，却指向了一个叫作玛利亚的女子身上。在此意义上，玛利亚成了将冲绳矛盾背负于一己之身的存在，因此，玛利亚自我阐述的声音，才会在冲绳不断受到冷漠无视，才会历经无数次的话语剥夺。如此这般，冲绳所具有的以非常复杂的形式呈现的异常混杂、交错的敌对性，以及多层化的加害被害关系，都在玛利亚的身上显现出来。

进一步说，该小说试图通过玛利亚这一矛盾本身，将冲绳放置进亚洲这一广泛区域中来。例如，作为越战前线基地和性服务前沿地带的冲绳所具有的被害者特性，与冲绳对于越南和其他亚洲地区所具有的加害者特性是互为表里关系的。而且，小说中那个将文中气氛浸渍于险恶情境中的泥沼之梦，发挥了将冲绳战和越战这两次不同时代的热战聚合、缝合到一起的作用；或者说，发挥了把冲绳的经验，与曾经同样作为美军基地的菲律宾的经验连接到一起的功能。笔者认为，玛利亚之所以会以"菲律宾佬"这一身份出现，正是因为作者为了实现以上所述意图的缘故。或者说，是作者为了留下一种余地，以让冲绳的女性们可以通过她们对强奸这种性暴力感到畏怯的切身经验，与那些曾作为从军慰安妇"军妓嫂"（原文中作者使用的"ハルモニ"一词，来源于韩语，原是日本军针对韩国慰安妇的叫法——译者注）以及无奈遭受不正当待遇的中国和韩国的女性们相连到一起。

通过这样的思考，我们也可以认为，这篇小说在单层意义（显在意义）上，可以视为一部只面向日语流通的出版公共空间的读者发行的作品。然而，在复数意义、潜在意义的层面，我们也能够推测出，其读者还包括现在同样面临美军基地问题的韩国，以及曾经同样面临过基地问题的菲律宾等地域的读者。

如此说来，可以认为，这篇小说正从那些围绕冲绳经验形成的国民国家立场的解释框架中（诸如"日本唯一发生地面战的地区""美军基地负担的集中区"等）脱离出来，而试图探寻一条与亚洲的多样经验相互交流的道路。

如何寻求与亚洲的连接，这是崎山小说的匠心独运所在。她的这份思考在冲绳文学与思想范围内，绝不是孤立无依的。在由冷战暴力造成的分断以及由资本和国家的随意操控而形成的分界之前，在这些恣意妄为的权力之前，这是一种用血和热泪与之抗衡的思想，是不固执拘泥于自己的苦难和焦虑，而试图与他者分享经验的"共感共苦"的思想。而锻造、培养了这种与他者共感共存的思想的地方，正是冲绳。① 以在冲绳的严峻状况中锻造、培养起来的思想为源泉，崎山小说的语言，此时此刻正沿着这条通向亚洲的困难之路行走，为我们开启着一个新的亚洲时空。

---

① 当奄美群岛"复归日本"的时候，由岛尾敏雄提出了"琉球弧"思想；当冲绳"复归日本"的时候，由"琉大文学"的同人，即新川明、冈本惠德、川满信一等提出了"反复归"的思想。在"琉球弧"的思想中深深流动着的，是对于日美两国盟主在冲绳和奄美群岛之间划出的那条分断线的怀疑。而"反复归"的思想，虽然因论者观点的不同而侧重点不同，但是基本都认为在日美协作之下，施政权由美国返还给日本的事实，是冲绳经历的继"琉球处分"之后的第二次"处分"，其实质是对冲绳权力支配的再编强化；同时，面对冲绳人自己提出要求复归本土的做法，反复归论者对冲绳的主体性进行了内在的反思和批判。在这一方面上，论者之间也是拥有共识的。

当遭遇全球化唤醒的"僵尸"时

——以越南战争、日韩邦交正常化及汉字文化圈的交错为线索

〔日〕高荣兰 著　周　翔 译*

摘要："汉字文化圈"这一词语产生的时期，恰逢日本与东亚地区国家实现邦交正常化。当时在日本展开了围绕越南战争的讨论。作者从"汉字文化圈"这一词语的两种产生模式出发，以"越南""越南战争"为媒介，从韩国殖民地和越南两个不同地域的角度分别论述了"汉字文化圈"所产生的不同影响和呈现的不同形态。进而讨论在对抗全球化的语境中，对于"汉字文化圈"这一词语的使用。"日本"这一政治性领土内部出现的围绕自身语言的等级结构危机的可能性不容忽视，同时，应继续摸索多样的对话工具。

关键词："汉字文化圈"　越南战争　殖民地统治　对抗全球化

Abstract：The phrase "Chinese-character cultural circle" was born at a time when Japan was normalizing its diplomatic relations with East Asian countries. Debates in regard to the Vietnam War broke out in around the same period. Taking colonized Korea and Vietnam as two topographical examples, the author discusses the diverging impacts of the notion "Chinese-character cultural circle" by exploring the two different modes of its generation. The use of this phrase in the context of anti-globalization is also discussed. The possibility of a crisis of class division based on its own languages within the political sphere of Japan should not be overlooked. New ways of dialogue should continue to be explored.

---

* 高荣兰，日本大学文理学部副教授。周翔，清华大学人文学院外文系日语专业硕士生。

Keywords：Chinese-Character Cultural Circle　Vietnam War　Colonization　Anti-Globalization

一　围绕词语入侵的攻守

近来，"汉字文化圈""汉文文化圈"构想"作为一个涵盖东亚地区的框架"① 而备受瞩目。更加意味深长的是，该构想的来源是针对以英语为中心的全球化的批判。例如，加藤周一认为"在某种程度上，为了平衡国际性语言的影响，不能放任国际性语言的无限制进入"。为了对抗国际性语言"英语"，他主张"在日本及东北亚，至少应该在半国际性语言的地区，让可能进行文本交流的语言重新焕发生机"。毋庸置疑，"汉字文化圈"构想就是作为这一主张的替代方案而生的。值得注意的是，在岩波《世界》2000 年 6 月号刊载的这篇对话中，"汉字文化圈"的定位并不是对已经存在的"汉字文化圈"的再确认，而是与全新到来的 21 世纪的规划并存，作为"重获生机"的理想形式出现。

同时，在大多数情况下，伴随对"日本帝国"记忆的不同认识而有亲疏地使用"汉字文化圈"，也是值得注意的。林少阳认为，"不应该使用'汉字文化圈'这一用语，而应采用'汉字圈'这一说法"。其原因之一在于，他指出"因为意识到这也许会掩盖东亚地区对于微妙差异的认识，而且对这一用语内在的排他性欲望也必须警惕"（《"修辞"这一思想》，现代书馆，2009 年）。然而，设立"汉字文化奖"等摸索"汉字文化圈"框架可能性的趋势并没有停止。

正如冈岛昭浩指出的，"过去所盛行的将'汉字文化圈'总括为'同文同种、同种同文'的说法"曾"被日本殖民地政策所利用"，而现在，在与此不同的高度上考察"汉字文化圈"的可能性的讨论甚多，其意义又何在②？这是否说明，在有关"汉字文化圈"的讨论中，可以与本应包括在相同"文化圈"内的韩国国内的"汉字""汉文"之记忆相联系呢？例如，李惠玲在《汉字词语认识与近代语言、文学的民族性》中，引用了佐

---

① "东亚——重读韩文文化圈"座谈会，《文学》（双月刊）第六卷第 6 号，岩波书店，2005 年 11~12 月，第 2 页。

② 冈岛浩昭：《何谓"汉字文化圈"》，国际研讨会"在台日本文学、日语学的新可能"分会议"'汉字文化圈'与'古典'"，2004 年 12 月 12 日。

藤一树（Kazuki Sato）的论文，佐藤详细调查了日本"同种同文"说法的曲折历程，并认为"日本成为亚洲霸权国家君临统治的地位变动，引发了对中国的歧视性的人种优劣认识，在学校，则引发了对于'汉文'教育的批判和强烈的反对"①。而围绕韩国的"汉字""汉文""汉字文化圈"的讨论，则伴随着对日本殖民地统治的记忆。与之相对，日本围绕"汉字文化圈"的规划，则是为了召唤日本古代至近世的记忆，面向 21 世纪建构出新的框架。对此差异我们又该如何看待呢？

"汉字文化圈"这一词语首次出现在 1963～1966 年出版的《日语的历史》（平凡社）一书，系编者龟井孝所创造的。② 龟井将收录在《日语的历史》第二卷的河野六郎的论文题目改为"逐渐扩大的汉字文化圈"，河野也在将该论文收入单行本的时候，沿用了"汉字文化圈"这一词语，这便是"汉字文化圈"的由来。《日语的历史》出版于 1963 年至 1966 年，共七卷，另有附录。创造出"汉字文化圈"这一词语的龟井，在这一系列丛书的"出版附言"中写道，"我们所期待的是，人们能正确地把握作为日本民族的语——日语"。当下，使用"汉字文化圈"这一词语，是要唤起人们对东亚这片领土的想象，但实际上，不得不说，这个词语诞生在构建"日本民族-日本-日语"这一内向型思考连锁的过程中。以这样的内向结构撰写而成的《日语的历史》系列出版后，两年之内增印 9 次，反响很大。

本次报告重点关注的是，在日本创造出"汉字文化圈"这一词语及其流通的时期，正是日本与现在"汉字文化圈"所包括的想象领土中的越南、韩国、中国实现邦交正常化之时。同时，恰逢日语空间内展开了围绕越南战争的讨论。另外，在"汉字文化圈"这个新造词的基础上，思考这个词语现在是否会成为"21 世纪以后"的未来式表达，以及在对抗全球化的语境中如何使用等问题。

---

① Kazuki Sato, "Same Language, Same Race: The Dilemma of Kanbun in Modern Japan," in *The Construction of Racial Identities in China and Japan*, ed. by Frank Dikotter（Hawaii University Press, 1997）, pp. 118-135.

② 龟井孝、田中克彦（采访者）:《国家语言的谱系》,《现代思想》, 1994 年 8 月号。

二 "汉字文化圈"新造词的产生

首先，让我们关注最先使用"汉字文化圈"的河野六郎的论文——《逐渐扩大的汉字文化圈》。文中解释，"汉字文化圈"是通过"亚洲古代史中独放异彩的中国文化，伴随着'汉字'之影响波及周边各个民族"而形成的，即汉字文化逐渐向外扩展与古代中国（尤其是"汉民族"）的武力扩张一脉相承。这样的"汉字文化圈"的形成，可以总结出以下两种模式。

第一，"汉字文化圈"的形成，是在"汉字文化"传播者"中国"不在场的条件下成立的。虽然汉民族的绝对影响力被等同于"侵略"，且贴近普通人，但是，在实际的文化内容方面，却仅仅是在"汉字"这一固有名词的层面上解决问题。由于存在这样的缺失，出现了"巧妙利用中国文化构建自己的文化，将汉字融于本国语言"，而形成自己文化的"日本"，在"日本"与那些"未能实现这样融合的其他汉字文化圈国家"之间形成了等级结构。在构成这样的等级结构的时候，当下、此处的"中国"这个词语已失去了实际意义，并没有作为文字留下来。即使像越南或朝鲜这样废除汉字的地区，"中国文化仍然深深地根植在其核心处"，对此，"日语则创造了在表记上采取使用汉字这一新方法，使得汉字完全为日语所用"。作为唯一避免汉字束缚的"汉字文化圈"国家，"日本"的形象鲜明而突出。

第二，是历史性时间的问题。从古代到近代以前的历史记载中，有关汉民族用武力扩大"汉字文化圈"的内容非常翔实。但是，其中甚少提及关于特定区域的近代问题。例如，虽然关于朝鲜在 1949 年废除汉字使用之后的情况有若干记载，但在同样废止汉字使用的越南，无记载的状况从受中国统治到 1858 年清法签订天津条约，一直持续到 1885 年 6 月的第二次天津条约签订之后。虽然法国对越南殖民地统治给汉字文化造成的影响这一问题一直得到探讨，与此相反，日本对朝鲜的殖民地统治给汉字文化造成的影响却丝毫未被提及。另一方面，在韩国的日本殖民地统治问题则被一概省略，从有关 1400 年代朝鲜的谚文的记载，一跃到 1948 年 10 月的韩语表记专用法以后，中间的记载均被省略。

李惠玲指出，"试图控制亚洲的日本国语运动"，不仅表现出"废除汉字代之以假名文字的改革欲望"，同时考虑到了"从中国文明圈脱离出来的倾向"，"在日本殖民时期，以韩语作为主人公的叙事遵从了同样的思路，仅在'受难'阶段的反面角色，特别在汉字承担上有所不同。保证'韩语'的纯正民族性与作为近代语的资格，其否定性的参照系不是日语而是汉字"（《汉字词语认识与近代语言、文学的民族性》）。也就是说，要讨论亚洲"汉字"使用过程中急剧出现的裂缝，如果回避日本侵略战争和殖民统治问题，是无从谈起的。

但是，当谈及"日本"的汉字文化历史时，河野对"汉字文化圈"的描述，对于近代以后日本取代汉族而作为"汉字文化圈"的支配者统治之事避而不谈。由此，除去日本帝国记忆的"日语的历史"才得以编成。以上两种结构，正如藤堂明保在《汉字文化圈的形成》（《岩波讲座：世界历史》第六卷，1971 年 1 月）中所提及的那样，同时代的其他"汉字文化圈"的描述也是如此。

"汉字文化圈"的叙述结构仅仅在"日语的历史"的小范围内讨论是否妥当？这一时期越南战争进入白热化，日韩邦交正常化也被提上日程。越南战争中，越南、日本、韩国等国的词语竞相得到使用，围绕"汉字文化圈"这一构架的言论也与"汉字文化圈"讨论同时出现、交错。因此不可避免要将双方的言论综合起来考察。

三　围绕被捏造的"日本-日语"记忆

在"汉字文化圈"构想中，对以"汉字"为媒介的交流可能性——"笔谈"，持肯定态度的论述占据多数。但是，如果只考虑能够互相简单理解的情况，在摆脱日本帝国的统治还不到 20 年的东亚地区，最有权威的共通语言无疑是"日语"。当然，我们不能忽略因为统治形式及统治时间而产生的偏差。如此，将"日语"的问题放逐到一个无法预见的领域，强调东亚地区有声音的语言对话的难度，仅仅是将"笔谈"的提出当作前述"日本民族-日本-日语"的连锁反应中产生的内向型"汉字文化圈"构想，这样解释是否合理呢？

我希望再次确认，"汉字文化圈"这个词语是 1963 年创造的。同年，小田实受到韩国政府的邀请参加"8 月 15 日典礼"，他在以首尔为主的韩国地方城市及乡村进行了为期两周的旅行。当时的韩国，30 岁以上的人大多数都能用日语交流，这对于小田实来说，也许并不是一件值得开心的事情。

> "这儿就是过去的总督府啊！"此后，"过去的……"的说法一直持续在他的耳边。韩国人也使用相同的语言。30 岁以上的韩国人能用流利的日语讲话，但是在与他们分别用英语和日语交流的时候，还是有微小的差异。一言以蔽之，在用英语讲话的时候，并没有"过去的……"这种叙述，但是，在用日语的时候，"过去的……"这一说法，本身就不断牵引出其背后的那些过去的沉重回忆和历史的厚重感。也许，在用母语讲话的时候，人们就会陷入祖国的历史的语法当中吧。在这十天的官方日程中所使用的"官方语"是英语，虽然这兼顾了我们这个队伍成员的多元性，但是对我而言，在正常情况下，如果对方懂日语的话就会选择用日语，有的时候，用英语来讲会让人觉得更加舒适。用日语难以表达的内容可以用英语畅所欲言——这是我有生以来第一次如此深刻地体味到这种感觉。在用英语讲话的时候，我可以脱离"过去的……"来讨论某个问题。[1]

小田出生并成长于大阪，"那里也紧邻在日朝鲜人的聚居地"，他在面对"过去的……"这一词语时的困惑场景，让我们必须注意到，在这一时期围绕越南战争的讨论中，有类似韩国对越南、日本对越南这样的分界线似的构图。当时的《读卖新闻》特派员日野启三在《越南报道》（现代报业出版会，1966 年）中写道，"这里的确是亚洲。也是作为在汉字、儒学、大乘佛教等中国文明的相同影响下的国家，日本、韩国、越南说起来都属于中国文明圈的地域范围内"。众所周知，日野在殖民地时期的朝鲜度过了小学和中学阶段，后来作为《读卖新闻》特派员到首尔赴任，曾经报道过 1960 年的"四一九"学生运动。1964 年 12 月，在日本媒体开始真正构建越南报道体制的时候，日野来到越南，他提到，"日本人特派员最得天独厚的条件"就是与越南同属一个"文明圈"。越南记者在强调"对日本记者抱有一种类似同族的亲近感"，即越南与日本的亲近的同时，另一方面，"看着登陆西贡河，气势汹汹行进中的韩国军队，他们骂骂咧咧地说着'美国佬的雇佣兵'，还朝地上吐了口唾沫"。日野在谈到越南记者与美国或者韩

---

[1] 《不能避免的东西——韩国的现实与未来》，《中央公论》，1963 年 11 月。

国记者之间的距离时，写到这样一个传闻，并表示了否定的态度。

从引导越南反战活动的媒体之一《周刊安保》的龟山旭的文章《在越南的韩国士兵》（第六号，1970 年 1 月 26 日）中，小田的观点也可以得到佐证。"当时，日本记者与美国记者或者韩国记者不同，不论是在西贡还是在地方，日本记者在很大程度上可以进行自由采访"，"在去地方采访的时候，汽车的前挡风玻璃上除了有用越南语写成的'报道'字样外，还有日本的太阳旗"。在越南战场上，"太阳旗"充当护身符的功能，在其他的从军记者中也有很多相关的记载。在迎来越南战争结束的 1972 年，龟山写道："深信"日本"把不向南越派兵视为金科玉律，认为越南人一直对日本人给予高度评价，这些想法都是自满的表现"（《越南战争——西贡、首尔与东京》，岩波新书）。就像龟山所说的那样，就连对日本帝国的记忆，甚至对侵略占领的赔偿，日本都给予其自身正当性的解释，更何况其对越南战争的报道了。

开高健在谈到拦截戴宁河并修建土坝的日本公营的成员在与 NLP① 交涉时，这样写道，"我们是日本人。是在用赔偿款建造大坝。我们与越南战争没有丝毫关系"，他讲述了堤坝工程"给这个国家带来利益"，并最终使对方采纳的故事。这是游离在小田实的韩国游记之外的构图。小田说："在其他国家，即使是行走在中东动乱的乡村时，怎么说呢，举个例子，即使那里发生暴乱，变成了无政府状态，心里还是会有'因为我是日本人'，所以不会有事的想法。在韩国，则恰恰相反。在东海岸的三陟，日立公司有约 60 个人共同居住在这里，建造发电所，但是这些人却在言语中表达了自己的恐惧感。'不论何时，我们都觉得自己处在一种被监视的状态之下。'"（《越南战记》，朝日新闻社，1965 年）

以"越南"为媒介，与侵略战争的主体"美国"及其马前卒"韩国"不同，"日本""越南"及在亲密圈中的"日本"的突出，是通过将 20 年前作为日本帝国士兵具备登陆越南北部可能性的"朝鲜殖民地士兵——韩国军"的记忆隐性化而实现的。而我们不能忽视，通过这样的构架与平行的形式，日本与以越南、韩国为首的亚洲各国的邦交正常化的实现，成了日本向亚洲进行新的经济扩张的免罪符。在这样的言论产生作用的时期，"汉字文化圈"构想得以产生。

---

① NLP（National Liberation Front），民族解放战线。在当时的文献中，多被称为越共或 VC。

四 全球化与"文化-文学"政治

"汉字文化圈"这个词语在日语中诞生的时期，韩国殖民地时代的记忆仍然历历在目，意即"日本文化""日本文学"的盛行。小田实受到韩国政府邀请，也是因为他的世界游记《无论什么都看看》的盗版书成了畅销书。1965 年日韩邦交正常化的谈判之后，到采取禁止日本文化的政策为止，韩国都是"日本文化"的老客户。由于文化政治问题存在时间上的制约，现在我们不讨论这个问题，但是，当下应该摆在我们面前的是，讨论遮蔽文化的领土性的政治力量。

近年来围绕"汉字""汉文文化圈"的讨论，大多数情况下都立足对"日本文学-研究"的危机感。在新创刊的《日本文学》杂志的创刊号上，我们可以看到这样的论述："从全球化的视角重新审视《万叶集》等日本古典的全部内容，难道不正是恢复文学研究盛况的方法吗?"[1] 若果真如此，此处围绕着设定的"日本古典的全部内容"，全球化视角的未来又应通向何处呢?

在设想全球主义或者东亚的时候，在很多情况下，其探讨的对象位于单个民族国家的边境之外。但是，全球化动摇了这样的边境，导致拥有不同历史记忆的人们的迁移。从日本的外国人入境者数量（从 1980 年的 78.291 万人增加到 1995 年的 136.2371 万人），即可窥测一二。

作为对抗全球化的手段，在强调东亚的"汉字文化圈"构想出现的情况下，"日本"这一政治性领土内部，出现围绕自身语言的等级结构的危机的可能性也不容忽视。我认为，在展开这种讨论的时候，尽管会存在如何简化日语这种以大民族为中心式（マジョリティー中心）思考的危险，不过，在意识到这个风险的同时，为了保障多样对话，要继续进行摸索。

---

[1] 金文京、大卫·卢里、品田悦一：《座谈会：汉字文化圈与古代日本——作为全球文化现象的汉文训读与万叶歌的笔记》，《アナホリッシュ国文学》创刊号，2012 年 12 月。

编后记

　　叙述即政治，历史叙述的领域也是政治的领域。有关朝鲜战争和抗美援朝战争的历史叙述，非常清晰地呈现了这一特征。如汪晖所指出的，韩国、朝鲜、美国、日本、中国大陆和台湾，有着各不相同的战争记忆和历史阐释，朝鲜半岛的分断体制、台湾海峡的分隔状态也体现在历史记忆的领域。在本辑专题"抗美援朝战争与历史叙述"中，汪晖分析了抗美援朝战争"对中国、对朝鲜、对东方、对世界都有利"的历史条件，以及从人民战争转向国际主义联盟战争的政治意义，并指出伴随20世纪的终结，战争与其说是政治的最高形式，毋宁说是政治失败或消失的后果。布鲁斯·柯明思指出，今天的美国媒体总是聚焦于朝鲜在核问题上如何挑衅、危险，以至于疯狂，选择性地忽视美国对朝鲜长达半个世纪的核武器威胁和讹诈；朝鲜的核试验等大多数行动，都是为了应对美国的核讹诈而做出的积极反应。牛军的论文则区分了冷战叙述的两种不同视角，一是从冷战历史看东亚，东亚是被动者；二是从东亚看冷战，将东亚地区的国家视为选择历史的主动者。从后一视角看，冷战时代的东亚秩序经历过一次巨大的变革，造就了与欧洲和北美鼎足而立的新的经济－政治中心。

　　今天的亚洲和中国的历史叙述，往往不可避免地与全球史叙述缠绕在一起。瑞贝卡·卡尔以全球史叙述为背景，指出亚细亚生产方式作为一种中国历史的叙述方式，是一种高度意识形态化的诡计。亚细亚生产方式在中国学研究中经历了不断被抛弃又复兴的过程，它今天又复活了，成为真正的全球分析转向的意识形态表征，这个转向把国家和文化看作历史的决定因素以及现在与未来的仲裁者。沈卫荣的论文分析了"西藏问题"在国际化的背景中被卷入地缘政治的旋涡，成为当今中国一个难以解决的"国际问题"的过程，指出西方有效地确定了"西藏问题"的核心内容、组织结构及其发展走向。其他两篇论文论及中国不多，但对于理解中国问题颇有启发。塞巴斯蒂安·康拉德批判性地梳理了将启蒙仅仅视为欧洲独特现象的历史观，指出启蒙是一个全球现象，它是世界各地的人们在全球共时性内共同创造的结果。在近代以来权利不平等条件下出现的全球范围内对启蒙思想的借用、重申和再创造，使启蒙主义的多种主张在全球普遍存在。殷之光则分析了 20 世纪 90 年代以来瓦哈比主义在全世界蔓延的深层次原因，包括阿拉伯世界的碎片化与美国在中东地区推行的新自由主义外交策略。

"亚洲与中国：政治、知识与想象"部分的论文，除于治中一文外，都是清华大学人文与社会科学高等研究所举办的"十九世纪以降东亚区域秩序的巨变"国际学术研讨会的参会论文。

小森阳一与于治中的文章分别剖析了日本与中国台湾的政治意识状况。小森阳一的主题演讲分析了第二次安倍政权形成前后日本的政党更替过程和选民结构发生的变化，指出安倍为首的日本右翼政治势力正前所未有地利用政治力量来美化大日本帝国发动的侵略战争，使之正当化、合法化。他认为必须熟知美国的东亚战略和日美安全保障条约体制，主张抑制东亚的领土民族主义，由民间对话来促使目前胶着态势发生变化，并在各自的国家中促进政府的政策变化。于治中以东亚政治格局变迁为背景，分析了台湾政治意识的构成，认为台湾在情感上亲日，在思想上附美，反中是台湾的政治意识，反华则是台湾的政治无意识。其中真正的症结在于，一方面在情感上继续沉溺于自怜自怨，另一方面在知识上仍然深陷在美国或日本的殖民现代性逻辑之中。

林少阳评析了章太炎 1897 年至 1917 年间的亚洲联合思想，认为章太炎是一位理论上批判国家的民族主义者，其联亚思想植根于其政治哲学核心之"自主"概念，其亚洲自立思想有着超越国家的面相，是以中印革命者的联合为主体的亚洲革命者及民众联合。孙歌分析了竹内好对毛泽东及其思想的阐释，认为竹内好通过阐释矛盾区分和矛盾转化思想，把自我否定方式这一命题解释成了具体的社会革命过程，即根据地建设的过程，从中读出了最有摧毁教条主义理论原教旨和非主体知识生产方式的强大思想能量。赵京华阐述了橘朴的中国观及其概念生成，认为橘朴在九一八事变之后发生了方向性的转换，前者开放而后者封闭，前期的中心概念是通俗道教说、官僚阶级统治论、乡村自治体，转向后变为王道自治论、东洋共同社会，最终与日本帝国的"大陆政策"乃至"大东亚共荣"战略基本重叠在一起。

竹内荣美子等多位日本学者从不同角度分析了日本文学有关亚洲、中国乃至"汉字文化圈"的叙述。竹内荣美子解读了堀田善卫的长篇小说《时间》中有关南京大屠杀的叙述，认为战争已不再属于某个国家的记忆，堀田立体看待战争的国际化视点为后人提供了很好的参考。岛村辉围绕他对林京子的访谈录《原子弹受害者的生活》，结合林京子的《上海》《祭场》《从特里尼蒂到特里尼蒂》等作品，论述了林京子与原子弹相关的生活经验及其对核问题的反思与批判，认为核问题理应被视为超越"个人经验"的"人类经验"。成田龙一介绍了辻井乔促进中日友好的文化和政治实践，认为辻井乔始终能对复杂多变的日本政治做出敏锐的把握并加以批判。渡边英理通过分析冲绳作家崎山多美的小说《孤岛梦自言自语》，认为小说叙事使冲绳经验脱离开国民国家的框架，探寻一条与亚洲的多样经验相互交流之路。高荣兰从韩国和越南两个不同的地域角度，分别论述了越南战争期间"汉字文化圈"的不同形态和不同影响，讨论了日本所发明的"汉字文化圈"一词在对抗全球化的语境中的使用，并主张日本内部应继续摸索多样的对话工具。

从本辑开始，《区域》（*Remapping*）交由社会科学文献出版社出版，原刊名为《区域：亚洲研究论丛》。亚洲研究仍然是《区域》集刊的重点领域，中国和亚洲地区丰富的人文学术传统、中国社会主义历史和改革过程的经验仍然是我们的立足基础与关注重点。同时，就以跨学科、跨文化、跨区域、跨国界的研究，寻求人文与社会科学领域基本理论的探索和突破，有助于改变目前以欧洲和美国为中心的高等研究格局而言，"区域"的刊名可以更简洁地凸显这一定位和追求。

张翔、桂涛、刘洪强协助编辑了本辑内容，高瑾翻译了大部分标题和摘要，特此致谢。

图书在版编目（CIP）数据

区域.2014 年.第 1 辑:总第 3 辑/汪晖，王中忱主编.—北京：社会科学文献出版社，2014.11（2022.3 重印）
ISBN 978-7-5097-6202-8

Ⅰ.①区…　Ⅱ.①汪…②王…　Ⅲ.①社会科学-文集
Ⅳ.①C53

中国版本图书馆 CIP 数据核字（2014）第 141778 号

区域（2014 年第 1 辑　总第 3 辑）

主　　编／汪　晖　王中忱

出 版 人／王利民
项目统筹／宋月华　袁卫华
责任编辑／袁卫华
责任印制／王京美

出　　版／社会科学文献出版社·人文分社（010）59367215
　　　　　地址：北京市北三环中路甲 29 号院华龙大厦　邮编：100029
　　　　　网址：www.ssap.com.cn
发　　行／社会科学文献出版社（010）59367028
印　　装／北京虎彩文化传播有限公司

规　　格／开　本：787mm×1092mm　1/16
　　　　　印　张：22　字　数：369 千字
版　　次／2014 年 11 月第 1 版　2022 年 3 月第 2 次印刷
书　　号／ISBN 978-7-5097-6202-8
定　　价／69.00 元

读者服务电话：4008918866